中华人民共和国海船船员适任考试培训教材
交通运输类“十四五”创新教材
符合《海船船员培训大纲（2021版）》《海船船员考试大纲（2022版）》要求

GMDSS

GMDSS综合业务

中国海事服务中心　组织编审
李建民　高向阳　◎　主编

大连海事大学出版社
DALIAN MARITIME UNIVERSITY PRESS

图书在版编目(CIP)数据

GMDSS综合业务 / 李建民，高向阳主编. — 大连：大连海事大学出版社，2021.12(2025.7重印)
中华人民共和国海船船员适任考试培训教材
ISBN 978-7-5632-4231-3

Ⅰ.①G… Ⅱ.①李… ②高… Ⅲ.①全球海上遇险与安全系统—职业培训—自学参考资料 Ⅳ.①U676.8

中国版本图书馆CIP数据核字(2021)第265905号

大连海事大学出版社出版

地址：大连市黄浦路523号　邮编：116026　电话：0411-84729665(营销部)　84729480(总编室)

http://press.dlmu.edu.cn　E-mail：dmupress@dlmu.edu.cn

大连天骄彩色印刷有限公司印装　　大连海事大学出版社发行

2021年12月第1版　　2025年7月第7次印刷

幅面尺寸：184 mm×260 mm　　印张：22.75　　字数：560千

出版人：余锡荣

责任编辑：董洪英　　责任校对：李继凯

封面设计：解瑶瑶　　版式设计：解瑶瑶

ISBN 978-7-5632-4231-3　审图号：GS(2021)8767号　定价：68.00元

中华人民共和国海船船员适任考试
培训教材编审委员会

主　　任：孙玉清
委　　员：（按姓氏笔画排名）
王　勇　刘正江　刘红明　吴宗保　赵友涛　施祝斌
姚　杰

审定委员会

主　　任：孙玉清
委　　员：（按姓氏笔画排名）
王　捷　王平义　王明春　吕　明　刘锦辉　李忆星
李建国　杨甲奇　肖亚明　吴丽华　张庆宇　张守波
陈晓琴　苗永臣　范　鑫　林　毅　周明顺　唐强荣
黄江昆　景向伟

编写委员会

主　　任：刘正江　赵友涛
执行主任：王　勇
副 主 任：（按姓氏笔画排名）
丁振国　万　红　马洪涛　王　琪　王　磊　王进博
王松明　王明雨　方　磊　邓志华　曲　涛　朱耀辉
刘月鹏　刘芳武　刘金华　刘宗朴　刘宪珍　许　亮
李　志　李　翼　李先强　李江华　李明阳　杨延存
杨志勇　杨神化　何　毅　何江华　闵金卫　汪益兵
张　洋　张世峰　陈东水　邵国余　林叶锦　林杰民
周兆欣　郑学贵　赵丽君　赵宏革　俞万能　俞文胜
贾宝柱　徐　攀　徐立华　徐言民　徐得志　翁石光

前言

为有效履行经修正的《1978 年海员培训、发证和值班标准国际公约》(STCW 公约)等国际公约,进一步规范海船船员培训行为,确保船员培训质量,根据《中华人民共和国船员条例》《中华人民共和国船员培训管理规则》,交通运输部编制了《海船船员培训大纲(2021 版)》,自 2021 年 10 月 1 日起施行。

为了更好地指导帮助船员进行适任考试前的培训,促进高素质船员队伍建设,中国海事服务中心组织全国有丰富教学、培训经验和航海实践经验的专家共同编写了本套教材。本套教材严格按照《海船船员培训大纲(2021 版)》编写,符合培训大纲对船员适任培训的要求,具有权威、准确、系统、实用的特点,重点突出船员适任和航海实践需掌握的知识,旨在培养船员具备在实践中应用知识的能力,可作为船舶工具书使用。

本套教材包括:

《船舶管理(船长/大副)》《船舶操纵与避碰——船舶操纵(船长/大副)》《船舶操纵与避碰——船舶避碰与值班(船长/大副)》《航海英语(船长)》《航海英语(大副)》《航海学——天文、地文、仪器(船长/大副)》《航海学——航海气象与海洋学(船长/大副)》《船舶结构与货运(大副)》《船舶操纵与避碰——船舶避碰与值班(二/三副)》《船舶操纵与避碰——船舶操纵(二/三副)》《船舶管理(二/三副)》《船舶结构与货运(二/三副)》《航海学——航海气象与海洋学(二/三副)》《航海学——天文、地文、仪器(二/三副)》《航海英语(二/三副)》《值班水手业务》;

《GMDSS 英语阅读》《GMDSS 综合业务》《GMDSS 英语听力与会话》《GMDSS 设备操作》;

《轮机英语(轮机长/大管轮)》《船舶动力装置(轮机长)》《船舶管理(轮机长/大管轮)》《主推进动力装置(大管轮)》《船舶辅机(大管轮)》《轮机工程基础(大管轮)》《船舶电气与自动化(船舶电气)(大管轮)》《船舶电气与自动化(船舶自动化)(大管轮)》《轮机英语(二/三管轮)》《船舶管理(二/三管轮)》《主推进动力装置(二/三管轮)》《船舶辅机(二/三管轮)》《轮机工程基础(二/三管轮)》《船舶电气与自动化(船舶电气)(二/三管轮)》《船舶电气与自动化(船舶自动化)(二/三管轮)》《值班机工业务》;

《电子电气员英语》《船舶电气(电子电气员)》《船舶机舱自动化》《信息技术与通信导航系统》《船舶管理(电子电气员)》《电子技工业务》《电子技工英语》《电子电气员英语听力与会话》《电子技工英语听力与会话》。

本套教材的编写、出版工作,得到了各海事管理机构、航海教育培训机构、航运企业等单位的关心和大力支持,特致谢意。

中国海事服务中心

2021 年 11 月

扫码学习《深入学习贯彻党的二十大精神　加快建设交通强国　当好中国式现代化开路先锋》

编者的话

本书根据《1978年海员培训、发证和值班标准国际公约马尼拉修正案》对GMDSS通用操作员的培训要求，并以《海船船员培训大纲(2021版)》的具体规定设置全书章节及内容，力求知识点全面，针对性强、实用性强，图文并茂，易于学员学习、理解，旨在帮助学员顺利通过海船船员适任考试。

GMDSS是一个庞大的全球性通信网络，建立这个网络的目的是最大限度地保障海上人命与财产安全，将海上航行安全提高到一个新的水平。GMDSS的实施是建立在现代电子技术、计算机技术和通信技术基础之上，对原海上遇险和安全通信系统的发展和完善，是现代海上通信发展的客观需要。作为船舶驾驶员，必须掌握GMDSS的相关理论、技术和方法。

本书共分17章。第一章为GMDSS概论，介绍了GMDSS基本概念、功能、组成及船载设备配备要求；第二章为无线电波的传播，介绍了电波辐射与传播，各波段电波传播特点以及无线电通信的基本概念；第三章为船用MF/HF通信设备，介绍了船用MF/HF收发信机的构成和工作原理，以及NBDP、DSC终端和船舶常用中短波天线的相关知识；第四章为船用VHF通信设备，介绍了船用VHF收发信设备以及VHF-DSC终端的构成和工作原理；第五章为NAVTEX、搜寻定位装置及GMDSS备用电源，介绍了NAVTEX、Radar-SART、AIS-SART以及GMDSS备用电源的相关知识；第六章为卫星通信概论，是接下来第七、八和九章的预备性章节，介绍了卫星通信的概念，卫星通信系统的组成及卫星通信频率等基础性知识；第七章为Inmarsat移动通信系统，在第六章的基础上介绍了Inmarsat系统的组成，各组成部分的功能以及系统工作的频段；第八章为Inmarsat C系统及其船舶地球站，介绍了Inmarsat C系统结构及信道，系统通信接续过程，船舶地球站组成及终端技术，以及EGC系统及其接收设备等；第九章为Inmarsat F系统及其船舶地球站，介绍了Inmarsat F系统结构及信道，系统通信接续过程，Inmarsat F系统船舶地球站组成及终端技术，以及船舶常用的卫星天线等；第十章为搜救卫星系统及EPIRB，介绍了GMDSS搜救通信网络，COSPAS-SARSAT系统及中轨搜救网络；第十一章为地面系统通信业务，介绍了水上移动业务识别，数字选择性呼叫、窄带直接印字电报以及无线电话业务；第十二章为Inmarsat卫星通信业务，介绍了Inmarsat C、F通信业务，Inmarsat系统二位码业务以及海上宽带业务；第十三章为遇险、紧急和安全通信业务，介绍了基于地面系统数字选择性呼叫技术、窄带直接印字电报、无线电话，以及Inmarsat C、F等卫星系统的遇险、紧急和安全通信业务；第十四章为海上安全信息业务，介绍了全球航行警告业务，NAVTEX和安全网业务，以及海上安全信息的报文结构等知识；第十五章为特别业务，介绍了时间信号，船舶报告系统，以及防海盗/武装袭击报告；第十六章为船舶电台的管理，介绍了船舶电台管理制度及要求，电台执照与证书，船舶电台日志，以及船舶无线电通信必备文件和技术资料等；第十七章为GMDSS现代化，介绍了GMDSS现代化进程，以及现代化背景下GMDSS的主要技术等。

本书由李建民、高向阳担任主编,王化民、刘长春担任主审。王婧、兰海臣、毕艳亮、任振振、刘军、刘锦辉、齐寅、苏文明、李威、杨淑娟、肖方兵、郭春燕、黄德源参与了本书的编写。全书由李建民统稿。

本书适用于海船船员 GMDSS 通用操作员适任考试培训,也可作为航海院校师生的教学参考书及航运管理相关人员的工作参考书。

航海科技日新月异,新理论、新技术、新航法、新设备不断涌现并投入航海实践,相关国际公约、各国法律法规、行业标准和规定也随之不断进步完善,本书未尽之处,敬请广大同仁和读者批评斧正,不吝赐教。

编　者

2021 年 11 月

目录

第一章 GMDSS概论

GMDSS 是全球海上遇险与安全系统(Global Maritime Distress and Safety System)的英文缩写。GMDSS 是在现代无线电通信技术的基础上,为适应海上搜救与安全通信,满足海上通信的需要而建立起来的遇险与安全通信系统。本章主要阐述 GMDSS 的概念、功能、组成、设备配备的标准及 GMDSS 现代化的相关内容。

第一节 GMDSS 的基本概念和功能

无线电自 100 多年前首次在海上使用以来,已协助营救了数以万计的生命。但是在 GMDSS 实施前,海上无线电通信系统与管理体制存在着某些固有的缺陷,主要表现为:

(1)不能提供远距离报警,最大报警范围为 100~150 n mile。遇险船舶主要依赖于向其附近海域内的其他船舶发出报警以及其他船舶所采取的措施的具体情况,而无法完全依靠岸上营救中心组织的营救。对遇险船舶能否采取营救措施以及营救工作能否成功,存在很大的偶然性。

(2)莫尔斯电报是当时海上通信的基础,而莫尔斯电报通信必须由经过专门培训的无线电报务员进行。当船上无线电报务员不能进行正常工作时,船上的其他人员是不可能担负其通信工作的,有可能使船舶无法与外界保持有效通信联系。

(3)遇险报警和遇险值守通常是由人工进行的,但受人为因素影响或通信方案不恰当,遇险报警的发射和接收的成功率低。另外,在船舶发生倾覆、爆炸等突发性事故时,人工操作经常来不及报警。

(4)虽然船舶配备可用于远距离通信的高频(HF,High Frequency)通信设备,但短波波段的信号传输质量会因传播条件即气候与环境的恶化而变差,同时接收地点的信号场强极不稳定,无法保证短波通信方式在海上遇险与安全通信中的可靠性,因此国际上对于在高频上连续值班守听没有做出相应的规定。

(5)过去由于缺乏适宜的海上远距离通信手段,很难有效实现远距离通信报警,致使世界各国无法建立一个卓有成效的全球性搜救协调体系。不少国家在 GMDSS 实施前,虽然也建立并发展了一些海上遇险与安全通信系统,但是由于缺乏合理统一的区域性搜救程序,因此不能充分发挥其应有的作用。

综上所述,前海上遇险与安全系统及其管理体制已经无法满足船舶航行安全和通信的需求,建立一个全新的海上遇险与安全系统及其管理体制势在必行。多年来,在相关国际组织和专家的努力下,海上通信系统进行了多次变革,新技术、新系统不断运用在海上通信系统中,特别是自 20 世纪 70 年代以来,现代通信与导航技术的发展,尤其是卫星通信、卫星导航,以及大规模集成电路和微处理技术的发展,使新型的海上通信系统的建立成为可能。

国际海事组织(IMO,International Maritime Organization)于 1988 年 11 月在伦敦召开会议,审议通过了作为现行系统法律依据的《1974 年国际海上人命安全公约》及《1979 年 SOLAS 议定书》的修正案(即 SOLAS 公约 1988 年修正案)。修正案引入了 GMDSS 公约,并在 SOLAS 公约中规定了 GMDSS 自然生效("自然生效"即若无三分之二以上的成员国或占世界船舶总吨位 50%以上的船东对公约提出疑义,则在规定之日自然生效,无须再召开另一次会议做出决议)的条款,把公约生效(即 GMDSS 开始实施)的日期选定为 1992 年 2 月 1 日。决议规定:为保障海上人命安全,改善海上遇险和安全无线电通信,将与搜救协调组织相结合,建立一个采用最新通信技术的全球海上遇险和安全系统。GMDSS 建立的主要目的是,在船舶遇险时能够向岸上的搜救协调中心(RCC)发出报警,搜救协调中心能立即组织搜救行动。按照 SOLAS 公约的有关规定,所有船舶有义务援助任何其他遇险的船舶。

运用卫星通信技术在紧急情况下进行报警和寻位具有许多优越性,国际海事组织在 GMDSS 中引入卫星通信技术可以有效弥补地面通信技术的不足。可见,GMDSS 是利用地面通信技术和卫星通信技术组成的海上综合通信系统,用于海上遇险与救助行动、安全和常规通信。GMDSS 于 1992 年 2 月 1 日起开始实施,历时七年由旧系统向新系统完成过渡,于 1999 年 2 月 1 日起全面实施新系统。

一、建立 GMDSS 的主要目的

GMDSS 是全球最适宜采用的通信技术和工作方法的系统。船舶一旦遇险,便能迅速报警,随后以岸基为中心,陆上负责搜索与营救的主管部门和遇险船附近的船舶共同参与,能迅速、有效地展开搜索与营救工作,最大限度地避免海难事故的发生。系统不仅能提供遇险通信,而且能提供紧急、安全和常规通信。

建立 GMDSS 的主要目的是,在船舶遇险时能够向岸上的 RCC 发出报警,RCC 能立即协调搜救行动,从而最大限度地减少海上人命和财产的损失。按照 SOLAS 公约第Ⅴ章的有关规定,所有船舶有义务援助任何其他遇险的船舶。GMDSS 的建立,可大大提高海上航行的安全和海上救助的有效性。换言之,无论船舶航行在哪个海域,都能实现与岸上或者航行在同一海域的其他船舶的通信。GMDSS 的原理示意图如图 1-1-1 所示。

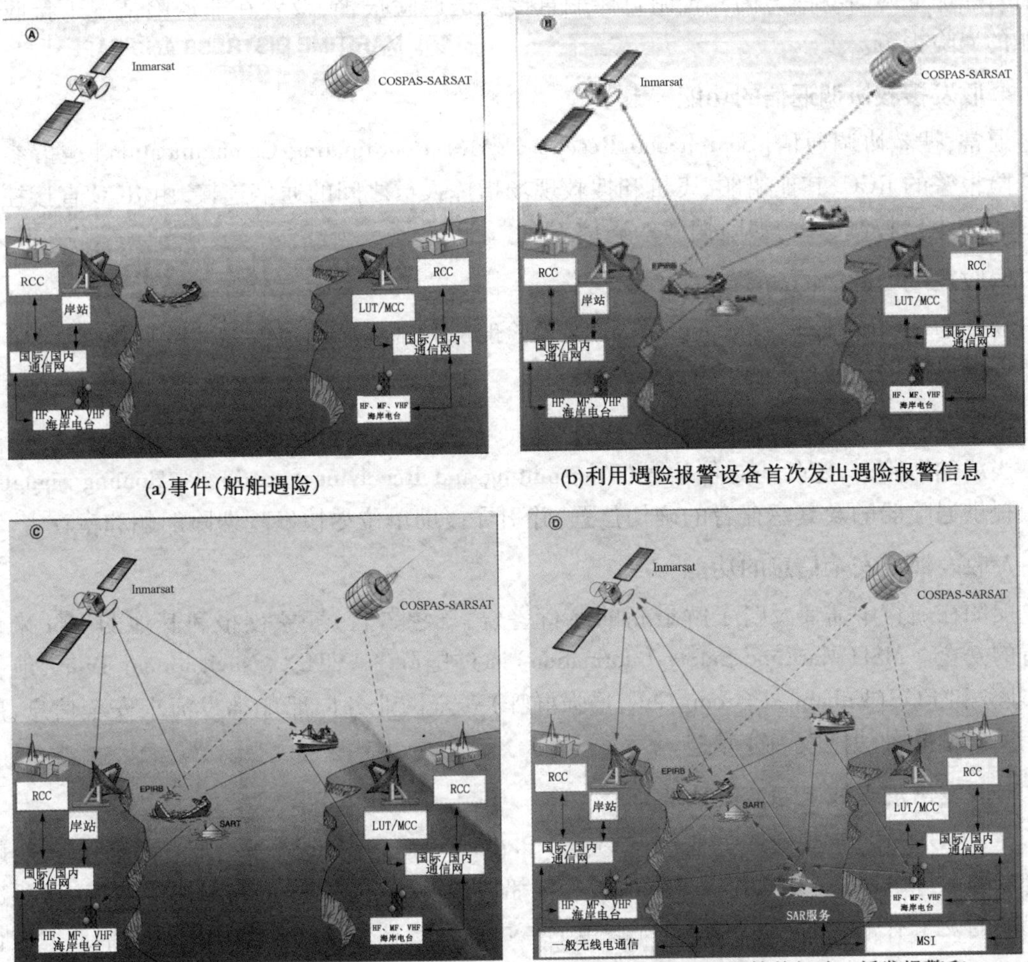

(a)事件(船舶遇险)　(b)利用遇险报警设备首次发出遇险报警信息

(c)遇险报警信息发送至任务控制中心、搜救协调中心、岸站、海岸电台和附近区域的船舶　(d)GMDSS行动：展开搜救行动，播发报警和安全信息、警告信息等

图 1-1-1　GMDSS 原理示意图

二、GMDSS 的功能

要想达到以上目的，GMDSS 要求在海上航行的所有船舶，无论航行在哪个海域，必须具备以下 9 个功能：

1. 发射船到岸的遇险报警

遇险船舶需要有能力使用至少两种独立的手段、不同的无线电通信业务发射船到岸的遇险报警(Transmitting Ship-to-shore Distress Alerts)。

2. 接收岸到船的遇险报警

接收岸到船的遇险报警(Receiving Shore-to-ship Distress Alerts)是指海上航行船舶有能力接收岸对船的遇险报警转发。

3. 收发船到船的遇险报警

收发船到船的遇险报警(Transmitting and Receiving Ship-to-ship Distress Alerts)指的是海

上航行船舶遇险时有能力向其他附近船舶直接发送遇险报警，或者在非遇险情况下接收其他船舶的遇险报警。

4. 收发搜救协调通信的功能

通常，搜救协调通信[Search and Rescue (SAR) Coordinating Communication]是指参与搜救遇险报警的 RCC、其他船舶、飞机和搜救现场指挥人员之间的通信连接，由 RCC 直接控制或 RCC 指定电台控制，参与遇险搜救的通信工作。

5. 收发现场通信的功能

现场通信(On-scene Communication)是遇险船舶和现场援助单位之间的通信，是为了向遇险船舶提供援助或救助幸存者的通信。

6. 收发定位与寻位信号的功能

当船舶遇险时，定位与寻位信号(Transmitting and Receiving Locating & Homing Signals)能尽快提供遇险船舶及其幸存者的确切位置，并引导援助单位尽快发现遇险船舶和幸存者。

7. 收发海上安全信息的功能

船舶在航行中需要及时了解最新的航行警告、气象警告、气象预报和其他的 MSI 来保证航行的安全。MSI(Maritime Safety Information)通过国际 NAVTEX(Navigational Telex，航警电传)业务和 EGC(Enhanced Group Call，增强群呼)安全网业务向船舶播发海上安全信息，船舶的相关设备能自动接收 MSI 信息。

8. 收发常规无线电通信的功能

在 GMDSS 中，常规无线电通信(General Radio Communication)是指船舶进行有关船舶经营管理的无线电通信。例如，要求引航员和拖船协助业务，海图修正和船舶维修等，这些通信对船舶的安全有很大的影响。常规无线电通信可以在包括公众通信使用的适当信道上进行。

9. 收发驾驶台对驾驶台通信的功能

驾驶台对驾驶台通信(Bridge-to-bridge Communication)是船舶之间的甚高频(VHF, Very High Frequency)无线电话的通信，其目的是保证船舶航行的安全。

GMDSS 提供的报警方法能够使遇险船舶发射表明其需要立即援助的报警信号。《1979年国际海上搜寻与救助公约》确立了国际上统一的搜救方案(SAR Plan)。世界上划分了 13 个搜救区域，并规定了搜救的组织、合作与搜救程序的标准。SOLAS 公约要求签约国提供救助业务并要求沿其海岸线提供海岸电台值守业务，按照 IMO 于 1985 年制定生效的搜救公约，为海上遇险船舶和人员提供协调搜救和援助。

三、GMDSS 现代化

GMDSS 自 1992 年启用以来，对保障海上人命财产安全和保护海洋环境起到了举足轻重的作用。作为国际海事组织 e 航海(IMO e-Navigation)战略的重要组成部分，GMDSS 的通信技术和通信设备都发生了巨大的变革。

GMDSS 目前的功能集中在遇险报警和通信、海上安全信息的播发、寻位定位和远程识别跟踪等方面，是电子航海框架中的重要组成元素。作为 e 航海中承担信息传递的主要手段，

GMDSS 以其成熟性和稳定性成为 e 航海战略不可或缺的一部分。在"TITANIC 号"邮轮沉没 100 周年之际，2012 年 3 月，IMO 无线电通信与搜救分委会（COMSAR，Sub-committee on Radio-communications and Search and Rescue）召开了第 16 次会议，会议对 GMDSS 通信工作组提交的复审工作范围和计划进行了完善并提出了要求和展望。会议同意采用 SMART（Specific，Measurable，Achievable，Realistic，Time-bound）分析法，将工作计划分为高层级项目和具体项目两个层次。高层级项目主要包括 GMDSS 功能、海区（"海区"的概念见本章第二节）和通信等级划分等内容；具体项目则包含了操作员培训和操作能力、知识和技能的提升和设备备份要求等细节，并考虑将 AIS、LRIT、SSAS 等新系统纳入 GMDSS 系统的必要性，还将深入研究 NBDP、DSC 等传统通信设备的实际作用是否与计划相符等。在 GMDSS 的现代化发展蓝图中，将会使回顾过程中产生的更现代化、更高效的高层级项目完全满足 e 航海战略需要。由此可见，在 GMDSS 系统现代化的实施进程中操作员的能力、知识、技能和对设备的掌握程度等，将关系到 GMDSS 现代化发展能否有效运转，更关系到海上航运安全是否能够得到更好的保障。有关 GMDSS 现代化的具体内容见第十七章。

第二节　GMDSS 的组成及船载设备配备要求

一、GMDSS 的组成

为完成以上 GMDSS 的九大功能，GMDSS 由三个分系统组成，即通信系统，定位、寻位系统和海上安全信息播发（MSI）系统。

1. 通信系统

通信系统由卫星通信系统和地面通信系统两部分组成。

（1）卫星通信系统

卫星通信系统利用 Inmarsat 系统的静止卫星、网络协调站（NCS，Network Control Station）、地面站（LES，Land Earth Station）和移动站（MES，Mobile Earth Station）组成的卫星通信网络，可实现南、北纬 76°（有部分教材的说法是南、北纬 70°，仅统计方式不同）范围内的全球卫星通信，该系统具有电话、电传、传真和数据的双向通信功能。其中，地面站是提供服务的网关，又被称为陆地地球站或者海岸地球站（CES，Coast Earth Station）；与海岸地球站相对应，专门用于提供海事移动业务的移动站又被称为船舶地球站（SES，Ship Earth Station），简称船站。在 GMDSS 遇险报警、紧急与安全和日常通信中，Inmarsat 具有保障海上通信的快速、及时、可靠和保密性等特点，并发挥着极其重要的作用。卫星通信系统是 GMDSS 的重要组成部分。

随着卫星通信技术的发展，新型的卫星移动站已全部数字化，并趋于小型化和配有计算机终端，人机对话界面操作十分方便，通信资费得到大大的降低。其通信业务也不断发展，可以实现高速接入 Internet、E-mail 电子信息业务、动态图像的传输；可以实现综合业务数据网（ISDN，Integrated Service Digital Network）与移动数据包交换业务（MPDS，Mobile Packet Data Service）等，完成移动端与陆上办公中心之间的数据流的实时交换，实现人们感觉上的零距离的信息交流。

(2)地面通信系统

根据船舶航行的海区,在地面通信系统中分远距离业务、中距离业务和近距离业务,不同的业务使用不同的通信设备。

①远距离业务

在船到岸、岸到船方向的通信中,可使用高频进行远距离通信。在 A3 海区覆盖区域,既可使用高频通信,也可使用卫星通信。在 A3 海区的覆盖范围以外,一般指 A4 海区,高频是唯一的远距离通信手段,在 4 MHz、6 MHz、8 MHz、12 MHz 和 16 MHz 频带中,指定了远距离通信业务使用的频率[其中包括无线电话和窄带直接印字电报(NBDP,Narrow Band Direct Printing Telegraph)通信以及数字选择性呼叫(DSC,Digital Selective Calling)]。

②中距离业务

中距离业务是在 2 MHz 频带中的频率上进行的通信。在船到岸、船到船和岸到船方向的通信中,可在 2 187.5 kHz 频率上使用 DSC 进行遇险报警和安全呼叫。在 2 182 kHz 上,使用无线电话进行遇险和安全通信,包括搜救协调通信和现场通信。2 174.5 kHz 将用于窄带直接印字电报的遇险和安全通信。

③近距离业务

近距离通信业务是在甚高频无线电话的频率段的通信。能进行近距离遇险报警和遇险通信的频率是:

a. 利用 DSC 进行遇险报警和安全呼叫的 156.525 MHz (70 频道)。

b. 利用无线电话进行包括搜救协调通信和现场通信在内的遇险和安全通信的 VHF16 频道的 156.8 MHz。

c. 日常通信使用的 VHF 工作频率。

2. 定位、寻位系统

(1)定位系统

GMDSS 中的定位系统主要是指 COSPAS-SARSAT 系统(低高度极轨道卫星搜救系统),其中海上船舶主要使用 406 MHz EPIRB 来完成全球范围内的船到岸的报警。

(2)寻位系统

寻位系统由搜救雷达应答器(SART,Search and Rescue Radar Transponder)和 9 GHz 雷达组成。在 GMDSS 中,SART 是对遇险船舶或其救生艇筏进行寻位的主要手段。便携式 SART 可在船上或救生艇(筏)上使用。SART 的工作频率为 9 GHz,是救生艇(筏)或幸存者使用的主要设备,该设备一方面可为搜救援助单位确定遇险事件的位置,另一方面可向幸存者表明搜救援助单位已驶近其遇险的地点,为幸存者带来极大的信心。

当发生海难事故时,搜救雷达应答器由人工开启,应答器进入待命状态。当应答器接收到进行搜索与营救工作的船舶或飞机上的 9 GHz 波段雷达发来的扫描信号后,应答器通过天线发出信号,该信号被 9 GHz 雷达接收后,在其显示器的荧光屏上显示出由一系列光点组成的信号。根据这些独特的信号,搜救者可判断出遇险船舶、救生艇或幸存者所在的位置,进行营救。船舶或飞机上装备的 9 GHz 波段雷达无须做任何改造即可接收到 SART 的信号。

SART 设备主要通过 9 GHz 的雷达来实现寻位,但是由于其自身限制,探测距离和精度等一直难以令人满意。IMO 无线电通信与搜救分委会召开的第 16 次会议明确了 AIS SART(AIS

搜救应答发射器）的地位，并将其写入新版的 IAMSAR Manual（International Aeronautical and Maritime Search and Rescue Manual，国际航空和海上搜寻救助手册）中，可以取代船上已安装的 Radar SART 设备。AIS SART 的主要优点是通信距离远、定位精度高，还可以将船名、水上移动识别（MMSI，Maritime Mobile Service Identify）等重要识别信息以图标的形式在 ECDIS 或者雷达屏幕上显示出来，进而为精确定位搜救提供便利。本书后面提及的“SART”，除非有特殊说明，否则包括雷达和 AIS 两种设备。

3. 海上安全信息播发（MSI）系统

该系统能够及时、有效地向船舶提供有关航行警告、气象警告、搜救信息、气象预报及其他紧急的海上安全信息，以保证船舶航行的安全。MSI 系统包括三个分系统，即 NAVTEX 系统、EGC 系统和海岸电台补充播发系统。

（1）NAVTEX 系统

NAVTEX 是近距离广播通信系统，工作频率主要是 518 kHz，用英语以前向纠错工作方式定时向船舶播发海上安全信息，覆盖范围最大可达 400 n mile 以内的沿岸航行区域。船上装有 NAVTEX 接收机，可自动接收和处理 NAVTEX 播发台发射的 MSI。

（2）EGC 系统

EGC 系统分安全网（SafetyNET）业务和船队网业务（FleetNET）。安全网业务是向船舶广播 MSI 信息，船队业务是向船舶提供公众消息和商业服务信息。

EGC 系统安全网通过 Inmarsat 卫星向固定海域、临时划定区域的船舶群或所有船舶提供全球统一的自动海上安全信息卫星广播业务。该系统既具有和 NAVTEX 系统相同的功能，又弥补了 NAVTEX 的空白，保证了 NAVTEX 海岸电台（简称岸台）覆盖不到的远海域、没有能力建立 NAVTEX 业务或由于船舶密度太低而不开放 NAVTEX 业务的沿海水域，能接收到海上安全信息。只要船舶配备具有 EGC 接收功能的移动站或 EGC 接收机，就可以接收全球任何海区的海上安全信息。

（3）海岸电台的补充播发系统

远程海岸信息播发业务利用高频自动印字电报（NBDP）技术对 A3、A4 海区进行安全信息播发；根据 SOLAS 公约 1988 年修正案的规定，如果配备了高频海上安全信息的接收设备，则可以免除对 Inmarsat EGC 设备配备的要求，但是根据设备配备的实际情况，几乎所有的远洋船舶均配备 Inmarsat C 移动站。因此，协调国在播发区域安全信息时，基本全用 EGC 的方式播发，高频安全信息播发系统主要用于播发沿海安全信息，对国际 NAVTEX 系统进行补充。例如，我国广州海岸电台，除在 518 kHz 进行正常的 NAVTEX 播发外，还在 4 219 kHz、6 329 kHz、8 431 kHz、12 622.5 kHz、16 854 kHz 等频率上播发海上安全信息，对 518 kHz 不能覆盖我国南海海域的实际情况进行补充覆盖。上海、天津等岸台也在高频播发相应的安全信息。

二、GMDSS 的设备配备要求

GMDSS 对船用通信设备的配备要求，适用于所有 300 总吨及以上的货船和在国际航线上航行的所有客船。GMDSS 的设备配备原则是，根据船舶航行的海区，强制其配备该海区要求的通信设备，而不是根据船舶的吨位来配备其通信设备。

1. GMDSS 的海区划分

在 GMDSS 实施前的无线电系统中,船舶无线电设备是根据其船舶吨位来配备的。在 GMDSS 中,船舶无线电设备的配备是根据船舶航行的海区来确定的,因而在 GMDSS 中明确规定了四个海区且四个海区互不重叠。GMDSS 的海区划分(见图 1-2-1)如下:

(1) A1 海区——至少在一个 VHF 海岸电台的无线电话覆盖范围之内,在此海区可实现连续的船岸 VHF-DSC 报警。此海区从 VHF 海岸电台位置向海上可延至 20~30 n mile 作为报警区域。

(2) A2 海区——在至少一个 MF 海岸电台的无线电话覆盖范围之内,在此海区可实现连续的船岸 MF-DSC 报警。此海区一般在离岸 150 n mile 的范围,但不包括任何指定的 A1 海区。实际上,A2 海区的覆盖范围已达到离 MF 海岸电台 250 n mile 的范围。

(3) A3 海区——在 Inmarsat 同步轨道卫星覆盖范围内,即地球南、北纬度 76°以内的区域范围,但不包括指定的 A1 海区和 A2 海区。此海区可连续进行船岸报警。

(4) A4 海区——除 A1,A2 和 A3 海区以外的区域,基本为南、北纬度 76°以上的南、北两极附近的海区。此海区只能使用 HF 无线电通信设备进行报警。

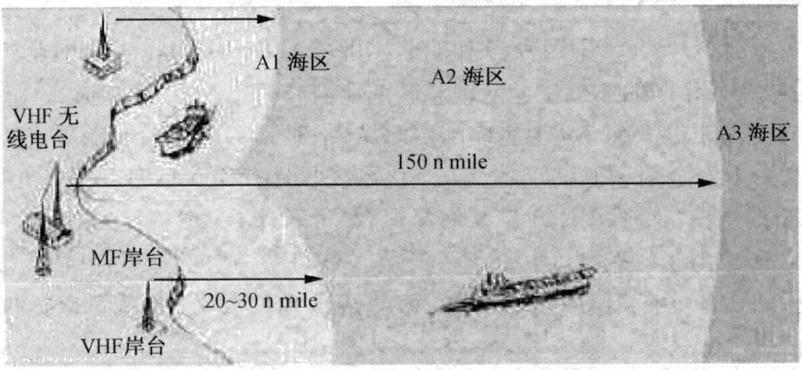

图 1-2-1　GMDSS 海区划分示意图

值得注意的是,根据海区划分的目的,各海区之间不能出现重叠区域。

2. GMDSS 船用设备

SOLAS 公约 1988 年修正案对 GMDSS 规定了在各个不同海区航行的船舶应配备不同设备,配备的基本原则是基本配备加附加设备。

基本配备如下:

①一台具有 DSC 功能的 VHF。

②一台 VHF-DSC 值守机。

③每艘客船和每艘 500 总吨及以上的货船,每舷应至少配有 1 台雷达应答器。每艘 300 总吨及以上但小于 500 总吨的货船,应至少配有 1 台雷达应答器。

④每艘客船和每艘 500 总吨及以上的货船,应至少配备 3 台双向 VHF 无线电话设备。每艘 300 总吨及以上但小于 500 总吨的货船,应至少配备 2 台双向 VHF 无线电话设备,设备应该能够工作在 16 信道和至少一个其他信道上。

⑤一台 NAVTEX 接收机。

⑥一台 EPIRB,如果是客船,则要求至少有 2 台 EPIRB。

附加(增配)设备为根据船舶航行的区域增配规定的设备。

(1)A1 海区的设备配备

VHF 无线电话装置;在 70 频道上具有 DSC 功能的 VHF;VHF-DSC 值守机;2 台 SART;NAVTEX 接收机,如果超出 NAVTEX 覆盖区域,配备 EGC 设备和打印机;自浮式卫星 EPIRB,或能在 VHF 的 70 频道上发送 DSC 遇险报警的 VHF-EPIRB。

(2)A2 海区的设备配备

VHF 无线电话装置;在 70 频道上具有 DSC 功能的 VHF;VHF-DSC 值守机;2 台 SART;NAVTEX 接收机,如果超出 NAVTEX 覆盖区域,配备 EGC 设备和打印机;自浮式卫星 EPIRB;带有 DSC 的中频无线电话设备;专用在 2 187.5 kHz 频率上的 MF 值班接收机。

(3)A3 海区的设备配备

VHF 无线电话装置;在 70 频道上具有 DSC 功能的 VHF;VHF-DSC 值守机;2 台 SART;NAVTEX 接收机,如果超出 NAVTEX 覆盖区域,配备 EGC 设备和打印机;Inmarsat 船舶地球站或用中频/高频 DSC 扫描值守机和 NBDP 设备代替;中频/高频 DSC 扫描值守机和 NBDP 设备。

(4)A4 海区的设备配备

VHF 无线电话装置;在 70 频道上具有 DSC 功能的 VHF;VHF-DSC 值守机;2 台 SART;NAVTEX 接收机;406 MHz 自浮式卫星 EPIRB;MF/HF 带有 DSC 和 NBDP 组合的无线电话与电传设备;中频/高频 DSC 扫描值守机。

1999 年 2 月 1 日 GMDSS 全面实施后,船舶应配备的设备种类与数量要求及近几年船舶通信设备实际配备的情况汇总如表 1-2-1 所示。

表 1-2-1 设备配备表

序号	通信系统	配备设备名称		船舶航行的海区				备注
				A1	A2	A3	A4	
1	地面通信设备	VHF-DSC 无线电话设备		1	1	1	1	1,2 项可合并
2		VHF 的 DSC 遇险值守机		1	1	1	1	
3		MF 无线电装置			1	(1)		A3 海区可有两种方案,实际中船舶配置高于要求。一般卫星通信终端 A(或 B)+C 站,同时配 MF/HF 组合电台
4		MF/HF 无线电装置				1	1	
5	卫星通信设备	Inmarsat 设备				2(1)		
6	定位寻位设备	EPIRB	极轨道 406 MHz	1	1	1	1	
7	地面通信设备	救生艇(筏)	SART	2	2	2	2	
8			手提双向 VHF 无线电话	3	3	3	3	

续表

序号	通信系统	配备设备名称	船舶航行的海区				备注
			A1	A2	A3	A4	
9	海上信息广播系统设备	NAVTEX 接收机	1	1	1	1	
10		EGC 接收机			(1)		实际用带 EGC 功能的卫星通信设备代替

注意：

(1)括号内标注的数字表示 GMDSS 的设备配备要求数量。未标注的，表示要求与实际配备相符。

(2)表中对 GMDSS 过渡时期需配备而在 GMDSS 正式实施后不再使用的设备做了删减。

3. GMDSS 船舶通信设备的附加要求

(1)VHF 无线电话设备应能够在 70 频道上发送和接收 DSC，应能够在 16 信道和另外一个其他信道上发送和接收无线电话。

(2)70 频道 DSC 值守机可与上述设备分开或组合在一起。

(3)MF 无线电设备必须能够在 2 187.5 kHz 上发送和接收 DSC 报警，并能够在 2 182 kHz 上发送和接收无线电话通信。

(4)专用在 2 187.5 kHz 频率上的 DSC 值守机，可与上述第(3)条的 DSC 设备分开或组合在一起。

(5)MF/HF 无线电设备应在 1 605～27 500 kHz 频带内所有遇险和安全频率上，能够发送和接收 DSC、无线电话和 NBDP。

(6)MF/HF 的 DSC 值守机应在 2 187.5 kHz、8 414.5 kHz 和至少一个 HF 的 DSC 频率(4 207.5 kHz、6 312 kHz、12 577 kHz 或 16 804.5 kHz)上进行接收。

三、GMDSS 设备的维修要求

IMO 已经做出规定，为保证海上航行船舶通信设备的可用性，GMDSS 船舶必须要满足一定的维修要求。维修方案有三种：

1. 配备双套设备

双套设备是指在满足前述必备设备的前提下，根据船舶所航行的海区增配相应的设备，以达到双配套设备的要求。

2. 岸基维修方案

岸基维修方案是指船舶主管单位与认可的、具有经营资格的公司签订协议，形成维修网络，保证对船舶无线电设备的保养和维修提供适当支持，保证设备故障能够及时得到修复，从而确保设备的可用性。

3. 海上维修方案

海上维修方案是指船舶上配备相关部门认可的具有维修资格的无线电操作员，利用船上的维修和测试仪器及备件对设备进行维修和保养。航行在 A1 海区或 A2 海区的船舶，经主管机关认可，可通过使用双套设备、岸基维修或海上维修三种方法中的任何一种，或综合使用上述方法,来保证 GMDSS 设备的可用性。航行在 A3 海区和 A4 海区的船舶,应至少综合使用上述方法中的两种,来保证 GMDSS 设备的可用性。

四、GMDSS 适任人员和证书

1. GMDSS 适任证书管理规定

国际电信联盟(ITU)于 1987 年召开的"世界无线电行政大会(WARC)"修改了《无线电规则》第 55 条的规定,采纳了 4 个新的 GMDSS 无线电证书。根据 ITU《无线电规则》的规定,使用 GMDSS 频率与技术的所有船舶的通信业务,应该由持有管辖该通信设备的主管部门所颁发或认可证书的操作员来控制。只要通信设备由持有证书的操作员控制,其他人员也可以使用 GMDSS 设备。

在海上移动业务中,所有证书必须用 ITU 的一种工作语言写明下述内容:

(1)证书持有者的姓名和出生日期;

(2)证书种类和颁发日期;

(3)证书号码和有效期;

(4)颁发证书的主管部门。

2. GMDSS 船舶通信设备管理人员证书种类

《无线电规则》第 55 条为海船规定了 4 种 GMDSS 无线电操作人员证书:

(1)一级无线电电子证书(First-Class Radio Electronic Certificate);

(2)二级无线电电子证书(Second-Class Radio Electronic Certificate);

(3)通用操作员证书(General Operator's Certificate);

(4)限用操作员证书(Restricted Operator's Certificate)。

具体船舶的无线电操作人员配员要求,应需要遵循船旗国政府的规定。例如,《中华人民共和国船舶最低安全配员规则》规定,A1 海区船舶需要配备兼职 GMDSS 限用操作员 1 人;A2 海区船舶需要配备专职 GMDSS 通用操作员 1 人或兼职 GMDSS 通用操作员 2 人;配备双套设备的 A3 和 A4 海区船舶,需要配备专职 GMDSS 通用操作员 1 人或兼职 GMDSS 通用操作员 2 人;配备单套设备的 A3 和 A4 海区船舶,需要配备专职 GMDSS 无线电电子员 1 人。

3. GMDSS 管理人员证书颁发的条件

《无线电规则》第 55 条除了定义 4 种证书,还规定了取得这些证书的条件。

一级无线电电子证书颁发给证明具有下列技术、专业知识和资格的申请人:

(1)电工学原理和无线电及电子理论知识,以满足下述(2)、(3)和(4)项的要求。

(2)GMDSS 无线电通信设备,包括 NBDP 和无线电话设备、DSC 设备、Inmarsat、EPIRB、船舶天线系统、救生艇(筏)无线电设备及电源在内的所有辅助设备的理论知识,以及通常用于无线电导航的其他设备原理的一般知识,尤其是关于使用设备的维修基础知识。

(3)上述 GMDSS 设备的实际操作知识和维修保养知识。

(4)在船舶航行中利用适当的测试设备和工具对上述 GMDSS 设备可能发生的故障查找和排除的实际知识。

(5)所有 GMDSS 各分系统及其设备的详细实际操作知识。

(6)利用无线电话和窄带直接印字电报设备正确地发送和接收信息的能力。

(7)详细了解适用于海上无线电通信的有关规则,了解有关无线电通信的计费文件,了解SOLAS公约对有关无线电通信部分的规定。

(8)较好地掌握国际电信联盟的一种工作语言,能令人满意地用这种语言口头和书面表达自己的意思。

二级无线电电子证书颁发给证明具有下列技术、专业知识和资格的申请人:

(1)同一级无线电电子证书的(1)~(3)项要求。

(2)在船舶航行中利用船上可用手段对上述GMDSS设备可能发生的故障进行修理和更换模块单元时所需的实际知识。

(3)同一级无线电电子证书的(5)~(8)项要求。

通用操作员证书颁发给证明具有下列技术、专业知识和资格的申请人:

(1)具有GMDSS各分系统及其设备的详细实际操作知识。

(2)利用无线电话和NBDP设备正确地发送和接收信息的能力。

(3)详细了解适用于海上无线电通信的相关规则,了解有关无线电通信的计费文件,了解SOLAS公约有关无线电通信部分的规定。

(4)较好地掌握国际电信联盟的一种工作语言,能令人满意地用这种语言口头和书面表达自己的意思。

限用操作员证书颁发给证明具有下列技术、专业知识和资格的申请人:

(1)当船舶在VHF海岸电台范围内航行时,所需GMDSS子系统和设备的实际操作知识。

(2)利用无线电话设备正确地发送和接收信息的能力。

(3)了解适用于海上无线电话通信的各项规则,特别是SOLAS公约有关部分规定。

(4)基本掌握国际电信联盟的一种工作语言,申请人应能令人满意地用该语言口头和书面表达自己的意思。例如,当船舶在仅限于主管部门规定的限制区域内航行时,主管部门可以对限用操作员证书持有者不坚持对上述语言的要求,在此情况下,对该证书应适当加批注。

第二章 无线电波的传播

船舶在海上主要依靠无线电通信，而无线电波的传输是无线电通信系统的一个重要环节。因此，研究无线电波的传播特性和模式，是 GMDSS 船舶无线电通信人员应该了解和掌握的知识。本章主要阐述无线电波及无线电通信的基本概念，包括无线电波的形成，波段的划分，各波段传输的特点，在 GMDSS 中各波段的应用情况，调制、解调、信道、噪声的概念等。

第一节　电波辐射与传播

一、无线电波的产生

无线电波实质上是一种电磁波。电荷周围有电场存在，电荷定向移动产生电流，在电流周围会产生磁场。如果电流大小与方向随时间变化，在交变电流周围将产生交变的电磁场。当交变频率足够大时，交变的电磁场将会摆脱导体的束缚辐射出去，这就是电磁场产生的基本原理。

无线电传播过程就是交变电磁场向前波动的过程。当交变的电流通过天线向空间辐射后，在天线附近空间形成交变的电场和磁场，变化的电场能产生磁场，交变的磁场又生成电场，如此反复，电磁场以光的速度向外辐射和传播。

二、频率、周期、波长和波速的定义以及相互关系

(1)频率

电波在 1 s 的单位时间内幅值大小与方向周期性重复变化的次数称为频率。

频率的符号：f。

频率的单位：赫兹(Hz)，千赫兹(kHz)，兆赫兹(MHz)，千兆/吉赫兹(GHz)。

$$1\ 000\ \text{Hz}=1\ \text{kHz},1\ 000\ \text{kHz}=1\ \text{MHz},1\ 000\ \text{MHz}=1\ \text{GHz}$$

有时候,描述电波在单位时间内幅值大小与方向周期性重复变化的情况还会使用角速度,角速度的符号是 ω,角速度与频率的关系是 $\omega=2\pi f$。

(2)周期

电波幅值大小与方向变化一次所用的时间称为周期。

周期的符号:T。

周期的单位:秒(s),毫秒(ms),微秒(μs)。

$$1\ \text{s}=1\ 000\ \text{ms},1\ \text{ms}=1\ 000\ \mu\text{s}$$

(3)波长

电波在一个周期内传播的距离称为波长。

波长的符号:λ。

波长的单位:米(m),分米(dm),厘米(cm),毫米(mm)。

$$1\ \text{m}=10\ \text{dm},1\ \text{dm}=10\ \text{cm},1\ \text{cm}=10\ \text{mm}$$

(4)波速

单位时间内无线电波传播的距离称为波速。

波速的符号:v。

波速的单位:米/秒(m/s),千米/秒(km/s)。

无线电波在真空中是以光速传播的。光速的符号是"c",大小约为 3×10^8 m/s。

(5)周期与频率以及波速、频率和波长的关系

$$T=1/f$$

$$v=\lambda\times f$$

三、频率的划分

无线电波一般按波段划分。现在无线电通信被广泛地应用于许多领域,为了更好地利用频率资源,减少相互间的干扰,国际无线电咨询委员会(CCIR, International Radio Consultative Committee)为不同行业指定了不同的频段。划分后的波段名称、波长、频率范围详情如表2-1-1所示。

表 2-1-1 波段划分表

波段名称		波长范围	频段名称	频率范围
极长波		10^5 m	极低频(ELF)	3 kHz
超长波		$10^5\sim10^4$ m	甚低频(VLF)	3~30 kHz
长波		$10^4\sim$1 000 m	低频(LF)	30~300 kHz
中波		1 000~100 m	中频(MF)	300~3 000 kHz
短波		100~10 m	高频(HF)	3~30 MHz
米波(超短波)		10~1 m	甚高频(VHF)	30~300 MHz
微波	分米波	10~1 dm	特高频(UHF)	300~3 000 MHz
	厘米波	10~1 cm	超高频(SHF)	3~30 GHz
	毫米波	10~1 mm	极高频(EHF)	30~300 GHz

CCIR 为海上地面移动通信业务专门指配的通信频段和通信频率为:

中频:415~4 000 kHz。其中,MF Ⅰ:415~530 kHz;MF Ⅱ:2 MHz。

高频:4 000~27 500 kHz。

甚高频:156~174 MHz。

在高频范围内,CCIR 指定海上移动通信使用的频段为 4 MHz、6 MHz、8 MHz、12 MHz、16 MHz、18 MHz、22 MHz、25 MHz。同时,CCIR 还为无线电话(RT,Radio Telephone)、无线电传(Telex)、数字选择性呼叫(DSC,Digital Selective Calling)、无线电报(WT,Wireless Telegraph)等几种通信方式分别指配了工作信道。每一工作信道对应一对工作频率,分别供船岸电台和船对船的电台通信使用。

CCIR 按通信方式、波段分别划分通信信道。船岸通信信道的收、发频率通常是不同的;而指配用于船对船的通信信道的收、发频率是相同的。指配用于遇险安全等重要通信的收、发频率相同。这些频率不仅用于船船间的通信,而且用于船岸间的通信。例如,上海海岸电台无线电传业务使用 828 信道,Telex HF 828 信道是指 8 MHz 频段的 28 信道,这一信道对应的海岸电台的发射频率(即船舶电台的接收频率)是 8 430.0 kHz,接收频率(即船舶电台的发射频率)是 8 390.0 kHz。再比如,Telex MF 遇险安全通信收、发频率都为 2 174.5 kHz。

CCIR 分配给海上 VHF 移动业务的工作波段是 156~174 MHz,信道号码分别是 01~28、60~88 信道。其中,信道 70 专门用于 DSC 业务,其他信道可用于无线电话业务。另外,还专门为船舶自动识别系统(AIS,Automatic Identification System)分配了 88B 信道和 87B 信道,现在这些信道被更名为 AIS1 和 AIS2 信道。除此以外,考虑到 VHF 信道日渐拥挤,该波段的数据通信需求伴随 e 航海的发展越来越强烈的现实情况,CCIR 在海上 VHF 移动业务波段 156~174 MHz 不变的情况下,通过交织调制技术、原有信道频率重新组合等方式,正在对 VHF 信道进行有效扩容。在扩容情况下,新产生的信道号码为 4 位。

以上这些信道和频率划分详情登载在英版《无线电信号表》第Ⅰ卷的附录中。海岸电台开放业务以及使用的信道详情也可在英版《无线电信号书》第Ⅰ卷中查到。

四、无线电波的传播途径

从发射点到接收点,不同频率的无线电波有不同的传播途径,按照离开地面的高度,传播途径可划分为地波传播、空间波传播和电离层波传播三种。

地波传播:电波沿地球表面传播,见图 2-1-1。

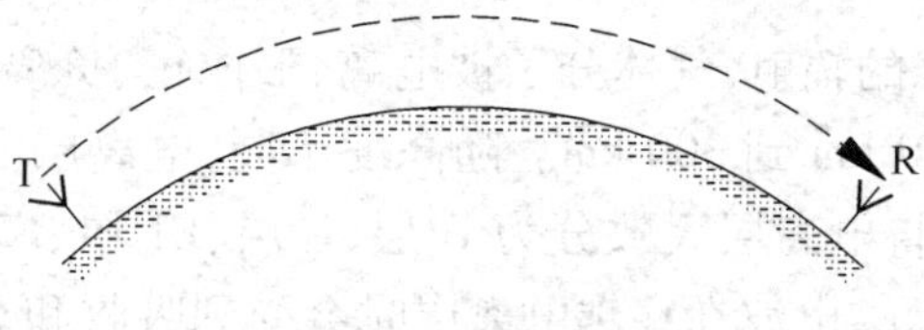

图 2-1-1 地波传播

空间波传播:电波在空间传播,由入射波、地面反射波和直射波组成。超短波通信就是靠空间波传播的,接收点的场强由地面反射波、空间直射波合成,见图 2-1-2。

电离层波传播:电波由发射天线出发经电离层反射到达接收天线,见图 2-1-3。电离层波又称天波。

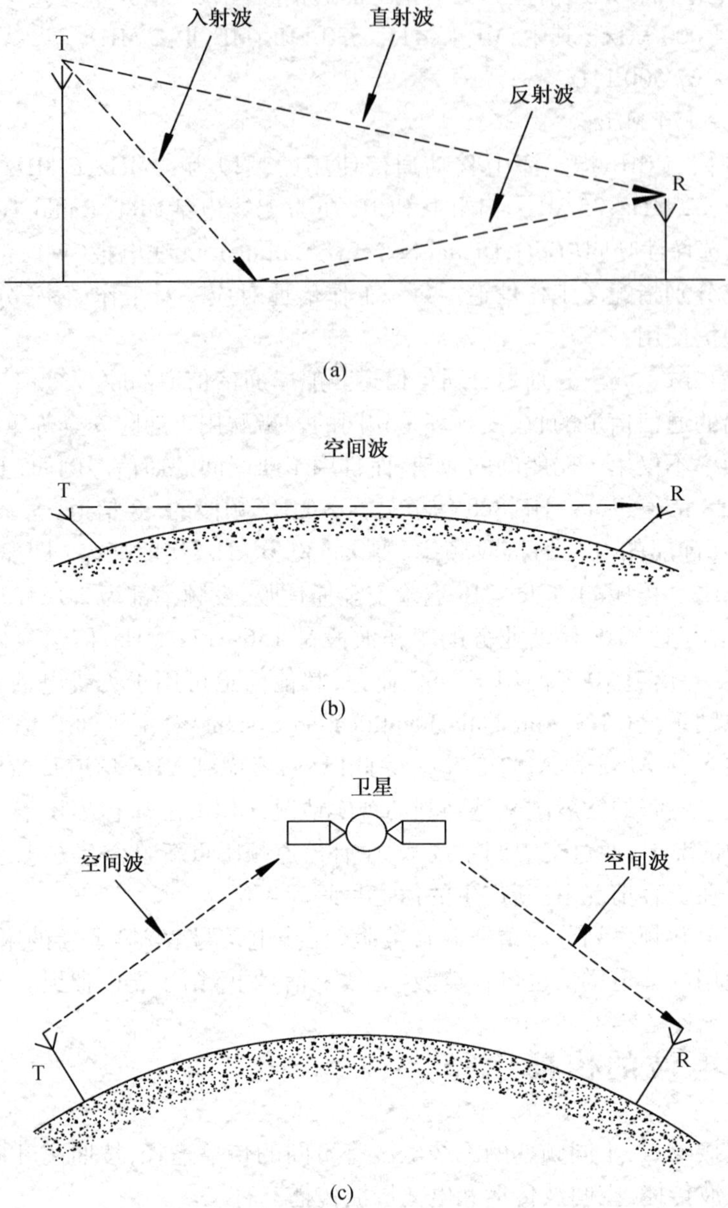

图 2-1-2　空间波传播

大气层由于太阳紫外线的辐射,气体分子被电离,形成正、负离子和自由电子组成的电离层。电离层距地面高度为 50 km 到 300 km。随高度不同,电离层电离程度不同,形成不同的浓度。根据电离层浓度,可将电离层大致分为 D 层、E 层、F1 层、F2 层。高度越高,电子浓度越大,其分布如图 2-1-3 所示。电波在穿越电离层时会受到吸收和衰减,吸收和衰减程度与频率和电离层的浓度有关。D 层和 E 层变化最有规律,中午浓度最强,上、下午次之,晚上 D 层消逝。F 层在夏季白天分为两层:F1 层和 F2 层,F2 层为较高层,F1 层在晚上消逝。晚上只剩 E 层和 F2 层。

电离层极不稳定,受多种因素的影响,对电波传输影响较大。

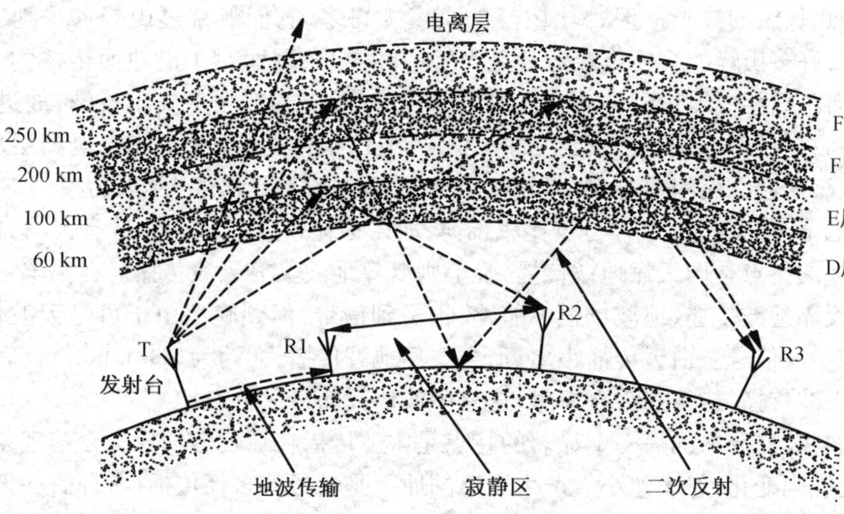

图 2-1-3 电离层分布与电波传播

第二节 各波段电波传播特点

了解无线电波的传播特点，将有助于正确地选择和使用频率，迅速建立通信链路。

一、各波段电波传播特点

1. 长波和超长波传播

超长波波长为 10~100 km，频率为 3~30 kHz；长波波长为 1~10 km，频率为 30~300 kHz。由于波长很长，因此地面的凹凸及地质参数的变化对传播影响很小。在 300 km 以内，传播基本上是地波传播。对于较远距离的通信可用电离层传播。由于频率低，长波和超长波在电子浓度很低时就可能满足反射条件，因此穿入电离层很浅，电离层对其吸收也很少。白天，电波由 D 层反射，夜间由 E 层反射。电波传播在地面与电离层之间来回反射，就像电波在波导中传播一样，因此称地面与电离层之间形成的传播途径为地球波导。由于 D、E 层变化较有规律，地波场强也较稳定，因此长波和超长波传播比较稳定。但它还有三个缺点：

(1) 由于地波衰减慢，发射台发出的地波对其他收信台干扰大。

(2) 天电干扰对长波接收影响严重，尤其是在多雷雨的夏季。

(3) 收发设备笨重，需要尺寸庞大的天线。

海上通信没有采用长波和超长波波段。

2. 中波传播

中波波长为 100~1 000 m，频率为 300~3 000 kHz。中波可经地波和天波传播，但中波的地波传播和天波传播与长波有许多不同之处。波长越短，沿地面绕射的能力越差。中波波长比长波波长短得多，因而它沿地面传播的能力比长波差得多。在山区，电波传播要受到地形的影响。长波和超长波的波长一般都比山峰的高度大得多，它们能绕过山峰如平地一样传播。中波波长较短，许多山峰的高度都接近甚至大于中波波长，因而对于沿地面传播的衰减增大，场强减小，传播距离相应缩短。中波在电离层内传播时，由于其频率高于长波，故进入电离层较深。白天中波穿过 D 层时，受到强烈的吸收，天波信号微弱，甚至不能由电离层反射，接收信号几乎完全靠地波。夜间 D 层消失，由 E 层反射回来的天波强度大（因为夜间 E 层电离度减小，且 E 层位置较白天高，气体分子比较稀薄，所以损耗较少），传播信号有天波，也有地波。总之，中波传播的特点是白天靠地波传播，晚上则既靠地波又靠天波传播。在离电台较远的地方，白天由于仅靠地波传播，地波场强不够，故收不到信号，但到晚上由于可经天波传播，因而可收到远处的中波信号。白天传播距离近，主要靠地波传播，大约为 200 n mile；夜间传播距离远，靠地波和天波传播，能传播数百海里，这是中波传播的最大特点。

中波传播与长波传播的另一个显著的特点是中波传播存在衰落现象。衰落现象是指接收点信号强度无规则变化，忽大忽小。产生衰落的原因是信号的多径传播。夜间，在天波和地波同时存在的区域，由于天波的波程随电离层电子浓度或电离层高度变化而时刻变化，接收点天波的相位也随之变化；地波场强较稳定，接收点地波相位也较稳定。因此，天波和地波的合成场强将不断地变化，当天、地波同相时，合成场强最大；反相时，合成场强最小。如此便产生了信号忽大忽小的衰落现象。抵抗衰落有两种方法：一种是在接收机中加自动增益控制电路；另一种是采用抗衰落天线，即设法使天线的辐射能量集中在地面上，尽量减小天波的辐射。

3. 短波传播

短波波长为 10～100 m，频率为 3～30 MHz。与中波一样，短波也靠地波和天波来传播。但短波的地波传播由于波长较短，沿地面绕射传播的能力差，且地面吸收强烈，衰减很快，在陆地的传播距离一般不超过 100 km，在海洋最多也只有 150 km。天波传播时，由于频率较中波频率高，因而在电离层中的损耗相应地减小，可借助于电离层进行一次或多次反射，实现远距离通信。一般情况下，E 层的电子浓度不足以将短波反射回来，而主要靠 F 层反射回地面。电波的损耗主要发生在 E 层。电波在电离层内的衰减与频率有关，频率越高，衰减越小，当频率太高时，电波将会穿透电离层，辐射到外层空间，不再返回地面。

短波传播具有以下几个特点：

(1)地波传播衰减得很快，传播距离不远。

(2)天波传播距离远，但信号不稳定。相比中波，短波由于频率高，故在电离层内传播时的衰减很少，能够容易实现远距离通信。但由于短波是比较深入电离层的，因此它所受电离层变化的影响较大，不同时间有不同的最佳工作频率。实际工作中，白天电子浓度大，使用较高的频率；夜间电子浓度小，使用较低的频率。一般地讲，在高频的各频段中，较低的频率通信距离近，较高的频率通信距离远。

(3)有衰落现象。短波通常经 F 层进行反射，F 层不像反射中波的 E 层那样稳定，所以短波通信中的衰落现象比较严重。但与中波衰落不同，短波衰落不是由天地波的叠加而引起的，而是由电离层里不同路线的电波传输到达接收天线时电波相位差的不同引起的。

(4)存在寂静区。在海上通信时，常常遇到这样一种情况，即收听某一海岸电台的频率，在距离短波电台较近和较远地区都能收到信号，但在两者之间有一个环形区收不到信号，我们通常称存在这一现象的地区为寂静区，又叫哑区。寂静区产生的原因是：接收台在距离发射台较近时可以接收到发射台的地波信号，当距离较远时又可以接收到发射台的天波信号；但是，当接收台正好处于上述两个距离之间时,既接收不到地波信号,也接收不到天波信号。此时,我们说接收台正好处于寂静区。

4. 超短波和微波

超短波波长为 1～10 m,频率为 30～300 MHz;微波波长为 1～1 000 mm 频率为 300～3×10^5 MHz。超短波和微波在传播特点上虽然有些差别,但基本上是相同的。超短波和微波的频率比短波高得多,一般不能被电离层反射回来,而是穿透电离层奔向无边无际的太空,因而不能依靠电离层的反射实现远距离的传播。同时,由于波长很短,地波衰减极大,超短波和微波不能像长波、中波那样沿地面传播,主要靠空间波传播。由于受到地球曲率的影响,传播距离不会很远,在天线绝对高度(距海平面的高度)为几十米时,一般仅有几十海里。海上 VHF 通信距离一般为 30～50 n mile。

二、在主要航线上不同海域与国内上海海岸电台通信使用的频段

从实践经验看,船舶在印度洋、红海、地中海西部和大西洋东部海域与上海海岸电台白天和夜间的通信所使用的最佳频段如表 2-2-1 所示。

表 2-2-1　在典型区域呼叫上海海岸电台的最佳频段表

所在海域	白天最佳频段	夜间最佳频段
印度洋	16 MHz、22 MHz	8 MHz、12 MHz
红海	16 MHz、22 MHz	8 MHz、12 MHz
地中海西部	16 MHz(1530LT 左右) 12 MHz(1630LT 左右)	8 MHz、12 MHz
大西洋东部	12 MHz(1630LT 左右)	8 MHz、12 MHz

在上述海域与国内通信时,应根据当时的情况确定最佳频段。一般方法是先收听一下预通信海岸电台几个频段的信号,根据信号质量、强度和忙闲状态,选择一个最佳频率。通常情况下,如某船舶在某一海区收听某海岸电台工作信道信号质量好,当该船舶在该信道海岸电台的接收频率上发射时,该海岸电台也能较好地接收到该船舶的信号。另外,还要注意海岸电台使用定向天线等情况,如上海海岸电台根据业务情况,将某些频率的发射天线向某海区定向。总之,与其他海岸电台通信时,要注意不断积累经验。

第三节　无线电通信的基本概念

一、无线电通信概述

现代通信主要利用电信号来进行信息的传递。依据电信号的传递方式,通信系统可分为有线通信和无线通信两大分支。有线通信就是在特定的网络中,使用传输线来进行信息的传

递,如有线电视网、市话网和互联网等;无线通信不需要使用传输线,而是通过辐射的电磁波在自由空间的传播来实现信息的传递。

一个完整的无线电通信系统应该包括信息源、发送设备、信道、接收设备和信息宿五个基本部分。在通信系统中,我们通常把需要传递的信息(如语音、文字、图像和数据等)来源称为信息源。发送设备就是把从信息源送来的信息变成电信号并利用合适的方法把它发射出去。信道就是信号传输的通道或者传输的媒介,噪声一般都是信息经过信道时产生的。接收设备就是将发射端传来的信号经过变换恢复出源信号。信息的接收者称为信息宿,也是信息的归宿。信息宿可以是人或机器,例如人听到通信系统传来的声音或者看到的图像、机器或仪表接收的数据或指令等。通过上述五部分的有机结合就可以实现无线电通信。

二、调制与解调

人耳能听到的声音的频率为 300~3 000 Hz,通常把这一频率范围叫作音频。声波在空气中的传播速度很慢,约为 340 m/s,且衰减很快,不会传播很远。把声音传得远的常用方法有有线传输与无线传输两种方式。把声音变成电信号(这一任务通常由话筒完成),然后经过放大、导线播送出去,再经喇叭还原成声音,这是有线传输;不用导线将声音传播出去为无线传输。我们知道,交变的电磁场可以利用天线向天空辐射。但要做到有效的辐射,天线的尺寸应和电磁波的波长相比配。音频的波长为 $10^5 \sim 10^6$ m,要制造尺寸相当的天线显然是不可能的。因此,不能直接将音频信号辐射到空中。一个可以实现的设想是将音频信号“装载”到更高的频率上,然后由天线辐射出去。因为高频的波长为 10~100 m,天线尺寸可以做得比较小。同时,不同的电台可以使用不同的频率,这样就可以容纳更多的电台同时工作。

在船上需要辐射出去的信号除了音频信号外,还有电传、数字等各种信号。这些信号必须装载到高频上才便于传送。这些要借助于高频传输出去的原始信号,称为控制信号或者调制信号。用调制信号控制高频信号的过程叫作调制。被调制的高频信号称为载波。经过调制后的高频信号称为已调信号。在接收端从已调信号中检取出原始信号的过程称为解调或者检波。调制的方法是多种多样的,对连续波的调制方法有调幅、调频、调相、边带调制等,对数字信号的调制有移频键控、移相键控等。

三、传输信道

1. 传输信道的概念

传输信道连接发送端和接收端,是通信双方之间单向或双向传输信号的传输通道,简称信道。

2. 信道的分类

通常信道有广义信道和狭义信道之分。

广义信道:将传输媒质和各种信号变换设备(如发送设备、接收设备、馈线与天线、调制解调器等)包括在内的传输通道。

狭义信道:信号的传输媒质,如光纤、电缆和传输电磁波的自由空间等。

(1)广义信道的分类

广义信道可分为调制信道和编码信道。

调制信道:从调制器输出端到解调器输入端的部分。通常在模拟通信系统中,传输信道就是指调制信道。

编码信道:从编码器输出端到解码器输入端的部分。在数字通信系统中,传输信道就是指编码信道。

(2)狭义信道的分类

按照传输媒介来划分,狭义信道可分为有线信道和无线信道。

有线信道:在有线信道中,电磁波是沿着有形媒介传播的。有线信道包括双绞线、同轴电缆和光纤等。

无线信道:可以传输无线电波和光波的空间或大气。无线信道有长波信道、中波信道、短波信道、超短波信道、微波信道和卫星信道等。其中微波信道和卫星信道的使用目前最为广泛。无线信道的传输特性不如有线信道的传输特性稳定和可靠,存在传输效率低、易被窃听、易被干扰、受气候因素影响等缺点,但无线信道具有方便、灵活、通信者可以移动等优点。无线信道主要用于山区、海上、空中等有线信道不易敷设的场合,同时在移动通信环境中,无线信道也是必需的选择。

四、干扰和噪声

在实际通信中,无论有线传输还是无线传输,在接收机负载终端(扬声器或其他设备)上得到的信号,都不是绝对纯净的,必然会存在一些无用信号。这些无用信号均可称为“噪声”。对于噪声,按其来源可分为外部噪声和内部噪声两种类型。外部噪声通常也可以称为外部干扰,它来自接收机外部,经接收天线进入接收机;内部噪声则是由设备本身的元器件产生的。

1. 常见的外部干扰

常见的外部干扰有电台干扰、工业干扰、天电干扰和宇宙干扰等。

(1)电台干扰

电台干扰是指由其他无线电发射台所产生的干扰。由于无线电通信的迅速发展,工作在各个波段的无线电台日益增多,使信道变得更加拥挤,因此,在接收天线上除了能感应出有效信号外,还会不可避免地感应出各种各样的无用信号。当这些无用信号具有一定强度时,就会影响到对有效信号的正常接收。

尽管电台干扰普遍存在于各个无线电波段中,但在实际通信中,受影响较大的则属短波波段。短波波段的整个频带较窄,而实际使用的电台数目已超过了该波段的无干扰容量,因此必然造成相互干扰。严重时,邻近电台发射的功率较大,或信号频谱太宽,可能使本台的通信在短时间内无法正常进行。

(2)工业干扰

工业干扰源于人类的生产活动,它是一种脉冲信号,主要由各种各样的电气设备产生。最常见的一种现象就是在我们看电视或听广播时,若打开电灯,便会听到“喀啦”声,同时图像也会抖动,这就是工业干扰的结果。此外,诸如吹风机、电动机和各种机动车辆的点火系统等,都可以产生电火花,形成工业干扰。

工业干扰的脉冲信号频谱很宽，可从极低的频率一直延伸到几百兆赫兹的超高频波段，因此工业干扰对各种无线电设备均能产生不良的影响，而相对影响较大的是中频波段。

(3)天电干扰

天电干扰是指由大气中的各种电骚动引起的干扰。天电干扰主要来自雷电产生的强大的电磁波辐射，另外带电的雨点、雪花和尘粒的运动，不可避免地会与接收天线发生碰撞，也能产生一定的天电干扰。

天电干扰的信号频谱主要在超短波频率以下，一般超过 20 MHz 的频段的影响变得很微弱。因此，工作在超短波波段以上的无线电设备基本上不受天电干扰的影响，但对工作在超短波以下的设备有严重的不良影响，尤其是雷电所造成的天电干扰，严重时不但无法正常接收，甚至会毁坏接收机。对于经常在雷区航行的船舶，雷电的干扰尤为严重，平时应断开接收天线，使之保持良好的接地，以保护接收机。

(4)宇宙干扰

宇宙干扰是指来自宇宙空间的各种天体所产生的电磁辐射。其中，太阳就是一个强大的具有很宽频谱的辐射源。来自太阳的噪声，被称为太阳系噪声，它以 11 年为一个周期变化。此外，银河系中的一些恒星和许许多多远离地球的其他星球，也都辐射各种频率的电磁波，这都构成了宇宙干扰。

宇宙干扰对通信的影响一般在 8~1 000 MHz，而相对集中的波段是 30~60 MHz，因而对中短波通信的影响相对较小。

2. 设备内部噪声

在接收时，除了存在外部干扰外，还有来自设备内部由某些元器件产生的干扰，习惯上把这种干扰叫作内部噪声。关于接收机内部噪声，按其特性主要分为以下两种：

(1)热噪声

热噪声主要是由电阻元件和其他存在分布电阻的各种元器件产生的。在导体内部，自由电子在一定的温度下，也和空气分子一样，不断进行无规则的热运动，这种热运动的方向和速度都是随机的。因而，在导体内部便形成了随时间不断变化的忽大忽小的无规则电流。这种起伏的电流，在导体两端便产生了电压，形成了干扰有效信号的噪声。这种噪声是由自由电子的热运动产生的，与温度有直接的关系。温度越高，噪声越大，因此把这种噪声称为热噪声。热噪声在整个有用频谱内是均匀分布的。

(2)散弹噪声

散弹噪声又叫散粒噪声，它是由各种电子器件，如电子管、晶体管和场效应管等器件内部的带电微粒引起的。这也是无线电接收设备内部噪声的一个重要来源。通常情况下，散弹噪声随直流偏置电流的大小成比例增减。实验和理论分析的结果都表明，散弹噪声的频谱，在很宽的频率范围内，也是均匀分布的。

3. 噪声的表示

为了能够衡量设备噪声性能的好坏，通常用两种技术指标来表示：信噪比和噪声系数。

(1)信噪比(S/N)

信噪比是指在通信系统中某点信号的平均功率(S)与噪声的平均功率(N)的比值。信噪比越大，说明噪声对信号的影响越小。

(2)噪声系数(N_F)

噪声系数是指一个系统或元器件的输入信噪比和输出信噪比的比值。在理想情况下,设备内部无噪声时,$N_F=1$。噪声系数越大,则说明设备的内部噪声越大。

第三章 船用MF/HF通信设备

第一节 船用 MF/HF 通信原理

一、船用 MF/HF 组合电台的构成和基本要求

在 GMDSS 中，MF/HF 组合电台主要承担船岸间或船舶间的中远距离通信功能，是 GMDSS 的重要组成部分。船舶在海上航行时既可以通过组合电台呼叫其他船舶，还可以以海岸电台为中继站实现船舶与陆地公网电话、电传用户之间的通信，如船舶与公司部门的固定电话通信、与移动网络中的手机用户通信以及与陆网电传用户之间进行电传通信等。

为满足 GMDSS 功能要求，实现遇险报警、搜救协调通信、现场通信，以及收发 MSI 和常规通信等功能，MF/HF 组合电台需要达到以下基本要求：

（1）MF/HF 组合电台至少应包括单边带收发信设备、整机控制单元或多个分机控制单元、送受话器、NBDP 终端设备、数字选择性呼叫设备，以及专用或者与数字选择性呼叫设备组合的数字选择性呼叫值班设备。船舶上常见的 MF/HF 组合电台构成如图 3-1-1 所示。根据目前产品发展情况，MF/HF 组合电台正在不断融入触屏、多功能集成等新技术，以适应信息化、现代化航海对通信的需求。

①MF/HF 收发及控制单元

MF/HF 收发及控制单元对接收天线、SSB 送受话器、NBDP 终端、DSC 终端等各终端设备输送的信号进行相应的处理，再把处理好的信号输送给相应的下一单元。

②SSB 送受话器

SSB 送受话器为组合电台提供语音通信的人机信息交换界面。

③NBDP 终端

NBDP 终端作为完成窄带直接印字电报通信业务的终端，可以提供电文的编辑和存储、通

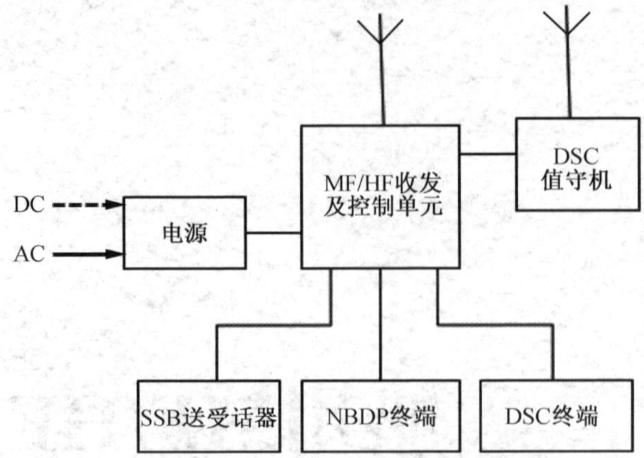

图 3-1-1　船舶上常见的 MF/HF 组合电台构成图

信频率的设置、设备测试、启动常规及遇险等各种呼叫功能。

④DSC 终端

DSC 终端具备遇险报警、遇险确认、遇险转发的功能，同时具备日常选择性呼叫、值班守听、业务查询等功能。数字选择性呼叫技术取代了传统 500 kHz 莫尔斯电报和 2 182 kHz 无线电话的人工值守，给出了全新的船舶地面通信系统值班制度和通信程序。

⑤电源

一般日常使用的交流电源由船舶主电源或者应急电源供电，直流电源为备用电源。

⑥天线

天线作为 MF/HF 组合电台设备的换能器，承担发射和接收无线电信号的任务。

(2)SSB 发射机的载波频率和接收机的本地振荡频率要准确稳定。具体要求请见本章第二节相关内容。

(3)设备开机时间应不超过 1 min。

(4)设备正常工作过程中，信道转换时间应不超过 15 s。

(5)发射机具有自动切换工作模式功能，当组合电台使用 DSC 或 NBDP 工作模式时，其发射机工作类型应能够自动切换至 F1B 或 J2B 发射模式。有关发射模式的相关知识见本节的后半部分。

(6)电源和工作电路要求具有较好的工作性能，电源应能连续 24 h 为组合电台工作提供电源，作为备用电源的蓄电池应能够在断电时最少支持组合电台工作 6 h。

目前，中大规模集成电路板在 MF/HF 组合电台中得到了广泛应用，使组合电台无论是在抗温还是在耐压方面都得到了很大程度的提高，新型高性能的组合滤波器、触摸式开关的应用又进一步提高了电路的工作稳定性和操作的便利性。此外，在组合电台电路设计中广泛采用模块化处理，不仅使电台的工作性能更稳定，还有效简化了维护与保养程序，降低了设备维修技能要求。

二、调幅信号的特点

本书第二章对信号的调制、解调的概念进行了阐述，调幅是调制技术的一种形式。

调幅通信是指将语音、图像或数字等待发射信号(称为调制信号或者基带信号)调制到某高频信号(称为载波)上去,使高频信号的振幅随着调制信号幅度的变化而变化,然后通过天线辐射出去。调幅波包络由三部分组成:载波、上边带和下边带。上、下两个边带分别携带有完整的有效传播信息,载波仅仅是两个边带信号的传播载体。接收机收到信号以后,先对信号进行放大,再通过解调器,把有用的信息信号从高频载波里剥离出来进行再处理,把最终的处理信号传达给信宿,最终完成通信。为满足通信要求,发射机的信号输出要达到一定的辐射效果。

为了便于理解,下面首先阐述单音频信号调幅波的特点。

1. 单音频调幅调制信号

设调制信号为:

$$u_{\Omega}(t) = V_{\Omega}\cos(\Omega t) \tag{3-1}$$

载波信号为:

$$u_{c}(t) = V_{c}\cos(\omega_{c} t) \tag{3-2}$$

式中:V_{Ω}、Ω 分别表示调制信号的振幅和角频率,V_{c}、ω_{c} 分别表示载波的振幅和角频率。为了简化问题分析,不考虑调制信号和载波信号的初始相位。

根据调幅波的调制原理,调制后的信号表达式如下:

$$u_{AM}(t) = [V_{c} + V_{\Omega}\cos(\Omega t)]\cos(\omega_{c} t) \tag{3-3}$$

令 $m = V_{\Omega}/V_{c}$,m 为调幅系数(又称调幅指数)。如果 $m>1$,则调制信号幅度大于载波信号幅度,这时高频载波不能随着调制信号幅度大小的变化而变化,从而会产生调制失真,不能获取有效的调幅波,这种现象称为“过调”。因此,为了防止调制失真,m 值应小于等于 1。将 m 代入式(3-3)可得:

$$u_{AM}(t) = V_{c}[1 + m\cos(\Omega t)]\cos(\omega_{c} t) \tag{3-4}$$

应用三角公式变换,带入公式(3-4)展开得出:

$$u_{AM}(t) = V_{c}\cos(\omega_{c} t) + \frac{1}{2}mV_{c}\cos[(\omega_{c} + \Omega)t] + \frac{1}{2}mV_{c}\cos[(\omega_{c} - \Omega)t] \tag{3-5}$$

由式(3-5)可知,一个单元音余弦的调幅波是由三个不同频率的余弦调幅波的和构成的。其中,式(3-5)中第一项为原有的载波分量,第二项为上边分量,第三项是下边分量。

根据式(3-1)、式(3-2)和式(3-5)可以分别画出调制信号、载波信号和调幅信号的波形曲线图和频谱图,如图 3-1-2 所示。在波形图中,y 轴表示信号的振动幅度,x 轴表示波形变化的时间;在频谱图中,纵轴表示信号的幅值,横轴表示信号的频率。在图 3-1-2(d)中,F 表示调制信号的频率值,为低频信号,包含了所有要传递的有用信息;在图 3-1-2(e)和图 3-1-2(f)中,f_{c} 表示载波的频率,是频率固定的正弦波高频信号。由右边的频谱图可以清楚地看出两个边频对称地排列在载波分量的两侧,分别叫作上边带频和下边带频。通过对波形变化和公式的特性分析,可以得出以下结论:

(1)载波本身与调制信号无关,它们调制后的信号包络变化随着调制信号的变化而变化,与调制信号波形保持一致,两个边带分别含有完整的所要传递的信息。包络是指将一段时间长度的高频信号的峰值点连线,所得到的上方(正)和下方(负)的曲线。在图 3-1-2(c)中,上、下最外缘的曲线即包络线,它反映了高频信号幅度随调制信号变化的情况。

(2)单音频调制的调幅信号由载波 f_{c}、上边频 $f_{c}+F$、下边频 $f_{c}-F$ 三个频率分量组成,要传

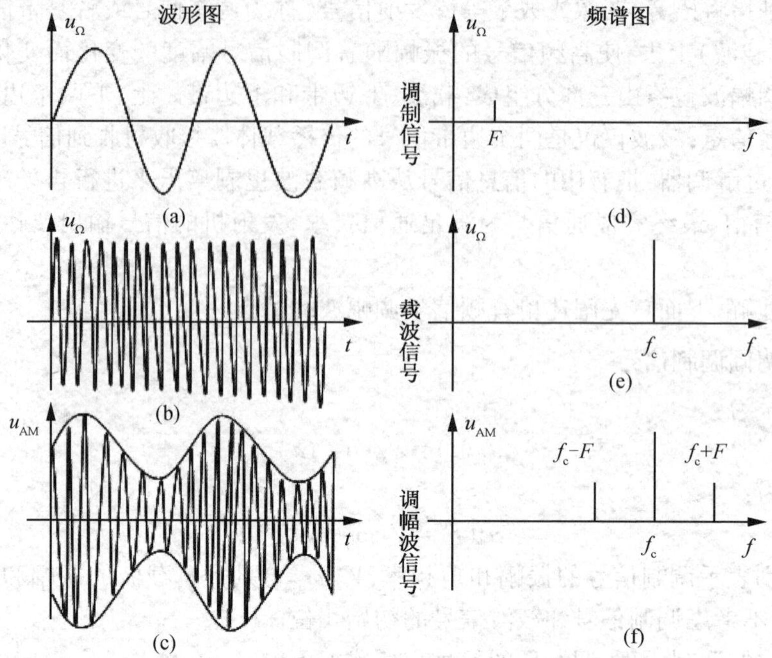

图 3-1-2　调制信号、载波信号和调幅波信号的波形图和频谱图

递的有效信息(即调制信息)只包含在上、下两个边频之中,载波 f_c 中不包含要传递的有效信息。

(3)在调幅波中真正有用的是两个边带,两个边带振幅(功率)之和一般不超过载波振幅(功率)的一半。

(4)调幅波占有的频带宽度是调制信号中最高频率的 2 倍,即 $B=2F$。

2. 多音频调幅调制信号

调制信号在实际通信过程中是由许多单频率分量组合而成的。一般语音的频率为 300~3 000 Hz,带宽为 2.7 kHz,其波形图和频谱图如图 3-1-3 所示。

如图 3-1-3 所示,多音频调制的调制信号占有一定的带宽,而不是像 3-1-2 图中简单的一条线。多音频调制的调幅波信号是一个包含有一个载波和上、下两个边带的信号。多音频调制的调幅波信号同单频调制信号一样,载波中不含有效的信息,上、下边带的宽度就是多音频信号的带宽。两个边带分别携带有全部的有效信息,调幅波所占的频带宽度为调制信号最高频率的 2 倍。高频载波信号的幅度至少是调制信号最大幅度的 2 倍。

由图 3-1-3 还可以看出,调幅波发射两个含有"相反"信息的边带,但是"黑即是白",可见两个边带的信息是一样的;调幅波占用的带宽为调制信号最高频率的 2 倍,不仅占用带宽较大,还易产生衰落;不含有信息的高频载波幅值较含有信息的边带信号要大,换言之,无用信息的发射消耗了较大能量并造成干扰。

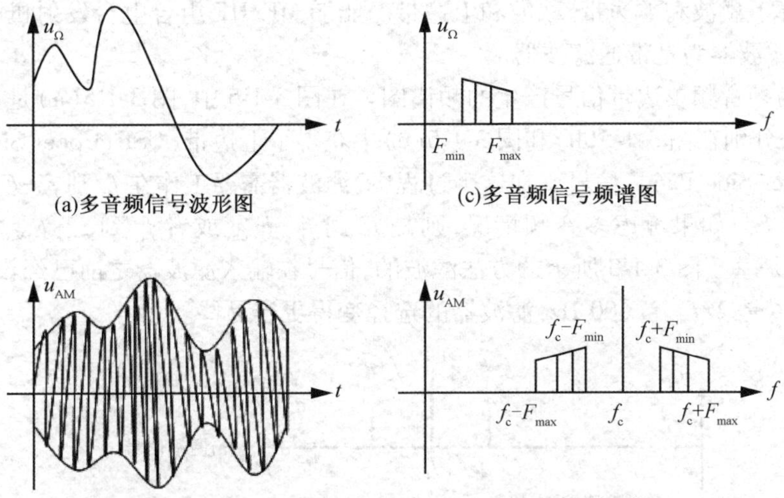

(a)多音频信号波形图　(c)多音频信号频谱图

(b)调幅波信号波形图　(d)调幅波信号频谱图

图 3-1-3　多音频信号调幅波波形图和频谱图

三、单边带通信的概念

随着无线电通信技术的不断发展以及无线电台数量的不断增加,无线电通信信道出现了严重拥挤,造成了信号间干扰增大、通信质量变差等现象。SSB 通信技术不仅满足 GMDSS 需求,与传统调幅通信技术相比,还具有大幅度提高通信信道容量、有效利用设备发射功率、保证信号稳定性的特点。

SSB 信号的产生方法通常包括三种:滤波法、相移法和相移滤波法。由于相移法和相移滤波法开发得比较晚、工艺比较复杂,目前船用单边带发射机广泛采用滤波法获得单边带信号。

滤波法产生单边带信号的原理方框图如图 3-1-4 所示。

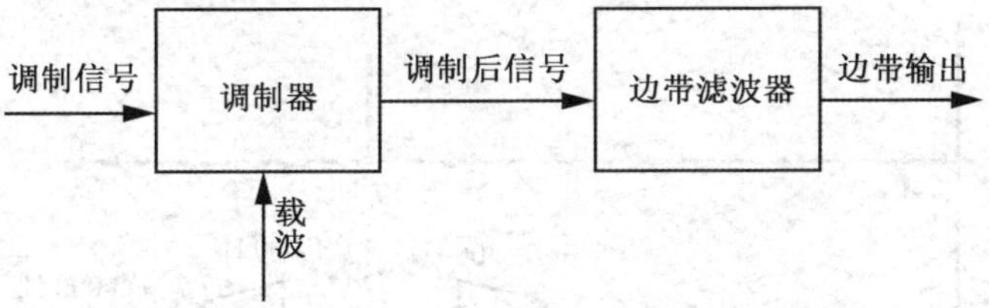

图 3-1-4　滤波法单边带信号的产生

调制器:单边带发射机的重要部件,其主要功能是把初始调制信号和载波调制形成一个输出信号。在这里,从本质上讲是把输入信号和载波信号相乘后输出。单边带调制器常为非线性元件,常用的有二极管、三极管、集成电路等。调制器产生的是载波被抑制的双边带信号,即输出信号只含有上、下两个边带。

滤波器:无线电通信设备中的重要部件,在电路中起到选择有效信号、抑制掉不需要信号的作用。按照输出信号的频率范围不同,滤波器还分为低通滤波器、带通滤波器、高通滤波器和带阻滤波器。在 SSB 通信中,滤波器的一个重要作用就是取出所需的上边带或下边带信号,图 3-1-5 为单音频调幅信号和单边带对比示意图。相比图 3-1-5(a),图 3-1-5(b)和图 3-1-5

(c)分别被去掉了载波和下边带、载波和上边带。船舶 MF/HF 组合电台发射机常在单边带产生环节采用的滤波器为是带通滤波器。

图 3-1-6 为多音频单边带信号产生的频谱图。在图 3-1-5 中,图 3-1-5(a)是单音频调幅信号,通过滤波法分别在图 3-1-5(b)和图 3-1-5(c)中获得了上边带(USB,Upper Side Band)和下边带(LSB,Lower Side Band)信号。在这个过程中,滤波器需要工作在 f_c 到 f_c-F 或者 f_c 到 f_c-F 的频段内,即 F。如果考虑多音频情况,则是 f_c 到 f_c-F_{min} 或者 f_c 到 f_c+F_{min} 的频段内,即 F_{min}。图 3-1-6 是基于图 3-1-3 所示的方法滤波的,信号在输入滤波器之前已经没有载波,滤波器工作区间可以是 $2\times f_{min}=600$ Hz,滤波器的选择变得更容易些。

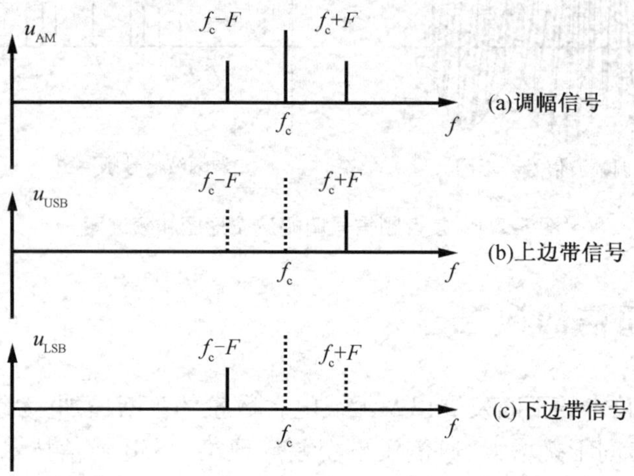

图 3-1-5　单音频调幅信号和单边带对比示意图

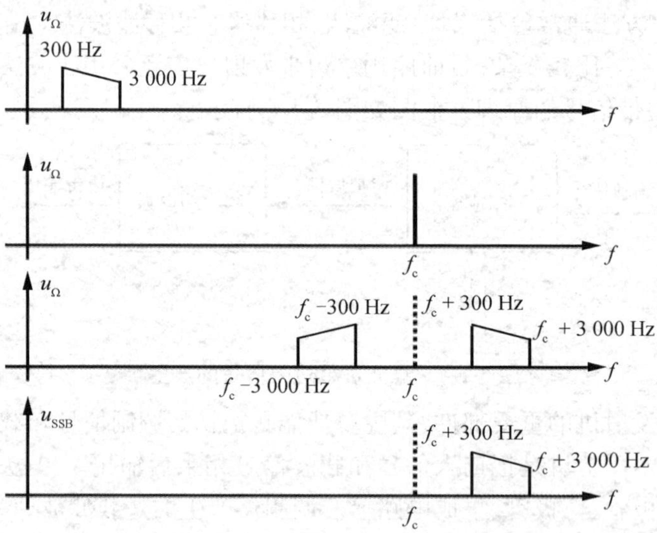

图 3-1-6　多音频单边带信号产生的频谱图

滤波器的衰减特性可分为三部分,即通带衰减、阻带衰减和过渡带衰减。一个好的滤波器一般需要通带衰减小,阻带衰减大,过渡带陡且线性好。

MF/HF 组合电台发射机对边带滤波器的具体技术要求如下:

(1)通带内最大损耗不超过 3 dB,波动小于 0.5 dB。

(2)对无用边带和其他干扰的抑制能力取决于阻带衰减能力的大小,边带滤波器的阻带衰减指标要求在 60 dB 以上。

(3)过渡带要陡峭。过渡带取决于上边带的最低频率和下边带的最高频率的频率间隔,一般要求为调制信号最低频率的 2 倍。

(4)单边带滤波器的特性阻抗要与前、后电路匹配,工作频率稳定度高,且不受环境、湿度等因素的影响。

由于 MF/HF 组合电台发射机对边带滤波器要求较高,电路中常采用性能比较稳定的晶体滤波器。

四、单边带信号的频率搬移

能否将调制信号搬移到工作频率,取决于边带滤波器的中心频率大小和搬频电路特性。出于技术和成本的原因,目前一次完成搬频比较困难。为达到 MF/HF-SSB 发射机的技术需要,通常采用多次搬频的设计方案。图 3-1-7 所示为采用较多的三次搬频方案。下面以最后输出为上边带为例解释具体的搬频过程。

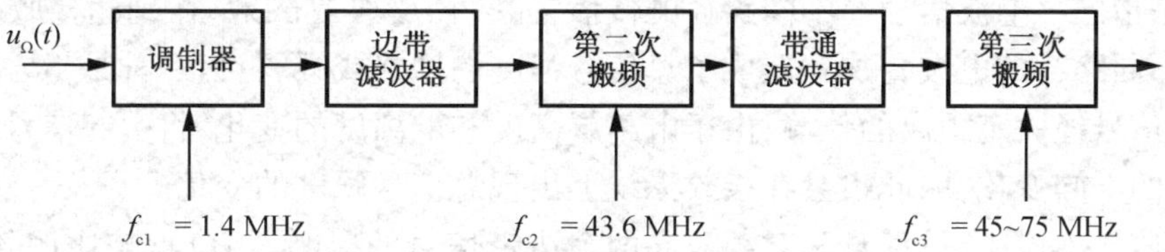

图 3-1-7 SSB 发射机三次搬频

在图 3-1-7 中,三次搬频的中频分别是 f_{c1}、f_{c2} 和 f_{c3}。如果调制信号为 $u_\Omega(t)$,输出信号工作频率为 x,则:

第一次搬频输出为:$1.4 \pm u_\Omega(t)$;经过边带滤波器后取下边带:$1.4-u_\Omega(t)$。

第二次搬频输出为:$43.6 \pm [1.4-u_\Omega(t)]$;经过边带滤波器后取上边带:$45-u_\Omega(t)$。

第三次搬频时,根据输出需求在频率 45~75 MHz 设置 f_{c3} 的数值,其输出为:$(x+45) \pm [45-u_\Omega(t)]$;低通滤波器后取下边带:$(x+45)-[45-u_\Omega(t)]=x+u_\Omega(t)$。信号 $u_\Omega(t)$ 被成功搬频到 x,并且通过滤波后输出上边带。

可见,在上述方案中,采用了"下边带、上边带、下边带"方案,即:"-,+,-"方案。另外,第三次搬频中频 f_{c3} 的取值远高于调制器输出的工作频率。一般单边带发射机中频频率是调制器输出最高频率的 3 倍时称为"高中频"方案。这里,f_{c3} 取值为 45~75 MHz,是最高输出频率的 1.5 倍,但也被称为"高中频"。采用高中频方案,可避免第三调制器输出的无用杂散频率成分落入有效信号通带内,从而实现不调谐式输出,简化电路,有利于微机控制。

五、单边带信号的特点

根据上述有关单边带工作原理的介绍,可以看出单边带通信具有以下特点:

(1)单边带信号相当于调制信号在频率轴上的线性搬移,并且单边带信号振幅与调制信号的振幅成正比,当调制信号为零时,单边带调制器的输出也为零。

(2)单边带信号的振幅和频率随调制信号的振幅和频率的变化而变化，这种变化不仅表现在振幅上，在频率上也产生变化，单边带信号本质上是一种调频调幅波。

(3)单边带信号的带宽与调制信号的带宽相同。

对比调幅通信和单边带通信的工作原理，得出单边带通信的优点如下：

(1)节约带宽

单边带通信只发射调幅信号中的一个边带信号，单边带信号的带宽与调制信号的带宽相同，比调幅信号节约带宽一半以上。

(2)节省功率

由于单边带通信只发射一个边带信号，而两个边带信号功率之和等于载波功率的一半，因此大大节省了功率。在发射机输出相同的功率时，单边带发射不仅提高了功率使用的有效性，还提升了通信的质量。

(3)抗选择性衰落能力强

无线电波在传输过程中，对于不同频率分量可能产生不同程度的幅度衰减和相移，在接收端就出现了不同频率信号强弱变化不一致的现象，这种现象称为选择性衰落。短波通信主要依靠电离层对电波的反射来实现，所以短波信道是典型的衰落型信道。这种衰落主要有两种情况：一种是指同一电波信号经不同路径的传播，如多径反射或散射，在到达接收天线时会产生相位差，不同路径的电波叠加就造成了总信号强度的增强或减弱；另一种是指含有不同频率成分的电波信号经一定距离的传输，由于电离层高度和电离度的变化，将引起信号幅度的不同衰减和相位的不同变化，因此也会在接收天线上出现总信号强度的变化。

对调幅信号来说，选择性衰落对载波和两个边带信号的振幅、相位影响比例各不相同，严重影响到通信质量。由于单边带信号不含有基波分量，单边带信号上的各分量间没有依从关系，因此选择性衰落对单边带通信质量的影响不像调幅制信号那样严重，随着通信距离的增加，就越能显示出单边带信号和调幅制信号衰减影响的差异性。

(4)抗干扰性能比较好

首先，在接收机能够获得相同信号强度的条件下，单边带发射机需要的发射功率更小，而且单边带发射机在停止讲话时处于不发射状态，从而减轻了不同电台间的互相干扰。

其次，接收机信号解调时检波器不同。调幅制接收机采取幅度检波器，对输出信号和输入信号的线性关系要求高，信号较弱时容易失真；单边带接收机采取同步检波器，输出信号和输入信号的线性关系保真度比较高。因此，单边带通信抗干扰能力更强。

(5)具有一定的保密性

单边带信号带宽比较窄，不易被其他电台搜索或捕捉到，而且常见的民用调幅制接收机不能接收单边带信号，这就增强了单边带通信的保密性。

船用单边带设备通信过程中常见的缺点如下：

(1)载波的频率稳定度要求比较高

单边带信号中不含有载波，不能用包络检波器来解调，只能用与单边带信号产生过程相反的过程解调，即同步解调。这就要求接收机本振信号与发射机载波同步，若收、发载波不同步，则会导致信号失真。

(2)对边带滤波器性能要求较高

为有效抑制无用信号，通常要求边带滤波器抑制度达到 40~60 dB。LC 滤波器达不到如此高的要求,只有采用晶体滤波器或 Q 值(Q 表示滤波器的品质因数,Q=中心频率/滤波器带宽)很高的机械滤波器才能达到这样的标准。

(3)要求收发设备具有良好的线性

单边带信号在变频、放大过程中要保持频谱结构,这就要求单边带信号收发设备要具有良好的线性,否则由于非线性失真所引起的频谱结构变形必然会产生严重的信号失真。

六、船用 MF/HF 通信工作种类

根据国际无线电咨询委员会的建议,水上无线电通信设备的工作种类(发射类型)一般使用三个符号来表示,如 J3E、F1B、J2B 等。每一个符号所代表的含义如下:

(1)第一个符号表示主载波的调制方式,类型有:

A:双边带调制(又称调幅);

F:调频;

G:调相;

H:含有全载波的单边带调制;

J:单边带抑制载波;

R:减幅载波或部分载波单边带调制。

(2)第二个符号是数字 1~3,表示调制信号的性质,具体如下:

1:不调制副载波,但包含数字信息的单信道;

2:调制副载波,且包含数字信息的单信道;

3:包含模拟信息的单信道。

(3)第三个符号表示所发信息的类型,类型如下:

A:人工方式接收的电报;

B:自动方式接收的电报;

C:传真;

D:数据;

E:电话;

F:视频。

在 GMDSS 中,MF/HF 通信终端设备常有:SSB 无线电话设备、DSC 终端设备、NBDP 终端等。其工作种类主要有以下几种:

(1)J3E:载波抑制的单边带话。此类发射类型不含有载波,是现在海上 MF/HF 无线电话常用的工作模式。

(2)F1B 或 J2B:调频单路自动接收报。此种工作模式频带窄,抗干扰能力强,适用于 NBDP 终端和 DSC 终端通信。

(3)R3E:部分抑制载波的单边带话,是船舶与搜救飞机之间的主要通信模式。此种模式可以有效避免通信中产生的多普勒频移的影响。

(4)H3E:全载波的单边带话。此种工作模式兼容调幅信号和单边带信号,因而 2 182 kHz 遇险电话可使用此发射类型,以便提高遇险通信的成功率。

(5)A1A:双边带人工抄收报,是莫尔斯电报的工作模式。

第二节　船用 MF/HF-SSB 发射机

船用 ME/HF-SSB 发射机的基本任务是对终端输入的信息进行调制、放大、变频等一系列处理，最终把处理好的信号通过天线以电磁波的形式辐射出去，完成无线电通信中对信息“发”的任务。

一、ME/HF-SSB 发射机的组成要求

1. 单边带信号必须在低电平（小信号）处形成

单边带信号由调制器和边带滤波器产生。为防止因电平信号过高而产生非线性失真，一般调制信号的输入幅度为几十毫安，并将调制器放在 MF/HF 发射机的前端，将音频信号频谱线性搬移到载波附近，实现第一次频率搬移，即调制。

2. 采用三次搬频方案中的高中频方案

受到滤波器性能的限制，目前常用的滤波器无法满足调制信号频率一次搬移到载波频率上的要求。为了既达到对调制信号的频率搬移目的，又防止把杂波带进调制信号通带内，单边带发射机只能采取多次搬频。目前，船用 MF/HF-SSB 发射机广泛采用三次搬频方案中的高中频方案（详见本章第一节内容）。

3. 高频功率放大器的互调失真要尽量小

MF/HF-SSB 发射机内部的调制器、放大器和末级功率放大器在工作中易对有用边带信号产生非线性干扰，这种干扰就是互调失真。调制器、放大器由于工作电平较低，工作线性状态较好，引起的互调失真往往较小；末级功率放大器由于工作电平比较高，易引起较大的互调失真。因此，末级功率放大器应选用功率容量较充足、静态工作点合理的放大器件，同时末级功率放大器工作状态应为互调失真较小的 A 类或 AB 类。

4. 对需要含有载波的发射类型，载波必须独立注入

船用 MF/HF-SSB 发射机不仅可以工作在 J3E 模式，还可以工作在 R3E、H3E 模式。对含有载波的发射类型，载波不能由第一调制器提供，必须在完成第一次调制后由一条独立的电路注入载波，然后将其与没有载波的单边带信号合并。对于不同的工作种类，载波注入的幅度不同，载波幅度是通过“工作种类控制”模块完成的，这样就可以分别获得 R3E 或者 H3E 信号了。

二、船用 MF/HF-SSB 发射机的基本组成

船用 MF/ HF-SSB 发射机的基本组成包括激励器（EX，Exciter）、高频功率放大器（PA，Power Amplifier）、自动天线调谐器（ATU，Automatic Tune Unit）、微机控制和电源，如图 3-2-1 所示。

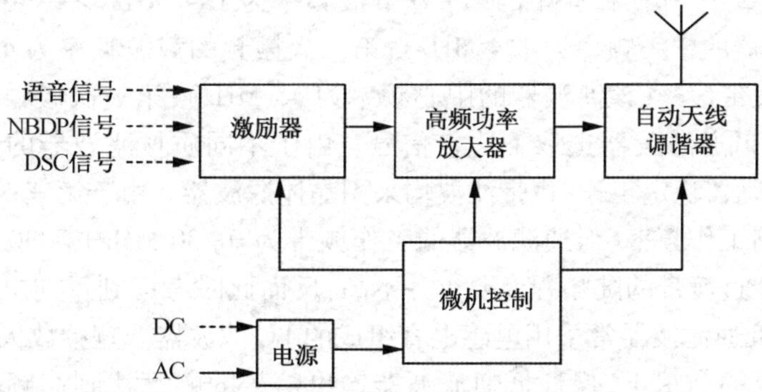

图 3-2-1 发射机构成框图

1. 激励器

单边带发射机激励器的基本作用是将送受话器输出的话音信号、NBDP 和 DSC 终端输出的含有数字信息的移频信号调制到相应的工作类型(J3E、R3E 或者 F1B、J2B),并把该类型的信号频率线性地搬移到所需的发射频率上,然后在保证一定信号强度的前提下送给高频功率放大器。

如图 3-2-2 所示,激励器主要包括处理器、调制器、边带滤波器、工作种类控制电路、低通滤波器、宽带放大器和频率合成器等。频率合成器在现代船用 MF/HF 组合电台中多为发射机和接收机共用。当发射机工作时,频率合成器的功能为调制和搬频载波;当接收机工作时,频率合成器的功能为解调本地载波。

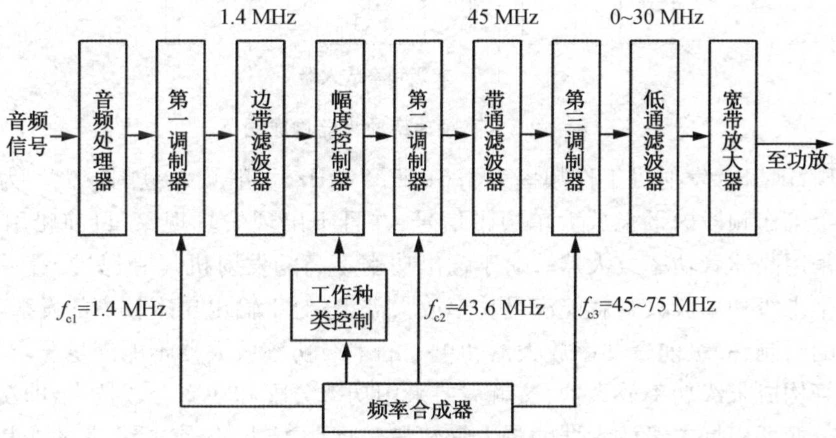

图 3-2-2 激励器构成图

MF/HF-SSB 发射机工作时,音频处理器对来自送受话器的语音信号的幅度和频率进行处理,使输出信号满足后面调制器的工作需要。第一调制器对音频处理器输出的有效信号进行调制,使有效信号与本振高频信号进行合成,输出双边带信号。边带滤波器对调制器输出的双边带信号进行滤波,抑制掉不需要的边带,保留需要的边带信号。幅度控制器根据工作种类控制指令对边带滤波器输出的单边带信号进行幅度控制。图 3-2-2 所示的激励器采用了三次搬频的高中频方案。每次搬频后的信号不仅包含有用边带,还包含另外一个无用边带和其他频率成分,所以每次搬频之后都把信号输送到滤波器,从而及时提取有用边带信号,抑制无用边带信号。在图 3-2-2 中,三次搬频中的第一次载波频率为 1.4 MHz,之后由边带滤波器选取下边带信号(该滤波器的中心频率为 1.4 MHz);第二次搬频的载波频率为 43.6 MHz,然后由带通滤波器选取上边带信号(该滤波器的中心频率为 45 MHz);第三次搬频的载波频率为 45~75 MHz,搬频后由低通滤波器选取下边带信号。由于不同质材滤波器的频率稳定度有所差别,为保证整个激励器稳定工作,边带滤波均采用晶体滤波器。由于第三次搬频的输入频率比低通滤波器的最高工作频率(低通滤波器的工作频带为 0~30 MHz)高 30 MHz,“距离”较远,因此对低通滤波器过渡带的陡峭程度要求并不高,反而此时考虑到反向电压的影响需要滤波器“耐压”,因此,低通滤波器常采用电感电容组成的 LC 滤波器。宽频放大器的作用是在满足电路互调失真要求的前提下,保证低通滤波器输出信号的幅度达到高频功率放大器输入的要求。

2. 高频功率放大器

如图 3-2-3 所示,MF/HF-SSB 发射机的功率放大器主要包括前置功率放大器(驱动级)、功率分配器、末级功率放大器 (输出级)和功率合成器。功率放大器的任务就是把激励器输送的单边带信号放大到额定功率,然后把单边带信号通过天线调谐器馈送到天线,向外辐射出去。

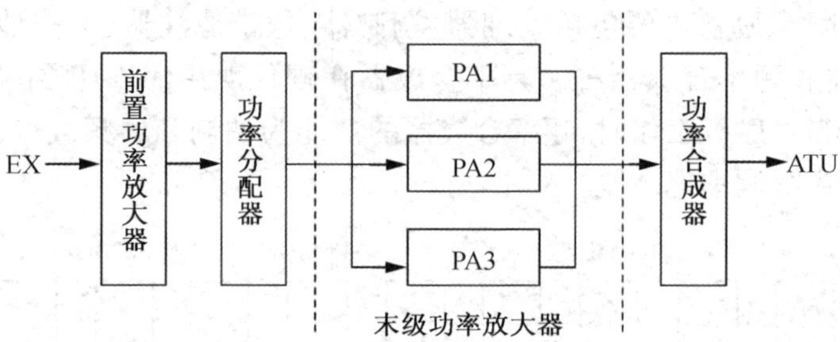

图 3-2-3　高频功率放大器构成图

船用 MF/HF-SSB 发射机工作频率为 1.6~27.5 MHz,发射频率范围较大。为使功率放大器能够在整个工作频段内平稳放大单边带信号,并且不出现失真现象,目前船用 MF/HF-SSB 发射机广泛采用晶体管功率放大器。对于输出功率不高的发射机,一般只设置一级前置功率放大器和一个末级功率放大管就能满足功率放大需求;对于输出功率较高的发射机,受到晶体放大器技术的限制,一级前置功率放大器和单一的末级功率放大器不能满足要求,需要运用多个功率放大管构成末级功率放大器,这就需要采用功率分配和功率合成技术,即功率合成网络技术。功率分配器根据末级放大器的放大管数量合理分配功率,使末级功率放大器所有放大管都能获得相同的功率,功率合成器通过把所有放大器放大的功率进行信号叠加获得较大总放大功率输出。从本质上讲,功率合成器就是一个高频变压器。一般前置功率放大器将信号放大到几十瓦,用于推动末级功率放大器的工作,末级功率放大器将信号放大到几百瓦,甚至上千瓦。由于晶体管功率放大器在耐高温、耐高峰值功率和耐高反向功率等方面的性能比较差一些,MF/HF-SSB 发射机常在高频功率放大器后面设置保护电路。

3. 自动天线调谐器 (ATU)

船用 MF/HF-SSB 发射机的输出为中短波信号,设备的工作频率范围大,发射天线的阻抗易随工作频率、气象环境等因素的变化而变化。为保证高频功率放大器输出信号稳定,并减少天线辐射信号时对高频功率放大器的影响，即高频功率放大器与天线达成谐振与匹配，需要在高频功率放大器与天线之间连接一个主要由微机控制单元、开关控制和调谐衰减器、检测系统、调谐网络和继电器组控制器等组成的天线调谐器。图 3-2-4 为自动天线调谐器的构成图。

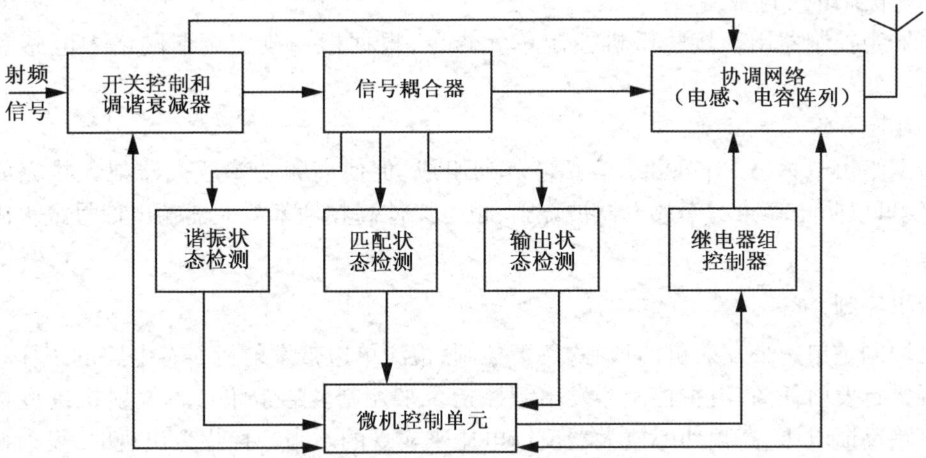

图 3-2-4　自动天线调谐器的构成图

发射机调谐通过马达等驱动装置调整射频系统的可变电容和电感，使射频系统工作在阻抗匹配最佳状态。匹配是指高频功率放大器的输出阻抗与所连接的负载满足一定的关系，使其所连接的后续电路处于良好工作状态，实现最大的功率输出。天线调谐器的谐振与匹配是在微机控制单元的控制下自动完成的。与人工调谐与匹配相比，自动天线调谐器满足 GMDSS 对于 MF/HF 组合电台无人值守、自动发射的需求。

(1)天线调谐器的谐振与匹配过程

在天线调谐器工作时，微机控制单元对 ATU 所有构成单元进行检测和信号处理，根据调谐和匹配程序，以及输出状态检测、匹配状态检测和谐振状态检测反馈信息，对继电器组控制器发出调整调谐网络中电感和电容的参数指令，最终令调谐网络达到最佳调谐和匹配的状态。此时，微机控制单元对开关控制和调谐衰减器发出指令，断开信号耦合器，使开关控制和调谐衰减器输出信号直接传送至调谐网络，完成信号调整，使信号更纯净并最大限度地传输给天线，提高发射效率。一旦微机控制单元检测到高频功率放大器输出信号频率发生改变，自动天线调制器将重新进行上述调谐和匹配过程。

(2)微机控制单元

微机控制单元检测整个 ATU 各个单元的工作状态，并根据调谐和匹配程序对各个反馈信号进行处理，最终使调谐网络完成最佳调谐和匹配。

(3)开关控制和调谐衰减器

开关控制和调谐衰减器根据高频功率放大器输出信号的强弱适当衰减其强度，并根据微机控制单元指令对信号耦合器开关进行控制。

(4)信号耦合器

高频功率放大器输出信号先经开关控制和调谐衰减器合理衰减，然后信号耦合器对衰减后的信号提取正向与反向电压信号，向检测系统提供相应的电流相位和电压信号。

(5)检测系统

检测系统的功能包括状态检测、匹配状态检测和谐振状态检测,各检测电路根据耦合器信号提取各自相关相位和电压检测,并把检测结果反馈给微机控制单元。

(6)继电器组控制器

继电器组控制器用于接收微机控制单元指令,根据指令改变调谐网络中电感和电容的参数。

(7)调谐网络

调谐网络由电感(L)阵列和电容(C)阵列组成,促使高频功率放大器与天线完成谐振与匹配,不仅可以防止高频功率放大器被烧毁,也可以使高频功率放大器输出信号最大限度地传输至天线。

4. 微机控制

微机控制是单边带发射机的核心,负责控制、检测单边带发射机所有电路的工作状态。发射机是否执行发射任务,由主控制器发出键控指令来控制。通常单边带发射机键控指令是由激励器电路反馈电压、高频功率放大器反馈电压来实现的。当键控指令出现时,发射机各部分电源接通,发射机工作;当键控指令消失时,发射机切断电源,停止工作。在单边带发射机的激励器、高频功率放大器、自动天线调谐器和电源单元中都设置了检测电路,微机控制根据需要可对它们分别进行检测,显示测试结果,以便维修人员判断故障单元。

三、SSB 发射机的主要技术指标

为符合 SOLAS 公约有关 GMDSS 通信的要求,船用 MF/HF-SSB 发射机应满足下列技术指标:

1. 工作频率和发射种类

MF/HF-SSB 发射机的工作频率范围为:1.6~27.5 MHz。

MF/HF-SSB 发射机的发射种类应包括:J3E、R3E、H3E 和 F1B/J2B。当设备以中频无线电话(RT,Radio Telephone)在 2 182 kHz 频率上通话及以 NBDP 和 DSC 工作模式发射时,发射机的发射类型应能自动切换到相应的 H3E 或 F1B/J2B 工作模式。

2. 频率稳定度

振荡器的频率稳定度可以用绝对频率稳定度和相对频率稳定度来描述。绝对频率稳定度是指发射机在一定时间范围内(一般指短期,如 15~30 min)实际发射频率值偏离标准发射频率值的最大范围。相对频率稳定度是指绝对频率稳定度的最大偏移值与标准发射频率(或者该波段最高工作频率)的比值。

MF/HF-SSB 发射机载波频率(包括接收机的本地振荡频率)绝对稳定度应不超过 ±10 Hz,相对频率稳定度应不低于 10^{-7}~10^{-6} 数量级。

3. 额定输出功率

根据发射类别不同,无线电发射机的功率可采用以下的三种形式之一,并以设定的两种符号之一表示,即峰包功率(PX 或 pX)、平均功率(PY 或 pY)和载波功率(PZ 或 pZ)。根据 ITU《无线电规则》第 1.157 条和第 1.158 条的描述,峰包功率是指在正常工作情况下,发射机在调制信号包络最高峰的一个射频周期内,供给天线馈线的平均功率;平均功率是指在正常工作情况下,发射机在调制过程中以与所遇到的最低频率周期相比的足够长的时间内,供给天线馈线的平均功率;载波功率是指在一个射频周期内提供给天线的功率算术平均值;当 MF/HF-SSB 发射机发射种类为 J3E、R3E 和 H3E 时,额定输出功率用峰包功率表示;当 MF/HF-SSB 发射种类为 F1B/J2B 时,额定输出功率用平均功率表示。

发射功率一般可分为低、中、高三挡。为节省功率以及避免对其他电台产生通信干扰,在满足通信需求的前提下,MF/HF-SSB 发射机应尽量选择较低的工作挡位发射信号。

4. 载波抑制

载波抑制是指在载波位置上残留的载波电压信号的幅度与有效信号峰值包络电压幅度的比值。根据 MF/HF-SSB 发射机对调制器和边带滤波器的性能要求,一般要求载波抑制不大于 0.001。

第三节 船用 MF/HF-SSB 接收机

一、船用 MF/HF-SSB 接收机的主要作用

船用 MF/HF-SSB 接收机是一种宽波段、多功能的无线电接收设备。其具体功能是通过天线接收空中高频信号,通过接收机对信号进行选择、放大、解调等处理,将调制信号变成有效信息传送给信宿。ITU《无线电规则》为船用 MF/HF-SSB 接收机划分的工作频率为 100 ~ 30 000 kHz,工作模式包括 J3E、R3E、F1B、J2B 等。

船用 MF/HF-SSB 接收机对信号的主要处理过程包括选择信号、放大信号和变换信号。

1. 选择信号

在空间中时时刻刻存在着众多频率、功率、极化方向等参数各不相同的电磁波信号,包括 MF/HF-SSB 发射机信号、VHF 信号、DSC 信号、雷达信号、卫星通信信号和外宇宙天体辐射信号等,接收机必须能从诸多信号中选择需要的信号,抑制无用信号。这一功能主要依靠接收机内部的输入选频电路来实现。

2. 放大信号

由第二章内容可以知道,电磁波在大气传播过程中衰减很大。MF/HF-SSB 发射机的辐射功率可以达到几十瓦、几百瓦,但是当电磁波信号到达接收机天线端时,强度往往只能达到 10^{-12} W 的数量级,信号非常微弱。为了使接收机能正常进行信号解调,从而使终端装置或设备正常工作,接收机必须能把信号幅度放大到一定额值。考虑到信号在放大过程中会产生非线性失真和机内噪声干扰,MF/HF-SSB 接收机对信号的放大通过高频放大器、中频放大器和低频放大器分级放大来实现。

3. 变换信号

接收机对信号的变换包括频率变换和解调(检波)变换。

频率变换是指把接收到的高频信号转化成固定中频信号，并对中频信号进一步变频和放大。一般民用接收机只有解调（检波）变换功能，频率变换功能只有比较高档的接收机才有。频率变换一般采用超外差式电路来实现，主要由接收机内的混频器和中频放大器来完成。之所以采用频率变换技术，是为了方便接收机后面的电路对信号的进一步放大和处理，提高接收机的工作性能。

解调（检波）变换通过解调器（或检波器）从高频信号上解调出有用的低频信号。从本质上来说，解调（检波）过程也是一种频率变换过程。如果一款接收机具有多种解调方式，当接收调幅波时，接收机采用幅度（包络）检波器；若接收调频或调相波，则接收机采用频率或相位检波器（鉴频器/鉴相器）；若接收单边带调制信号，则接收机采用单边带检波器。船用 MF/HF-SSB 接收机可以接收调幅信号和单边带信号，因此具有包络检波器和单边带检波器，而船用 VHF 接收机接收的是调频信号，因此具有鉴频器。单边带检波器常见类型有同步检波器、乘机检波器和平衡检波器等，船用单边带接收机常采用同步检波器。

二、船用 MF/HF-SSB 接收机的主要技术指标

MF/HF-SSB 接收机的好坏由多种指标来衡量，其中最基本、最主要的技术指标是灵敏度和选择性，它们反映了 SSB 接收机接收有效信号和抑制各种干扰的能力。

1. 灵敏度

灵敏度是指在保持接收机输出端得到额定的信号功率和信噪比的条件下，接收信号的最小信号强度，又称最小电动势或最小电平，通常为微伏数量级。

接收机灵敏度的高低主要由接收机内的增益（放大量）和噪声决定。接收机内的增益越大，则接收信号的放大倍数越高，接收端接收信号的最小电动势越小，灵敏度越高。同样，接收机内部噪声越大，输出的信噪比就越低，这就要求接收端接收信号的最小电动势越大，实际灵敏度也就越低。一般要求船用 MF/HF-SSB 接收机的输出信噪比为 3∶1~10∶1，此时信号能够“听得清”。

第二章提到，噪声系数（N_F）是指一个系统或元器件的输入信噪比和输出信噪比的比值，它是衡量一个系统（这里是 SSB 接收机）处理信号的能力，或者说处理信号时系统内部噪声对输出信号优劣的影响程度。在理想情况下，接收机内部没有噪声，则 $N_F=1$；而实际接收机的内部是存在噪声的，所以 $N_F>1$，并且 N_F 值越大，表示接收机内部噪声越大。船用 MF/HF-SSB 接收机噪声系数的典型数值为 5~10。

由此可见，通常采取提高接收机增益和降低接收机内部噪声两种方法来提高接收机的灵敏度。

2. 选择性

接收机在空间中大量混乱的信号中抑制无用的信号，有选择地接收有效信号的能力就是接收机的选择性。接收机的选择性不仅凸显选择有效信号的能力，更表现在对干扰信号的抑制能力。

根据抑制干扰信号的特性，选择性可分为：单频选择性（又称单信号选择性）和多频选择性（又称多信号选择性）。

(1)单频选择性

单频选择性是指对特定频率干扰的抑制能力。在特定频率干扰中主要有中频干扰、像频干扰和邻道干扰这三种干扰。这类干扰信号的强度一般不大,但对有效信号产生的干扰影响较大,因此,必须对这类干扰信号进行抑制。虽然这类干扰信号的强度一般不大(单频选择性又称为“小信号选择性”),但对有效信号产生的干扰影响较大,因此必须对这类干扰信号进行抑制。

(2)多频选择性

多频选择性是指接收机对阻塞干扰、倒易混频干扰、交叉调制干扰和互调干扰等多个干扰信号的抑制能力。这些干扰信号在有效信号很强的时候就能产生较大影响,所以,多频选择性又称为“大信号选择性”。多频选择性包括阻塞干扰、倒易混频干扰、交调干扰(交叉干扰)和互调干扰。

三、船用 MF/HF-SSB 接收机组成要求

单边带接收机通常按照超外差方式设计。它首先通过天线和前端电路对空中的各种信号进行有效的选择,然后通过其他处理电路将有用的高频信号频率经过变频变为固定的中频,再经过同步检波进行解调,检波出有效信号,再经过放大、变频等处理后输出给信宿。为保证接收机能正常工作,接收机应能满足下列要求。

1. 加强前端电路的选择性和动态范围

船用 MF/HF-SSB 接收机前端电路的主要任务是完成有效信号的选择与接收,抑制无用信号。对于强干扰的杂波信号,SSB 接收机需要提高前端电路的选择性动态范围,否则,强干扰信号一旦进入放大器或混频器中,将更容易使其产生非线性失真,通带内的杂波将大量增加,严重影响 SSB 接收机正常信号的接收;在干扰比较强烈的情况下,SSB 接收机甚至接收不到有效信号。

2. 采用两次变频“高中频”方案

本章第一节介绍的发射机的“高中频”方案与这里要讲的不是一个概念。SSB 接收机中的“高中频”方案是指第一中频频率要求高于其最高接收频率的 3 倍。实际上,第一中频频率大于等于最高接收信号频率的 1.5 倍就可认为是“高中频”方案。“高中频”方案相当于加强了接收机前端的调谐回路和提高了放大器或混频器的线性,这不仅能大大提高对高频干扰和中频干扰的抑制度,也可以改进接收机的有效选择性。同时,采取“高中频”方案,可使本振信号与干扰信号的组合信号中等于接收机中频频率的这种组合信号的数量大大减少,并且中频频率越高,这种干扰组合信号就越少。

实现“高中频”方案主要有两个要求:

(1)混频器必须配用合适的滤波器:工作频率要高,通带窄(最好尽可能接近信号带宽),矩形系数小,通常使用晶体滤波器。

(2)由于本振频率提高,本振源主信号两旁的边带噪声电平随之升高,在混频器内将产生倒易混频现象,使通带内的噪声电平上升,影响输出信噪比。

由此可见,原则上中频越高越好,但受到频率合成器和外噪声指标的限制,本振频率不可

能做得非常高,这要求我们在采取“高中频”方案的同时,也要采取两次变频来实现频率的搬迁。通常第一中频频率为最高信号频率的3倍左右,第二中频频率要比第一中频低一些。第二中频频率的选择一般应符合下列要求:

(1)不产生第二像频干扰;

(2)有利于抑制第二混频器所产生的变频干扰;

(3)第二混频器后须配合适的边带滤波器;

(4)中频级噪声系数要小,并防止本振频率或其谐波落入第二中频的通带内。

3. 合理分配接收机的增益

SSB 接收机的增益是很高的,通常可达到 120 dB 以上。由于受到放大器元件特性的限制,一个放大器不能直接完成增益,否则将引起接收机的自激,或者在强干扰的作用下产生阻塞现象,使接收机无法正常工作。因此,必须把总增益合理地分配到多个放大器上,才能使 SSB 接收机稳定工作。

由于 SSB 接收机的前端电路工作频率较高,前端电路增益又不能太大,因此,接收机增益分配的基本原则是前端电路增益尽量小,主要增益放在 SSB 接收机的中频和低频部分,其中中频部分承担的增益更大一些。具体而言,在信号处理过程中,前端放大的主要作用是保证后续信号处理环节能够识别前面送过来的信号;虽然中频部分承担的增益很大,但是实际输出信号的功率并不是很大;低频放大部分虽然增益不及中频放大环节,但是其输出信号的功率最大,以保证能够推动后面的终端设备工作。

四、船用 MF/HF-SSB 接收机的组成

如图 3-3-1 所示,MF/HF-SSB 接收机的组成主要包括:输入保护电路、输入选频电路、放大器、混频器、滤波器、解调器、受信缩端(信宿)和自动增益控制(AGC)电路以及频率合成器。

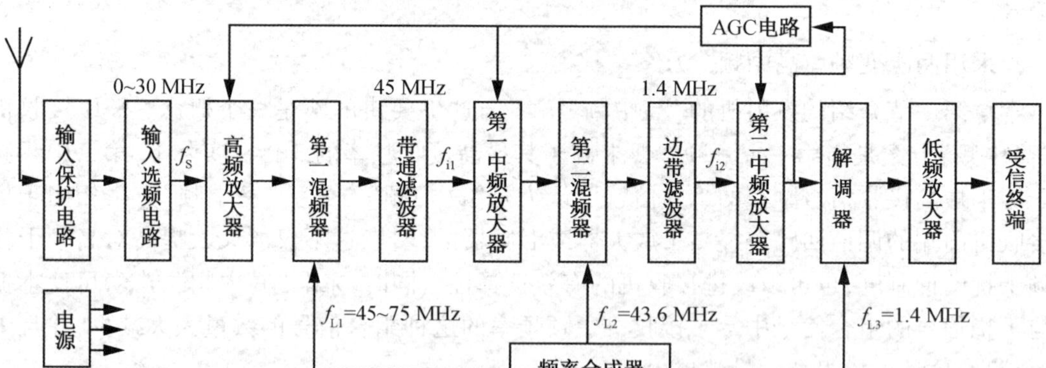

图 3-3-1 SSB 接收机的组成结构图

1. 输入保护电路

船用 MF/HF-SSB 接收机的输入保护电路是防止天线接收信号过强,如强烈的电磁波辐射、大功率的雷达波、遭受雷击等情况。当接收信号过强时,输入选频电路和第一级放大器或混频器容易烧毁,致使 SSB 接收机无法正常工作。为了避免这种事故的发生,就需要在接收

机的前端采取保护措施，设置专门的保护电路。目前，船用 MF/HF-SSB 接收机输入端采用的保护电路种类主要有：分压或分流保护、正反向二极管保护、陷波滤波器保护、过载能力强的器件保护和继电器保护。图 3-3-2 所示为分压分流保护电路，其中图 3-3-2(a)是分压保护电路，图 3-3-2(b)是分流保护电路；图 3-3-3(a)所示为正反向二极管保护电路，图 3-3-3(b)为陷波滤波器保护电路。此外，船用 MF/HF-SSB 接收机普遍采用过载能力强、电压动态范围大的放大管(如场效应管)组成的高频放大器或混频器，使接收机前端电路能承载信号的功率大大增加，对接收机起到一定的保护作用。当接收机关机时，接收机设备自动接通接地线，防止雷击。

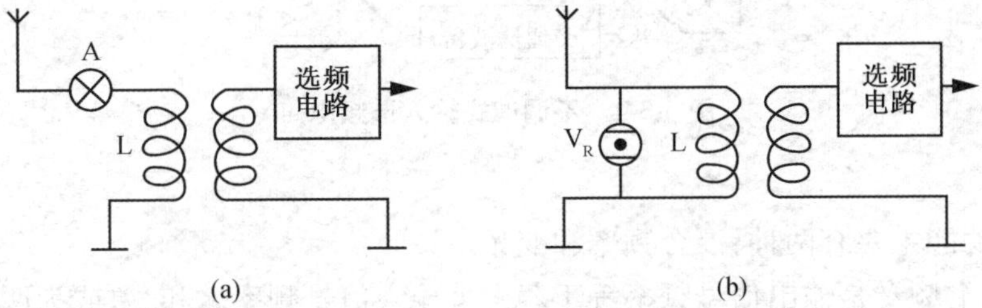

图 3-3-2　MF/HF-SSB 接收机分压分流保护电路

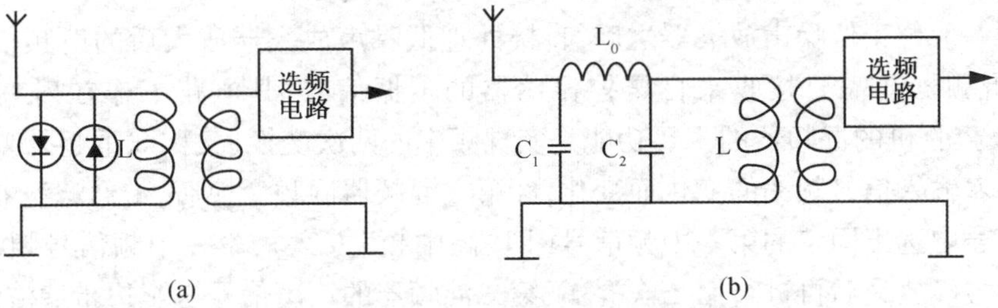

图 3-3-3　正反向二极管保护电路和陷波滤波器保护电路

2. 输入选频电路

输入选频电路也被称为输入电路，它位于接收机的前端，是设置在输入保护电路之后的电路。输入选频电路主要由 LC 滤波器、控制开关和必要的耦合元件组成，其作用是选择有效信号，同时抑制各种干扰。输入选频电路主要有调谐式和不调谐式两种，目前船用 MF/HF-SSB 接收机广泛使用不调谐式输入选频电路。如图 3-3-4 所示为不调谐式输入电路，就是在不同的波段采用不同的固定带通滤波器。

通常把接收机的工作频率 100~30 000 kHz 划分为几个甚至十几个频段，每个频段对应输入选频电路的一个固定带通滤波器。每一个带通滤波器是否被接入工作受微机控制单元控制。当接收某一频率信号时，微机控制单元把对应的一个滤波器的控制开关接通，把其他频段的滤波器的控制开关断开。控制开关一般采用二极管。

3. 高频、中频和低频放大器

高频放大器、中频放大器(包括第一中频放大器和第二中频放大器)和低频放大器承担着 SSB 接收机的信号放大任务。为满足接收机灵敏度的要求，整机的电压增益要达到 120 dB 以上。高频、中频和低频放大器对信号的各自放大要求详见本节“船用 MF/HF-SSB 接收机组成要求”部分。

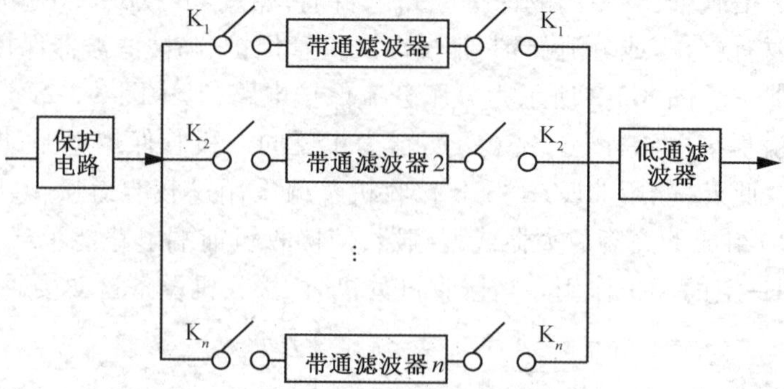

图 3-3-4　不调谐式输入选频电路

4. 混频器

混频器的功能主要有两种：混合频率和变频。

混合频率：混频器是输出信号频率等于若干个输入信号频率之和、差或为两者其他组合的电路。混频器通常由非线性元件和选频回路构成。

变频：将信号频率由一个量值变换为另一个量值的过程。

混频器一般位于低噪声放大器之后，直接处理低噪声放大器放大后的射频信号。为实现混频功能，混频器还需要接收来自压控振荡器的本振信号，其电路工作在射频频段。船用 MF/HF-SSB 接收机的混频器的主要功能是实现频率的两次变换，又称双重超外差。第一本振信号频率随着输入信号频率的变化而变化，经第一混频器混频变换后，带通滤波器可从第一混频器输出信号中选出固定的第一中频信号（即“高中频”方案），第一中频信号频率往往较高。第一中频信号经放大后再进行第二次混频，第二混频器的输出信号送至边带滤波器，该边带滤波器又称中频带宽选择电路。第二中频信号频率选择较小，以满足中频带宽选择电路最高工作频率的要求。

5. 中频带宽选择电路

中频带宽选择电路是指连接在第二混频器之后的边带滤波器电路。为了提高 SSB 接收机输出信噪比，有效地抑制邻道干扰，要求边带滤波器的通带最好等于所接收信号的频带宽度。但实际中考虑到边带滤波器特性的变化和信号中心频率的漂移，边带滤波器的通带应比接收信号的频带略宽。

船用 MF/HF-SSB 接收机能接收多种类型的信号，微机控制单元根据接收信号的种类不同，将自动选择相应带宽的边带滤波器。SSB 接收机工作模式几种常见的信号带宽如下：

（1）AM 和 H3E 工作模式时，边带滤波器带宽为 6 kHz；

（2）J3E 工作模式时，边带滤波器带宽为 3 kHz；

（3）F1B/J2B 工作模式时，即在 NBDP 和 DSC 工作方式时，边带滤波器带宽一般为 0.3 kHz，部分船用 MF/HF-SSB 接收机在此工作模式下也有选择带宽 0.5 kHz 的。

6. 解调器

解调（检波）：SSB 接收机从高频已调信号中检出调制信号（有效信号）的过程，与调制过程相反。承担解调任务的电路元件称为解调器（检波器），SSB 接收机内设同步检波器和峰值包络检波器。

船用 MF/HF-SSB 接收机可接收 J3E、R3E、H3E、F1B/J2B 和 A3E 等多种类型的信号。微机控制电路根据不同类型的信号自动选择相应的解调器：当接收 A3E 信号（普通调幅信号）时，采用峰值包络检波器；当接收 J3E、R3E 和 F1B/J2B 信号时，采用同步检波器；当接收 H3E 信号时，既可采用峰值包络检波器，又可采用同步检波器。

7. 受信终端（又称信宿）

检波器解调输出的低频信号经低频放大器放大后，送入受信终端，不同种类的信号对应的受信终端也不相同。对于 J3E、R3E、H3E 和 A3E 种类的信号，检波输出的信号是话音信号，它的受信终端一般是扬声器或耳机；对于 F1B/J2B 种类的信号，检波输出的是 1 700 Hz±85 Hz 的移频信号，该信号的受信终端一般是 NBDP 设备或 DSC 设备。由于 1 700 Hz±85 Hz 的移频信号含有数字信息的调制，所以在 NBDP 设备和 DSC 设备中还要进行数字解调，恢复出发信端所要传递的数字信息，从而实现数字通信，这也就是对副载波的解调过程。随着 MF/HF 组合电台不断融入新的科技，新的通信模式和相应的受信终端设备将会出现。

8. 自动增益控制 AGC 电路

根据工作需要，接收机会经常改变接收频率。当信号传播到接收机天线时，无论是信号传播衰减还是其他杂波干扰，有效信号的强度发生很大变化。为了满足 SSB 接收机对输出信号强度平稳性能的要求，接收机必须能适当地调整增益来保障输出信号强度的平稳。由于信号强弱变化的速率随机性太强，人工调整增益跟不上外来信号强弱变化速率，所以必须使用自动增益控制（AGC，Auto Gain Control）电路，才能达到稳定信号强度的要求。

AGC 电路控制结果是：增益随输入信号电压的增大而减小，随输入信号电压的减小而增大，以保障接收机获得稳定信号强度的输出。通常要求输入信号变化 80～100 dB 时，输出电压的变化不超过 4～6 dB。从前面的描述来看，AGC 电路控制似乎是个负反馈电路。其实从本质上讲，AGC 电路的控制方法是：对于较强的信号，给出较小的增益；对于较弱的信号，给出较大的增益。也就是说，无论信号强弱，都对信号进行放大，只是放大倍数存在差别而已。

AGC 电路分类：一般根据 AGC 电压的提取与信号检波器是否合用一个器件，AGC 电路可分为简单式和延迟式。简单式采用与信号检波器合用器件的方法，即对小信号也进行控制；延迟式则采用独立的提取电路，并可设定门限，对小信号不受控，因而，船用 MF/HF-SSB 接收机广泛采用延迟式 AGC 电路。

SSB 接收机 AGC 控制电路主要由控制电路和受控电路两部分组成。

控制电路：AGC 直流控制电压的产生部分，它包括信号的提取、整流、放大和延迟电路以及时间常数选择电路等。

受控电路：SSB 接收机的受控电路一般为高频、中频和低频放大器。这些放大电路在 AGC 电压的控制下，其增益随输入信号的强弱变化而发生相反变化。

AGC 电路技术要求：

（1）AGC 控制特性要尽量接近理想状态

AGC 电路的控制特性是指接收机的输出信号（同步检波器输出电压）与接收机输入信号之间的关系，是一条略微向上倾斜的曲线。如图 3-3-5 所示，U_o 为检波器输出信号电压，U_i 为输入信号电压，曲线 a 表示没有 AGC 电路的增益调解，曲线 b 表示改进后的延迟式 AGC 电路的增益调解，曲线 c 表示简单式 AGC 电路的增益调解。由图 3-3-5 可知，延迟式 AGC 电路的增益调解效果更接近理想控制状态。

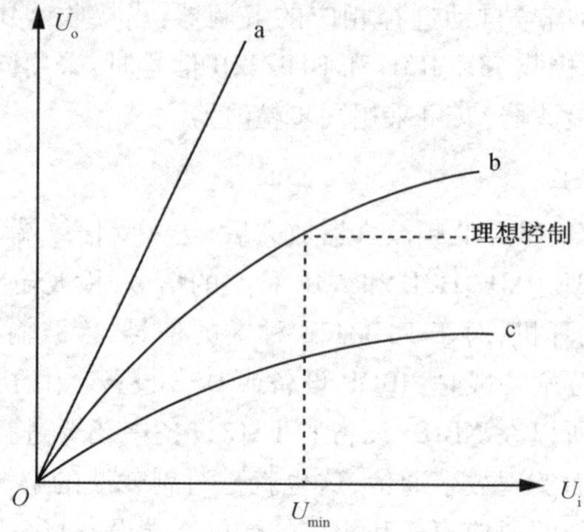

图 3-3-5　同步检波电压与信号曲线

(2)AGC 电路的控制不能使接收机产生非线性失真和造成工作的不稳定

如果 AGC 电路对控制电路的电压反馈与控制电路的增益调整不合理,就会造成放大器的工作进入非线性区,从而产生非线性失真。为了避免控制电路产生非线性失真,AGC 控制受控级电路增益的最好方法是控制受控放大器的负反馈深度。

(3)选择恰当的 AGC 电路的时间常数

AGC 电路工作时对控制电路的电压反馈要灵敏,而 AGC 电路的电压释放要保持一定的时间,并且 AGC 电路的接收和发出模式转换要快,常简称为:快充、慢放、快恢复。具体如下:

①AGC 电压建立要快(快充)。在接收到 SSB 信号之后,要马上能产生 AGC 电压,使接收机达到最佳增益状态,通常为 5~10 ms;AGC 电路的充电时间常数要小,一般为 1~10 ms。

②AGC 电压要有一定的维持时间(慢放)。在 SSB 无线电话通信中,讲话的间歇是没有信号的,这时 AGC 电路就无法产生 AGC 电压,为保持这种情况下接收机增益的稳定, AGC 控制电压必须维持一定的时间,一般为 20~30 s。

③AGC 电路的恢复要快(快恢复)。当通话结束后,AGC 电路要快速将 AGC 电压去掉,使 SSB 接收机重新处于接收状态,以便接收新的信号。船用 MF/HF-SSB 接收机的 AGC 电路恢复时间一般为 0.5~1.5 s。

如果 AGC 电路的各种时间常数选择不当(如 AGC 电压充电太慢),由于接收机的增益仍然保持在最高状态,就会产生信号包络“前沿上冲”现象,造成信号失真。如果在讲话的间歇期,AGC 电压快放,此时由于接收机增益的突然上升,会造成输出噪声突然过大,这种现象称为“噪声腾起”。

第四节　NBDP 终端设备

窄带直接印字电报(NBDP)终端设备是 GMDSS 中地面通信的主要终端设备之一,该设备需要与 SSB 收、发信机相连接,是船舶 MF/HF 组合电台的重要组成部分。NBDP 设备使用数字通信技术,具有良好的抗干扰和抵抗中短波信号传播过程中衰落的能力,大大提高了通信的可靠性,为船舶提供了船岸间、船舶间,以及通过海岸电台与陆地电传用户间的通信能力。该设备还能满足搜救协调通信、现场通信、MSI 的收发和日常通信等 GMDSS 通信功能的要求。

NBDP 通信技术由 CCIR 于 20 世纪 70 年代首次提出,在 20 世纪 80 年代得到了比较完善的发展并开始服务于海事。NBDP 通信技术的初衷是实现传统莫尔斯电报通信的自动化,这也是数据业务在海上的首次应用。目前,伴随网络技术的普及,NBDP 技术赖以生存的陆地电传业务日渐衰落,很多国家和地区已经或者正在拆除电传网络,NBDP 技术已经走向了垂暮。但是时至今日,IMO 并没有正式将其从 GMDSS 中剔除,因此本节从设备组成、基本工作原理等方面对 NBDP 加以介绍,同时通过本节的介绍,希望大家对于数字通信、检错纠错技术等有所了解。

一、NBDP 设备组成

如图 3-4-1 所示,NBDP 设备主要由两部分组成,即调制解调单元和外围设备。

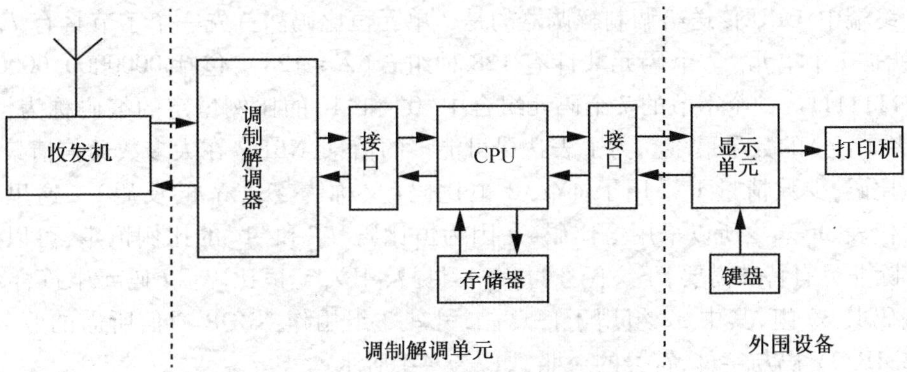

图 3-4-1 NBDP 设备结构图

这里的调制解调单元主要针对副载波进行调制和解调,由 CPU、调制解调器、存储器和相关电路组成。CPU 设备主要完成编码和检错纠错等信息处理,调制解调器主要完成信息和载波的合成与分检功能,存储器完成信息存储功能。

外围设备包括显示单元、键盘和打印机。

NBDP 终端本身并不具备收、发通信功能,其与外界交换信息的路由是本章前面所介绍的收、发信机。

二、NBDP 设备技术要求

NBDP 设备技术要求如下:

(1)船舶 NBDP 终端的呼叫识别码为船舶的 9 位 MMSI 号码或者专用的 5 位选择性呼叫识别码。有关船舶 MMSI 号码和数字选择性呼叫识别码的内容见第十一章。

(2)设备信号调制方式为移频键控调制(FSK, Frequency Shift Keying),中心频率为 1 700 Hz,频移为±85 Hz,"1"为传号,频率是 1 615 Hz;"0"为空号,频率是 1 785 Hz;空号和传号的频差为 170 Hz。

(3)收、发信机的工作种类为:F1B 或 J2B,发射传输速率为 100 波特。

(4)NBDP 通信采用 4B/3Y 恒比码检错技术。

三、NBDP 设备通信编码技术

在船用 MF/HF 组合电台中,NBDP 终端与外围设备之间的通信采用了美国信息交换标准代码(ASCII,American Standard Code for Information Interchange)。ASCII 码是基于拉丁字母的一套电脑编码系统,主要用于显示现代英语和其他西欧语言,是最通用的信息交换标准。目前,ASCII 码共定义了 128 个字符。信息经过发射机到达海岸电台后,海岸电台需要把信息传递到陆地电报网络。陆地电报网络采用了国际电报 2 号编码(ITA No. 2,International Telegraph Alphabet No. 2)。ITA No. 2 于 1870 年由法国人 Emile Baudot 发明,是适用于机器编码、解码的博多码,采取 5 位二进制编码,能够产生 32 种可能的组合。虽然 ITA No. 2 码信息位有 5 位,但是字节长度是 7.5 个码元,除了信息位,还包括 1 个码元的起始位和 1.5 个码元的停止位。ITA No. 2 编码的每个码元长度是 20 ms,传输速率为 50 波特,每个字节总长 150 ms。在 NBDP 终端中,CPU 传送给调制解调器的是 7 单元恒比码。首先一个字节具有 7 个码元的长度,也就是 7 个单元。7 个码元共计有 128 种组合($2^7=128$),包括 0000000、0000001 直到 1111110、1111111。一个字节的 7 个码元组合中"0"和"1"的比例恒定的编码称为恒比码,而 4∶3(或者 3∶4)的数量最多。为了表达尽可能多的信息,NBDP 在大多数通信情景下采用了 4B/3Y 恒比码,少数情景下采用了 4Y/3B 恒比码(又称为 4B/3Y 的反码)。这里"B"代表"0","Y"代表"1"。之所以采用恒比码,是因为恒比码"0"和"1"的比例恒定,可以起到检错的作用。除非另有特殊需要,下文阐述过程中只提及 4B/3Y 恒比码。7 码元中符合 4B/3Y 恒比码的编码共 35 组,其中 32 组用于信息码,另外 3 组用作 NBDP 通信所需的业务信息码。ITA No. 2、4B/3Y 码与字母、符号的对照,如表 3-4-1 所示。

表 3-4-1 ITA No. 2、4B/3Y 码与字母、符号的对照表

序号	字母	符号	ITA No. 2	4B/3Y 码
1	A	–	ZZAAA	BBBYYYB
2	B	?	ZAAZZ	YBYYBBB
3	C	:	AZZZA	BYBBBYY
4	D	*	ZAAZA	BBYYBYB
5	E	3	ZAAAA	YBBYBYB
6	F	%	ZAZZA	BBYBBYY
7	G	#	AZAZZ	BYBYBBY
8	H	”	AAZAZ	BYYBYBB
9	I	8	AZZAA	BYBBYYB
10	J	@	ZZAZA	BBBYBYY
11	K	(	ZZZZA	YBBBBYY
12	L	)	AZAAZ	BYBYYBB
13	M	.	AAZZZ	BYYBBBY
14	N	,	AAZZA	BYYBBYB

续表

序号	字母	符号	ITA No. 2	4B/3Y 码
15	O	9	AAAZZ	BYYYBBB
16	P	0	AZZAZ	BYBBYBY
17	Q	1	ZZZAZ	YBBBYBY
18	R	4	AZAZA	BBYBYYB
19	S	‘	ZAZAA	YYBYBBB
20	T	5	AAAAZ	YBBBYYB
21	U	7	ZZZAA	YYBBBBY
22	V	=	AZZZZ	BBBYYBY
23	W	2	ZZAAZ	YBYBBBY
24	X	/	ZAZZZ	BBYBYBY
25	Y	6	ZAZAZ	BBYYYBB
26	Z	+	ZAAAZ	YYYBBBB
27	←(回车)		AAAZA	YYBBYBB
28	=(换行)		AZAAA	YYBBYBB
29	↓(字母转换)		ZZZZZ	YBYBBYB
30	↑(符号转换)		ZZAZZ	YBBYBBY
31	Δ(空格)		AAZAA	YYBBBYB
32	□(无信息)		AAAAA	YBYBYBB

四、检错、纠错和业务信息符号

1. NBDP 设备通信中的检错、纠错措施

NBDP 设备是 MF/HF-SSB 组合电台的重要终端之一,其通信业务主要发生在 HF 波段。根据前面的学习我们知道,短波主要依靠电离层传输,而电离层具有显著的不稳定性。为保证 NBDP 通信信息传递的正确性,尽量降低信息传输的误码率,NBDP 设备需要采取检错和纠错措施。

检错:信息的接收方基于一定的算法,对收到信息的正确性进行判断的过程。NBDP 设备通信中检错方法为 4B/3Y 恒比码。当信息接收方收到的信息符合 4B/3Y 的恒比规律时,则认为接收正确;当收到的信息不符合 4B/3Y 规律时,则认为接收错误。

纠错:信息接收方通过检错措施判断出收到的信息是错误信息后,采用纠错措施对错误的信息进行改正的过程。

没有检错就不会有纠错,检错和纠错一般是共同发生的。在 NBDP 通信中,常用的检错纠错技术有两种。

(1)自动请求重复(ARQ, Automatic Repetition Request):发射方每发射一组信息,接收方

对收到的信息码按 4B/3Y 恒比码规律进行检错,若符合恒比码的规律,则向发射方发出“收妥”信号,发射方在收到接收方的确认信号的情况下进行下一组信息的发射;如果接收方判断收到的信息不符合规律,则向发射方发射“请求重复”信号,发射方收到这个信号后重新发射刚才发射的字符组。但是,此种纠错技术对于“B”和“Y”同时成对出现错误的信息没有办法识别,不过这种概率极低。这种通信带来的问题是,收、发双方需要同时开启发射机;接收方必须在预定的时间内收到“收妥”或者“请求重复”信号,通信距离是受到限制的。

(2)二重时间分集(FEC,Foreword Error Correction):发射方将预发送的信息在一定的时间间隔内发送两次,也称前向纠错。在船用组合电台中二重分集时间长度采用的是 4 个码元。如图 3-4-2 所示,“DX”表示第一次发送,“RX”表示第二次发送。接收方根据恒比码的规律,对收到的两次信息进行对比,比较结果出现下列四种情况:

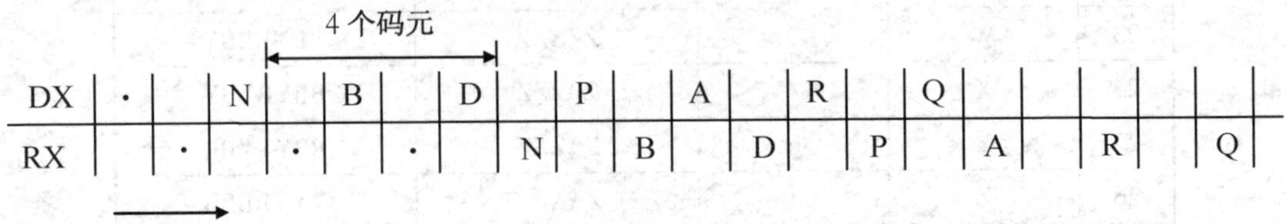

图 3-4-2 二重时间分集传输示意图

①两次收到的字符都符合 4B/3Y 规律且两组字符相同(简称符合且相同),此种情况认为是正确接收。

②两次收到的字符都符合 4B/3Y 规律但两组字符不相同(简称符合但不同),此种情况认为是错误接收。

③两次收到的字符中只有一个符合 4B/3Y 规律(简称一个符合但不同),此种情况认为是正确接收。

④两次收到的字符均不符合 4B/3Y 规律(简称都不符合),此种情况认为是错误接收。

2. NBDP 通信的工作方式

NBDP 通信的工作方式有两种:

(1)自动请求重复,也称 A 模式。这种方式适用于船到岸、岸到船或船到船的点对点通信。通信信道一般采用双向信道、半双工通信方式。

(2)二重时间分集,也称 B 模式。这种方式适用于点对线或点对面的通信,即将一篇报文同时发给一组船舶电台或所有船舶电台的通信情况,因此又称为通播方式。通信时工作信道采用单向信道、单工通信方式。点对线的通信方式称为选择性前向纠错(SFEC,Selective FEC)方式,通信时对一个船舶电台或一组船舶电台发送信息。点对面通信方式又称为集群性前向纠错(CFEC,Collective FEC)方式,通信时对所有船舶电台发送信息。

3. NBDP 通信中的业务信息符和业务字组

NBDP 通信设备在开始使用 ARQ 或 FEC 工作模式通信时,需要通信双方的设备进行同步或定相,在通信过程中无论是身份识别、请求重发、转换信息流方向等都需要明确的业务信息符和业务字组进行控制。

NBDP 通信中的业务信息符号有 α、β、RQ、CS1、CS2、CS3、CS4、CS5,它们的含义在不同工作方式下有所不同,具体含义详见表 3-4-2。

表 3-4-2　NBDP 中的业务信息符号

符号	含义	
	在 A 模式下	在 B 模式下
α	空闲信号	定相信号 1 空闲信号
β	空闲信号	空闲信号
RQ	信号重复(在换流中,表示对 β-α-β 业务字组的响应)	定相信号 2
CS1	控制信号 1(请求发射信息字组 1)	
CS2	控制信号 2(请求发射信息字组 2)	
CS3	控制信号 3(IRS 请求改变信息流方向)	
CS4	控制信号 4(在定相期间正确接收到呼叫信号)	
CS5	控制信号 5(在重新定相期间正确接收到呼叫信号)	

表 3-4-2 中每个控制符号的长度为 1 个字节,即 7 个码元。

NBDP 通信中的业务字组主要用于 ARQ 通信方式,包括呼叫字组、识别字组和控制字组。其中呼叫字组有 3 个,分别由 9 位呼叫识别码转换而成;识别字组有 3 个,分别由 9 位自识别码转换而成;控制字组有 3 个,用于通信过程的控制,3 个控制字组的含义如下:

β-α-β:控制字组 1,用来改变信息流方向。

α-α-α:控制字组 2,表示通信结束。

RQ-RQ-RQ:控制字组 3,在自识别过程中,表示自识别过程结束,并请求对方发射相应的控制信号;在信息传送过程中,表示请求对方重复最后发射的控制信号;在信息流交换过程中,表示对 β-α-β 业务字组的响应。

五、NBDP 设备工作模式

1. ARQ(自动请求重发)模式

(1)主台与副台

在 ARQ 通信中,发起呼叫的电台称为主台(MS, Master Station),被呼叫的电台称为副台(SS,Slave Station)。在整个 ARQ 通信过程中,无论信息流方向如何改变,主台与副台的身份不发生改变。在 ARQ 通信过程中,发射信息(报文)的电台称为信息发射台(ISS, Information Sending Station),接收信息(报文)的电台则称为信息接收台(IRS, Information Receiving Station)。在通信过程中 ISS 和 IRS 的关系是可以互相转换的。

(2)基本工作原理

在 ARQ 模式下的信息传输过程中,发射台首先对将要发射的报文信息进行处理,即将全部信息按 3 个字符为一组进行分组处理并转换成 4B/3Y 恒比码,4B/3Y 恒比码在 NBDP 终端的调制器内调制副载波形成 FSK 信号,FSK 信号再送给收、发信机,以 F1B 方式按组发送。发射过程中,发射台(ISS)每发送一组信息后,均有一个相应的间歇期,以等待接收台(IRS)的反馈信号。根据反馈信号,如果接收的信息正确,则 IRS 反馈一个相应的控制信号,要求 ISS 继续发送下一组信息;如果接收的信息存在错误,则 IRS 反馈一个相应的控制信号,要求 ISS 重发该组信息。通信中每组信息最多允许重复发送 32 次。

(3)通信周期

NBDP 设备的基本定时周期规定为 3 个 ITA No. 2 字节的长度，即每个基本定时周期为 450 ms，包括发射时间和暂停时间两部分。也就是说，每一次船舶电台经过海岸电台可以和陆地电报网络完成 3 个字节的收发工作，总的耗时为 450 ms。由于船、岸之间采用了 4B/3Y 恒比码，并规定了每个码元长度为 10 ms，即传输速率为 100 波特，因此每个字节 7 个码元的总长度为 70 ms，每次发射 3 个字节用时 210 ms。船、岸之间无论哪一方是 ISS，在发射完一组(3 个字节)信息后，均进入 240 ms 的发射暂停时间。信息经一定的传播延时 t_p 之后到达 IRS，接收机接收并解调信号。随后，经一定设备延时 t_e 后，IRS 发射 1 个字节长度为 70 ms 的控制信号。换言之，在基本定时周期 450 ms 的时间里，发射一个信息字组耗时 210 ms，延时 t_p 后，接收台发射一个 70 ms 的控制信号。在不考虑信息在双方设备内部处理耗时的情况下，信号传递往返时间为 170 ms(信息字组和控制信号各传递 1 次)，即单程传递的时间最大值是 85 ms，最大通信距离为 25 500 km。如果地球半径以 6 400 km 计，则 25 500 km 的传输距离可以达到“全球通”覆盖。这样包含 3 个字节的 1 个字组的完整传递时间正好与陆地电报网络传递 3 个字节的时间相匹配。ARQ 方式的定时关系如图 3-4-3 所示。

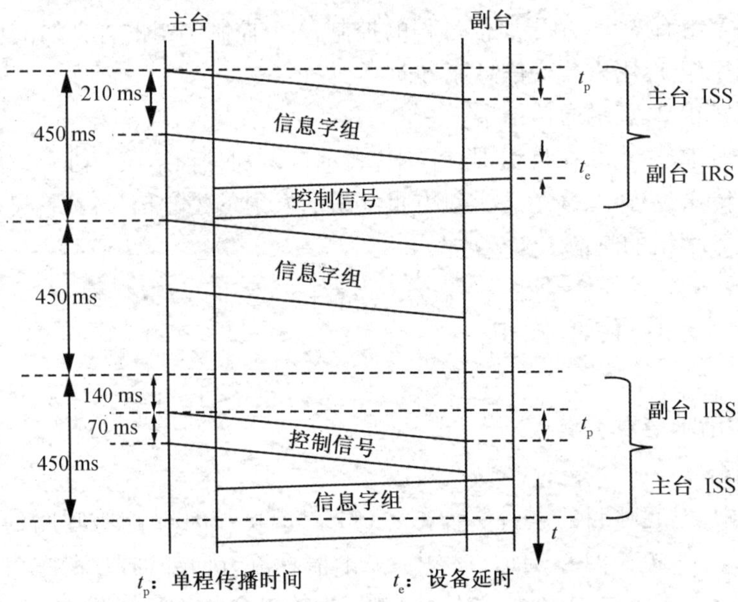

图 3-4-3　ARQ 方式定时关系

(4)基本工作程序

ARQ 模式的工作程序，包括定相、相互识别、通信、换流和通信结束五个过程。

①定相过程

定相是指 NBDP 设备在主、副台之间无线电链路建立同步的过程。在定相过程中，呼叫台输入被呼台的 9 位 MMSI，首先在设备中自动被转换成 7 个字符的识别信号，然后把 7 字符识别信号组成 3 个呼叫字组发送给被呼台。被呼台在连续收到 3 个呼叫字组后时钟锁定呼叫台信号，并发送正确接收业务信息字组 CS4，转为 IRS；主台在收到 CS4 后，立即结束呼叫并转为 ISS。至此，定相过程结束。若在 128 个周期(57. 6 s)内，未能建立通信链路，则主台转为预备状态，并至少等待 128 个周期后才允许进行第二次呼叫。如果主台在呼叫过程中收到控制信号 CS5，则主台转入通信结束，返回预备状态，并至少等待 128 个周期才允许进行第二次呼叫。

②相互识别过程

定相过程结束之后，ISS 和 IRS 立即开始相互识别过程。定相过程只是完成呼叫链路的建立，被呼叫台是不是主呼台的目标呼叫台，这就需要相互识别过程来实现。相互识别过程由 2 台 NBDP 设备自动完成。自动识别程序是由 ISS 首先把自己的 9 位 MMSI 识别码变换成 7 字符的呼叫识别信号，并将其组成 3 个识别字组，同时根据被呼台的 9 位 MMSI 识别码导出与其相应的 7 字符呼叫识别信号和 3 个校验和信号。与此同时，IRS 也根据自己的 9 位 MMSI 识别码导出与其相应的 7 字符呼叫识别信号和 3 个校验和信号。在识别过程中，主台依次发送识别字组，副台收到后立即发送相应的校验和信号。主台收到"校验和信号 1"后将之与本台根据被呼台 MMSI 识别码导出的相应的"校验和信号 1"做比对，如果相同，则主台继续发送"识别字组 2"，主、副台按上述方法以此类推进行 3 个识别字组的比对。如果 3 次识别结果都正确，则被呼台即主台的目标呼叫台，而副台通过识别过程确定主台的身份。此时，主台发送"RQ-RQ-RQ"业务字组，副台收到该字组后，发送控制信号"CS1"，至此，相互识别过程结束。

在自动识别程序中，如果主台对收到的校验和信号比对错误，则主台重发对应的识别字组，并对副台再次发出的校验和信号进行比对，如果比对结果还是错误，但所收校验和信号与上一次相同，则主台转为通信结束程序，返回预备状态；如果比对结果还是错误，但所收校验和信号与上一次不相同，则主台第三次发送相应的识别字组。这种重发的次数只能进行 4 次，如果校验和信号仍然不能正确接收，则主台转为通信结束程序，返回预备状态。

在识别过程中出现残留接收时，如主台没有收到某一校验和信号，主台则重发相应的"识别字组"；若没有收到"CS1"控制信号，则重发"RQ-RQ-RQ"识别结束字组。由于残缺接收而引起的信号重发 32 个周期仍不能正确接收信息，则双方设备均返回预备状态。

③通信过程

通信过程就是发送报文的过程。在通信过程中，ISS 将所发电文进行分组处理，按文字顺序以 3 个字符为一组，空格处以空闲信号"β"来填充。通信中 ISS 和 IRS 分别将所发和所收的字组交替编号为"信息字组 1"和"信息字组 2"。

"信息字组 1"的控制信号是"CS1"，"信息字组 2"的控制信号是"CS2"。在通信过程中，IRS 在正确收到"信息字组 1"后，发送控制信号"CS2"，而 ISS 在收到"CS2"后，接着发送"信息字组 2"；反之，IRS 在正确收到"信息字组 2"后，发送控制信号"CS1"，而 ISS 在收到"CS1"后，接着发送"信息字组 1"。如此，两组信息字组交替执行来完成全部电文的传送。但如果由于通信条件变差，IRS 收到的某个信息字组出现错误，则 IRS 重发此信息字组相应的控制信号。

当通信链路因故中断后，NBDP 通信双方设备立即自动重新定相。此过程与定相过程相同。若受各种因素的影响，在 32 个周期内不能重新建立通信链路，则双方设备均返回预备状态，并且不再进行重新定相。

④换流过程

在 ARQ 模式通信过程中，主台与副台的身份在整个通信过程中始终保持不变，但 ISS 与 IRS 的关系可以改变。当通信过程中需要接收台变成发射台、发射台变成接收台时，这种身份互换就是转换信息流向（简称"换流"）。

当 ISS 要求换流时,可通过键盘输入序列"↑+?"或"OVER"指令。当 IRS 收到"↑+?"或"OVER"指令后,就发射控制信号"CS3",从而完成换流。

当 IRS 要求换流时,发出控制信号"OVER"指令,即"CS3"信号;ISS 收到"OVER"指令后,就发出换流字组"β-α-β",IRS 收到该字组后就转成 ISS,至此完成换流。同时,若响应台为副台,则发送 "RQ-RQ-RQ"信号;若响应台为主台,则发送一个"RQ"信号,以此来表明换流成功。换流成功后,新的 IRS 就根据换流前的最后一组控制信号的状态,发送控制信号 CS1 或 CS2,随后在相应的方向上开始新的通信流程。

⑤通信结束过程

为避免长时间占用信道,影响其他船舶的通信,在通信结束后,无线电链路必须拆线。根据 NBDP 设备通信协议,链路的拆线只能由 ISS 发起。

拆线过程:ISS 首先发射通信结束字组"α-α-α",IRS 收到结束字组后向 ISS 发射控制信号"CS1",然后返回预备状态。ISS 收到"CS1"控制信号后,也转为预备状态,通信链路完成拆线。

如果 IRS 意图发起链路拆线,则需要先进行换流操作,使本台身份变成 ISS 后再发起链路的拆线。

2. FEC(**前向纠错或二重时间分集**)**模式**

在 CFEC 通信模式中,信息发射台用 CBSS(Collective Broadcast Sending Station)表示,信息接收台用 CBRS(Collective Broadcast Receiving Station)表示。在 SFEC 方式中,信息发射台用 SBSS(Selective Broadcast Sending Station)表示,信息接收台用 SBRS(Selective Broadcast Receiving Station)表示。

(1)CFEC 模式工作过程

在 CFEC 工作模式下通信时,包括三个过程:首先进行定相过程,使发射台与接收台工作同步;然后进行电文传输过程,此过程包括电文处理和电文传输;最后是通信结束过程。

①定相过程:首先 CBSS(信息发射台)以 280 ms 的时间间隔交替发送同步定相信号,一般要求至少发送 16 对同步定相信号。DX 位置上的定相信号为"RQ",RX 位置上的定相信号为"α"。当信息接收台连续收到两对定相信号后,就转成 CBRS,同时向外围设备提供终止极性信号,打印机停止打印。CBSS 发完定相信号后,紧接着发送一个回车信号"↙"和一个换行信号"≡",然后开始在第一次和第二次发射位置上交替发送报文。当 CBRS 收到回车信号"↙"和换行信号"≡"后,则停止发送终止极性信号,打印笔头移到新的一行的起始位,准备打印接收的字符。

②电文传输过程:CFEC 模式对电文的处理与 ARQ 模式不同,ARQ 工作模式对电文进行分组处理,CFEC 工作模式是按字符顺序在一定的时间间隔发送两遍电文,一般分集时间为 280 ms(4 个字符)。

在 CFEC 工作模式通信的过程中,信息接收台按照 4B/3Y 恒比编码技术,分别对 DX 字符和 RX 字符进行检错。首先,对 DX 信息字符进行恒比检测,如果 DX 信息符合 4B/3Y 恒比,就认为是正确接收,并对电文进行存储;如果不符合 4B/3Y 恒比,就把收到的 DX 信息变换成错误符号"*"存储起来。其次,对 RX 信息字符进行恒比检测,如果 RX 信息符合 4B/3Y 恒比,并且与 DX 信息相同,则认为此字符传输成功,直接传输至打印机打印;如果 RX 信息不符合 4B/3Y 恒比,则把存储的 DX 信息传输至打印机打印;如果 DX 信息和 RX 信息均不符合

4B/3Y 恒比,则打印错误符号“ * ”;如果 DX 信息和 RX 信息均符合 4B/3Y 恒比但不相同,则按错误信息处理。如果在设定时间内,信息传输的错误百分比(误码率)达到或超过设定阈值(可在 NBDP 设备初始设置界面中人工设定),信息接收台会立即停止接收信息,并自动返回预备状态。

在电文传输过程中,为了保持收、发同步,发射台每间隔 100 个字符至少要插入 4 对连续的定相信号。在电文传输中断期间,发射台在 DX 和 RX 位置均发送定相信号。

③通信结束过程:当电文传输结束后,发射台连续发射空闲信号“α”约 2 s,然后转为预备状态。接收台在 DX 位置至少收到两个“α”信号,再过 210 ms 后,也转回预备状态,至此通信结束。

(2)SFEC 模式工作过程

SFEC 模式工作过程包括定相过程、识别过程、电文传输过程和结束过程。

①定相过程:SFEC 模式下的定相过程,其功能和步骤都与 CFEC 模式下的定相过程是一样的,区别在于被呼叫台在连续收到两对定相信号后先转为 CBRS 台,在后面的识别过程中被呼台无误地收到本台识别码反码(3B/4Y)后,才转为 SBRS 台。

②识别过程:信息发射台先把被呼台的 9 位选呼码或群呼码转换成 7 字符识别码,然后由 7 字符识别码和一个空闲信号“β”组成呼叫序列,最后把此呼叫序列以 3B/4Y 反码的形式连续发送 6 次。当被呼方无残缺地收到一个完整的反码形式的呼叫信号序列后,则被呼台由 CBRS 台转为 SBRS 台,识别过程结束。

③电文传输过程和结束过程:SFEC 模式下的电文传输过程和结束过程与 CFEC 模式过程是一样的。

需要特别指出的是,在 SFEC 模式通信中,定相过程的同步信号和 CFEC 模式一样,都是 4B/3Y 恒比码,但是在识别过程、电文传送输过程和结束过程中所有的信号以反码(3B/4Y)的形式进行传递。在通信中断期间,SBSS 发送空闲符号“β”。

第五节 船用 MF/HF-DSC 终端设备

数字选择性呼叫(DSC,Digital Selective Calling)终端是 MF/HF 组合电台的重要组成部分。DSC 终端的主要功能是完成呼叫,即无线通信中链路的建立过程,等同手机电话通信过程中的拨号呼叫功能。DSC 终端一旦完成呼叫,即链路建立后,操作员需要使用 MF/HF-SSB 设备或 NBDP 设备来完成通信。DSC 技术被 IMO 作为建立各种通信的呼叫标准。

一、DSC 功能、呼叫种类和呼叫优先级别

1. 主要功能

船用 DSC 设备主要功能有:遇险呼叫、选择性呼叫、DSC 值守、船位报告和查询功能。

2. 呼叫种类及其功能代码

DSC 设备的呼叫种类及相应的功能代码如表 3-5-1 所示。

表 3-5-1　DSC 设备的呼叫种类及相应的功能代码

呼叫格式	对应英文	功能代码	说明
遇险呼叫（遇险报警）	Distress	112	呼叫对象为电波覆盖范围内所有配备 MF/HF-DSC 设备的船、岸电台，主要适用于船舶遭遇险情后发出求救信息
全呼（所有船呼叫）	All Ships	116	呼叫对象为电波覆盖范围内所有配备 MF/HF-DSC 设备的船、岸电台，主要适用于遇险、紧急和安全等级的呼叫，如遇险转发和遇险确认等，从实际应用来看，更适合海岸电台使用
群呼（组呼）	Group	114	呼叫对象为电波覆盖范围内配备 MF/HF-DSC 设备的同一公司或船队的船舶电台
海呼（区域性呼叫）	Area 或 Geography	102	呼叫对象为电波覆盖范围内某一规定海域中配备 MF/HF-DSC 设备的船舶电台，适合海岸电台用来向一个特定的区域发送有关遇险、紧急和安全方面的信息
选呼（单台选呼）	Selective 或 Individual	120	呼叫对象为电波覆盖范围内配备 MF/HF-DSC 设备的某一特定的船舶、海岸电台
自动电话呼叫	Auto Phone Call	123	船舶利用 DSC 终端，通过海岸电台直接拨叫陆地电话用户号码的业务，这是一种由海岸电台选择开放的特殊业务，其实质上是选呼的一种特殊形式

3. 呼叫的优先级别

DSC 设备的呼叫优先级别共分五级，分别是：遇险呼叫、紧急呼叫、安全呼叫、船舶业务呼叫和日常呼叫。

二、DSC 设备分类

1. 按工作频率分类

按工作频率，DSC 设备分为：

MF-DSC，使用频率为 415~4 000 kHz，设备工作发射种类为 F1B 或 J2B。

HF-DSC，使用频率为 4.0~27.5 MHz，设备工作发射种类为 F1B 或 J2B。

VHF-DSC，使用频率为 156~174 MHz，设备工作发射种类为 J2B。

2. 按设备功能分类

按设备功能，DSC 设备分为：

A 类设备，其功能比较完备，满足 GMDSS 对 DSC 终端技术和操作的全部要求，具有自动确认和多频呼叫功能。

B 类设备，简易型，具有完备的遇险通信功能（包括报警、转发和确认），但是，不具有多频呼叫功能，只能进行单频选择性呼叫。

C 类设备，作为 VHF 通信设备的单一附加设备，用于仅给出船舶识别的遇险报警。VHF EPIRB 就属于 C 类设备。

MF-DSC 和 VHF-DSC 设备的遇险呼叫不具有多频呼叫功能，MF-DSC 只被指配了一个遇险呼叫频率 2 187.5 kHz;VHF-DSC 被指配了专用呼叫信道 70 信道(156.525 MHz),无论是遇险呼叫还是非遇险呼叫,都只能在 70 信道上进行。因此,MF-DSC 和 VHF-DSC 设备一般为 B 类。

三、MF/HF-DSC 终端主要技术及组成

1. MF/HF-DSC 终端的性能要求

MF/HF-DSC 终端的性能要求如下:

(1)呼叫序列应能人工编辑和修改。

(2)本船自识别码等管理数据在初始设置时一次性写入,操作员不能随意改动。

(3)船位信息可人工输入,也可自动更新(必须接入定位导航信号)。

(4)当收到遇险报警或其他呼叫时应有视觉和听觉提醒装置,且此视觉和听觉报警可人工抑制。

(5)遇险报警可用单频呼叫尝试,也可以用多频呼叫尝试。

单频呼叫:每次在同一频率上连续发 5 遍遇险呼叫,间隔重发时间(单位为秒)为 $230+10N$,其中 N 为重发的次数。例如,第一次重发时间为 $230+10\times1=240$ s,第二次重发时间为 $230+10\times2=250$ s,以此类推。

多频呼叫:在 6 个遇险频率上轮流呼叫,在每一个频率上连续发 5 遍遇险呼叫,信道率切换间隔时间(单位为秒)为 $230+10N$,其中 N 为转换频率的次数。例如,第一次转换时间为 $230+10\times1=240$ s,第二次转换时间为 $230+10\times2=250$ s。

(6)终端输出的 FSK 信号的中心频率为 1 700 Hz,频偏为±85 Hz,调制速率为 100 波特,频率容差为±10 Hz。

(7)呼叫发射类型:对海岸电台呼叫用 F1B 或 J2B 方式,对船舶电台呼叫用 F1B 方式。

2. MF/HF-DSC 终端的基本组成

MF/HF-DSC 终端设备的基本组成包括组合电台部分、DSC 部分和外围设备三部分,如图 3-5-1 所示。

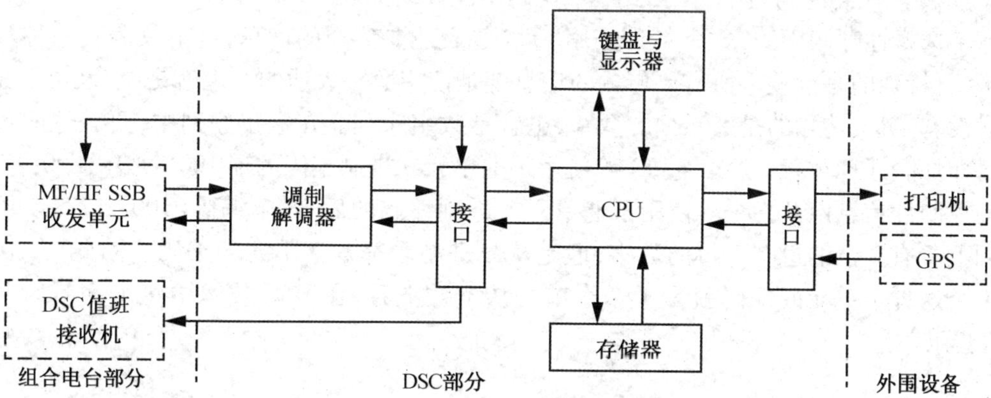

图 3-5-1 MF/HF-DSC 终端的基本组成

(1)组合电台部分:包括 MF/HF-SSB 收发单元、DSC 值班接收机。MF/HF-SSB 收发单元

包括设备的发射天线和接收天线。DSC 值班接收机是实现 DSC 遇险安全呼叫频率连续无人值守的设备。

(2) DSC 部分:包括 CPU、调制解调器、存储器、键盘与显示器和接口。微处理器负责整个设备的信号处理,控制各个构成部分合理有序地工作。调制解调器负责实现编码信息与 FSK 基带信号之间的转换。存储器存储着 DSC 终端的应用程序及系统格式化数据。键盘与显示器实现人机交流,可实现呼叫序列的编辑和修改及各种呼叫序列的启动发射,并在收发期间进行相应的声光报警及信息显示。接口电路实现串/并数据变换及 CPU 对主收发单元和值班接收机的控制。

(3) 外围设备:包括打印机、GPS 等。打印机一般为 ASCII 只读打印机,打印 DSC 呼叫序列及呼叫信息,以供资料留存。GPS 是必接的外接设备,其作用是使 DSC 设备能自动更新船位信息,能实时自动构成遇险呼叫序列、接收区域性呼叫或进行船位查询等。

四、MF/HF-DSC 设备的编码及检错纠错技术

1. 信息编码技术

MF/HF-DSC 编码采用十单元二进制码,采用的检错方法是水平一致校验技术。10 单元码的前 7 位为信息码,即信息码是七单元二进制码,后 3 位为检错码。在 7 位信息码中,最左侧 1 位为最低数字位,最右侧 1 位为最高位数字位;3 位检错码与信息码相反,最右侧 1 位为最低位数字位,最左侧 1 位为最高位数字。检错码表示的是前 7 位信息码中“B”(即“0”)的个数。若某个字节信息位中“0”的个数与检错码中记录的个数不相符,则表明该字节有错误,此种检错方法就是水平一致校验技术。例如,数字 03 转换为一般 7 位二进制是 0000011,根据 DSC 序列编码方式“左侧低右侧高”,其 DSC 信息码是 1100000。由于信息码中含有 5 个“0”,则 3 位检错码是 101,因此 DSC 的十单元二进制码应该是 1100000101。根据编码中“0”用字母“B”表示,数字“1”用字母 “Y”表示,则数字“03”的 DSC 编码为“YYBBBBBYBY”。

七单元二进制码表示一个字节共可有 $2^7=128$ 种编码结果,其中第 00~99 号编码(100 个)作为信息中的数字编码,第 100~127 号编码(28 个)作为信息中的功能代码。

28 个功能代码的码组中常用的 17 个代码功能介绍如表 3-5-2 所示。

数字选择性呼叫中的“数字”,即使用“0”“1”表达要传输的信息,这不仅表示一种数字通信技术,更特殊的是该技术所有要传输的信息都是使用数字表达的。也就是说,该技术在传输信息时没有字母,传输的是一系列的数字,也就是数字序列。在数字序列中,要表达的数字型信息,如时间、地理位置、频率、MMSI 等使用了七单元二进制编码的前 100 个编码(00~99);要表达的控制性信息以及指令等使用了七单元二进制编码的后 28 个编码(100~127)。虽然从十进制上看有 2 位的也有 3 位的数字,但是从二进制看都是 7 单元的编码。因此,在 DSC 技术中 1 个这种 7 单元的编码就是 1 个字节。从本质上看,在 DSC 技术中每个字节后面都有 1 个检错码。

表 3-5-2 DSC 设备呼叫序列及常用功能代码

功能代码	定相和独特功能	格式符	类别	遇险性质	第一遥指令	第二遥指令
100			常规	火灾、爆炸	F3E/G3E 单工电话	没有指明原因
101				进水	F3E/G3E 双工电话	海上交换中心繁忙
102		区域呼叫		碰撞		忙
103				搁浅	船舶查询	排队指示
104	定相序列 RX0 位置			倾斜	不同意	电台故障
105	定相序列 RX1 位置			下沉	呼叫结束	没有操作员
106	定相序列 RX2 位置			失控、漂浮	数据	操作员暂时不在
107	定相序列 RX3 位置			遇险性质未指明		设备故障
108	定相序列 RX4 位置		安全	弃船		所建议的信道不能使用
109	定相序列 RX5 位置			海盗/武装攻击	J3E 电话	所建议的工作模式不能使用
110	定相序列 RX6 位置		紧急	人员落水	遇险确认	船和飞机救援
111	定相序列 RX7 位置					医药运输
112		遇险	遇险	EPIRB 发射	遇险转发	收费/公用电话
117	ACK RQ					
122	ACK BQ					
125	定相序列 DX 位置					
127	EOS 序列结束					

DSC 通信中的数字型信息有 1 位的、2 位的，也有多位的，而 DSC 编码中数字型信息每 2 位数字算作为 1 个字节。为了符合这种编码要求，MF/HF-DSC 采用了“补位”的方法，即当十进制数字的位数是单数时，可在最低位或最高位填补一个“0”，使其满足编码分组要求。例如，当传输一艘船舶的 MMSI 时，由于是 9 位的，可以为其补充 1 个“0”，使其构成 10 位数字，转换为 DSC 编码时就是 5 个字节了。

2. 检错、纠错技术

如前所述，MF/HF-DSC 终端设备编码的后 3 位是水平一致校验码。MF/HF-DSC 接收端收到信息后，先检验后 3 位检错码的数值是否与前 7 位信息码中“0”的个数一致。如果前后一致，则表示正确接收，否则表示错误接收。这种码编方式也称为群计数编码方式，具有较强的检错能力，但是不具备纠错能力。

MF/HF-DSC 设备中常采用垂直一致校验和二重时间分集两种纠错技术。

(1)垂直一致校验

一般而言，当多种检错技术符合应用时可以起到纠错的效果。垂直一致校验技术就是在群计数码的基础上增加垂直校验，构成垂直校验群计数码的。

具体方法是，发射方在发出呼叫序列后在呼叫序列的尾部加上垂直校验字节(ECC，Error Check Character)。ECC 的产生办法是将呼叫序列各字节的信息码垂直排列，然后对各字节中的信息位垂直列数字模二相加，即当相加结果大于 2 时不进位，取其余数作为一位码元。垂直校验字节的信息码得出后再加入水平一致校验码后构成完整的 ECC 字节。例如，随机取得的呼叫序列由 4 个字节组成，则 ECC 的产生过程如图 3-5-2 所示。图 3-5-2(a)是发射台的序列。其中，得出垂直校验字节信息码为 0110010，再加上检错码 100，构成的 ECC 字节为 0110010100。

接收方收到信息后首先利用前面讨论过的水平一致校验方法得出呼叫序列的第 2 个字节存在问题，但是不确定是哪一位码元错误，如图 3-5-2(b)中横列的虚线框所示。然后，接收方继续进行模二相加计算，得出自己的 ECC。与收到的 ECC 比对后，得出所有序列中某个字节的第 6 位存在问题，如图 3-5-2(b)中竖列的虚线框所示。两个虚线框横竖相交，得出结论“序列的第 2 个字节的第 6 位存在问题”。数字通信中“非 0 即 1”，把相应的码元反过来处理就可以实现纠错了。

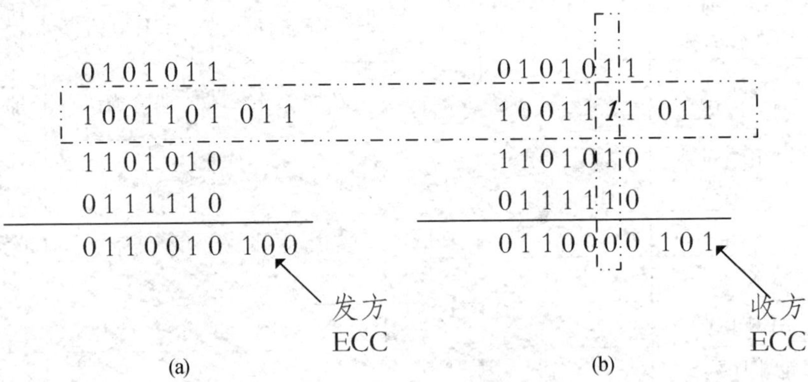

图 3-5-2　垂直校验字节的计算

(2)二重时间分集

数字选择性呼叫技术是地面系统进行一切通信的呼叫标准。为了提高呼叫的可靠性，MF/HF-DSC 设备还采用了二重时间分集技术。MF/HF-DSC 设备的二重时间分集工作原理与 NBDP 设备基本相同，但有两点小的差异。

①MF/HF-DSC 设备中采用的是十单元二进制码，由于每一个码元发射时间为 10 ms，因此 MF/HF-DSC 的每一个字符发射占时 100 ms。虽然 MF/HF-DSC 设备的分集时间间隔仍为 4 个字节，但分集时间是 400 ms。

②除对 DX 和 RX 信息进行比对判断外，同时增加水平一致校验方法，凡字节残缺、信息码与检错码不一致，均判为错误。

五、MF/HF-DSC 呼叫序列

MF/HF-DSC 设备呼叫序列是指用终端设备进行呼叫时所发出的包含一系列信息的编码序列。不同呼叫类型有不同的呼叫序列格式，DSC 呼叫序列应由基本序列和扩展序列两部分构成。DSC 呼叫序列必须包含基本序列，扩展序列部分一般只用来增强船位分辨率。本节只对基本序列进行详细讨论。

1. MF/HF-DSC 常规呼叫序列

MF/HF-DSC 设备常规呼叫序列由 9 个部分构成，其格式如表 3-5-3 所示。

表 3-5-3 呼叫序列结构表

点阵	定相序列	格式符	地址	类别	自识别	电文	序列终止符	校验符

(1)点阵

点阵(Dot Pattern)是由 0 和 1 交替组成的序列(又称 0-1 序列)，它是呼叫序列的起始标志。当值班接收机在某个频率上检测出 DSC 呼叫识别点阵信号，即 0-1 交替的序列时，则立刻停止扫描，使 DSC 设备锁定此信道，并根据点阵的 0-1 序列快速建立起始码位同步。

对于 MF/HF-DSC 设备终端不同类型的呼叫序列，点阵持续的时间有所不同。遇险呼叫和所有岸对船呼叫序列，点阵持续的时间为 200 bit，即 2 s；呼叫确认(不含遇险确认)和所有船对岸、船对船常规呼叫，点阵持续的时间为 20 bit，即 0.2 s。

(2)定相序列

定相序列(Phasing Sequence)是在 DX 和 RX 位置上交替发射相应的功能代码，使 DSC 接收端形成二重时间分集格式，保持帧同步(字节同步)，减少由于码位不同而造成的同步损失。当 MF/HF-DSC 接收机收到定相序列后，则立即进行字节帧同步，当出现下列结果之一时，则表示完成帧同步：

①正确地接收到相邻的 2 个 DX 和 1 个 RX。

②正确地接收到相邻的 1 个 DX 和 2 个 RX。

③正确地接收到相邻的 3 个 RX。

(3)格式符

格式符(Format Specifier)表示 MF/HF-DSC 设备的呼叫性质和范围。在呼叫序列中，呼叫类型部分使用呼叫类型的代码来表示。由于不同的呼叫类型序列内容不同，因此，此项内容在呼叫前需要人工进行选择。表 3-5-2 中列出了 MF/HF-DSC 常用格式符的功能及代码。

(4)地址

呼叫地址(Address)是对呼叫对象的定义或选定。按照呼叫对象的不同，呼叫对象常见的有三类：

①遇险呼叫、全呼。由于它们的呼叫对象是附近所有海岸电台和船舶电台，所以 DSC 呼叫序列中没有地址。

②选择性呼叫，如单台呼叫、群呼。被呼叫地址是被呼台的识别码，即 MMSI。

③海呼。海呼表示对某一海域内所有船舶电台的呼叫，呼叫地址是该地理区域的范围，由墨卡托(Mercator)坐标法来定义。具体而言，基于墨卡托海图，以零度经线和零度纬线交点为

圆心,把全球划分为 4 个象限,分别以数字“0”“1”“2”“3”表示,即 NE、NW、SE 和 SW。然后以矩形区域左上角的点为参考起始点,分别向右和向下量取经度差和纬度差。在整个过程中,象限标记占 1 位十进制数字,即半个字节;参考经纬度取整数,共计占用 2.5 个字节,纬度差和经度差各占 2 位十进制数字,合计 2 个字节。可见,使用 5 个字节就表达了墨卡托海图上的一个矩形区域。具体如图 3-5-3 所示。

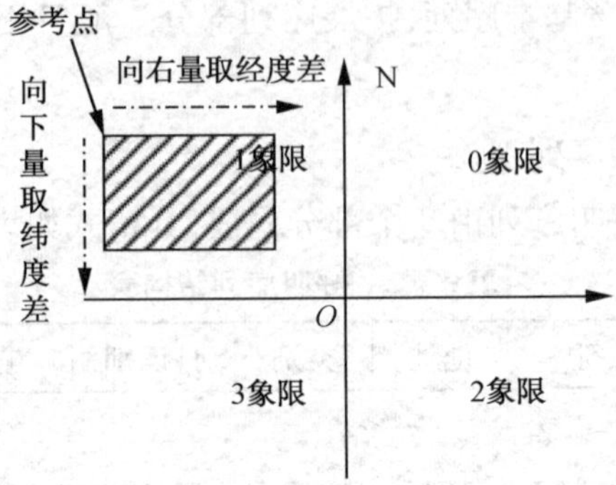

图 3-5-3　墨卡托坐标矩形区域的表示法

假设海呼地址为 1130102028,预设的接收区域如表 3-5-4 所示。

表 3-5-4　海呼地址分析

1	1	3	0	1	0	2	0	2	8
参考点象限	参考点纬度		参考点经度			矩形纬差		矩形经差	

海呼地址 1130102028 表示的是,坐标起始点为 13°N,010°W,纬度为 13°N~07°S,经度为 010°W~018°E,海呼区域为(13°N~07°S, 010°W~018°E)。

根据无线电联盟新提案中有关海呼圆的定义方法,DSC 设备应能把输入的圆形区域自动转换成涵盖该圆形区域的最小矩形区域。

(5)类别

类别(Category)表明呼叫的优先级别。类别在呼叫序列中用功能代码来表示,它只占 1 个字节。如表 3-5-5 所示,遇险呼叫时,其优先级别已在格式符中标明,所以,遇险呼叫序列中并无此项编码。

表 3-5-5　MF/HF-DSC 呼叫的类别及功能代码

类别(优先级别)	遇险(DISTRESS)	紧急(URGENCY)	安全(SAFETY)	常规(ROUTINE)	船舶事务(BUSINESS)
功能代码	112	110	108	100	106

(6)自识别

自识别(Self-identification)是呼叫台本台的 MMSI。编码时在 9 位识别码最后加一个“0”,然后两两分组,最后共占 5 个字节。

(7)电文

电文(Message)是指呼叫所要传达的内容。不同的呼叫类型,电文的组成也各不相同。常见的呼叫电文有三种:遇险呼叫电文、常规呼叫电文和船舶查询呼叫电文。

①遇险呼叫电文

遇险呼叫电文由电文 1、电文 2、电文 3 和电文 4 组成。

电文 1：表示遇险的性质。有着火(Fire)、爆炸(Explosion)、搁浅(Grounding)、倾斜(Listing)、浸水(Flooding)等 10 余种情况，详见表 3-5-6。其中，"情况不明(Undesignated Distress)"表示遇险性质不明。遇险的性质用 DSC 功能代码(见表 3-5-2)表示，占用 1 个字节。

表 3-5-6　MF/HF-DSC 呼叫的遇险性质

Undesignated Distress	情况不明	Sinking	沉没
Fire, Explosion	着火，爆炸	Disabled and Adrift	失控漂泊
Flooding	浸水	Abandoning Ship	弃船
Collision	碰撞	Piracy Attack	海盗袭击
Grounding	搁浅	Man Overboard	人员落水
Listing	倾斜	EPIRB Emission	EPIRB 的发射 (仅用于 VHF EPIRB 设备)

电文 2：表示船舶遇险时的位置，由 10 位十进制数字组成，占用 5 个字节。此位置表示法与海呼模式中墨卡托地址表示法类似，区别是每位数字所表达的含义不尽相同。具体组成格式为：第一位数字表示遇险船舶所在位置的象限(参见图 3-5-3)；第二、三位数字表示遇险船位纬度数据的"度"；第四、五位数字表示遇险船位纬度数据的"分"；第六、七、八位数字表示遇险船位经度数据的"度"；第九、十位数字表示遇险船位经度数据的"分"。例如，船舶遇险时的船位是 15°30′N，126°35′W，则遇险船舶位置信息用 1153012635 表示。如果船舶遇险的位置不明(不能自动获取或人工给定)，DSC 设备将在遇险地址栏自动填入 10 个"9"(也称 5 个"99")，即 9999999999。

电文 3：遇险时间序列，由 4 位十进制数字组成，占用 2 个字节。组成格式为：前两位数字表示时间"小时"，后两位数字表示时间"分"，一般用 UTC 时间表示。如果船舶遇险的时间不明(不能自动获取或人工给定)，DSC 设备将自动填入 4 个"8"(也称 2 个"88")，即 8888。

电文 4：约定后续通信的方式，即 VHF 电话、MF/HF-SSB 电话或窄带直接印字电报(FEC)。MF/HF-DSC 默认后续通信方式为 MF/HF-SSB 电话。电文 4 占用 1 个字节，用功能代码表示。

②常规呼叫电文

常规呼叫电文由三部分组成，即电文 1、电文 2 和电文 3，共占 8 个字节，如表 3-5-7 所示。

表 3-5-7　DSC 常规呼叫电文组成

电文 1 (遥指令 1)	电文 2 (遥指令 2)	电文 3 (遥指令 3)

电文 1：约定后续通信方式。常见的指令有：

- J3E TEL，预约单边带无线电话通信；
- ARQ，预约 NBDP 自动请求重复方式通信；
- FEC，预约 NBDP 前向纠错方式通信；
- DISTRESS ACK，DSC 遇险收妥确认；
- DISTRESS RELAY，DSC 遇险转发。

电文 2：对通信遥指令 1 的补充。

电文 3：主要约定后续通信的信道或频率信息。

③船舶查询呼叫电文

DSC 船舶查询业务包括：索取海岸电台数据库中的本船电文、查询气象、查询航行警告电文等；海岸电台要求索取船舶位置或其他信息等。船舶查询呼叫电文由两部分组成：电文 1 和电文 2。

电文 1：通信指令，用“查询”功能代码（103）表示呼叫序列是船舶查询呼叫，占用 1 个字节。

电文 2：无信息，用 6 个“126”功能代码表示，即占用 6 个字节。

（8）序列终止符

序列终止符（EOS，End of Sequence）表示呼叫序列的结束。有三种序列终止符 EOS：

- END 或 EOS：表示收到该序列后，不需收方予以应答。对应的功能代码为“127”。
- ACK RQ：表示接收方收到此呼叫序列后，需要对呼叫方予以应答。对应的功能代码为“117”。
- ACK BQ：表示接收方对收到 ACK RQ 的呼叫序列的回执。对应的功能代码为“122”。

值得注意的是，对 DSC 遇险呼叫、海呼、群呼、所有船呼叫，没有自动应答功能。

（9）校验符

校验符（ECC，Error Check Character）是呼叫台的 DSC 设备在序列码编辑完成后自动产生并添加到呼叫序列的最后面的字节，占用 1 个字节，用于对整个呼叫序列（不包括定相序列）各字节的信息位垂直校验，采用的是偶数校验。被呼台收到校验符（ECC）后，设备自动对所呼叫序列进行检验，以判断呼叫序列接收的正确性。

2. MF/HF-DSC 遇险报警呼叫序列、遇险转发呼叫序列和遇险确认呼叫序列

由于遇险报警、遇险转发和遇险确认的特殊性，其呼叫序列与常规呼叫不同，在序列设置上有一定的变化，下面对这三种呼叫序列进行分析。

（1）遇险报警呼叫序列格式，如表 3-5-8 所示。

表 3-5-8　遇险报警呼叫序列

点阵	定相序列	格式符	自识别	电文 1（遇险性质）	电文 2（遇险位置）	电文 3（遇险时间）	电文 4（后续通信指令）	EOS	ECC

（2）遇险转发呼叫序列格式，如表 3-5-9 所示。

表 3-5-9　遇险转发呼叫序列

点阵	定相序列	格式符	地址	类别（遇险）	自识别	指令 1（遇险转发）	遇险船识别码	电文 1（遇险性质）	电文 2（遇险位置）	电文 3（遇险时间）	电文 4（后续通信指令）	EOS	ECC

（3）遇险确认呼叫序列格式，如表 3-5-10 所示。

表 3-5-10　遇险确认呼叫序列

点阵	定相序列	格式符	类别（遇险）	自识别	指令 1（遇险确认）	遇险船识别码	电文 1（遇险性质）	电文 2（遇险位置）	电文 3（遇险时间）	电文 4（后续通信指令）	EOS	ECC

上述三种呼叫序列格式中，点阵、定相序列、格式符、自识别、后续通信指令、序列结束符、校验符与常规呼叫序列里的作用一样，这里不再表述。在这三种呼叫序列格式中都包含有电

文 1 至电文 4 四个部分，它们所代表作用为：

电文 1：表示遇险性质。遇险性质用相应的功能代码表示，占 1 个字节。当遇险报警呼叫来不及注入遇险性质代码时，则默认遇险性质为“情况不明”。

电文 2：表示遇险位置信息。它与常规呼叫序列中的位置信息表示方法一致。

电文 3：表示船舶遇险的时间。用 4 个十进制数字表示 UTC 时间，具体与遇险序列中时间表示方法一致。

电文 4：表示后续遇险通信方式。用相应的功能代码表示，如表 3-5-11 所示，占 1 个字节。若遇险报警时未对后续通信方式做出指令，则默认后续通信方式为 SSB(J3E)。

表 3-5-11 通信方式及其功能代码

通信方式(Communication Mode)	功能代码
F3E/G3E SIMP TEL(VHF 单工电话)	100
F3E/G3E DUP TEL(VHF 双工电话)	101
J3E TEL(MF/HF J3E SSB 电话)	109
H3E TEL(MF/HF H3E SSB 电话)	111
F1B/J2B FEC TTY(MF/HF FEC 电传)	113
F1B/J2B ARQ TTY(MF/HF ARQ 电传)	115

在遇险呼叫序列中，格式符表示为 DISTRESS。在遇险转发呼叫序列中，类别栏必须显示为遇险，指令 1(遇险转发)表示本呼叫为遇险转发呼叫。遇险船舶识别码为遇险船舶的 9 位 MMSI，若无法获取遇险船舶识别码，则可用 5 个“126”功能代码填充。“地址”项比较特殊，在全呼遇险转发情况下，呼叫序列无“地址”项；在选呼遇险转发模式下，“地址”项中注入相应的选呼目标的 9 位 MMSI；在海呼遇险转发模式下，注入所呼叫海域的用墨卡托坐标矩形区域表示的地址。

对比遇险确认呼叫序列和遇险转发呼叫序列，其各对应序列组成部分代表的含义基本相同。

六、MF/HF-DSC 呼叫频率

针对 DSC 设备呼叫信道的使用需求，CCIR 划分了 33 个专用国际信道，分别分布在 MF 的 2 个波段、HF 的 8 个波段和 VHF 波段上。详情可查阅《无线电信号书》第 I 卷海岸电台表。

在 33 个 DSC 国际频率中，有 7 个是遇险安全频率，其中 MF 2 187.5 kHz、HF 8 414.5 kHz 和 VHF 156.525 MHz(70 信道)是 DSC 值班接收机的强制值守频率。除了上述 7 个遇险、安全呼叫频率，ITU 还专门分配了 27 个信道用于国际常规业务呼叫。其中，HF 波段分别在 4 MHz、6 MHz、8 MHz、12 MHz、16 MHz、18 MHz、22 MHz 和 25 MHz 波段上各分配了 3 个信道，MF 波段分配了 2 个信道，VHF 波段分配了 1 个信道。但是由于 VHF 波段分配的信道与遇险、安全呼叫信道相同，都是 70 信道，因此我们说一共有 33 个专用国际信道。具体信道和频率详细内容见第十一章和第十三章。

第六节　船舶常用的中短波天线

一、天线的作用

无线电通信的过程就是电磁波信号的发射和接收过程，而这两个过程都是通过天线来实现的。天线无论对于卫星通信设备还是地面通信设备，都是非常重要的组成部分。对于发射端，天线的功能主要是把高频电流转换为无线电波并辐射出去；对于接收端，天线的功能主要是在空间诸多无线电信号中选择有用的电磁波信号并将其转换为高频电流，使之进入接收设备，为信号的下一步处理做好准备。

随着科学技术的进步，现代无线通信设备的天线功能非常强大。根据设备本身功能的需要，天线既可以满足全方向辐射需求，也可以实现定向辐射；既能近距离辐射，也能进行太空超远距离辐射。为了满足各类设备的不同信号辐射要求，人们设计出了各种各样的天线。

二、天线的分类

由于天线的结构、尺寸大小、使用范围、极化方式各异，天线种类繁多。根据天线的不同考虑因素，天线有多种分类方法：

(1) 根据通信功能，分为地面系统通信天线、卫星系统通信天线和导航设备天线。

(2) 根据天线结构，分为柱状天线、鞭状天线、面状天线、喇叭状天线、阵列天线、抛物面天线、网状天线等。

(3) 根据工作波段，分为长波天线、中波天线、短波天线、超短波天线等。

(4) 根据辐射的方向性，分为全向天线、定向天线和区域性辐射天线。

(5) 根据极化方式，分为垂直极化天线、水平极化天线和圆极化天线，圆极化天线又分为右圆极化天线和左圆极化天线等。

由于船上通信设备种类繁多，一艘较大型从事国际航行的船舶至少配备十几副天线，每副天线都有其特殊用途，所以船上通信人员应熟悉相关通信天线的基本结构、特性、架设位置、注意事项等，以便检查和维护。

三、天线的主要特性

1. 天线的方向性

天线辐射的电磁能量在空间各个方向上的分布一般是不均匀的，因此天线具有方向性。

图 3-6-1 是以极坐标法表示的天线水平方向辐射简图，每一个花瓣状图形代表天线的一个辐射波瓣。把天线辐射最强方向即主向所在的波瓣称为主瓣，主瓣周围的辐射强度较小的波瓣称为旁瓣或副瓣。

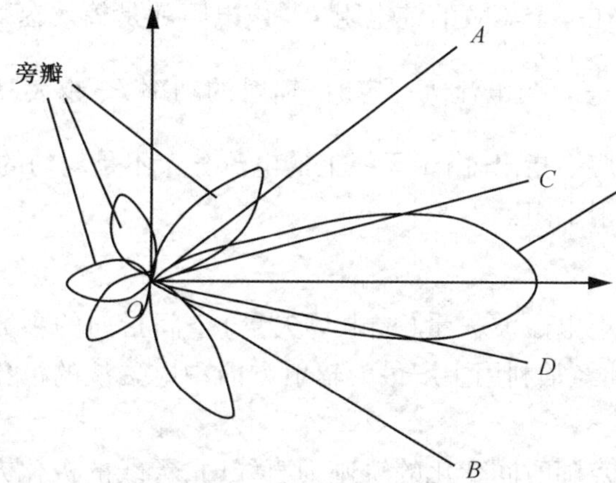

图 3-6-1　天线方向辐射图

主瓣宽度：主瓣辐射强度为最强辐射值 0.707 倍的界线夹角（$\angle COD$）。主瓣宽度反映了天线主向上辐射场集中的程度。

主瓣张角：主瓣两侧辐射区域边沿切线的夹角（$\angle AOB$）。

天线方向图的主瓣也可以是多个。在实际通信中，根据船舶通信的目的和要求，船用中短波天线、甚高频天线在水平面辐射方向是全向辐射（水平波束为 360°），因此，地面通信系统天线常用线状天线。这类天线垂直地面安装，在天线垂直方向上不辐射电磁波，而沿地面的各方向均匀辐射，越接近水平方向，辐射就越强。

2. 天线的互易性

天线按其工作状态可分为发射天线和接收天线。有些无线通信设备的发射天线和接收天线是各自独立的天线，可以同时工作，互不干扰。有些无线通信设备的发射天线和接收天线是合成共用天线。由于发射天线和接收天线在结构、方向性及阻抗等功能方面有很大的相同特性，因此，从能量转换这一角度看它们是可以互换使用的，天线的这种特性就是天线的互易性。例如，船用甚高频天线、MF/HF 天线、Inmarsat 船舶地球站天线等通过这种互易性实现了收、发天线共用。这样既节约了天线成本，也降低了天线的安装空间要求。

3. 天线的辐射效率和全向平均辐射功率

判断天线的优劣的两个重要的因素分别是天线的全向平均辐射功率和天线的辐射效率。全向平均辐射功率直接反映了天线的信号强弱，信号的强弱也直接影响着天线的通信距离。一般对于同波段工作设备，天线的全向平均辐射功率越大，信号覆盖区域越大，通信的距离也越远。天线的辐射效率直接反映天线的工作性能好坏，代表着天线效能的高低。天线的辐射效率的大小等于天线的平均发射功率与天线发射前收到的总功率之比，通常用 η_A 来表示，即 $\eta_A=\dfrac{P_o}{P_{总}}$ 或 $\eta_A=\dfrac{P_o}{P_o+P_n}$，式中，$P_{总}$ 为总功率，P_o 为天线的平均发射功率，P_n 为天线损耗的功率。显然，天线的损耗功率 P_n 越小，其辐射效率就越高，所以要采用良好的材料、合理设计天线的尺寸和结构制造天线，同时还要按标准架设，以获得最佳的辐射效率，减少工作过程中天线的能量损耗。

4. 天线的辐射电阻

对于发射机，天线作为一个能量转换装置在辐射电磁波的过程中会存在能量的损耗。该损耗可以假定认为天线中存在一个等效的纯电阻 R_r，该电阻就是等效辐射电阻。根据电阻与电流和功率的关系可得：$R_r=\frac{P_o}{I^2}$。当电流 I 一定时，辐射的功率 P_o 越大，R_r 越大。可见 R_r 是表征天线辐射能力的参数。应当指出，由于天线上的电流分布不是均匀的，因此辐射电阻是指对应天线上某一点电流的辐射电阻。

5. 天线的极化

天线的极化是指天线辐射电磁波矢量（或电场矢量）空间指向的参数。天线辐射波的极化随天线辐射方向变化，因此经常利用主瓣最大辐射方向中电磁波的极化方向来描述该天线的极化情况。

当辐射波的电场矢量端点随时间变化的轨迹为直线时，天线的极化方式为线极化。以地面为参照系，线极化可分为垂直极化和水平极化。当辐射波的电场矢量方向垂直于地面时，为垂直极化；当辐射波的电场矢量方向平行于地面时，为水平极化，如图 3-6-2 所示。

图 3-6-2　垂直极化和水平极化

当电场矢量末端的轨迹在垂直于传播方向的平面上投影是一个圆时，天线极化方式为圆极化，圆极化又分右圆极化和左圆极化。当极化面随时间旋转并与电磁波传播方向成右螺旋关系时，为右旋圆极化；当极化面随时间旋转并与电磁波传播方向成左螺旋关系时，为左旋圆极化，如图 3-6-3 所示。圆极化电磁波的传播方向和电场矢量适用右手定则。

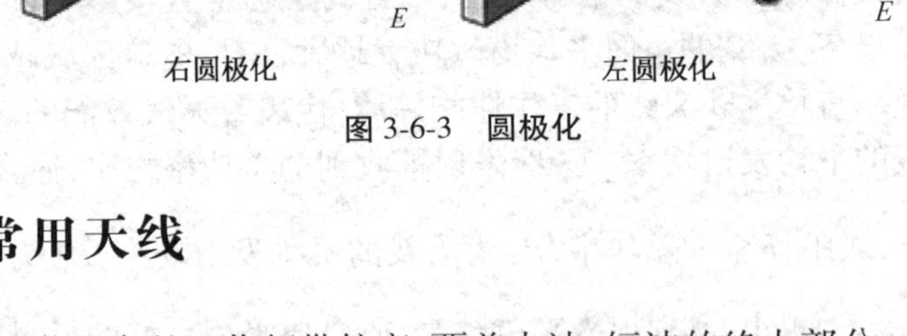

图 3-6-3　圆极化

四、船舶常用天线

船用 MF/HF 通信设备的工作频带较宽，覆盖中波、短波的绝大部分。该设备通常配备一根收发天线和一根 DSC 值班接收机接收天线，这些天线按照中波发射方式设置，实际是中短波通信共用。船舶常用的中短波天线主要有 T 形和倒 L 形天线、直立桅杆天线和鞭状天线。鞭状天线的尺寸较小（一般为波长的 1/4～1/2），对安装空间要求不高，维护保养简单，因此得到广泛应用，而其他类型的天线使用相对较少。

1. T 形和倒 L 形天线

T 形和倒 L 形天线的结构如图 3-6-4 所示，天线的名称由天线的形状而来。由于中波波长较长，天线有效长度与波长之比很小，为了提高天线的辐射效率，T 形和倒 L 形天线可以在天线的顶端加上水平导线，又称水平线。该做法称为“加顶”，相当于增加天线的有效长度，使电波辐射能力增强以提高天线的辐射效率。由于 T 形和倒 L 形天线不仅要求架设空间宽广，还需要专门的支撑架，因此现代船舶使用 T 型和倒 L 型天线比较少了，被结构简单的直立桅杆式天线和鞭状天线所替代。

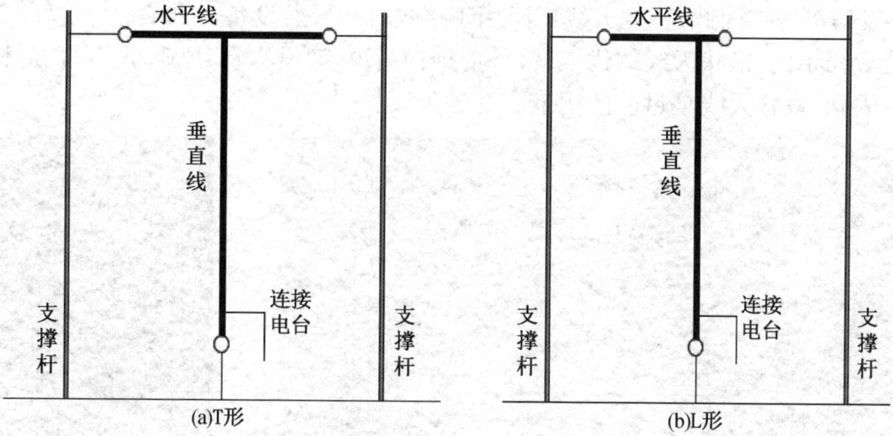

图 3-6-4　T 形和倒 L 形天线

2. 直立桅杆式天线

直立桅杆式天线也叫带拉索的桅杆天线，如图 3-6-5 所示。直立桅杆式天线结构比较简单，一般不会影响到船舶克令吊或者其他大型设备的正常使用，绝缘子的绝缘程度好，加顶电容圈使天线发射效率大大提高；其缺点是电容圈迎风面积偏大，基座需要加固。总的来说，这种天线受到的限制比较小，为大型船舶和工程船舶所青睐。这种天线主要由以下四部分组成：

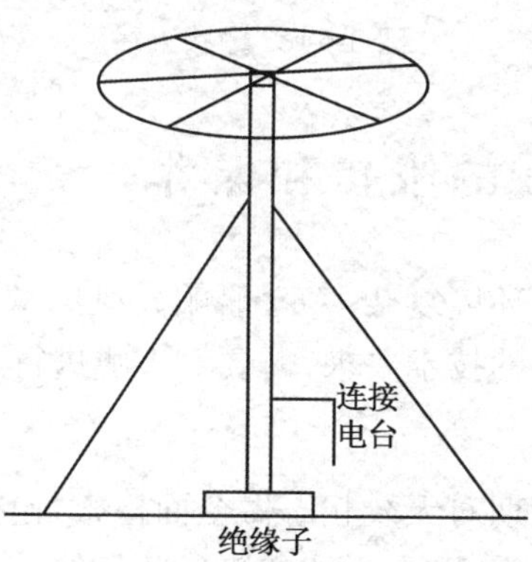

图 3-6-5　直立桅杆式天线

（1）绝缘子：位于天线底座部位，用于支撑天线并起到绝缘作用。

（2）桅杆：支撑天线的空心桅杆，底部绝缘，高频电流沿外表面流到顶部，内表面没有电流。

（3）加顶电容圈：降低天线阻抗，提高天线辐射效率。

(4)拉索:起固定天线桅杆的作用。

3. 鞭状天线

鞭状天线的外形酷似鞭状,是一种可弯曲的垂直杆状天线,如图 3-6-6 所示。鞭状天线长度一般为 5~12 m。为提高天线的等效辐射,在天线内部,常增加螺旋状铜线;在天线外部,可通过增加侧鞭来提高天线的辐射效率。由于侧鞭使天线整体风阻增大、容易和旗绳发生缠绕等问题,船舶对于增加侧鞭往往比较慎重,非必要一般不采取此措施。

由于鞭状天线的长度小于工作的波长,天线呈较大容性,通常经由天线耦合器接入 MF/HF 收、发信机内。因此,鞭状天线广泛用于接收机和导航设备。

与其他天线相比,鞭状天线的优点有:外形结构简单、架设容易、风阻小、维护成本低廉、使用方便等。因此,鞭状天线是目前使用最广泛的天线。

(a)

(b)

图 3-6-6 鞭状天线

五、船用中短波天线的维护和保养

船舶长期航行于海上,海上环境复杂多变,船舶天线经常受到大风浪的影响,为保证船上各种天线能正常工作,达到相应的技术要求,需要对天线进行正确的维护和保养。

1. 定期检查

根据相关要求,船舶必须定期对天线状态做全面检查,包括天线的匹配状态、绝缘子状态、天线所用导线的强度、天线的固定情况、天线的工作状态等。在雷雨季节还要注意检查避雷装置的完整性,保证其具有良好的性能。定期检查一般有季度检查和年度检查。

2. 不定期检查

船舶开航前、船舶大修后、某通信设备单独维修后、大风浪或雷雨过后以及认为有必要的情况下,可对天线进行全面检查:有无断裂或锈蚀、有无冰水附挂在绝缘子上等外观检查,还应对天线的工作状态进行测试,并做好记录,以备检查。

第四章

船用VHF通信设备

VHF 通信是无线电水上移动业务中一个重要组成部分。根据 ITU《无线电规则》中频率的划分,海事 VHF 通信业务工作频率为 156 ~ 174 MHz,主要用于近距离通信。目前,海事 VHF 无线电设备主要包括 VHF 无线电话、DSC 终端和 AIS 设备。VHF 无线电话和 DSC 终端是目前 GMDSS 船舶的基本配备设备,它们不仅是 A1 海区船对岸通信的主要设备,也是 A1、A2、A3 和 A4 海区船对船通信、搜救现场通信的主要手段,同时还是驾驶台与驾驶台之间通信的重要手段。

第一节　船用 VHF 通信概述

船用 VHF 设备应具有无线电话通信功能和数字选择性呼叫功能,其核心设备为 VHF 收发信机,还包括控制单元、PTT(Press To Talk)送受话器、VHF-DSC 终端和值守机、可以选配的打印机等,其基本构成和实图分别如图 4-1-1 和图 4-1-2 所示。VHF-DSC 值守机是一个单通道接收机,可使用独立的接收天线,也可与 VHF 收发机共同使用一根天线。VHF-DSC 终端用于实现与数字选择性呼叫相关的各种操作。电源部分为整套设备提供所需的直流电源,其外接电源可以是 110 V 或 220 V 交流电,也可直接使用 24 V 直流电供电。

一、船用 VHF 通信的特点

船用 VHF 设备由于工作在甚高频波段,无线电波以空间直射波传播,因此具备以下特点。

1. 采用调频调制方式,运用了“预加重”和“去加重”技术

船用 VHF 通信采用调频(FM,Frequency Modulation)调制方式。调频就是使用调制器将要发射的信息或称调制信号(如语音)调制到高频载波信号上,使高频载波信号的频率随着调制信号的变化而变化,从而获得调频波。调频波属于角度调制。在接收机单元,再对调频信号

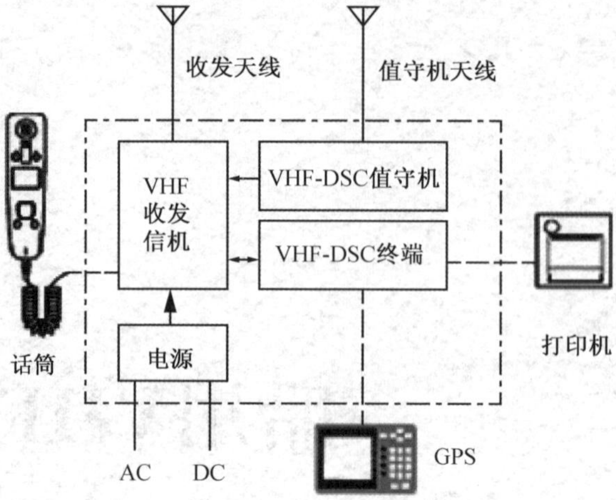

图 4-1-1　船用 VHF 设备的基本组成

图 4-1-2　船用 VHF 设备实图

进行解调，相应的部件称为鉴频器。由于鉴频器输出的噪声随频率的升高而增大，解调后的音频信号中高音频区的信噪比下降，影响接收效果。为此，在 VHF 设备中广泛运用了“预加重”和“去加重”技术。利用“预加重”和“去加重”技术，既提高了 VHF 通信的抗干扰性能，又不会导致信号失真。

船用发射机调频大体分三种基本类型：直接调频方式、间接调频方式和锁相环调频方式。直接调频法是指用调制信号直接控制载频振荡器的工作，使其输出信号的频率随调制信号的某种特性改变而改变。间接调频法是指利用调相电路经适当转换而获得调频信号。锁相环调频法是将调制信号加到锁相环的压控振荡器上，实现调频功能。锁相环调频具有中心频率稳定度高和调频范围宽的特点。目前，间接调频方式和直接调频方式已较少使用，现在主要使用锁相环调频方式。

2. 信号传播距离较近，通信范围受限

一般而言，VHF 设备的通信距离极限值小于 100 n mile，标称值约为 25 n mile，具体范围决定于岸台和船舶电台的收、发天线的架设高度。根据 IMO 的 A. 801(19) 决议附件 3 的规定，两 VHF 电台间的通信距离可用式(4-1)进行粗略计算。

$$D = 2.5(\sqrt{H_1} + \sqrt{H_2}) \tag{4-1}$$

式中，D 为通信距离，单位为 n mile；H_1、H_2 分别为岸台和船舶电台的天线绝对高度，单位为 m。假设岸台天线高度为 49 m，船舶电台天线高度为 16 m，则 VHF 海岸电台与船舶电台的通信距离约为 27.5 n mile,一般取 25 n mile。这个距离也是多数国家认可的 A1 海区的范围。

在以岸台为中心的近距离蜂窝式通信中,为消除网组间的相互干扰,必须对设备的发射功率加以限制。一般规定,海岸电台发射机的额定功率不超过 50 W,船舶电台发射机的额定功率不超过 25 W。

3. 信号波长短,设备天线尺寸小

根据 ITU 的波段划分,VHF 波段频率为 30~300 MHz,波长为 1~10 m。船用 VHF 设备工作的频率为 156~174 MHz,对应波长不到 2 m。通信设备的理想的天线尺寸应不小于波长的 1/4,因此船舶 VHF 设备的收发天线可以做得很小,使船舶电台设备的天线更易于架设在桅杆或驾驶台顶端等较高位置,有利于增大 VHF 设备的通信距离。

4. 抗干扰能力强

船用 VHF 通信采用调频体制,通过较好的技术指标设计,增大了信号的带宽,提高了接收机输出信噪比,具有较强的抗干扰能力。

5. 采用静噪技术,提高应用效果

尽管调频技术可以提高抗干扰能力,但其前提条件是输入信噪比必须高于一定的数值(门限值)。当输入信噪比低于一定门限值时,其输出信噪比会明显下降,使扬声器中出现大量噪声,这种现象被称为“门限效应”。在应用中,设备的设计采用了静噪技术,在输入信噪比较低时,设备能自动切断扬声器的输出;当输入信噪比高于门限值时,则自动恢复正常输出,从而保证工作环境的安宁。

6. 信号占用的频带宽

如果信道间隔为 25 kHz,最大允许频偏 Δf_{max} 为±5 kHz,最高调制频率 F_{max} 为 3 kHz,则发射机最大辐射带宽为:

$$B_{max} = 2(F_{max} + \Delta f_{max}) = 2 \times (3 + 5) = 16\ \text{kHz}$$

VHF 调频通信占用了较大的带宽。占用较大带宽也是调频体制的缺陷所在,采用调频传输虽然能够提高话音质量,却降低了频率资源的利用率。

二、船用 VHF 通信的工作种类和工作方式

1. 船用 VHF 的工作种类

在 GMDSS 中,VHF 设备是一种多功能的通信设备,可以根据通信的需要附带无线电话送受话器、DSC 及 NBDP 等终端设备。因此,要求其收发机必须具有以下工作种类:

(1)调频(调相)单路无线电话,用 F3E(G3E)表示。

(2)用副载波调制的单路调频(调相)自动报,用 F2B(G2B)表示。

按照 CCIR 的建议,在 VHF 波段进行 DSC 或 NBDP 通信时,要求终端设备输出和输入的信号应是以 1 700 Hz 为副载波、频移为±400 Hz、调制速率为 1 200 波特的移频键控(FSK)信号。但实际应用中,VHF 设备很少有 NBDP 终端。

2. 船用 VHF 通信的工作方式

工作方式是指通信时收、发双方收发信机的操作方式。船用 VHF 通信可分为单工、双工

和半双工三种工作方式。

(1)单工方式

单工方式是指通信时双方交替进行发射的一种操作方式。当使用的收、发频率相同时,称为同频单工;当使用的收、发频率不同时,则称为异频单工。按照 CCIR 的建议,水上 VHF 通信中船舶间的通信只能使用同频单工方式。船用 VHF 的单工操作由话柄上的 PTT 开关控制,该开关按下时发射机工作,接收机不工作;松开时,发射机不工作,接收机工作。

(2)双工方式

双工方式是指通信时双方可同时进行收发的一种操作方式。通信时双方分别使用保持一定频率间隔的两个不同频率同时进行发射。

(3)半双工方式

按规定,在水上 VHF 通信中,船舶电台与海岸电台间或者通过海岸电台转接到公众通信网用户间的通信,只能使用双工方式。但即使在这种情况下,由于船舶空间狭小以及为了减少不必要的电磁辐射,通信中船舶电台仍然需要发射时按下 PTT 按键打开发射机,不需要发射时则松开以关闭发射机。因此,此种方式也被称为半双工或准双工工作方式。

另外,船舶与海岸电台间为港口工作或船舶动态业务而进行的通信,既可以使用同频单工方式,也可以使用异频准双工方式。但如果岸上的相关单位使用了船舶电台设备,就是船与船之间的通信,因此只能使用同频单工方式与船舶电台通信。

三、VHF 信道分配及应用

1. VHF 信道的分配

CCIR 指配给水上移动通信的 VHF 频段为 156~174 MHz。其中,船舶电台(简称船台)发射频率为 156.025~157.425 MHz,岸台发射频率为 156.050~162.025 MHz。收、发频率间隔为 4.6 MHz,相邻信道间隔为 25 kHz。在早期,人们将 156~174 MHz 共划分了 57 个信道,信道号为 1~28 和 60~88,其中单工信道 20 个、双工信道 35 个、保护信道 2 个。88 以上为私人信道,如美国各港口设置的 USA 信道等。但是伴随航运业的发展,水上移动通信业务的信道愈来愈拥挤,尤其是 VHF 波段。因此,2012 年世界无线电通信大会(WRC-12)及 2015 年世界无线电通信大会(WRC-15)对 VHF 信道进行了调整。新增信道的方法是保留原有信道,利用信道的低端频点扩充出前缀为“10”的信道,利用原有信道的高端频点扩充出前缀为“20”的信道。WRC-12 基于原信道 06、78、19、79 和 20 频点的扩频方案,扩充出 2006、1078、2078、1019、2019、2079、1079、2020 和 1020 等 9 个信道(06 是单工信道,只能扩充出一个 2006),WRC-15 基于信道 24、84、25、85、26、86、27 和 28 的低端、高端频点,扩充出 1024、2024……16 个信道。

因此,现在水上移动业务的 VHF 频段 ITU 国际信道共计有 84 个(详见表 4-1-1),其中船舶电台发射频率点 66 个,海岸电台发射频率点 62 个;可以用于船间通信的信道有 16 个(其中 2024、2025、2084、2085 仅用于数字业务),都是单工信道;可以用于公众业务通信的信道有 33 个,都是双工信道;可以以单频、双频形式用于船舶动态业务和港口营运业务的信道分别有 59 个和 33 个,2006 作为预留信道(水上移动业务将这一频率预留给未来应用或系统的实验性使用)。船舶间通信要使用 VHF 单工信道;船岸间通信既可使用 VHF 单工信道,也可使用 VHF 双工信道。

表 4-1-1　VHF 海上移动业务波段 ITU 信道发射频率表

信道标识	发射频率/MHz		船舶之间	港口作业及船舶移动		公众通信
	发自船舶电台	发自海岸电台		单频	双频	
60	156.025	160.625		x	x	x
01	156.050	160.650		x	x	x
61	156.075	160.675		x	x	x
02	156.100	160.700		x	x	x
62	156.125	160.725		x	x	x
03	156.150	160.750		x	x	x
63	156.175	160.775		x	x	x
04	156.200	160.800		x	x	x
64	156.225	160.825		x	x	x
05	156.250	160.850		x	x	x
65	156.275	160.875		x	x	x
06	156.300		x			
2006	160.900	160.900				
66	156.325	160.925		x	x	x
07	156.350	160.950		x	x	x
67	156.375	156.375	x	x		
08	156.400		x			
68	156.425	156.425		x		
09	156.450	156.450	x	x		
69	156.475	156.475	x	x		
10	156.500	156.500	x	x		
70	156.525	156.525	用于遇险、安全和呼叫的数字选择性呼叫			
11	156.550	156.550		x		
71	156.575	156.575		x		
12	156.600	156.600		x		
72	156.625		x			
13	156.650	156.650	x	x		
73	156.675	156.675	x	x		
14	156.700	156.700		x		
74	156.725	156.725		x		
15	156.750	156.750	x	x		
75	156.775	156.775		x		
16	156.800	156.800	遇险、安全和呼叫			

续表

信道标识	发射频率/MHz		船舶之间	港口作业及船舶移动		公众通信
	发自船舶电台	发自海岸电台		单频	双频	
76	156.825	156.825		x		
17	156.850	156.850	x	x		
77	156.875		x			
18	156.900	161.500		x	x	x
78	156.925	161.525		x	x	x
1078	156.925	156.925		x		
2078		161.525		x		
19	156.950	161.550		x	x	x
1019	156.950	156.950		x		
2019		161.550		x		
79	156.975	161.575		x	x	x
1079	156.975	156.975		x		
2079		161.575		x		
20	157.000	161.600		x	x	x
1020	157.000	157.000		x		
2020		161.600		x		
80	157.025	161.625		x	x	x
21	157.050	161.650		x	x	x
81	157.075	161.675		x	x	x
22	157.100	161.700		x	x	x
82	157.125	161.725		x	x	x
23	157.150	161.750		x	x	x
83	157.175	161.775		x	x	x
24	157.200	161.800		x	x	x
1024	157.200					
2024	161.800	161.800	x （仅为数字）			
84	157.225	161.825		x	x	x
1084	157.225					
2084	161.825	161.825	x （仅为数字）			
25	157.250	161.850		x	x	x
1025	157.250					

续表

信道标识	发射频率/MHz		船舶之间	港口作业及船舶移动		公众通信
	发自船舶电台	发自海岸电台		单频	双频	
2025	161.850	161.850	x（仅为数字）			
85	157.275	161.875		x	x	x
1085	157.275					
2085	161.875	161.875	x（仅为数字）			
26	157.300	161.900		x	x	x
1026	157.300					
2026		161.900				
86	157.325	161.925		x	x	x
1086	157.325					
2086		161.925				
27	157.350	161.950			x	x
1027	157.350	157.350		x		
2027*	161.950	161.950				
87	157.375	157.375		x		
28	157.400	162.000			x	x
1028	157.400	157.400		x		
2028*	162.000	162.000				
88	157.425	157.425		x		
AIS1	161.975	161.975				
AIS2	162.025	162.025				

说明：*，自 2019 年 1 月 1 日起，信道 2027 被标识为 ASM1，信道 2028 被标识为 ASM2。

2. 常用信道的功能

16 信道（156.800 MHz）被指定为国际无线电话遇险与安全通信信道，同时也是常规无线电话的呼叫信道。除遇险通信外，在 16 信道上的所有发射应保持到最低程度，且不得超过 1 min。此外，在进行非遇险类呼叫之前，电台应在 16 信道保持守听，当确知没有其他电台正在此信道上进行遇险通信时，才可进行呼叫。

75 和 76 信道是 16 信道的相邻信道，仅限用于导航的通信（发射功率不超过 1 W）和卫星移动业务接收远距离 AIS 广播电文。另外，在 15 和 17 信道上工作时，被强制工作在小功率状态（发射功率不超过 1 W）。

70 信道（156.525 MHz）被指定为水上移动业务 VHF 波段的 DSC 呼叫频率，用于遇险、紧急、安全和日常 DSC 呼叫。

10 和 11 信道是距离 70 信道最近的两个信道，当使用这两个信道时，需要采取预防措施以防止对 70 信道产生干扰。

13 信道(156.650 MHz)被指定用作世界范围内的航行安全通信信道,主要用于船舶间航行安全通信。根据相关主管部门的国内规章,这个信道也可用于船舶移动和港口操作业务。

3. 其他信道说明

(1)航空器通信信道:信道 06、70、16 以及 AIS1 和 AIS2(即原体制下的 87B 和 88B 信道)可被航空器用于搜救操作或者其他与安全相关的通信。

(2)轻便飞机、直升机信道:主管部门可以在船舶间、港口操作和船舶移动业务中指定频率,供轻便飞机和直升机与船舶或参与水上主要支援作业的海岸电台进行通信。使用与公众通信共用的信道时,需要满足《无线电规则》第 51 条中涉及航空器和水上移动业务之间通信的规定。进行上述操作时,三个最佳信道分别是 09、72 和 73 信道。

(3)数据通信:除 06、13、15、16、17、70、75 和 76 信道外,其他信道可用于高速的数据和传真通信。另外,从 78、28、88 信道中可取两个相邻信道用于窄带直接印字电报和数据传输。

(4)AIS 信道:AIS1 和 AIS2 信道专门用于世界范围内公海上船舶自动识别及监控系统,可用于移动卫星业务地面到太空的方向,接收船舶发出的 AIS 信息。2006 信道预留给未来应用或者系统的实验性使用,包括新的 AIS 应用、人员落水系统等。

(5)VDES 信道:自 2019 年 1 月 1 日起,157.200~157.275 MHz 和 161.800~161.875 MHz 频段(对应 24、84、25 和 85 信道)可以合并构建一个带宽为 100 kHz 的双工信道,用于 VDES 地面部分的操作。分别在 27 信道和 28 信道的基础上扩充出两个信道,其中信道 2027 将被标记为 ASM1,信道 2028 将被标记为 ASM2,用于 VDES 特殊应用报文。WRC-15 还决定,在 1 区和 3 区,截至 2017 年 1 月 1 日,157.200~157.325 MHz 和 161.800~161.925 MHz 频段(对应 24、84、25、85、26 和 86 信道)可用于数字调制发射。自 2017 年 1 月 1 日起,上述波段被确定用于 VDES 系统。WRC-15 同时还指出,主管部门亦可依据其意愿将这些频段用于最新版 ITU-R M.1084 建议书所述的模拟调制,前提是不对使用数字调制发射的水上移动业务其他电台造成干扰或寻求其保护。中国自 2017 年 1 月 1 日起,指定在 157.150~157.325 MHz 以及 161.750~161.925 MHz(对应 23、83、24、84、25、85、26 和 86 信道)进行数字调制发射。

(6)多个连续信道的数字系统:考虑到 VHF 信道拥挤的现状以及数字通信蓬勃发展的趋势,WRC-15 提出,2017 年 1 月 1 日以前,157.025~157.175 MHz 和 161.625~161.775 MHz 频段(对应 80、21、81、22、82、23 和 83 信道)可以在 1 区和 3 区用于数字调制发射。自 2017 年 1 月 1 日起,157.025~157.100 MHz 和 161.625~161.700 MHz 频段(对应 80、21、81 和 22 四个信道)被指定在上述区域用于由最新版 ITU-R M.1842 建议书所述的,使用多个 25 kHz 连续信道的数字系统;157.150~157.175 MHz 和 161.750~161.75 MHz 频段(对应 23 和 83 两个信道)被指定用于使用两个 25 kHz 连续信道的数字系统;157.125 MHz 和 161.725 MHz 频率(对应 82 信道)被指定用于由最新版 ITU-R M.1842 建议书所述的数字系统。

第二节　船用 VHF 收发设备

船用 VHF 通信系统由海岸电台和船舶电台组成,既可以在近距离范围内在船舶或者船舶与海岸电台间提供无线电话及 DSC 业务,也可以通过海岸电台的转接实现船舶电台与陆地公众网用户间的通信。受安装环境、发射功率的限制以及防止干扰的需要，VHF 无线电业务中的船舶电台设备和海岸电台设备是不同的。首先，船舶电台设备一般为收、发一体，海岸电台设备可收、发分开；其次，对于双工信道而言，船舶电台和海岸电台的收、发频率是相反的。

一、船用 VHF 无线电台的组成及作用

1. VHF 设备的组成

按照技术要求，船用 VHF 无线电台的一般组成如图 4-2-1 所示。

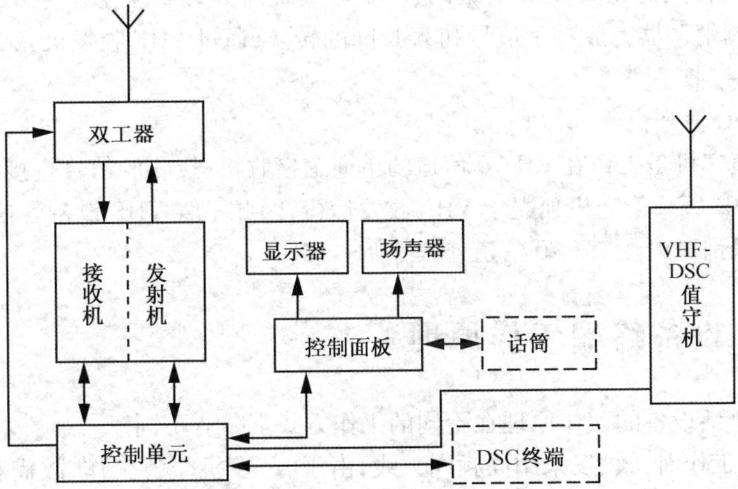

图 4-2-1　VHF 无线电台一般组成

2. VHF 设备各组成部分的作用

(1)双工器

双工器即双工滤波器，它连接在天线、发射机和双工工作的接收机之间。为使双工工作时收、发机仍能使用同一天线工作，必须利用双工器对收、发信号进行隔离，以保证通信时接收机不受本台发射信号的干扰或损坏。

(2)控制单元

控制单元主要由 CPU 组成。它分别与控制面板、DSC 终端、双工器和收发机相连，完成对整机的操作及通信控制。

(3)发射机单元

发射机单元的作用是对话音信号进行处理和调制，按需求向天线输送大功率的调频波，实现无线电波的辐射。

(4)接收机单元

接收机单元的作用是对来自天线的已调高频波进行频率变换、信号放大及解调，最终将其还原为原始音频信号，以实现信息的接收。解调后的话音信号经静噪电路和去加重处理后，送入低频功率放大器进行功率放大，最后推动耳机、扬声器等终端设备工作，而解调后的 FSK 信号会送到 DSC 终端进行处理、显示和打印。

(5)控制面板

控制面板是重要的人机交互界面,主要由微处理机单元和音频处理电路组成,它与显示器、扬声器以及送受话器等外设构成对整机的操作控制。

(6)显示器

显示器一般多为小尺寸的液晶屏,操作员通过显示器可以查看收到的电文,并进行电文编辑和收发频率、工作模式的设置等。目前,有越来越多的触屏被应用到 VHF 设备上。

(7)DSC 终端

DSC 终端主要由 CPU 电路和调制解调器电路组成。DSC 终端主要由单元内的 CPU 进行控制,CPU 的主要作用是完成 DSC 的编码、DSC 序列程序处理和从定位导航设备中获取船舶的位置信息;调制解调器完成数字信号和 FSK 间的转换,通过 VHF 收发机完成对 VHF-DSC 呼叫序列的发送和接收。

(8)VHF-DSC 值守机

VHF-DSC 值守机是工作在 CH 70 信道的单通道接收机,接收的信号直接通过控制单元送至 DSC 终端,VHF-DSC 值守机独立于 VHF 收发信机,因此不管 VHF 设备各信道是否在工作,VHF-DSC 值守机都可以在 CH 70 信道连续守听。

二、VHF 设备终端工作原理

船用 VHF 电话设备的工作原理在不同的工作方式下略有不同。

以单工方式工作时,收、发采用同频同天线,由于收、发机交替工作,故需将天线轮流接入发射机和接收机。这一功能一般通过话筒上的 PTT 按键控制天线继电器来实现。发射时,按下 PTT 开关,发射机工作,同时天线连到发射机,话音信号经送话器转变为音频电信号,经面板单元、控制单元送至发射机单元,由其进行调频、放大和预加重等技术处理后再经天线发射出去。此时受到 PTT 按键的控制,接收机暂停工作。接收时,操作员释放 PTT 按键,此时发射机关闭,天线转接到接收机,接收机开始工作,天线将射频电磁波转换为电信号送入接收机,经变频、放大、解调、去加重等技术处理后还原成音频信号,再经低频功率放大后送入送受话器或扬声器而变成声音。

以双工方式工作时,接收机和发射机是同时工作的。例如,收、发机各自采用独立的天线,则不需双工器,收、发机分别在不同的频率上工作即可。又如,收、发机采用同一天线,则必须使用双工器才能保证其正常工作。双工器内具有两个分别对不同频率谐振的滤波电路,相当于两个不同的信号通道。接收通道对接收信号呈短路状态,允许其通过;对发射信号则呈开路状态,阻止其通过。发射通道只对发射信号呈短路状态,允许其通过;对接收信号则呈开路状态,阻止其通过。这样,就有效地避免了本台的发射信号通过天线进入本台的接收机。

三、VHF 设备的主要性能指标和要求

1.船用 VHF 设备主要的性能指标

船用 VHF 设备涉及多种性能指标,在此只简要介绍其中几种较为主要的性能指标。

(1)频带和信道

船舶电台发射频率为 156.025 ~ 157.425 MHz,海岸电台发射频率为 156.050 ~ 162.025 MHz。结合表 4-3-1 可以看出,海事 VHF 信道的频率都是成对分配的,只是有的收、发频率相同,如 16 信道,电台工作时收、发信机都工作在 156.800 MHz 上;有的一对频率是不同的,如 60 信道,船舶电台的发射频率是 156.025 MHz,接收频率是 160.625 MHz,这种信道的收发频率之间的差值总是 4.6 MHz。从表 4-3-1 还可以看出,信道编号不是连续的,如 60 信道和 61 信道之间间隔了 01 信道。同时,相邻信道的频率差值总是 25 kHz,如 60 信道(频率 156.025 MHz)和 01 信道(频率 156.050 MHz),01 信道(频率 156.050 MHz)和 61 信道(频率 156.075 MHz)等。

(2)发射功率

船用 VHF 设备的发射功率用载波功率来衡量。载波功率是指在无调制时,发射机在工作频率上一个射频周期内供给标准负载的平均功率。按规定,船舶电台发射机的额定载波输出功率应为 6~25 W,并应能减小到小于或等于 1 W,目的是在近距离通信时,尽量减少对其他通信所产生的干扰。海岸电台的输出功率一般为 50 W 以内。

(3)频率偏差

频率偏差是指调频波瞬时频率的最大值或最小值与中心频率(载频)间的差值。通常在正常工作条件下所限定的频率偏差称为最大频偏。船用 VHF 设备无线电话通信所允许的最大频偏为±5 kHz。

(4)基带信号

调制音频的频带应限于 3 000 Hz 以下。

(5)发射机辐射带宽

调频发射机辐射带宽是指占总辐射能量 98%的信号频谱宽度。目前,海上 VHF 系统最大允许频偏 Δf_{max} 为±5 kHz,最高调制频率 F_{max} 为 3 kHz,则发射机最大辐射带宽为:

$$B_{max} = 2(F_{max} + \Delta f_{max}) = 2 \times (5 + 3) = 16 \text{ kHz}$$

可见,VHF 发射机进行语音通信时占用的带宽要比 SSB 发射机大很多。目前海上 VHF 信道间隔为 25 kHz,能够满足带宽需求。

(6)灵敏度

船用 VHF 接收机的灵敏度应优于 1 μV。

(7)电波辐射方式

船用 VHF 的电波辐射方式采用垂直极化波。

(8)频率容限

海上 VHF 系统的频率容限应为 10×10^{-6} kHz。

(9)发射类型和预/去加重

发射类型为 G3E 或 G2B,信道间隔为 25 kHz,必要带宽为 16 kHz,并应采用 6 分贝/倍频程的预/去加重技术。

2. 船用 VHF 设备主要要求

船用 VHF 设备主要要求如下:

(1)具有遇险、紧急、安全、船舶业务和常规业务呼叫与话音通信功能。

(2)控制与显示要求。整个设备应有一个电源总开关,而且设备的电源供电状态应有显示;收发转换由 PTT 控制实现;接收机应有人工音量调整开关或旋钮,并在外部设有静噪控制。发射机载波输出应有显示。电台工作信道号应在显示器上显示出来。键盘各按键和显示器应能在夜光背景下可见。16 信道和 70 信道的选择应有单独按键,并用与其他键不同的颜色表示出来。设备的控制应便于驾驶员的操作,如装有附加控制器,则驾驶台控制器有优先权。如装有一个以上的控制器,则任何时刻只能有一个控制器起控制作用,并且此控制器的标志在别的控制器上应有显示。只要键入需要的信道号就可实现频率的选择,并且除自动 DSC 和双值守功能外,频率的改变只能由信道选择控制键实现。遇险报警只能通过报警按键实现,该按键应有明显标志,并具有防止误报警措施。遇险报警的启动至少需要 2 个独立的步骤。遇险报警的发送状态应有显示,并且遇险报警可随时启动或中断。接收机输出负载可以是扬声器或送受话器,音频输出应有足够的功率、信噪比;扬声器的输出通路可关闭;单工发射时接收机将被哑控。

(3)信道切换时间小于 5 s,收发转换时间小于 0. 3 s。

(4)设备工作期间,不会因天线的开路或短路而损坏。

(5)要求能在开机 1 min 内工作。

(6)具有 DSC 和双值守功能。

(7)信道切换期间不能发射;收发控制不会引发无用辐射。

四、VHF 设备的特殊电路

1. 静噪电路

VHF 调频接收机的特点之一是开机期间若无信号或信号微弱导致信噪比低于其门限值,将会引起接收机的输出信噪比急剧下降,导致扬声器发出令人心烦意乱的“沙沙”声,不利于保持工作环境的安宁,影响人的情绪。为此,调频接收设备通常设置静噪电路,当接收机没有接收到信号或者接收的信号的信噪比处于门限值以下时,自动将低频放大器闭锁,从而使接收机的噪声不能在扬声器中出现,以保持工作环境的安静。

静噪电路相当于一个自动的开关。其作用是当无信号或信号信噪比低于门限值时,自动将低频功率放大器闭锁,使其无输出,扬声器便无法发声;当信号出现且信号信噪比高于门限值时,静噪电路自动将低频功率放大器解锁,使音频信号经功率放大后推动扬声器正常工作,实现接收。图 4-2-2 是静噪电路的原理框图。

静噪级数(Squelch Level)的高低可以通过旋钮控制。一般在 VHF 控制面板有一静噪(SQL)旋钮,对静噪级数高低进行控制。静噪级数高低的调节要合适,既不能太大,也不能太小,静噪级数调节过大,小信号将接收不到;静噪级数调节太小,将会出现噪声。

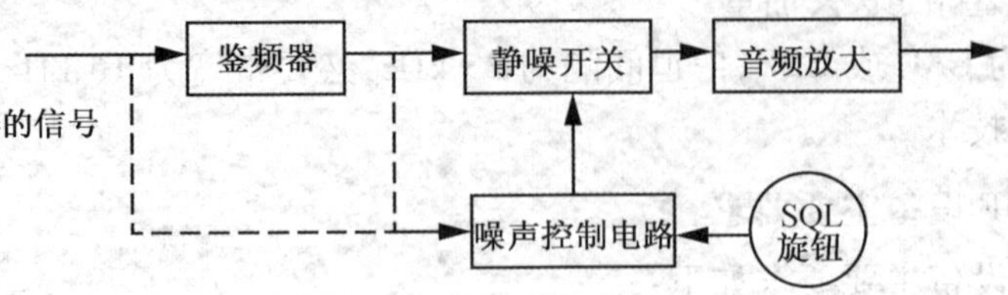

图 4-2-2　静噪电路原理框图

关于静噪电路的接入部位，一般没有严格的限制，它可以接在鉴频器之后，也可以接在鉴频器之前。

2. 双值守电路

由于 VHF 通信业务较多，船舶电台经常遇到需要同时监听两个或多个信道的情况。这就要求船舶电台设备必须具备双值守和信道扫描功能。这里只对双值守功能进行简单介绍。

双值守（DW，Dual Watch）电路也称为双信道守听电路，其作用是使接收机轮流交替守听两个 VHF 无线电话信道（一般情况下是 16 信道和另外一个任选信道），这两个无线电话信道是可以按照规则进行选择的。如果要同时监听两个以上的电话信道，就需要启动设备的信道扫描功能。

在实际应用中，双值守功能是通过特定的自动扫描程序来实现的。在所值守的两个信道中，有优先信道和附加信道之分。根据相关要求，启动双值守程序后，一旦在优先信道上检测到信号，则扫描程序立刻终止。当优先信道上无信号而附加信道上有信号时，接收机会在附加信道上驻留一段时间，扫描驻留时段内操作员无人工干预时，接收机须自动切换到优先信道。也就是说，无论如何必须保证对优先信道的有效值守。从设备性能上讲，优先信道和附加信道应可选，如优先信道不允许选择，则一定是 16 信道。

水上移动业务对双值守功能和性能有以下要求：

(1) 双值守功能可人工启动或关闭。

即使已经启动双值守功能，一旦拿下送受话器，双值守功能将自动关闭；而挂上送受话器，双值守功能又将自动恢复。

(2) 执行双值守功能时，发射被禁止。关闭此功能后，电台自动转到附加信道上。

(3) 设备上应有独立的功能键，以确保能快速切换到优先信道上接收。

(4) 执行双值守功能时，应能同时显示所值守的信道号。

(5) 如在某一信道上收到信号，应能显示相应的信道号。

关于双值守功能的实现，早期设备多采用多谐振荡器构成相应电路，而在满足 GMDSS 要求的 VHF 设备中，这一功能主要靠软件控制来实现。

第三节 VHF-DSC 终端设备

SOLAS 公约要求，船用 VHF 设备应该具有数字选择性呼叫功能，这一功能是通过 VHF-DSC 终端实现的。VHF-DSC 终端框图如图 4-3-1 所示。VHF-DSC 终端的主要作用是通过控制单元与收发机相连，对数字选择性呼叫序列进行编码和解码，把形成的 FSK 移频信号送给发射机单元对外发射，处理接收机送来的 FSK 信号，然后送到显示器显示或者打印机打印。

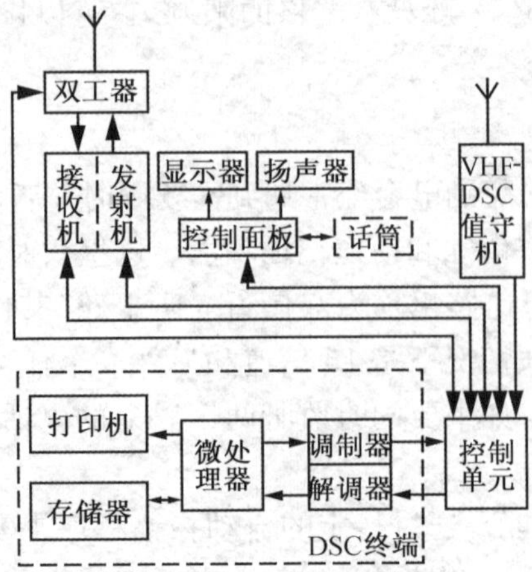

图 4-3-1 VHF-DSC 终端框图

一、VHF-DSC 终端工作原理

船用 VHF 设备工作在 DSC 方式时，操作员通过键盘编辑 DSC 呼叫序列，微处理器对 DSC 序列字符进行编码，将字符转换成由“0”和“1”组成的数字序列。调制解调器将“0”和“1”组成的数字信号转换成频率信号，这一过程就是调制副载波的过程。其中，副载波的频率是 1 700 kHz，频偏为 400 Hz。调制后输出频率为 1 700 Hz±400 Hz、速率为 1 200 波特的已调波。在这一过程中，调制器将“0”转换成频率为 2 100 Hz 的信号，将“1”转换成频率为 1 300 Hz 的信号。调制信号在控制单元的控制下送到发射机放大发射。接收时，VHF 接收机将接收到的 DSC 呼叫序列经过变频、放大、解调，最后将频率为 1 700 Hz±400 Hz 的信号经控制单元传送给 DSC 终端，经 DSC 终端解调器解调后将频率信号转换为 DSC 微处理器能够处理的数字信号，再经 DSC 终端的显示器或者打印机显示或者打印出 DSC 呼叫信息。

VHF-DSC 终端的编码方式和检错纠错原理与前面的 MF/HF-DSC 相同，只是个别参数有些改变。在采用二重分集进行检错纠错时，对于 MF/HF-DSC，由于传输速率为 100 波特，传输一个码元所用时间是 10 ms，每一字节占用 100 ms，所以分集时间是 400 ms；对于 VHF-DSC，由于传输速率为 1 200 波特，每一码元约占 0.833 ms，每一字节占用 8.33 ms，所以分集时间约为 33.33 ms。

VHF-DSC 的呼叫序列的组成与 MF/HF-DSC 也基本相同，只是在 VHF 频段上所有呼叫的点阵均为 20 bit，持续时间为 16.67 ms。

VHF-DSC 有以下几个接口与外设和收发机单元联系。

(1) 与 VHF 收发设备间有控制接口线和音频输入/输出线。

(2) 有数据接口，能和 GPS 等定位导航设备相连，实现船位的自动更新。

(3) 有打印接口，对收发信息进行自动打印。

二、VHF-DSC 设备功能

VHF 70 信道是 VHF 波段数字选择性呼叫的专用信道，也是唯一的信道，主要实现以下功能：

(1)遇险报警、遇险收妥、遇险转发。航行在 A1、A2、A3、A4 任何海区的船舶，可使用 VHF-DSC 方式实现近距离的船到船的遇险报警。如果船舶航行于 A1 海区，VHF-DSC 既可以实现船到岸 DSC 遇险报警，也可以实现岸到船方向的遇险报警接收和转发。

(2)紧急呼叫。当船舶遇到紧急情况，比如人员落水、船员严重疾病等情况，需要附近其他船舶的帮助或者采取紧急措施时，可以在 VHF 70 信道上发送一个紧急优先等级的 DSC 呼叫，再转到约定的信道（如 VHF 16 信道）上进行紧急无线电话通信。

(3)安全呼叫。当船舶遇到影响航行安全的情况，比如航线上发现水上漂流物，需要告知其他船舶时，可以在 VHF 70 信道上发送一个安全优先等级的 DSC 呼叫，再转到约定的信道上进行无线电话安全通信。

(4)常规呼叫。船舶之间进行日常 VHF 无线电话通信前，可先在 VHF 70 信道上发送一个日常优先等级的 DSC 呼叫，再转到约定的信道上进行无线电话通信。这种呼叫方式与传统的使用 16 信道呼叫相比，具有信息清楚明了、占用信道时间短的特点。作为陋习，很多船舶仍然习惯性地使用 16 信道进行常规业务的呼叫回答，这是与 IMO 发展 DSC 技术的初衷相悖的。

(5)在 A1 海区还可以实现船舶电台经海岸电台与陆上电话网用户的自动连接，即用 VHF-DSC 呼叫方式拨打电话。这种情况下，海岸电台必须具备自动转接设备，目前我国海岸电台还都是通过人工进行转接的。

(6)自动值守。根据 GMDSS 设备配备要求，船舶配备有 VHF 70 信道 DSC 值守机，确保船舶在 VHF 70 信道自动的不间断值守。

第五章 NAVTEX、搜寻定位装置及GMDSS备用电源

第一节 NAVTEX 系统

NAVTEX 系统是 GMDSS 的重要组成部分，是指由 NAVTEX 岸台采用窄带直接印字电报技术以 CFEC 方式播发，由船上 NAVTEX 接收机自动接收海上安全信息的系统。通过接收系统播发的信息，船舶可以及时获得保证航行安全所必需的资料。NAVTEX 系统对提升海上船舶航行安全、预防海难事故的发生举足轻重。目前，我国大陆沿海建设有 5 座国际 NAVTEX 业务播发台和 7 座国内 NAVTEX 业务播发台，基本实现了我国沿海 250~400 n mile 海上安全信息播发业务的覆盖。NAVTEX 系统主要为 A1、A2 海区提供海上安全信息服务。ITU 在《无线电规则》中为系统划分了专用频率，各国也都积极为本国 NAVTEX 业务播发划分了专用频率。有关频率使用及电台设置情况请见第十四章。

近年来，随着通信技术的飞速发展、GMDSS 现代化建设的不断推进和 e 航海战略的展开，航海领域对海上安全信息播发的内容、速率、时效性等都提出了更高要求。为适应海事安全新需求，我国正在与国际社会一道积极投入人力、物力和财力开发建设岸对船与海事安全、保安相关信息数据广播系统（NAVDAT，Navigational Data for Broadcasting Maritime Safety and Security-related Information from Shore-to-ship），以期为广大船员和船东提供更好的服务。NAVDAT 系统的发展情况将在第十七章详细介绍。

一、NAVTEX 系统的产生

NAVTEX 是 Navigational Telex 的缩写，可直译为“航行电传”。我国交通部（现交通运输部）在 1985 年将其命名为“奈伏泰斯”。该系统最初由瑞典于 1976 年提出，其初始目的是保

障船舶能够及时、准确地接收海上安全信息，同时减轻船舶通信人员的工作负担。1979 年，波罗的海沿岸的国家建立了世界上第一个 NAVTEX 台链，后来演变成航行警告区（NAVAREA，Navigational Warning Area）第Ⅰ区，它主要覆盖了欧洲西北部海域。通过 NAVAREA Ⅰ区的建立和试用，NAVTEX 系统受到航运界的极大欢迎。于是，经国际海事组织、国际航道测量组织（IHO，International Hydrographic Organization）和国际电信联盟的评议，该系统作为一种能使船舶自动、及时、准确地获得沿岸 MSI 的国际性服务网络而被全球推广，并成为 GMDSS 的重要组成部分。有关 NAVAREA 相关知识将在第十四章介绍。

二、NAVTEX 系统基本工作原理

1. NAVTEX 系统组成

NAVTEX 系统由信息提供和协调部门、NAVTEX 发射台和 NAVTEX 接收机三部分构成，如图 5-1-1 所示。信息提供和协调部门分别负责提供海上安全信息和对播发工作的协调。信息提供部门包括航行警告提供部门、遇险及搜救信息提供部门、气象及冰况信息提供部门以及紧急与安全相关信息的提供部门。航行警告信息提供部门包括国家主管机关及其授权的单位。例如，当地的海事安全主管机关，其作用是以无线电报或无线电话的形式向协调人提供责任海区和水域内发生的或将要发生的可能影响航行和作业安全的信息。遇险及搜救信息提供部门主要包括各级海上搜救中心及分中心。气象及冰况信息提供部门主要包括当地气象台（站）及冰况巡逻部门等。这些部门提供的信息经过协调机构协调后送到 NAVTEX 发射台发送。协调机构的职责主要是根据信息内容、可能受到影响的区域等协调信息播发台和播发流程，包括评估信息的优先级别等。NAVTEX 发射台链由若干个岸基专门海岸电台组成，在规定频率上定时播发 MSI。NAVTEX 接收机用来自动接收、选择、存储并打印发射台播发的有关信息。

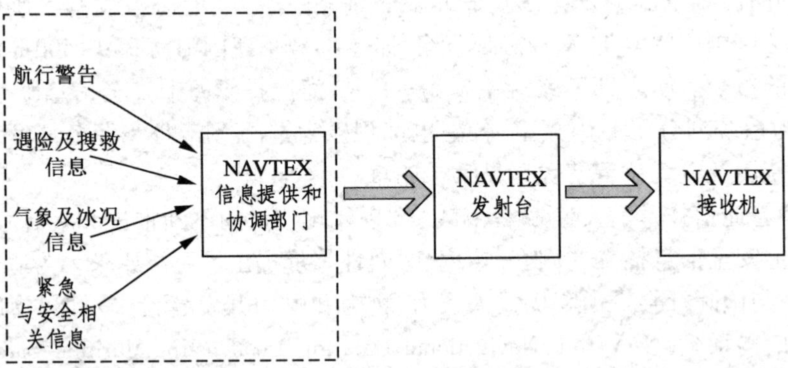

图 5-1-1 NAVTEX 系统组成框图

2. NAVTEX 系统基本工作原理

NAVTEX 系统是由岸上播发、船舶采用小型智能化接收机自动接收海上安全信息的系统。系统覆盖的范围主要是近岸水域，包括 A1 和 A2 海区。船舶不仅可以无人照料地自动接收信息，还可以根据信息的播发台、信息的种类、信息的重要程度以及信息是否被接收过等选择性地打印信息。为了避免播发台之间相互干扰，并且保证船舶接收机能够智能化工作，系统

以地理分集和时间分集方式安排播发台工作,以程序化发射方式控制接收机工作。

(1)播发台工作的方式

前面提到了 NAVAREA,它是为协调广播航行警告而建立的地理海域,目前全球一共有 21 个 NAVAREA,每个 NAVAREA 内一般设置 1 个 NAVTEX 台链,每个台链中的每一个电台都被分配 1 位英文字母用于身份识别(即 B_1 码,详细内容见第十四章),字母的范围是 A~X。具有相同 B_1 码的电台被安排在同一个时间段广播,每个广播时段为 10 min。全球目前主要有 3 个 NAVTEX 网络,分别是 518 kHz、490 kHz 和 4 209.5 kHz 网络,其中 518 kHz 建设得较为完善。一个网络内的所有电台都工作在同一个频率上,如 518 kHz。为了避免由于在同一频率上发射带来的相互干扰,具有相同 B_1 码的电台在建设选址时保持 800~900 n mile 以上的距离。这就是"地理分集"。在上述基础上,专家组又规定每个 NAVTEX 播发台每隔 4 h 播发一次报文,每次不超过 10 min。这样,每个小时内,可有 6 个台顺序播发,4 h 内刚好可最大限度地保证每个服务区内 24 个播发台轮流播发一次,这就是"时间分集"。

这样,每个 NAVAREA 内的同名电台将同时在相同频率上发射,但是由于其间距离至少为 800 n mile,而根据第一章我们已经知道,中频白天传播距离近,主要靠地波传播,距离为 100~200 n mile,这样一艘船在白天基本上只能够接收到 1 个电台的信息,从而避免了干扰。通过第一章的学习我们还知道,中频在夜间靠地波和天波传播距离较远,可以达到数百海里。为了避免发射台信号传输距离过远导致一个船舶电台同时能够接收到多个海岸电台信号的现象,系统又针对发射台的发射功率做了限制,规定各 NAVTEX 岸台的发射机必须有合适的发射功率,以保证其发射信号刚好有效地覆盖其服务区域。同时,应根据播发时间适当调整发射功率,以免超范围辐射造成不必要的干扰。通常在夜间播发 NAVTEX 信息,发射功率可能被降低 60% 。

有关台链的分布以及电台具体工作时间安排的相关知识,见第十四章。

(2)NAVTEX 报文的发射

NAVTEX 系统采用了 NBDP 通信技术,用 CFEC 方式工作;系统中采用了七单元恒比码(4B/3Y 码),调制方式采用 FSK 方式,调制速率是 100 波特,频移范围是±85 Hz,副载波的频率是 1 700 Hz。二重时间分集传输的分集时间间隔为 280 ms,也就是每个字符以 4 个字符间隔发两遍。

NAVTEX 中,每个发射台播发 NAVTEX 电文的格式都相同,具体格式如下:

定相信号	ZCZC	空一格	$B_1B_2B_3B_4$	回车换行	报文	回车换行	NNNN	回车换行	定相信号	其他报文	结束信号

(1)定相信号:每个播发台在起始播发时,至少发射 10 s 的定相信号,其作用是使 NAVTEX 接收机与发射同步,当一次播发 1 份以上的 NAVTEX 电文时,2 份电文中间所需的定相时间只需要 5 s 就足够了。

(2)起始字组 ZCZC:NAVTEX 电文的发射开始字组。出现 ZCZC 后,表示定相已经结束,收、发双方已同步。NAVTEX 接收机正确收到 ZCZC 和技术编码 $B_1B_2B_3B_4$ 后,才能启动打印。

(3)电文技术编码($B_1B_2B_3B_4$):B_1 和 B_2 分别是发射台识别和电文类别,各占 1 位英文字母,详细情况参考第十四章。B_3B_4 为每一类 B_2 电文的双字符编号,从 01 开始至 99,然后重新从 01 开始,但要避免使用仍然有效的电报编号。编号 00 只能用于特别重要的电文,如最初遇险电文,这类电文必须强制接收并打印。

(4)报文:播发的安全信息的具体内容。

(5)NNNN 结束序列:表示电文结束。

更详细的 NAVTEX 报文格式将在第十四章介绍。

三、NAVTEX 接收机

1. NAVTEX 接收机的组成及工作原理

目前,国内外远洋船舶上安装使用的主要是工作在 518 kHz 频率上的单信道接收机。它主要由天线、接收单元、信息处理单元和打印机部分组成。图 5-1-2 所示为 NAVTEX 接收机框图。

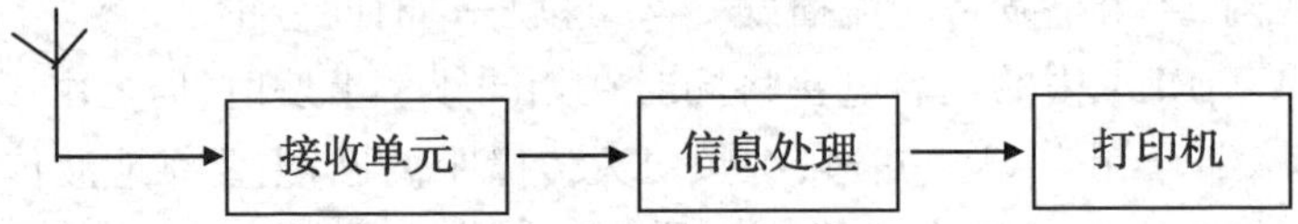

图 5-1-2　NAVTEX 接收机框图

NAVTEX 接收机使用的天线多数为无源的鞭状天线,少数为有源天线。当采用有源天线时,天线本身装有前置信号放大器。工作时,首先,由天线感应出相应的电信号并加以放大;然后,送入接收单元进行必要的选频、放大及解调处理,从而获得中心频率为 1 700 Hz、频移为 ±85 Hz 的 FSK 信号;最后,将 FSK 信号送入信息处理单元,在此将 FSK 信号还原为 4B/3Y 码,并完成检错纠错功能,实现信息的接收。

图 5-1-3 是一款 NAVTEX 接收机实物图。接收机通常采用微型打印机,可按设置要求进行电文信息的打印或不打印。由于打印机与信息处理单元之间通过 ASCII 码进行信息的交换,因此信息处理单元同时还承担将 4B/3Y 码转换成 ASCII 码的功能。

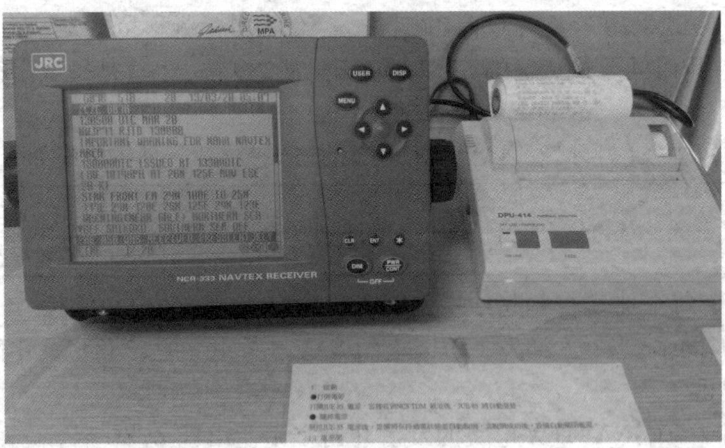

图 5-1-3　NAVTEX 接收机实物图

在报文接收过程中,NAVTEX 接收机首先接收定相信号,以此实现与发射台间的同步,确立双方之间严格的定时关系。当收到 ZCZC 字组时,表明定相过程结束,报文传输开始。对收到的报文信息,暂时先由信息处理单元将其存储起来,待收到结束字组 NNNN 后,信息处理单元即刻计算出全文的误码率，对符合误码率要求的报文，控制打印机从 NNNN 开始倒着打印至报头，同时只将该报文的技术编码予以存储。对不符合误码率要求的报文，则放弃打印及存储。存储的技术编码会保留一定的时间，在此期间相同技术编码的报文，除非编号为 00，否则不再自动打印。但技术编码可由操作者调出并打印，技术编码存满后，最早存储的内容会自动溢出，或超过存储时限自动丢失。

另外，NAVTEX 接收机中的信息处理单元除对所接收的信号进行处理外，还具有对整机各组成部分进行自检测的功能，并可由打印机打印出自检测的结果清单，以供操作员了解整机的工作状态，但自检测程序需由人工启动。

2. NAVTEX 接收机的技术特性

NAVTEX 接收机应具有以下技术特性：

（1）单信道接收机应能接收 518 kHz 的 CFEC 信号；三信道接收机，除 518 kHz 外，还应能接收另两个核准使用的 NAVTEX 播发频率的 CFEC 信号。

（2）可由操作员自主选择发射台及报文种类。

（3）拒收已正确接收的报文。

（4）能计算误码率，只有在误码率小于 4%时方可判定为有效接收。

（5）能存储 72 h 内已正确接收的报文的技术编码，且在断电 6 h 内不丢失。

（6）具有自检测功能。

第二节　搜寻定位装置

SOLAS 公约 1988 年修正案规定，每艘客船和 500 总吨及以上的货船，应配备 2 只 9 GHz 搜救雷达应答器；300 总吨及以上但小于 500 总吨的货船至少应配备 1 只 9 GHz 搜救雷达应答器。对于 1992 年 2 月 1 日以后建造的船舶，要求建造时配备；对于 1992 年 2 月 1 日以前建造的船舶，要求在 1995 年 2 月 1 日必须完成该设备的配备。

在 GMDSS 概论内容中，曾经提到 GMDSS 具有救助现场寻位功能。救助现场寻位是指在救助现场寻找和发现遇险目标的过程。但由于遇险船可能受到复杂海况的影响而发生位移，或报警定位系统自身存在误差，救助船舶仅凭收到的遇险报警信息和肉眼观察，很难及时准确地找到遇险目标。因此，救援船或飞机到达海事现场后必须依靠一种特别而有效的装置确定遇险者的位置。在 GMDSS 早期，主要采用的是由遇险目标携带的搜救雷达应答器（SART）或称雷达 SART（Radar-SART）和救助船或飞机上的 X 波段雷达所构成的寻位系统。但 IMO 在 2007 年修改了 GMDSS 的标准，同时修订了 SOLAS 公约相关章节，将救助现场寻位的手段定义为“搜寻定位装置”，并于 2007 年 10 月在 MSC. 246（83）决议案中，颁布了同样具有此功能的自动识别系统搜救发射器（AIS-SART）在搜救行动中的性能标准。根据 SOLAS 公约，从 2010 年 1 月 1 日起，AIS-SART 作为搜寻定位装置之一可以替代 Radar-SART 在船上配备。因此，在现场救助中又增添了一种基于 AIS 技术的新的寻位手段。从发展上看，AIS-SART 有取代 Radar-SART 的趋势。

一、搜救雷达应答器

1. 搜救雷达应答器的作用及示位原理

SART 是搜救现场使用的设备，能引导搜救飞机或搜救船舶尽快地搜寻到遇险者，并可让持有 SART 的幸存者知道是否有救助飞机或救助船舶正在靠近他们，大大地提高救助的成功率，是对目视搜寻遇险目标的有利补充。其中，搜救雷达应答器与 9 GHz（X 波段）雷达构成一个搜救子系统，是 GMDSS 系统中确定近距离遇险船舶、救生艇（筏）或幸存者位置的主要方式。图 5-2-1 所示为某款 Radar-SART 装置实物。

图 5-2-1　Radar-SART 装置实物

Radar-SART 一般安装在驾驶室内，也可安装在救生艇（筏）上，并可方便地由遇险弃船者携带。Radar-SART 可人工启动，也可在入水后自动启动。启动后 Radar-SART 首先处于待命（Standby）状态，即只收不发；但只要收到 9 GHz 的雷达信号，Radar-SART 会立即进入应答状态，此时既收且发。在应答状态下，Radar-SART 会在与所收雷达信号相同的波段上发射一串脉冲信号，该信号在雷达显示器上的标志是同一方位上的 12 个等距离光点，如图 5-2-2 所示。

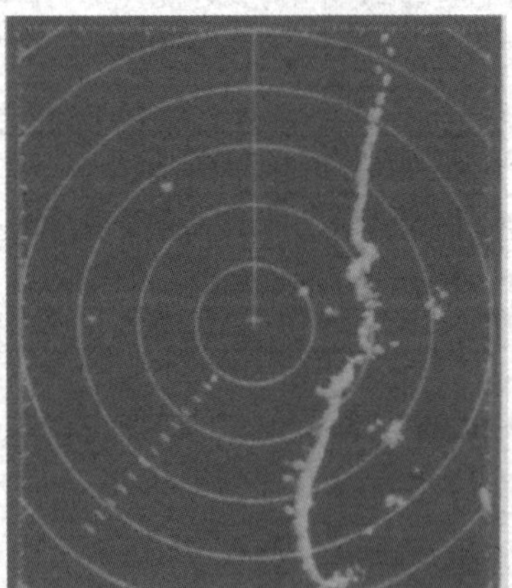

图 5-2-2　Radar-SART 在雷达屏幕的回波

回波信号的亮点个数与雷达的量程和 SART 与搜救船的距离有关，其中第一个亮点（图 5-2-3 中的点 A）即为遇险目标的位置；A 点到雷达荧光屏中心的距离就是搜救船到幸存者的距离，如图 5-2-3 中的线段 OA 所示；12 个亮点的连线与船首线的夹角 θ（如图 5-2-3 中的 $\angle\theta$ 所示）就是搜救船到幸存者的相对方位。12 个亮点的大约距离是 8 n mile，每 2 个亮点大约相距 0.65 n mile。

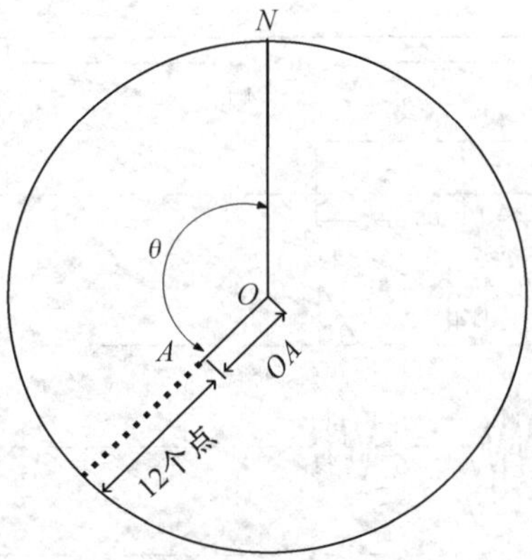

图 5-2-3 Radar-SART 回波方位和距离的关系

2. Radar-SART 的组成及主要性能

（1）Radar-SART 的组成

搜救雷达应答器实际上是一个被动触发式的雷达信号产生器。设备开启后，在没有被雷达信号触发前，设备处于接收状态，当被 3 cm 导航雷达波触发以后，应答一个雷达信号，在导航雷达上显示一连串的点，使搜救船舶和飞机非常容易就能够发现和辨别。应答器主要由天线、环行器（环路器）、接收机、扫频器、发射机和电池电源等几部分组成，如图 5-2-4 所示。

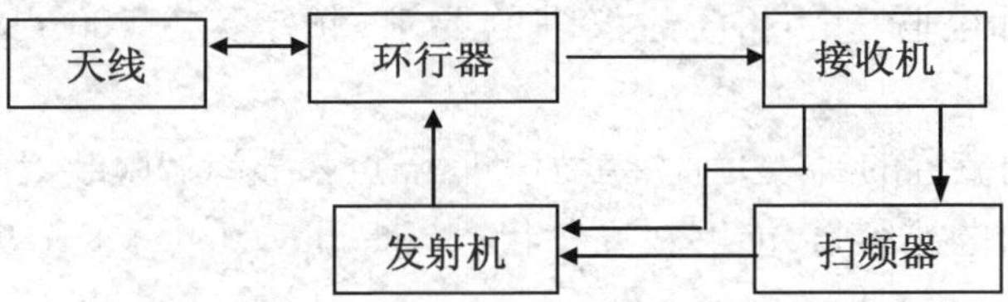

图 5-2-4 Radar-SART 基本组成框图

Radar-SART 装置的天线是收、发共用的，因此需要一个环形器来使接收通道和发射通道相互隔离，以保证接收到的雷达信号不会进入 Radar-SART 的发射通道，同时 Radar-SART 的发射信号也不致进入自身的接收通道。由于雷达信号较强，所以 Radar-SART 中的接收机采用直接检波和放大。然后，用接收机的输出信号去控制扫描信号产生器产生 12 个锯齿脉冲。最后，经 Radar-SART 的发射机调制并发射。在整个过程中，Radar-SART 与搜救雷达保持严格同步，即每收到一个雷达触发信号，Radar-SART 就将发射一组 12 个脉冲应答信号。

接收机实际上是一个工作在 9 GHz 的宽带接收机，可以接收 3 cm 的雷达脉冲波。接收机接收到雷达脉冲后，产生 100 μs 左右的方波，控制扫频器和发射机工作。发射机采用的是扫频发射机，在扫描器的锯齿脉冲和接收机方波控制下工作，发射频率为 9 200~9 500 MHz 的调频波，使雷达接收机很容易地接收到此信号。扫频器就是一个锯齿波产生器，用于产生锯齿波电压，控制扫描频率发射机工作。环行器的本质就是双工器，其作用是把 SART 的发射机和接收机隔离，在发射时不至于损坏接收机。

搜救雷达应答器各部分的波形图如图 5-2-5 所示，其中(a)是雷达脉冲图，(b)是接收机被雷达触发后产生的 100 μs 的方波图，(c)是扫频器产生的锯齿脉冲，(d)是发射机发出的调频信号图，(e)是导航雷达接收的示意图，(f)是导航雷达形成光点的脉冲图。

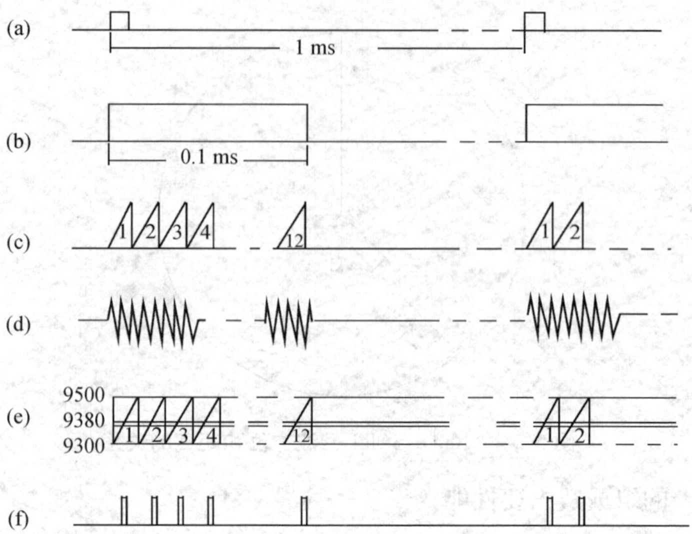

图 5-2-5　搜救雷达应答器波形图

(2) Radar-SART 的主要性能

Radar-SART 装置型号不同，外形各异，但所有产品都必须符合规范，满足相关的技术要求：

第一，应符合国际电联 M. 628-2 建议书的要求，频率为 9 200～9 500 MHz，扫描频率为 200 MHz/5 μs。

第二，应能在救助装置的雷达上通过系列等间隔点来显示遇险装置的位置。

第三，应有充足的电池容量，能够在准备状态(Standby Mode)工作 96 h，在应答状态连续工作 8 h。

第四，能在-20～+55 ℃环境温度下工作，在-30～+65 ℃环境条件下储存而不致损坏。

第五，在规定浸水状态和 45 ℃的热冲击下保持水密，从 20 m 高度掉入水中不损坏，在水深 10 m 时保持水密至少 5 min。

第六，在不属于救生艇组成部件时，能漂浮在海面上，并不受海水、油的影响。在较长时间的阳光照射下不损坏。

第七，外部结构光滑，并有便于辨认的黄色/橙色的明显标志。

第八，当 X 波段航海雷达使用 15 m 高天线，对相距至少 5 n mile 处的 SART 询问时，SART 应能正常工作。当峰值输出功率不低于 10 kW 时，相距 30 n mile 的飞机雷达询问 SART 应能正常工作。

3. Radar-SART 的使用

(1) Radar-SART 与普通雷达应答器的区别

普通雷达应答器也称有源反射器或雷达信标，其内设有雷达信号接收机、扫频发射机和电池。接收机的作用是自动接收船用导航雷达发射的信号，并立即启动发射机自动发射应答信号，供船舶进行识别。普通雷达应答器和 Radar-SART 有以下不同：

首先，使用目的不同。普通雷达应答器是用来帮助船舶导航及识别物标的，属于助航设备，一般固定安装在陆地或岛礁上，用于位置确定；Radar-SART 作为船载设备，则是用来指示海难幸存者位置所在地，属于寻位装置。因此，Radar-SART 在使用时，要由海难幸存者携带，处于位置变动状态。

其次，两者的工作频率不同。普通雷达应答器因用途不同、识别的需要不同，其收、发频率也各有不同；Radar-SART 仅为搜救目的配备，工作频率为国际统一的 9 200~9 500 MHz。

最后，发射的标志信号不同。普通雷达应答器所发射的信号是采用长短脉冲进行编码识别的，编码规律是英文字母的莫尔斯信号。而 Radar-SART 所发射的信号是 12 个同方位、等间距的脉冲信号，其在雷达显示器上表现为 12 个同方位、等间距的光点，很容易识别。

(2) Radar-SART 的安装

安装前主管部门应认真做好设备的测试，并做好型号、序号、电池的有效期登记。安装在驾驶室靠近左/右门内侧墙适当位置，例如，安装 2 台时，左、右侧对称各装 1 台。必须不借助任何工具即可取到雷达应答器。如安装在救生艇(筏)上，使用时天线高度应高于水面至少 1 m。装船的 SART 应在外壳上标明船名和船舶呼号。配备可用作系绳的浮索应将其妥善盘起，防止损坏。安装完毕后，应将有关说明书、各类证明及证书完整移交船舶责任人并应妥善保管。

(3) Radar-SART 的使用

搜救船舶。小于 5 MHz 的雷达带宽将会对 SART 信号造成轻微衰减，因此要使用雷达的中等带宽，同时增大雷达增益，以确保 SART 信号的最佳接收。当搜救船逐渐靠近 SART 时，亮点逐渐变为同心圆弧，进而变成同心圆。变成同心圆时，一般提示搜救船舶已经接近遇险目标 1 n mile。此时，可以通过降低搜救雷达增益、使雷达接收机失谐、调整时间常数等方法恢复同心弧直至亮点。搜救船舶须了解，此时的 X 波段雷达已经暂时不适用于航行。

遇险单元。首先，船舶出现紧急情况，应由指定人员按船长指示在母船上操作使用，弃船时，应由指定人员携带到救生艇(筏)上使用。应按照操作说明书的要求使用雷达应答器。其次，如果安装在救生艇(筏)上，如前所述，一定保证设备捆绑结实，距离水面 1 m 以上。有实验证明，设备平放在艇(筏)内或者扔到水里，可能探测距离并不比目视效果好。再次，需要相信应答器的信号很容易被雷达接收到，即使在失谐状态下雷达已经接收不到自己的回波信号，但是可以接收到雷达应答器的信号。最后，SART 在接收到探测脉冲信号时，蜂鸣声和指示灯闪亮会发生变化，持有 SART 的遇险者，可以从 SART 蜂鸣声和指示灯的变化得知是否有救助船舶或救助飞机在靠近，若听到几种不同音调的声响，则可断定有多个救援船舶或飞机到达。

(4) Radar-SART 的维护

"搜救雷达应答器"历来是港口国控制(PSC, Port State Control)检查的严控项目。首先，SART 装船后，有关人员应熟练掌握其性能结构、操作规程和测试方法；应指定人员负责对雷达应答器进行日常维护和管理；应注意电池的有效期，电池的更新由公司主管部门统一负责安排。其次，要保持 SART 表面的船名、呼号、MMSI、电池有效期等各种标记清晰。再次，为了保证 SART 处于正常工作状态，日常维护保养中最重要的一项内容就是对 SART 进行定期测试。测试一般为每个月一次，测试时间应尽量短，一般不超过 5 s，以延长电池使用寿命，同时注意测试时一定使用"TEST"模式，以避免他船误以为本船遇险。实际工作中的测试具体操作程序因产品型号不同而异，这就要求相关操作人员必须尽快熟悉和了解所在船舶 SART 的测试方法。最后，当港口国检查时，指定的管理人员应在场并给予必要的协助。

以 TRON 型 SART 装置为例，日常维护主要内容如下：

首先，工作性能的检测。具体操作是，将工作开关置于“TEST”位置，观察指示灯是否闪亮，闪亮的同时应伴有声响。如与雷达共同测试，应观察雷达屏幕的变化。

其次，所配电池的有效期检查。本型号 SART 所配备的电池要求每 4 年更换一次。

最后，需要说明一下，随着各方面技术的改进和更新，任何设备的性能参数都不会是一成不变的。就电池的更换时间而言，一些稍早的 SART 设备要求每 2 年更换一次。但现在的发展趋势是电池更换周期相对延长，对日常维护保养的要求也越来越低。

二、AIS 搜救发射器

1974 年 SOLAS 公约第Ⅴ章规定，航行于国际航线的 300 总吨以上的船舶和公约国航行于国内航线的 500 总吨以上的船舶，从 2002 年 7 月 1 日起至 2008 年 7 月 1 日止，分段配备 AIS 船载设备。

AIS 是在海上移动业务 VHF 波段采用时分多址接续（Time Division Multiple Access，TDMA）技术，自动广播和接收船舶动态信息、静态信息、航次信息和安全消息，实现船舶识别、监视和通信的系统。AIS 由船载移动站、基站及其附属设施、航标站和机载及搜救移动站等共同组成，是近年来包括 IMO、ITU 等在内的多个国际组织共同倡导研究开发的，以信息技术为主导，集卫星定位技术、数字通信技术、信息处理技术和计算机网络技术等多门类高科技为支柱的数字助航系统。

通常情况下，AIS 船载设备的工作不需要人工干预，按照 TDMA 协议，使用 VHF 数字应答器，在规定的信道上，自动连续发射本船静态信息、动态信息、航次相关信息和安全相关短消息，并与其他船站、航标站、转发站和基站直接或通过网络及远程通信系统间接进行 AIS 信息交换，实现船对船、船对岸和岸对船的识别，导航信息和航行安全相关短消息的有效交换，辅助驾驶员、船务公司、港航企事业管理和海事主管部门决策，完成船舶识别与避碰、狭水道导航、引航调度、海上交通管理和海上搜救等任务。

1. AIS-SART 的作用

AIS-SART 全称是自动识别系统搜救发射器，是在 AIS 技术基础上研发的新一代船用遇险搜寻定位装置，与 Radar-SART 相比，具有作用距离远、信号容易被接收和发现、使用时受天气和海况影响小等特点。AIS-SART 装置体积小、重量小，通常安装在救生装置上。一旦船舶遭遇险情，该装置在启动后可交替通过 AIS 的专有信道（AIS1 的 161.975 MHz 和 AIS2 的 162.025 MHz）定时发送诸如遇险位置、状态、安全信息等与 AIS 系统格式一致的数据信息，以便使其附近参与救援行动的安装有 AIS 的船舶能快速、准确地锁定遇险目标的位置，进而最大限度地提高遇险人员获救的可能性。图 5-2-6 所示为某款 AIS-SART 装置。

2. AIS-SART 的组成及主要性能

AIS-SART 装置主要由三大部分组成。首先是导航卫星系统接收装置，它的作用是通过接收导航卫星信号以获取自身的位置、时间和速度等信息，并将上述信息通过标准串口输出到通

图 5-2-6 AIS-SART 装置

信控制部分进行相应处理。其次是通信控制部分,该部分包括通信控制器、简易显示器、启闭开关和电池等,是整个装置的核心部分。它的作用是对来自导航接收装置的信息进行处理,实现信息编码以及相应的状态显示等功能。最后是双信道 TDMA 发射机部分,它的作用是发射来自通信控制部分的编码信息。AIS-SART 装置发射报告的间隔为 1 min 或更短,还设有内部位置源,能在每次信息发射时发射其当前位置。其发射的带宽为 25 kHz,传输速率为 9.6 kbit/s,调制方式为 GMSK,其 MMSI 格式为“970xxyyyy”,由制造商在出厂时写入设备,使用者无法改变。上述 MMSI 中“970”代表 AIS-SART 设备识别码;“xx”为 00~99,代表生产厂家;“yyyy”为“0000~9999”,代表产品序列号。

AIS-SART 设备设有防止意外启动的装置,还设有视觉和/或听觉装置以指示操作是否正确,比较方便非熟练人员操作。该装置可手动开启和关闭,也可自动开启。其发射功率为 1 W,天线的工作高度应至少高出水面 1 m,水面探测距离至少为 5 n mile。为确保 AIS-SART 装置能在恶劣海况下保持良好的使用特性,要求其在环境温度为-20~+55 ℃时可以持续工作 96 h;沉入 10 m 水深处能够保持至少 5 min 水密;在受到 45 ℃热冲击时应能保持水密;可以承受 20 m 高空坠入水中的冲击而不致损毁;不应受到海水或油的损害;为避免损坏救生艇(筏),AIS-SART 装置的外部结构应平滑;有助于识别的所有表面应为高可见度的黄色/橙色,且在过长时间暴露于阳光的情况下颜色不会退化。为便于使用,如不是救生艇(筏)的整体组成部分,除 AIS-SART 装置应能漂浮外,还应配备长度为 10 m 左右的可漂浮绳索、支架、支座以及不小于 1 m 的支杆等附件。

3. AIS-SART 的维护保养

AIS-SART 的维护保养如下:

(1)确保设备外表面的英文简要操作和测试须知、所用电池的有效期等内容清晰可辨。

(2)确保设备的中、英文铭牌清晰、耐久,且至少包含生产厂家识别标志、产品型号、唯一的用户 ID 以及与罗经的安全距离等内容。

(3)确保设备的外表面无凹痕、碰伤、裂缝、变形等现象;涂镀层无起泡、堆积、龟裂和脱落等现象;颜色要保持均匀、协调。

(4)应保存好诸如安装及操作说明、定期试验和维护保养须知等资料,以便正确地操作设备并加以维护保养。

(5)依照说明书要求定期对设备进行检查测试。

第三节 GMDSS 的备用电源

船舶电源包括主电源、应急电源和备用电源。正常情况下，船上配备的所有 GMDSS 通信设备都是由船舶主电源供电的。但是，船舶主电源、应急电源都存在因故障而中断服务的可能，如果没有其他供电渠道，船舶通信业务就会面临全面瘫痪的风险，船上人命和财产的安全就无法保障。因此，所有船舶必须配备在主电源、应急电源失电情况下能够保证应急通信设备在一定时间段内正常工作的 GMDSS 备用电源。

一、GMDSS 设备对船用电源的要求

为了保障船舶通信不因主电源故障而中断，SOLAS 公约第Ⅳ章规定，船舶上所有的 GMDSS 设备必须既能在船舶主电源供电下工作，又能在备用电源供电下工作。船舶备用电源除在充电过程中，应独立于船舶主电源，且其容量应能在船舶配备应急电源的情况下，确保相关的 GMDSS 设备能够连续工作至少 1 h；在没有配备应急电源的情况下，确保相关的 GMDSS 设备能够连续工作至少 6 h。按照 CCIR 的建议，在应急情况下船舶备用电源必须能同时保证 VHF 设备和另外一台适合所在海区规定使用的报警设备正常有效工作。

具体来说，其输出电流应等于下列设备同时工作所需电流的最大值，即：

(1) VHF 接收机的功耗。

(2) VHF 发射机功耗的 20%。

(3) 应急灯的功耗。

(4) 1 台 Inmarsat 船舶地球站发射功耗的 25%；或 1 台 MF/HF 接收机的功耗；或全功率发射无线电话时，1 台 MF/HF 发射机功耗的 33%。

若备用电源为铅酸电池组，一般情况下其容量应至少为 144 A · h(安培时)。也就是说，若该电池以 14.4 A 电流放电的话，理论上讲可持续输送 10 h 。然而，实际上若以 14.4 A 电流带负载的话，一般只能持续 6~7 h。

二、GMDSS 设备备用电源的分类与特性

目前，船舶备用电源基本上是由各类电池来承担的。电池的种类主要有一次性电池和充放电电池。

1. 一次性电池

一次性电池的种类很多，能量耗尽后都不能再次充电，如碱性干电池、氧化银电池、一次性锂电池等。一次性电池的电容量取决于内部活性物质的量与特性。因此，电池的结构不同、规格不同，容量也不同。即使相同规格的电池，由于型号不同、生产厂家不同，其容量也有所不同。不同种类电池的端电压也不相同，如干电池为 1.5 V、氧化银电池为 1.55 V、银汞电池为 1.3 V、一次性锂电池为 3 V 等。由于不同的电气设备所需的供电电压各不相同，所以适用的

电池种类与节数也不同。

习惯上用“搁置寿命”作为衡量一次性电池质量好坏的指标。搁置寿命是指电池生产出来后，搁置起来不用，直到其不能用时所需的时间。一般情况下，干电池搁置 12 个月，其能量内耗可达 20%；碱性电池搁置 30 个月，其能量内耗可达 10%；汞电池搁置 5 年，其能量内耗可达 20%；而锂电池搁置 5 年，其能量内耗仅为 2%。因此，GMDSS 设备中 EPIRB 和 SART 所使用的一次性电池基本上为锂电池。

2. 充放电电池

目前，GMDSS 设备常见的充放电电池有铅酸电池、镍铬电池、镍氢电池、锂离子电池等。

(1) 铅酸电池

铅酸电池是最常见的一种充放电电池。其特点是能量密度大，能在较大温度范围内可靠地工作，性能优越且价格低，可用时间也相对较长。在 GMDSS 中，船舶地球站设备、单边带设备及 VHF 设备等，均以此作为备用电源使用。

铅酸电池单节端电压为 2 V，实际应用中采用多节串联以获得 6 V/12 V/24 V 直流输出。铅酸电池是利用二氧化铅和硫酸的化学反应来储存和输出电能的。当正极板和负极板同时和硫酸溶液接触时，在正、负极板之间产生约 2 V 电动势。如果将电阻接入正、负电极之间，有电流流过，这时在蓄电池中产生的化学反应如下：

$$PbO_2+2H_2SO_4+Pb \underset{充电}{\overset{放电}{\rightleftharpoons}} PbSO_4+2H_2O+PbSO_4$$

铅酸电池一般由容器、极板和隔离层三部分构成，具体如图 5-3-1 所示。充放电期间，铅酸电池的端电压会有一些变化，但变化最明显的是电解液的比重。因此，通常用电解液的比重来判定电池的状态。早期生产的铅酸电池为开放式结构，内盛具有很强腐蚀性的硫酸电解液，其容器外壳通常由耐腐蚀性的材料如玻璃、橡胶或塑料制成。其极板分为正极板和负极板，正极板上涂有“过氧化铅”，呈棕色；负极板上涂有银白色的“海绵状铅”。隔离层的作用是保证正、负极板之间绝缘良好。这种铅酸电池的最大优点是经得起误处理，但是维护保养比较麻烦。

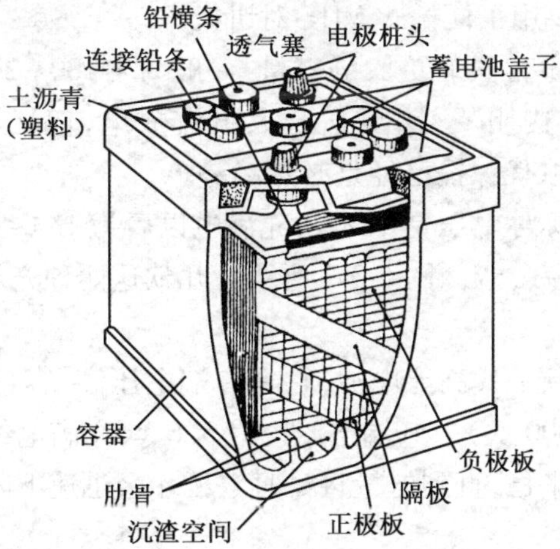

图 5-3-1 铅酸电池的结构

随着技术的不断改进，近几年许多厂家先后推出了各种不同型号的阀控式密封免维护铅酸电池。其具有高能密度、全密封结构、使用寿命长、可靠性高等特点,这给使用者带来了极大的便利,深受广大用户欢迎。这些新产品也将逐步取代老式的铅酸电池,成为充放电电池家族中的新宠。图 5-3-2 为几款密封免维护铅酸电池的图片。

尽管厂家不同,型号各异,但几乎所有阀控式密封免维护铅酸电池都具有以下特性:

第一,安全、密封、免维护。使用中,不需要检查电解液比重,不需要添加蒸馏水。电池的端子多由铜或铅合金制成,也无须进行防锈处理。

(a) (b) (c)

图 5-3-2 几款密封免维护铅酸电池

第二,适用温度范围大。大多能在-30~+60 ℃环境温度下正常使用。

第三,寿命长,可靠性高。根据型号不同,使用寿命可达 3~20 年,电池充放电次数可达 250~1 000 次。抗过充、过放和振动性能好,且在使用期间无腐蚀性气体产生。另外,电池内无流动电解液,不存在液体外泄等安全隐患。

第四, 内阻小,输出功率大。

第五, 自放电小,一般在 20 ℃条件下,每个月自由放电小于 2%。

第六,装有防爆的气体释放安全阀,当电池因使用不当造成内部气压过高时,安全阀可自动打开排气,而后又自动关闭。

(2)镍镉、镍氢电池

镍镉充电电池以碱液为电解液,正极为氢氧化镍,负极为镉。镍镉电池放电性能比干电池好,内阻比较小,允许大电流放电,但记忆效应较强,正常寿命为 400~1 000 次充放电。在 GMDSS 设备中,镍镉电池主要用于便携式 VHF 对讲机。

近几年大量开发的镍氢电池具有更大的容量,一般为 1 100~2 100 mA·h。同样尺寸的镍氢电池,容量比镍镉更大,内阻更小,更适合大电流放电,记忆特性几乎没有,寿命多达 1 000 次充放电。因此,镍氢取代镍镉已经是必然趋势。

镍镉电池与镍氢电池的标称电压是 1.2 V,充满电以后为 1.3~1.5 V,随着放电很快回落到 1.2 V,放完电以后端电压为 1 V。图 5-3-3 所示为几款这两种充放电电池的图片。

(3)锂离子电池

可充放锂离子电池是最新一代高能电池,它具有端电压高、容量高、内阻小、性能稳定、寿命长的特点(充放电 300~1 000 次)。其端电压约为 3.6 V,充满电约为 4 V,放完电约为 3 V。整个放电过程中端电压始终平稳,直到电量将尽时电压才会迅速下降。

3. 各类电池的维护保养

电池的维护保养至关重要。若保养不好,轻则降低其使用性能,重则可能导致电池损坏,无法使用。这将导致船舶的应急通信失去保障。

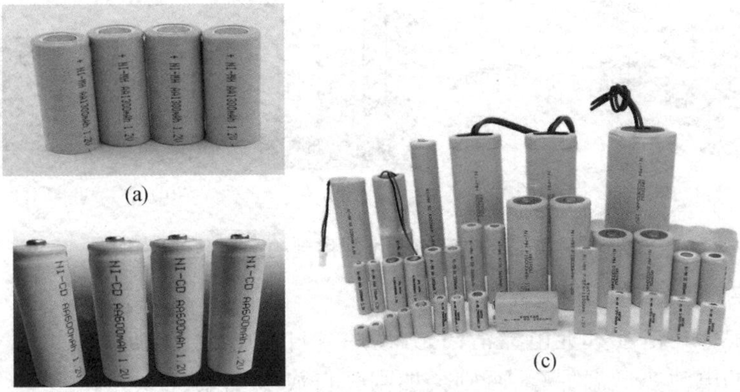

(a)

(b)

(c)

图 5-3-3 几款镍镉、镍氢充放电电池

(1)铅酸电池的维护保养

对于阀控式密封免维护充电电池,使用中仍要尽可能避免过充、过放,还要定期检查其端子的连接情况。对于老式的开放式铅酸电池而言,日常的维护保养就变得更为重要了。其维护保养内容如下:

第一,航次结束后应进行全充全放处理。放电后的蓄电池应及时充电,不得搁置 12 h 以上。同时要禁止过充过放,否则可能导致极板硫酸盐化,降低蓄电池的容量。充满时,电解液相对密度接近 1. 260;而放电时,电解液相对密度不能低于 1. 180。一旦出现极板硫化现象,程度较轻时可采用小电流反复充放。

第二,定期检查连接线、端子是否有松动或锈蚀等。适时涂些黄油,以防氧化和电解液腐蚀。同时,要注意保持蓄电池清洁,经常清洗排气栓透气孔,用干布擦去灰尘和污物。

第三,测量电解液密度时,要逐一检测每一节电池。测量前要戴好防护用具,并先排出比重计中的空气,读数时比重计要垂直且不离开容器口,读数后再将液体排回电池容器中。

第四,配制电解液时,切记正确的操作程序是将硫酸用玻璃棒搅拌入水;反之,容易发生爆沸现象,可能引起严重灼伤。

第五,应经常检查电解液的液面高度和密度,并给予调整。正常情况下,电解液液面高度应高于极板 10~15 mm。由于水分蒸发而液面降低的,须加蒸馏水调整;由于电解液溅出而液面降低的,可注入与电解液密度相同的硫酸溶液。

第六,禁止用电池短路的方法来检测蓄电池的带电情况,以防止发生爆炸造成人员伤亡。

第七,充电室内应有良好的通风设备,严禁在充电室内吸烟或进行明火作业。一旦发生火灾,最好不要使用二氧化碳灭火器,可以使用干粉灭火器。

第八,不能把金属工具放在电池顶部,更要防止蓄电池内掉入铁、铜等金属杂质。

图 5-3-4 所示为配制电解液时可能用到的工具及劳保用品。

其中,(a)为固定式洗眼盆,如果条件不允许,可以配备便携式洗眼工具或者装满清水的瓶子;(b)为护目镜,这些工具是在配置电解液时常用的劳保用品;(c)、(d)和(e)分别是量桶、烧杯和比重计,它们是配制溶液时需要的工具。如果配备稀释的硫酸溶液,还需要玻璃搅拌棒。

(a) (b) (c) (d) (e)

图 5-3-4 配制电解液时可能用到的工具及劳保用品

(2)镍镉、镍氢电池的维护保养

第一,一定要保持电池和充电器清洁,并使用各自专用的充电器。

第二,常用的电池要低温保存,否则会加剧其自放电现象,使电池性能变差。坚决避免电池短路情况发生。

第三,多数镍镉电池具有“记忆效应”,应按要求“充满放净”,不要随用随充。镍氢电池虽无记忆效应,但最好也不要随用随充。

第四,长期不用的电池,应每 3 个月进行 1 次完全充放,以检查其容量。存储 6 个月以上的电池不能快充,首次充电应慢充 14~16 h。避免反复快充,避免在 5 ℃以下快充,否则可能会引起爆炸。

第五,对废弃电池要妥善处理,以免其内部的有害物质污染环境。

(3)锂离子电池的维护保养

第一,最好在温度为 25 ℃± 5 ℃、湿度为 65%±20%的环境条件下存放,以免造成其容量损失,或造成电池失效、损坏、膨胀,甚至发生爆炸。

第二,应该使用恒压恒流的专用充电器,杜绝正负极短路。

第三,严格禁止过充、过放及带满电储存,否则将会影响电池的使用寿命、容量、内阻等各方面性能,严重时还可能导致电池失效乃至引发安全事故。

第四,电池使用过程中不要经常对电池进行补充电,否则将可能在一定程度上影响电池的使用寿命和性能。

第五,对废弃电池要妥善处理,以免其内部的有害物质污染环境。

第六章 卫星通信概论

1957 年 10 月，苏联发射了第一颗人造地球卫星，拉开了人类利用人造卫星进行通信的序幕。1962 年 7 月，美国发射了世界上第一颗有源通信卫星，利用该卫星成功进行了横跨大西洋的电视转播和多路电话试验，这是世界上首次卫星通信。此后，卫星通信作为一种新兴的技术手段，经过不断的试验、探索，逐渐走向成熟。卫星通信终于从设想变为现实。

国际移动卫星组织（IMSO，International Mobile Satellite Organization）的前身是国际海事卫星组织（Inmarsat，International Maritime Satellite Organization），该组织成立于 1979 年，总部设在伦敦。1979 年，中国以创始成员国身份加入该组织。目前，交通运输通信信息集团有限公司承担有关该组织在中国的日常事务。伴随 21 世纪的到来，海上通信对于满足 GMDSS 要求的且通信费用低廉的并能够提供多媒体业务、互联网接入的全新通信系统的需求越来越迫切。目前，船舶配备和使用的 Inmarsat 船载设备主要有人们已经耳熟能详的 Inmarsat C、Inmarsat F 设备，符合 3G 标准的第四代卫星海上宽带系统 FB（Fleet Broadband），符合 4G 标准的第五代卫星海上高速宽带系统 GX（Global Xpress）等设备。Inmarsat 系统既可以为船舶提供遇险报警、日常通信服务，也可以为航空和陆地用户服务。

随着科学技术的不断进步，人类正走向信息社会。卫星通信是满足社会进步对信息日益增长的需要而迅速发展起来的一种先进的通信方式。卫星通信已被广泛应用于应急援救、远程医疗、远程教育、空间探测、科学试验等各行各业。目前，除了前面提及的 Inmarsat 系统以外，用于海上的卫星通信系统还有铱星系统（Iridium）、全球星系统（Globalstar）、舒拉亚系统（Thuraya）、美国轨道通信系统（Orbcomm）、海卫通（Marinesat）等。

第一节　卫星通信的概念及特点

一、卫星通信的概念

卫星通信是航天技术、信息技术和电子技术相结合而产生的一种重要通信方式。它是以在空间轨道中运行的人造地球卫星作为中继站，地球站作为终端站，在两个或者多个地球站（包括地面、水面和低层大气中）之间进行的通信。

二、卫星通信的特点

卫星通信具有以下特点：

（1）覆盖区大，通信距离远

由于卫星距离地球的高度较高，因此经卫星转发的无线电波在地球表面所形成的覆盖区较大，所以卫星通信距离较远。

（2）便于多址连接

在卫星的无线电波覆盖区内，卫星通信网所属地球站可同时与其他地球站建立各自的通信线路，即可同时与多个地球站通信，形成一种多方向、多点的通信。

（3）机动灵活

只要位于卫星的无线电波覆盖区内，车辆、舰船、飞机或个人就都可以利用卫星进行通信，而不受地理条件的限制。

（4）频带宽，容量大

卫星通信工作在微波波段，可供使用的频带很宽，可用信道很多，加上采用各种复用技术，一个信道可传输多路信号，因此卫星通信容量很大。

（5）通信质量好，可靠性高

卫星通信中的无线电波主要在大气层以外的自由空间传播。由于电波在自由空间受到外界的干扰和影响很小，因此卫星信道比较稳定可靠。另外，在卫星通信中经过卫星转接的次数一般较少，噪声干扰小，通信质量好，而在微波接力中，会因噪声积累而使通信质量下降。

（6）通信成本与距离无关

卫星通信的地面站与空间转发器之间不需要线路投资，在同一卫星覆盖区内的两个地面站，无论远近都经过卫星转接，因此通信成本与距离无关。

（7）有较大的信号延迟

卫星距离地球的高度较高，以光速传播的无线电波信号从一个地球站经卫星转发另一个地球站，由于传输距离较远，信号在传输中需要花费一定的时间才能到达，因此它存有较长的时间延迟。

(8)需要先进的空间技术

由于卫星距离地球的高度较高,电磁波在空间传播时损耗较大,加上空间环境恶劣、复杂、多变,要把卫星发射到轨道上并精确定点,需要先进的空间技术进行遥测和遥控。为保证通信质量,需要一系列先进的电子和空间技术。

(9)卫星寿命短

由于卫星距离地球的高度较高,卫星上有数以万计电子元器件及相应的机械设备,若其中一个发生故障或损坏,就可能引起通信卫星失效。另外,自由空间的环境恶劣、复杂、多变,故一般卫星的设计寿命仅为3~10年。随着卫星通信业的不断增长,需要更大容量、功能更全的新一代卫星通信系统,因此卫星的设计寿命越来越长。

第二节　卫星通信系统

一、卫星通信系统的组成

由于服务对象及需要提供的业务不同,卫星通信系统的组成也不完全相同。一般来说,卫星通信系统主要由空间段和地面段两大部分组成。图6-2-1所示是Inmarsat系统的组成框架。

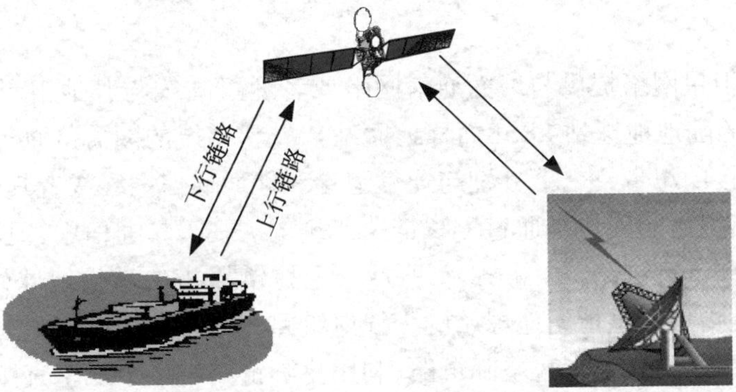

图6-2-1　Inmarsat系统的组成框架

1. 空间段

空间段主要以通信卫星为主体,由一颗或若干颗主用卫星和备用卫星组成。通信卫星主要是对接收的信号起中继放大和转发作用,它是靠卫星转发器和天线来提供服务的。一个卫星的通信装置可以包括一个或多个转发器,每个转发器都能接收和转发多个地球站的信号。一般来说,卫星转发器的数目越多,卫星的通信容量就越大。

通信卫星的一个重要组成部分是天线。卫星天线的主要功能之一是提供一定形状的下行和上行天线波束,在工作波段上发射和接收信号。按照天线波束覆盖区的大小,可以将天线分为点波束天线、区域波束天线和全球波束天线。图6-2-2所示为各种波束覆盖情况的示意图。

点波束宽度只有几度或更小,因此点波束天线的覆盖区域面积较小,且一般为圆形。图

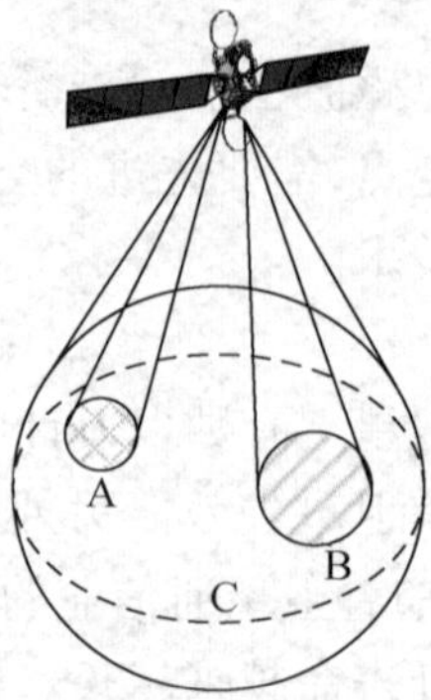

图 6-2-2　各种波束覆盖情况示意图

6-2-2 中左侧最小的网格填充的圆(A 圆)是点波束覆盖区域示意图。区域波束的覆盖范围一般比点波束一般要大,其形状可以通过天线系统中的波束成形网络进行控制,大小与波束宽度有关。图 6-2-2 中右侧斜线填充的圆(B 圆)是区域波束覆盖示意图。全球波束宽度约为 17.4°,恰好覆盖卫星对地球的整个“视区”。全球波束在地球表面上的覆盖面积约占整个地球表面积的 42.4%。图 6-2-2 中最大的虚线圆环(C 圆)是全球波束覆盖区域。

为了保证卫星可靠运行,空间段除了在轨卫星,还包括对卫星运行状况进行监控的地面设施,如 Inmarsat 系统的卫星控制中心(SCC, Satellite Control Center),跟踪、遥测和指令站(TT &C, Tracking, Telemetry and Command),以及铱星系统的卫星监控站(Teleport)等。相关内容本书后面会有讲述。

2. 地面段

地面段主要为卫星网络提供与地面通信网络或者通过陆线与其他卫星通信网络的链接,如 Inmarsat 系统中的陆地地球站 LES(简称地面站)、铱星系统的网关(Gate Ways)等。地面段在本质上是天地连接的纽带,上、下分别与通信卫星和地面通信网络或者其他卫星通信网络相连接。其中,与通信卫星的连接是通过无线链路实现的。在卫星通信中,卫星链路按照电波的指向分为上行链路和下行链路,如图 6-2-1 所示。上行链路指的是从地球站指向卫星的无线电链路;下行链路是指从卫星指向地球站的无线电链路。如果空中有多个通信卫星,可能从一个卫星到另一个卫星之间还存在着星际链路,利用星际链路将多个卫星直接连接起来。例如,铱星系统每星有 4 条 Ka 波段星际链路。同轨道卫星前、后各 1 条,星间距离为 4 021~4 042 km;轨道间卫星链路 2 条,星间距离为 2 700~4 400 km。

二、卫星分类

卫星的分类方法有多种,但通常是按照卫星运行轨道倾角和卫星高度划分。

1. 按卫星运行轨道倾角分类

卫星在空间运动的路径称为卫星的轨道,如图 6-2-3 所示。卫星轨道倾角是指卫星运行轨道平面与地球赤道平面所形成的夹角。卫星按轨道倾角分为赤道轨道卫星、极轨道卫星和倾斜轨道卫星。

①赤道轨道卫星:卫星轨道倾角为 0°,即卫星运行的轨道平面与赤道平面重合,如 Inmar-

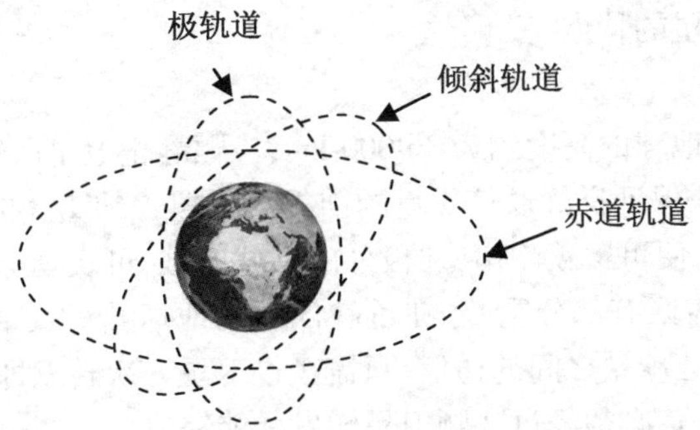

图 6-2-3　不同倾角的卫星轨迹

sat 卫星。

②极轨道卫星：卫星轨道倾角为 90°，即卫星运行的轨道平面与赤道平面垂直，并与南北极轴线在同一平面，如 COSPAS-SARSAT 系统中的低高度近极轨道卫星。

③倾斜轨道卫星：卫星轨道倾角为 0°~90°，即卫星运行的轨道平面与赤道平面的夹角为 0°~90°，如铱星为倾斜轨道卫星，轨道倾角为 86.4°。

2. 按卫星高度分类

若按卫星距离地面的最大高度来分类，卫星分为低轨道卫星、中轨道卫星和高轨道卫星。

①低轨道卫星：H<5 000 km；

②中轨道卫星：5 000 km<H<20 000 km；

③高轨道卫星：H>20 000 km。

H 是指卫星距地球表面的高度。

卫星高度不同，运行周期则不同。卫星的运行周期是指卫星绕地球旋转一周所花费的时间。一般低轨道卫星的运行周期小于 4 h，中轨道卫星的运行周期为 4~12 h，高轨道卫星的运行周期大于 12 h。实际中，通常用卫星轨道倾角和高度两个参数来准确描述卫星姿态。

三、地球静止轨道卫星

不同的卫星具有不同的特点和用途，在各类通信卫星中使用较多的是地球静止轨道卫星。地球静止轨道卫星简称“静止卫星”，对于卫星通信具有得天独厚的优势。

1. 地球静止卫星的概念

凡是同时具备以下三个条件的卫星被称为静止卫星：

①卫星轨道是圆形的赤道轨道；

②卫星距地球高度为 36 000 km；

③卫星的运行方向和周期与地球自转的方向与周期相同。

可见，满足上述条件的卫星与地球保持同步关系，即地球与卫星是相对静止的，就像卫星高高地“悬挂”在空中一样。静止卫星又称地球同步轨道卫星。

2. 地球静止轨道卫星的特点

(1)覆盖面大

由于静止卫星距离地球的高度约为 36 000 km,一颗静止卫星所辐射的无线电波可覆盖地球表面积的 42%左右,在保证良好通信质量的前提下可覆盖约 1/3 的地球表面积。只要合理均匀分布 3 颗静止卫星,便可覆盖除南、北极外的全球区域,可实现除南、北两极以外的全球通信。3 颗静止卫星的覆盖区有部分重叠,在重叠区内的地球站可灵活选用卫星进行通信。在同一卫星覆盖区内两个地球站之间的通信,只需经过卫星一次转发即可完成;在不同卫星覆盖区的两个地球站间的通信,必须经过 2 颗卫星转发才能完成。

(2)卫星跟踪系统不复杂

由于卫星相对地球是静止的,故地球站天线易于保持对准卫星,不需要复杂的跟踪设备。

(3)存在通信盲区

利用同步轨道卫星建立的全球卫星通信时无线电波只能覆盖南、北纬 76°以内的区域,不能覆盖南、北纬 76°以外的两极区域,如 A4 海区不能利用静止卫星进行卫星通信,故存在通信盲区。

(4)传输损耗和时延相对较大

在地球静止轨道卫星通信系统中,卫星与地球表面的垂直距离约为 36 000 km,考虑到在卫星覆盖区域内多数区域与卫星的实际距离大于 36 000 km,这里以 40 000 km 估算,那么信号由某个地球站经卫星转发至另一地球站,在传输中需要花费的时间约 0. 27 s,而如果发方要接收到对方的回答信息,则需等候 0. 54 s。不仅由于距离较远会产生延迟,若技术措施不力甚至还会产生回声,即发话者在经过一段时延后会听到反射回来的自己讲话的声音,从而成为一种干扰。同时远距离的信号传输也将加大信号的传输损耗,使信号变弱。因此,地球静止轨道卫星通信的传输损耗和时延都相对较大。

(5)卫星数量有限

由于静止卫星的轨道只有一条,考虑到运行在轨道上各卫星的安全性,卫星之间还需要保持一定的距离。因此,轨道上所能容纳的卫星数量是有限的。

四、卫星通信存在的问题

与其他通信方式相比,卫星通信有许多不可比拟的优势,如覆盖面广、通信容量大、通信距离远、不受地理条件限制、通信性能稳定可靠等,但在某些方面仍然存在着一些不足。

1. 通信时延较长

前面提到,地球静止轨道卫星通信的单程最大时延可以达到 270 ms,其实这种时延现象对于中、低轨道卫星通信同样存在,只是时延较短而已。

2. 卫星通信线路容易受外部条件影响

由于卫星通信的电波要通过大气层,所以它的通信链路容易受外部条件的影响,如大气层微粒(雨滴等)的散射、吸收,电离层闪烁,太阳噪声以及宇宙噪声等。

3. 日凌中断

日凌中断发生在每年春分、秋分前后,当静止卫星的星下点进入当地中午前后的一段时间时，卫星处于太阳和地球之间，此时地球站天线对准卫星的同时有可能也对准了太阳，使大量的太阳热噪声进入地球站接收设备，从而使通信质量下降，严重时会使通信中断，对这种现象我们称为日凌中断，如图 6-2-4(a)所示。日凌中断发生的时间为春分、秋分季节的中午前后，而且会持续数日，每日持续约几分钟。这与地球站所在的纬度和天线的口径有关，天线的口径越大，中断现象就越严重，但中断时间越短。

在卫星通信系统中，采用定向天线的地球站通常在春分、秋分季节前后容易产生日凌中断，采用全向天线的地球站则一般不会产生日凌中断。

4. 星蚀

星蚀现象发生在春分、秋分前后。当卫星的星下点进入当地时间午夜前后，卫星、地球、太阳依次排列共处在一条直线上时，地球遮住了阳光，卫星处在地球的阴影区，此时卫星上的太阳能电池不能正常工作，而整个卫星所需的能源由星载蓄电池来供给，由于星载蓄电池的能量有限，所以在通信业务量较大时通信效果将受到影响，对这种现象我们称为星蚀，如图 6-2-4(b)所示。由于星蚀的发生时间为当地时间的午夜前后，而此时在服务区内的通信业务量最低，所以对蓄电池的负荷需求量较小，因此对卫星通信的影响相对于日凌中断来说要小。

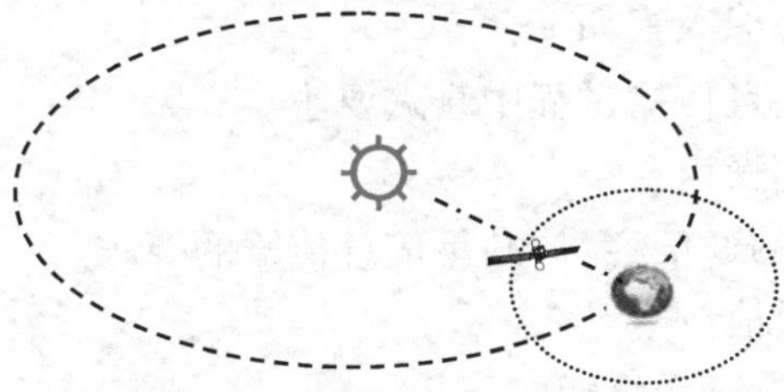

(a)日凌中断

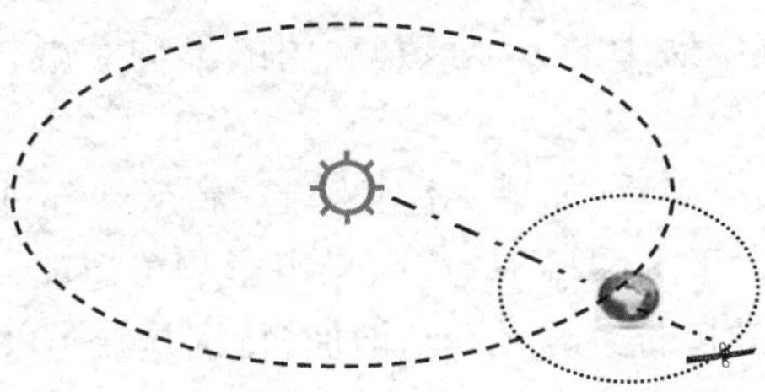

(b)星蚀

图 6-2-4　卫星日凌中断和星蚀示意图

第三节　卫星通信频段及主要性能参数

一、卫星通信所用的频段

由于卫星通信是利用在大气层外的卫星作为中继站，所以卫星通信系统的性能与频率的选取有很大的关系，它关系到系统的传输容量、质量及设备的性能和复杂程度等。因此，我们应对卫星通信中所使用的频率有所了解。卫星通信工作在微波波段。微波是指频率从 300 MHz 至 3 000 GHz 的电磁波，其相应的波长从 1 m 到 0.1 mm。这段电磁波频谱包括分米波（频率从 300 MHz 至 3 000 MHz）、厘米波（频率从 3 GHz 至 30 GHz）、毫米波（频率从 30 GHz 至 300 GHz）、亚毫米波（频率从 300 GHz 至 3 000 GHz）。卫星通信常用频段见表 6-3-1。

表 6-3-1　卫星通信的频段

频段名称	频率范围/GHz	频段名称	频率范围/GHz
L	1~2	K	18~27
S	2~4	Ka	27~40
C	4~8	V	40~75
X	8~12	W	75~110
Ku	12~18	mm	110~300

资料来源："IEEE Standard Letter Designations for Radar-Frequency Bands"（IEEE Std 521™—2019）。该频率划分是源于雷达应用目的，但是无线通信中也经常基于这种方式划分频率。

卫星通信频段的选择考虑因素如下：

①电波应能穿透电离层且传播过程中衰减要小。

②天线系统接收的外部噪声要小。

③有较宽的频带、较大的通信容量，满足信息传输的要求。

④能充分利用现有的通信技术。

⑤与其他通信、雷达等电子系统间的干扰小。

综合考虑上述因素，从传播损耗来看，频率 30 MHz 以下的电磁波不能穿透电离层，而 10 GHz以上的电磁波受大气中层中的云、水蒸气、雨的影响衰减较大。因此，卫星通信的工作频率应选在 0.3~10.0 GHz。

从电波中引入的外部噪声来看，如果工作频率越高，从外部进入天线系统的宇宙噪声和工业噪声会越小，当工作频率大于 1 GHz 时，这些噪声影响可忽略。但是随着频率的升高，大气层中云、水蒸气、氧气、雨等引起的噪声又不断增加，特别是在 10 GHz 以上时，对通信的影响较大，因此 1~10 GHz 是卫星通信的最佳频段。在这个频段的天线电波大体上可以看作在自由空间传播，因而这个频段被人们称为卫星通信的"无线电窗口"。

目前，1~10 GHz 的最佳频段已不能满足卫星通信的发展对通信容量的需求，特别是大多数卫星系统工作的 4/6 GHz 频段已显得十分拥挤，卫星通信的工作频段正在逐步向高频段发展。当前，国际电信联盟（ITU）分配给卫星通信的工作频段已扩展为 117~275 000 MHz。第五代海事通信卫星采用了 Ka 频段。

二、卫星通信的主要性能参数

1. 天线增益

天线对空间不同方向具有不同的辐射或接收能力，这就是天线的方向性。在水平面上，辐射与接收无方向性差别的天线称为全向天线。有一个或多个最大方向的天线称为定向天线。

卫星通信天线有全向天线和定向天线两类，但用得较多的是定向天线。因此，这里只给出定向天线增益的概念。

天线增益用来衡量天线朝一个特定方向收发信号的能力，它是卫星通信系统的一个重要参数，通常用 G 表示。天线在某一方向的增益定义为定向天线辐射时接收到的最大功率与无方向性天线辐射时接收到的功率之比。实际中，天线增益通常按下式计算：

$$G=\frac{4\pi A}{\lambda^{2}}\eta \tag{6-1}$$

式中：A 为天线的口径面积（m^2）；λ 为工作波长（m）；η 为天线效率，其值小于 1，说明天线把导行波转换为自由空间波时总要有一些能量损失。

根据互易定理，天线具有可逆性，即在工作频率不变的情况下，天线用于发射与接收的目的时性能相同。因此，上式无论对发射天线还是接收天线都是适用的。

2. 载噪比

载噪比是指载波功率与噪声功率之比，它是决定卫星通信线路性能的基本参数，通常用 C/N 表示。其参数较大为好，表明线路信号传输质量好。

在卫星通信中，由于卫星距离地面很远，信号传播距离很远，传播损耗很大（即信号衰减很严重），而且在卫星上不能配置大功率发射机，故地球站所接收到的信号很微弱。尽管在接收系统中采用了低噪声放大器，接收系统输入端的信噪比仍然是很低的。为保证接收信号质量，接收系统必须具有足够的载噪比。

3. 全向有效辐射功率

在卫星通信中，卫星转发器的发射性能和地球站的发射性能均有两个指标，一个是功率放大器的输出功率 P_T，另一个是输出功率经过有增益天线的放大后，由天线辐射出去的功率。由天线辐射出去的功率称为全向有效辐射功率（*EIRP*）。

设发射机的功放输出功率为 P_T，发射天线的增益为 G_T。全向有效辐射功率是指发射机输出功率 P_T 与天线增益 G_T 的乘积，则有：

$$EIRP=P_T\times G_T \tag{6-2}$$

EIRP 是表明发射机向空间辐射电磁能大小的参数。

在卫星通信中，由于卫星距离地面很远，信号传播距离很远，传播损耗很大，为保证接收机有效地接收信号，故发射机的全向有效辐射功率较大为好。

4. 接收系统品质因数

接收系统品质因数是衡量接收系统好坏的重要指标，定义为接收天线增益与接收系统噪声温度之比，也称为 G/T 值。为了保证接收信号的质量，G/T 值较大为好。

第四节　卫星通信中的主要技术

卫星通信中所涉及的通信技术有多方面，信源的数字化涉及信源编码技术，发端的信息传送涉及调制技术，系统资源共享涉及多址通信技术，抗干扰传输涉及信道编码技术等。这里只介绍卫星通信中的多路复用、多址连接、信道分配等技术，主要介绍这些技术的实现思想。

一、多路复用

卫星系统的资源是有限的，如果一个信道只传输一路信号，对于有限的卫星资源来说是一种极大的浪费。为了充分利用信道，提高通信容量，使更多的用户能够共享卫星资源，卫星通信中广泛采用多路复用技术。

多路复用是指将来自不同信息源的各路信息，按某种方式合并成一个多路信号，然后通过同一个信道传送给接收端。接收端再从该多路信号中按相应方式分离出各路信号，分送给不同的用户或终端。多路复用是利用一条信道同时传输多路信号的一种技术，可以解决在同一信道内同时传送多个信号的问题。通过多路复用，可以把多路低频信号合并为一路高速信号进行传输，提高信道利用率。常见的多路复用方式有频分多路复用（FDM，Frequency Division Multiplex）、时分多路复用（TDM，Time Division Multiplex）、码分多路复用（CDM，Code Division Multiplex）、空分多路复用（SDM，Space Division Multiplex）。下面介绍频分多路复用和时分多路复用。

1. 频分多路复用

频分多路复用是指将多路信号通过调制分别搬移到基带信道的不同频段，同时占用一个基带信道进行传输。具体来说是将不同的调制频率指定给各个不同的用户，以基带信号频率的分割来实现用同一个基带信道同时传输多路信号，实现同时而不同频的多元通信。其复用原理就是利用频谱搬移技术，将各路信号分别搬移到基带信道互不重叠的频段上，然后通过一个基带信道同时传输，形成多路复用，如图 6-4-1 所示。

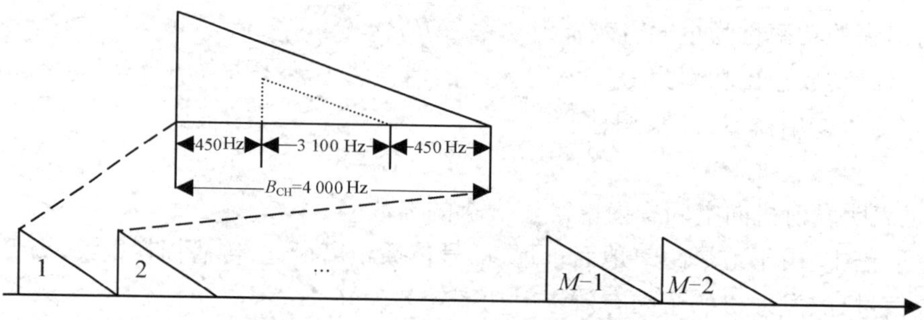

图 6-4-1　话音频分多路复用示意图

信道带宽与每一话路带宽及信道中复用的话路数量有关。如果每一个话路带宽为 B_{CH}，则实现 M 路话音复用要求的信道带宽 B_T 为：

$$B_T = M \cdot B_{CH} \tag{6-3}$$

尽管语音信号带宽在 3 100 Hz 内就可得到满意的通信质量，但在实际应用中因为不存在理想矩形的带通滤波器，所以为防止相邻信道间的信号串扰，相邻信道应在频谱排列时留有足够的频率间隔，以防止相邻信道信号的重叠。对于 300~3 400 Hz 话音信号，一般要求前、后各留有 450 Hz 保护带，因此每一话路的 B_{CH} 实际上占有 4 000 Hz 带宽。

由图可见，频分多路复用各用户话音信号在频域上是分开的，在时间上是重叠的。

2. 时分多路复用

时分多路复用是指多路信号用同一载波在不同时隙交替占用同一信道进行传输，具体来说就是将信道不同的工作时隙指定给各个不同的用户，以时间来彼此分割实现同信道而不同时的多元通信。其复用原理是各路信号采用相同的载波频率，收、发双方按规定的时隙依次循环地占用信道进行传输。若设有 n 个用户，其采用时分多路复用传输的原理如图 6-4-2 所示。

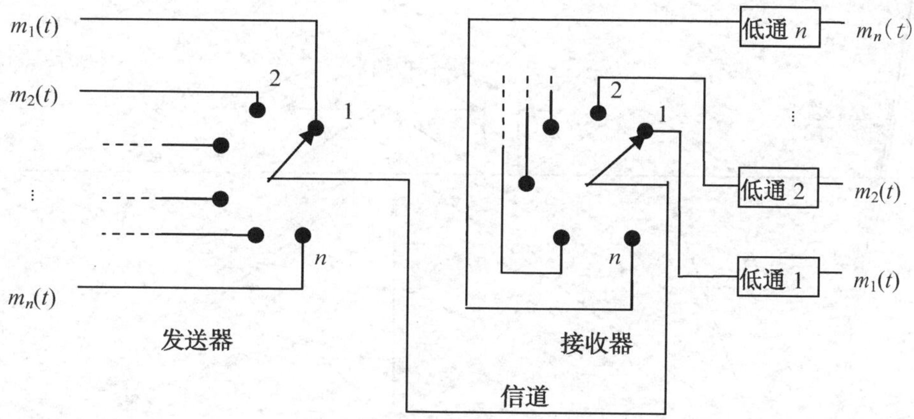

图 6-4-2　时分多路复用示意图

可见，时分多路复用各路信号在时域上是分开的，而在频域上是重叠的。通信网中收、发双方严格同步传输是该复用技术实现的关键。同步传输是指发方以固定的时钟节拍发送数据，数据的每一位与时钟信号一一对应，而收方以与发方相同的节拍接收数据并正确区分出每位，即收、发双方同步实际上是双方时钟保持同步。为了保证通信质量和效果，要求收、发双方时钟要准，收、发设备的部件通用性要好。Inmarsat C 船站的网络协调站 NCS 和岸站 LES/CES 采用了 TDM 技术。

时分多路复用只能传输数字信号，如果要对连续的模拟信号进行时分复用，则需先将模拟信号转换成数字信号后再复用传输。

二、多址连接

多址连接是指处于卫星覆盖区内的多个地球站利用共同的卫星实现双边或多边通信的连接方式，它解决的是多个地球站共用同一个卫星转发器的问题。

多址连接与多路复用相比，它们的共同点都是为了共享通信资源；区别在于多路复用一般在基带实现，多址技术通常在射频实现；多路复用来自不同的话路，多址连接来自不同的站址。多址连接技术包括频分多址（FDMA，Frequency Division Multiple Access）、时分多址（TDMA，Time Division Multiple Access）、空分多址（SDMA，Space Division Multiple Access）、码分多址（CDMA，Code Division Multiple Access）等几种方式。

1 频分多址

频分多址 FDMA 是指把卫星转发器的工作频带分成若干个互不重叠的小频段，分给各地球站作发射的载波使用，它是以各地球站不同的载波来区分地球站站址的，如图 6-4-3 所示。FDMA 的特点是各地球站的工作时间可以相同，但发射频率不同。

频分多址连接按照地球站发射载波的方式不同又分单址载波、多址载波、单路单载波三种方式。单址载波是指一个载波只传一路信号，每个地球站与其他地球站通信时采用各自不同的载波以实现多路通信。多址载波是指每个地球站只允许发射一个载波，但一个载波可传多路信号，各地球站利用基带多路复用进行信道定向，实现多路通信。这两种方式的频道利用率都较低，浪费卫星资源，很不经济，一般不被采用。目前，在移动卫星通信系统中主要使用单路单载波的方式。

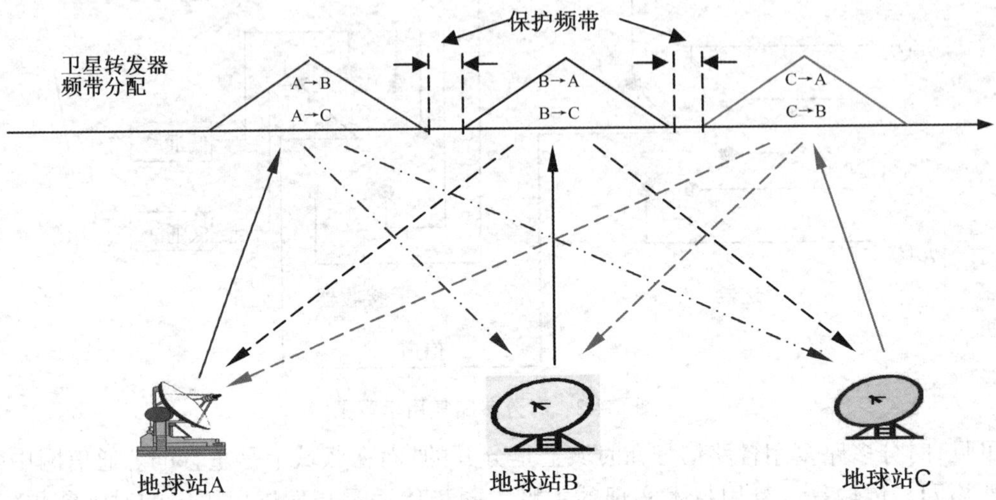

图 6-4-3　频分多址连接示意图

单路单载波（SCPC，Single Channel Per Carrier）是指每个载波只传一路信号（话音或数据），信号按 FDMA 方式发送到卫星转发器。每个地球站只有在需要通信时才被分配给载波，即按需分配载波信道，通信结束后信道随即被收回。这种通信方式很灵活，信道利用率很高，非常适用于地球站站址多，而各站业务量又很小的情况。移动卫星通信系统中的电话及数据通信业务通常采用 SCPC 方式。

Inmarsat 每个卫星覆盖区内有许多船站，但通信业务量小。因此，Inmarsat 的话音通信和传真通信，船到岸、岸到船都采用 SCPC 方式，即每一个话音类信号使用一个载波，各站发射的信号以频分多址方式利用同一卫星的转发器频带进行相互间的通信。

频分多址方式的优点是：设备简单，可利用地面微波通信的成熟技术和设备，不需要网同步。缺点是：相邻信道有互调噪声干扰，为避免或减小干扰，必须控制每一路信号功率的大小，从而很难充分利用卫星功率和频带。FDMA 适用于各种容量的线路。

2. **时分多址**

时分多址 TDMA 是一种按特定的或不同的时隙（时间间隔）来区分地球站站址的多址连接方式。在这种方式下，分配给各地球站使用的不再是某一载波的频率，而是一个特定的时隙。TDMA 的特点是各地球站载波信号频率相同，但发射时间不同，如图 6-4-4 所示。

在 TDMA 方式中，为避免各地球站发射时信号在卫星转发器中重叠，通信网需建立精确同步，就需要确定一个地球站为基准站。基准站的基本任务是为 TDMA 系统中各地球站提供一个共同的定时标准，各地球站以该标准时间为基准，保证各站发射的信号进入转发器时在规

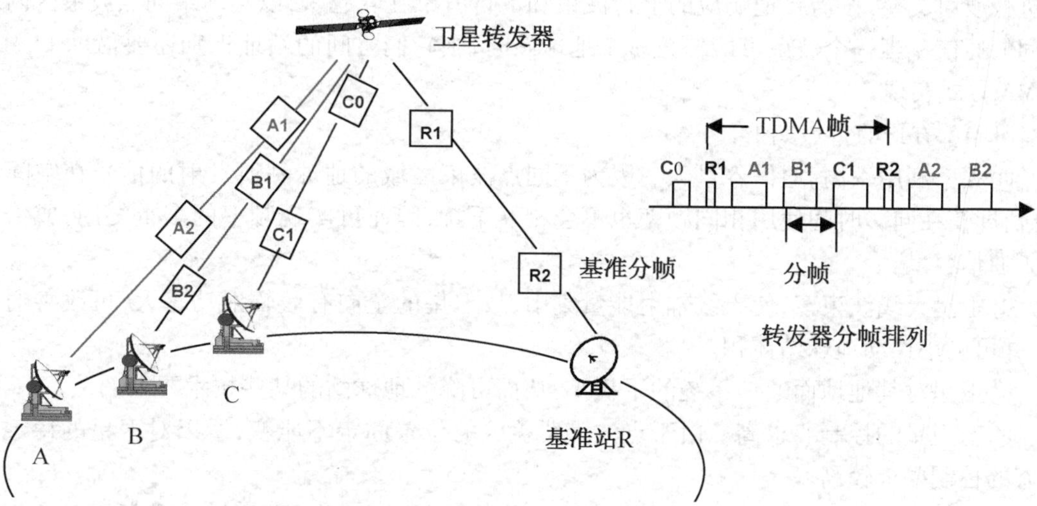

图 6-4-4 时分多址方式示意图

定的时隙内而又不互相重叠干扰。各地球站从基准站的射频信号中提取位同步及帧同步信号。在国际移动卫星通信系统中,通常以岸站作为基准站。Inmarsat C 船站的信令信道采用 TDMA 技术。

TDMA 方式的优点是:共用同一卫星转发器的各地球站使用相同频率的载波,在指定的时隙内向卫星发射信号。TDMA 方式比 FDMA 方式能更充分利用转发器的输出功率,转发器上不需要较多的输出补偿;易实现信道的按需分配。缺点是:技术和设备复杂,全网要严格同步。TDMA 方式适用于大、中容量的线路。

3. 空分多址

空分多址 SDMA 是将地球空间分割成多个点波束区,利用卫星天线波束在空间指向的差异来区分各地球站,即以各地球站所处点波束区域的不同来区分各站址,如图 6-4-5 所示。

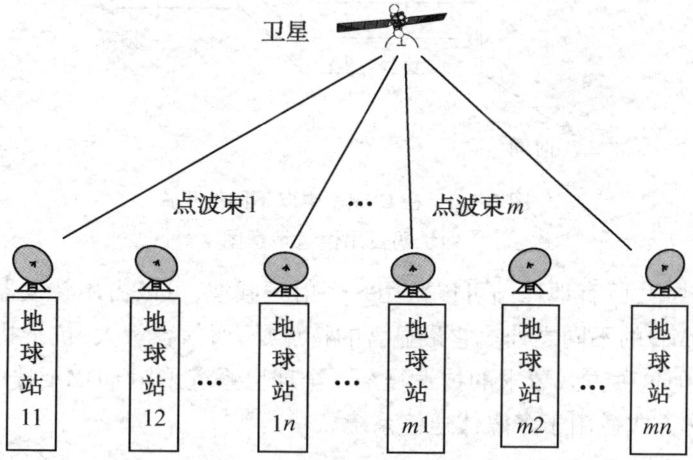

图 6-4-5 空分多址连接示意图

这种方式要求卫星上装载多个小天线或相控阵天线以产生多个窄波束,每个波束覆盖地球表面上的一定区域,地球站位于某特定的点波束覆盖区内。多波束卫星上采用动态接续矩阵进行波束交换,按需要把响应的上行波束和下行波束互联起来,以实现不同点波束区内地球站间的通信。当一个波束可能覆盖多个地球站时,则它们之间的站址识别还要借助 FDMA 或 TDMA 方式实现。

SDMA 方式的特点如下:

①频率利用率高,通信容量大。因为不同点波束区域的地球站所发射的信号在空间互不重叠,即使在同一时间使用相同频率也不会相互干扰,因而可实现频率的多重复用,成倍地扩大了通信容量。

②卫星天线波束窄,使天线辐射能量集中,故卫星的全向有效辐射功率大,可改善通信质量,并可减小移动地球站体积。

③卫星对其他地面通信系统的干扰小,从而可降低地球站的某些技术要求。

④对卫星的控制要求高。由于点波束覆盖区的位置固定不能变,所以对卫星的稳定性及姿态的控制要求较高。

⑤技术及设备复杂。星上波束交换、天线及馈线使设备复杂而庞大,也降低了整个卫星的可靠性。

SDMA 方式一般适用于大容量线路。

4. 码分多址

码分多址 CDMA 是将不同的地址码分配给各地球站使用,以各地球站不同的地址码来区分站址。如图 6-4-6 所示,各地球站所发射的载波既受基带信号的调制,又受收方地址码的调制,接收时,只有地址码与发射站要求相同的地球站才能解调出相应的基带信号,即可以收到信息,其他地球站因地址码不同而不能产生响应信号。

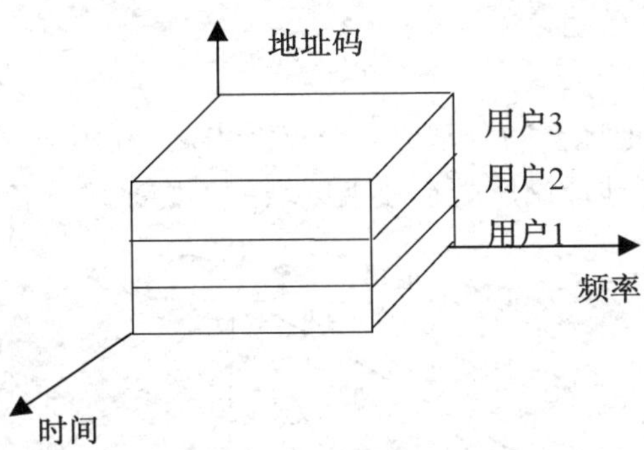

图 6-4-6 在 CDMA 中以不同的用户地址码占用信道示意图

在 CDMA 方式中,所有地球站可以共用一个射频载波,可以占用转发器的全部时隙,这是它与 TDMA 和 FDMA 的不同之处。它最显著的特点是:通信容量大,抗干扰能力强,特别是抗多径衰落能力强,但这种方式要求的技术复杂。全球星系统采用 CDMA 技术。

CDMA 的工作方式适用于多媒体通信系统。

三、信道分配

由于通信卫星能提供的功率及频带是非常有限的,因此提高卫星转发器的利用率和通信容量就显得非常重要，这在很大程度上取决于信道的分配方式。通常信道分配方式有预分配方式和按需分配分式。

1. **信道预分配方式**

信道预分配方式是指地球站被预先分配或指配一些固定的信道，作为用户通信基本固定的传输通道。该方式的特点是，当地球站的业务量增加时，其被预分配的固定信道有可能因业务量过载而造成阻塞；当地球站的业务量减小时，其信道又会因闲置不用而造成浪费。因此，对于有限的卫星信道资源来说，预分配方式显得不灵活，信道利用率也不高。信道预分配方式主要应用于业务量较稳定的点对点双向通信。

2. **信道按需分配方式**

信道按需分配方式是指信道集中控制和管理，按需分配使用，通信结束即收回信道。目前，卫星通信系统中 SCPC 信道广泛采用集中控制按需分配方式，其工作原理示意图如图 6-4-7 所示。

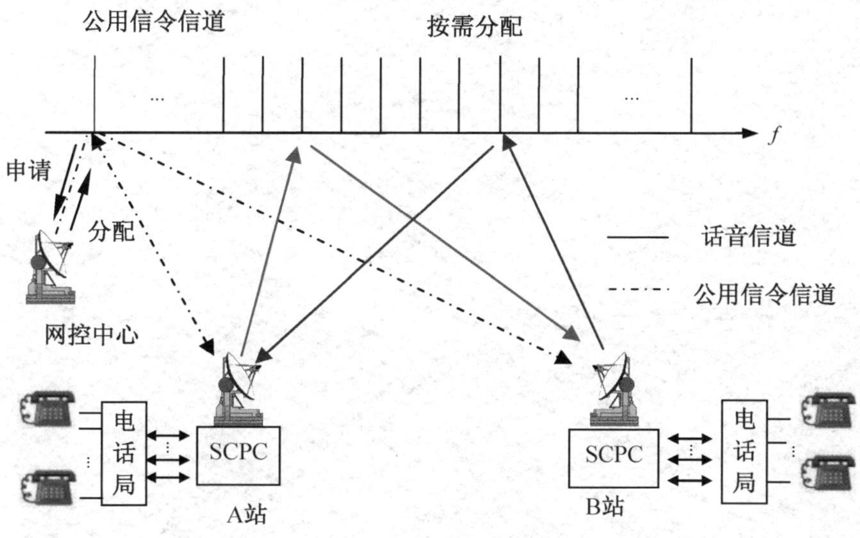

图 6-4-7 按需分配 SCPC 工作示意图

由图可见，这种方式在系统中需要增加一个网络控制中心站，用于对卫星转发器的 SCPC 信道进行集中监控和管理，统一分配使用。同时，还要增加一个专用的公共信道，以供所有地球站发送通信申请、拆线等信号，以及网络控制中心站发送信道分配、信道忙闲等信号，并规定所有地球站在空闲时守听在该专用的公共信道上。

假设 A 站用户向 B 站用户发起呼叫，则系统信道的建立过程如下：

①首先，A 站用户通过专用的公共信道向网络控制中心站发送向 B 站用户通信的申请，请求分配信道。

②网络控制中心站收到申请后立即查询存储在微机中全系统的频率表，找出一对空闲信道，并通过专用公共信道向 A 站和 B 站发送信道分配信息。

③由于 B 站空闲时守听在公共信道上，A 站发送申请后也转入守听公共信道，因此 A、B 两站均收到分配信息并自动控制收、发设备调谐，调整到分配的收、发频率对上。此时，信道建立，A 站和 B 站就可以通信了。

按需分配方式与预分配方式相比，虽然在技术和设备上要复杂一些，但它对提高系统的信道利用率起到了很大的作用，并且对节约卫星转发器的频率资源及节省设备的投资费用具有很大的好处。

在国际移动卫星系统中，上述网控中心站的作用由网络协调站承担。电传信道采用的是预分配方式，由网络协调站预分配一些信道给各地面站，由地面站具体分配使用；SCPC 信道采用的是按需分配方式，由网络协调站按需分配使用。

第七章 Inmarsat移动通信系统

随着科学技术的不断进步,20 世纪 60 年代后出现了一种革命性的通信方式——卫星通信。1962 年 6 月 10 日,美国航空航天局(NASA,National Aeronautics and Space Administration)成功发射世界上首颗电信通信卫星 Telstar-1。虽然该卫星仅仅有效工作了 7 个月,但它的成功大大促进了随后的通信卫星发展。卫星通信的兴起让 IMO 敏感地意识到卫星通信将在海上遇险搜救方面起到重要作用。1976 年 9 月 3 日,42 个国家的代表签署了《国际海事卫星组织公约》(INMARSAT 公约,Convention on International Maritime Satellite Organization),该公约于 1979 年 7 月 16 日生效。公约的主要内容是制定促进海事通信必需的空间部分条款,从而帮助提高海上遇险及公共通信服务、船舶管理等,最终保障海上人命和财产安全。

Inmarsat 是世界上第一个全球移动卫星通信的运营者,是第一个向海上、陆地、航空和其他用户提供全球现代化通信业务的供应商。目前,其向陆、海、空等领域的几十万个移动用户提供电话、传真、数据通信转接业务。

Inmarsat 成立之初专门负责提供 GMDSS 海事卫星通信业务,后期服务受众不再仅限于海事业,还包括了航空和陆地通信。Inmarsat 从 1982 年 2 月开始工作。1985 年,Inmarsat 成员国大会对公约做出修订,决定把航空通信纳入其业务范围。1989 年,Inmarsat 再次决定将其业务从海事、航空扩展到陆地,从而覆盖海陆空卫星移动通信全领域。在 1994 年 12 月的成员国特别大会上,国际海事卫星组织正式更名为国际移动卫星组织(IMSO,International Mobile Satellite Organization),更名初期的英文缩写仍为 Inmarsat,后来改为 IMSO。更名行动反映了其业务范围的不断扩大。1999 年 4 月 15 日,Inmarsat 顺利完成体制改革,从原先的政府间合作组织变为国际商业机构,成为伦敦上市公司。2019 年年初,由英、美、加的 4 家公司组成的财团以 34 亿美元的价格收购了 Inmarsat。同年 12 月 5 日,Inmarsat 从伦敦证交所退市。运营着十几颗地球同步轨道通信卫星的 Inmarsat 公司现已正式隶属于由英国安佰深(Apax)、美国华平投资集团(Warburg Pincus)和加拿大两家养老金机构组成的财团 Connect Bidco。

第一节 Inmarsat 系统组成

Inmarsat 系统由三大部分组成:空间段、地面站和移动站,系统组成框架如图 7-1-1 所示。空间段包括 Inmarsat 卫星、跟踪遥测和控制站(TT&C,Tracking Telemetry and Control)和卫星控制中心(SCC,Satellite Control Centre);地面站包括网络协调站(NCS,Network Coordination Station)、网络控制中心(NOC,Network Operation Center)和岸站(LES/CES,Land Earth Station/Coast Earth Station);移动站分为陆用(Land)、海用(Maritime)和空用(Aero)。NOC 和 SCC 位于 Inmarsat 总部(英国伦敦)。LES 通过国际/国内电信网与陆地用户终端相连。

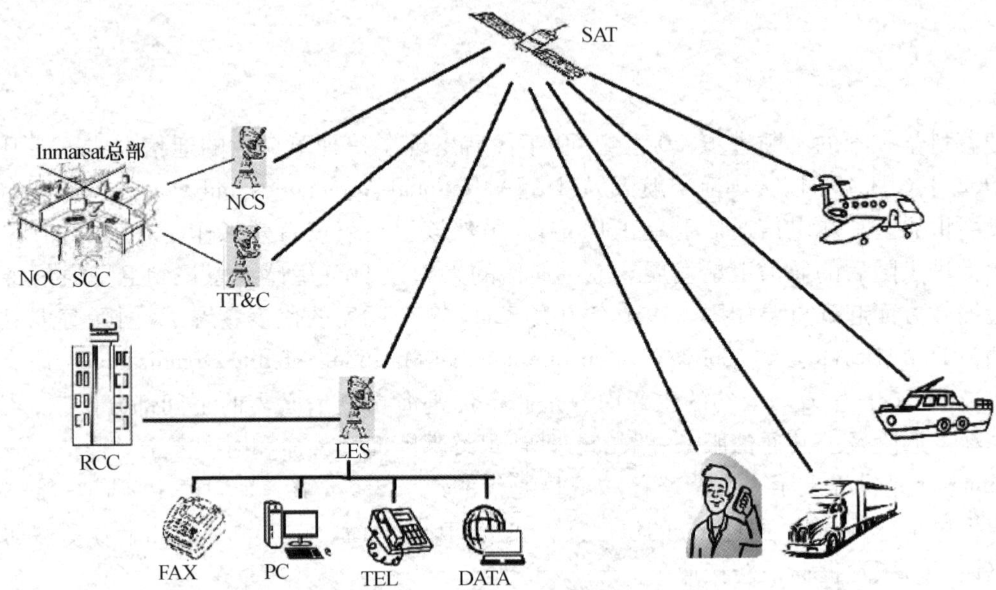

图 7-1-1 Inmarsat 系统组成框架

一、空间段

1. Inmarsat 卫星

卫星的主要作用是中继转发信号。Inmarsat 卫星采用弯管方式工作,在星上对信号不做处理,主要进行上/下行频率转换。例如,图 7-1-2 所示为第三代卫星的概略位置分布。

随着地面通信技术的发展、用户需求的提高和业务量的增加,Inmarsat 卫星也随之不断地更新换代。第一代卫星(I-1)是在 1976—1979 年陆续发射的,共发射了 3 颗,形成了第一个覆盖全球的商用海事卫星通信系统,这 3 颗卫星一直工作到 1986 年以后。第二代卫星(I-2)是在 1990—1992 年发射的,共发射了 4 颗,扩大了卫星的覆盖范围,并在卫星稳性上做了改进。第三代卫星(I-3)是在 1996—1998 年发射的,共发射了 5 颗,其中 1 颗主要作为备用卫星。第三代卫星的最大改进是增加了点波束,每颗工作卫星都产生 1 个全球波束和 5 个宽点波束,在

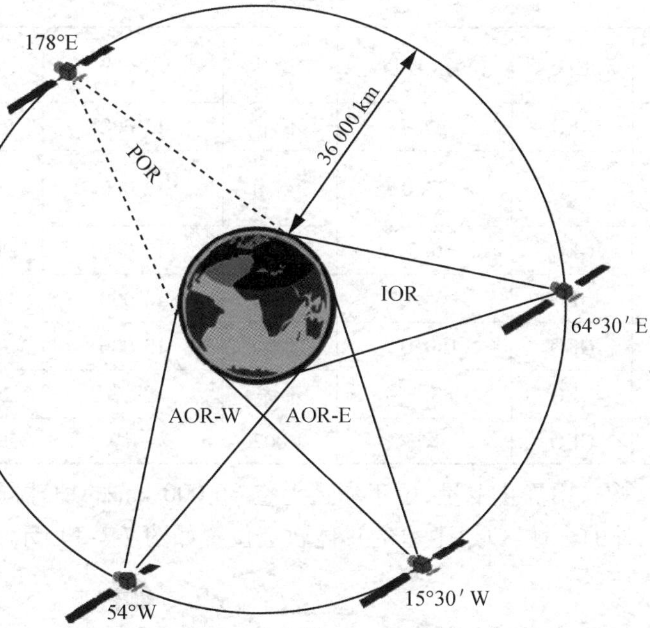

图 7-1-2　Inmarsat 第三代卫星的概略位置分布

不重叠点波束区域能实现频率、时间的重复使用，加大了系统容量，通信容量比第二代卫星增加了 8 倍。第四代卫星(I-4)是在 2005—2008 年先后发射的，共发射了 3 颗，每颗卫星可以产生 1 个全球波束、19 个宽点波束和最多 236 个窄点波束。第四代卫星大量增加了点波束，扩大了点波束的覆盖范围，所有波束可覆盖全球 85%陆地，大约可覆盖世界人口的 98%。与第三代卫星相比，Inmarsat 第四代卫星通信容量增大了 16 倍，卫星功率增大了 60 倍，数据传输速率最高可达 492 kbit/s。2013 年 12 月—2019 年 11 月，Inmarsat 相继发射了 5 颗卫星，构成了 Inmarsat-5(I-5)卫星群，提供 GX(Global Xpress，全球快讯)宽带移动通信服务。GX 使用 Ka 频段，业务的数据传输速率是 L 频段移动通信卫星传输速率的几十到几百倍。I-5 卫星将为移动终端提供最高 50 Mbit/s 的下行速率、最高 5 Mbit/s 的上行速率。Inmarsat 第一、第二代卫星年代较早，早已到设计使用寿命，已不再使用。目前，包括 Inmarsat 第三、第四、第五代在内的卫星总计有 14 颗，全部为 GEO(地球同步轨道卫星)通信卫星，部分卫星基本参数如表 7-1-1 所示。

表 7-1-1　部分 Inmarsat 卫星参数

卫星名称	轨道类型	位置(经度)	质量/kg	功率/W	发射日期	设计寿命/年
Inmarsat-3 F1	GEO	64. 6°	860	不详	1996-4-3	13
Inmarsat-3 F2	GEO	-15. 5°	860	不详	1996-9-6	13
Inmarsat-3 F3	GEO	178. 2°	860	不详	1996-12-18	13
Inmarsat-3 F5	GEO	25. 1°	895	2 800	1998-2-4	13
Inmarsat-4 F1	GEO	64. 0°	不详	13 000	2005-3-11	15
Inmarsat-4 F2	GEO	-52. 8°	不详	13 000	2005-11-8	15

续表

卫星名称	轨道类型	位置（经度）	质量/kg	功率/W	发射日期	设计寿命/年
Inmarsat-4 F3	GEO	-97.7°	不详	13 000	2008-8-18	15
Inmarsat Ⅳ-A F4（Alphasat Ⅰ-XL）	GEO	25.0	3 370	12 000	2013-7-25	15
Inmarsat-5 F1	GEO	60.3°	3 750	13 000	2013-12-8	15
Inmarsat-5 F2	GEO	-55.0°	3 360	13 000	2015-2-1	15
Inmarsat-5 F3	GEO	180.0°	不详	15 000	2015-8-28	15
Inmarsat-5 F4	GEO	83.5°	不详	不详	2017-5-15	15
Inmarsat-5 F5	GEO	不详	4 007	不详	2019-11-26	16

Inmarsat 星体结构采用静止卫星，位于赤道上空 36 000 km 的地球同步轨道上，无缝隙覆盖了除南、北两极以外的全球区域，卫星的具体轨道位置如图 7-1-3 所示。

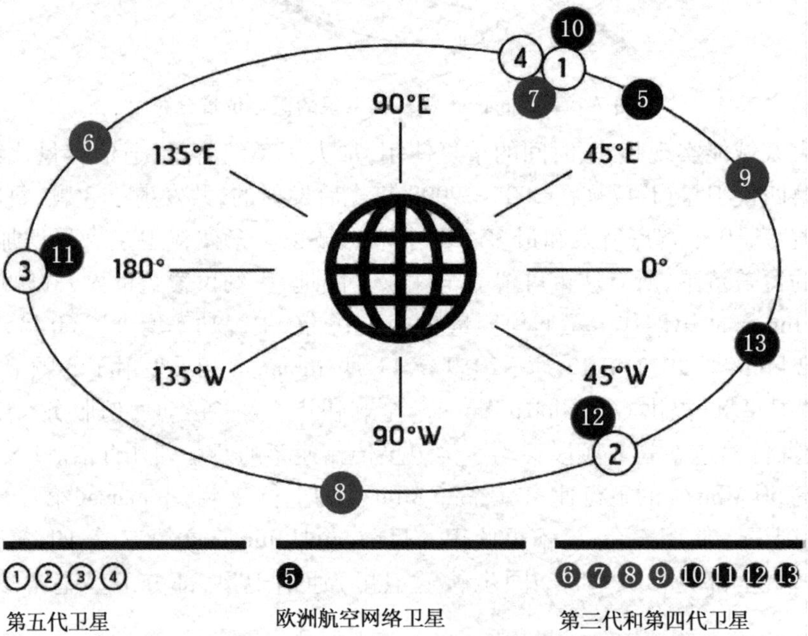

图 7-1-3 Inmarsat 卫星位置示意图

图 7-1-3 所示的 13 颗 GEO 卫星组成三大通信网络。

（1）由 4 颗 I-3 和 4 颗 I-4 卫星构成了 L 频段网络。由于 I-3 卫星寿命于 2019—2020 年到期，2018 年已完成从 I-3 到 I-4 的业务转移，目前 I-3 主要作为备用卫星。I-4 卫星利用全球波束、宽点波束和窄点波束可以提供多达 630 个信道（200 kHz）的通信服务。I-4 提供的 L 频段服务预计能持续到 2023 年。I-3 和 I-4 卫星的覆盖区域分别如图 7-1-4、图 7-1-5 所示。卫星覆盖区域及其名称的相关知识在本节“网络协调站”部分还会进一步阐述。

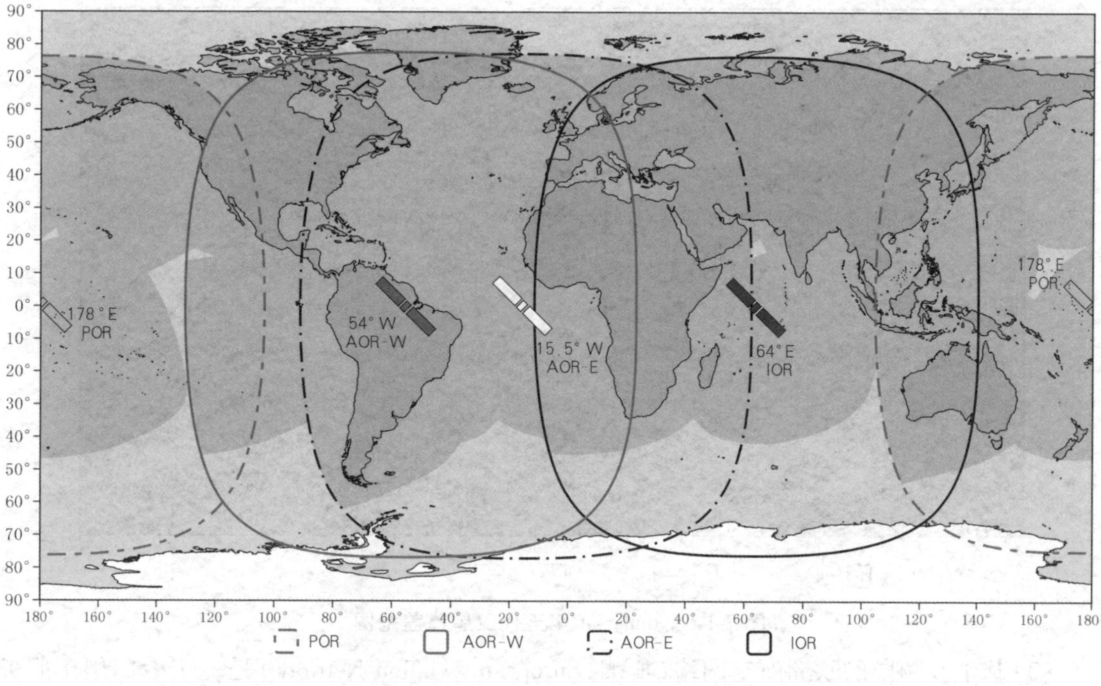

图 7-1-4 Inmarsat 第三代卫星覆盖范围

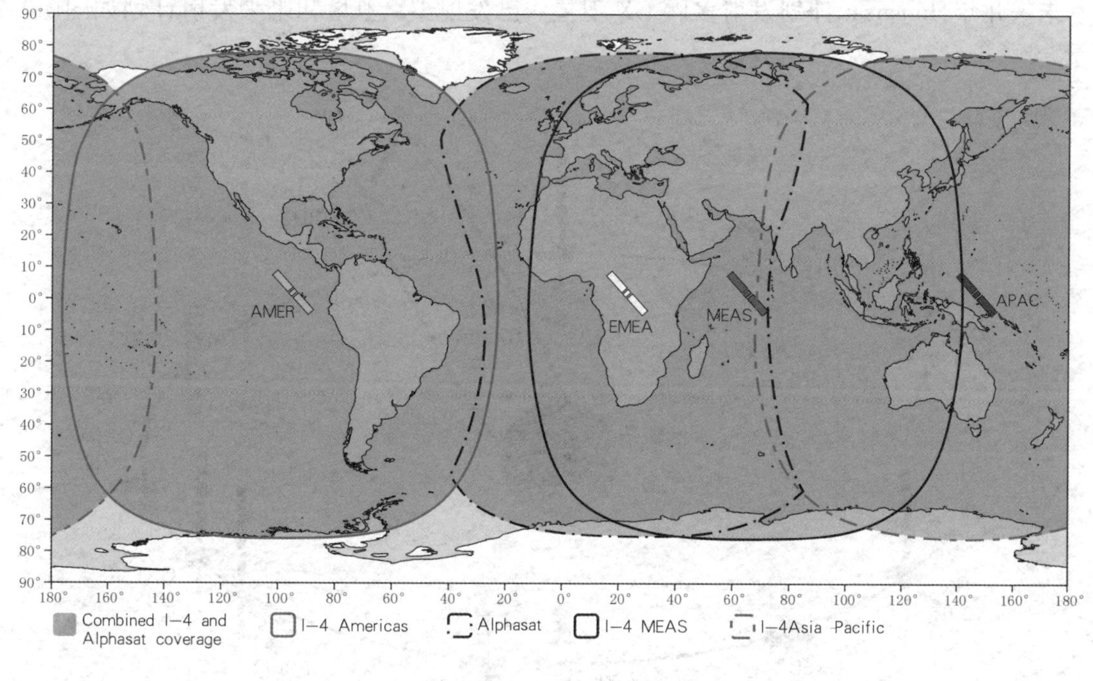

图 7-1-5 Inmarsat 第四代卫星覆盖范围

(2)目前基于 4 颗 1-5 卫星的全球快讯宽带移动网络(Ka 频段,89 个 Ka 转发器,89 个点波束,速率高达 50 Mbit/s),已经于 2015 年 9 月开始提供服务。2016 年 10 月,Global Xpress 系统的全球航空宽带服务 GX Aviation 投入商用。I-5 卫星的覆盖区域如图 7-1-6 所示。

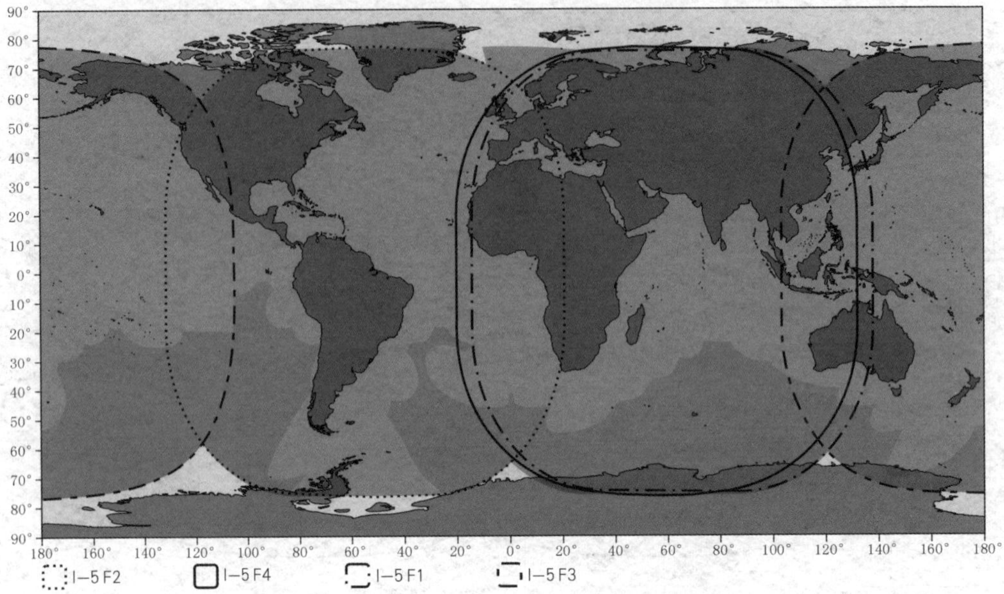

图 7-1-6 Inmarsat 第五代卫星覆盖范围

(3)基于 S 频段的欧洲航空网络(EAN,European Aviation Network)是一个专门用于服务欧盟国家的高速大容量地空网络,专门用于机载 Wi-Fi 通信。2017 年 6 月,Inmarsat S 卫星发射升空,具有 9 个点波束,同年 9 月开始工作。

未来几年,Inmarsat 计划发射多颗 GX 卫星。已发射 GX 卫星和未来发射计划如图 7-1-7 所示。

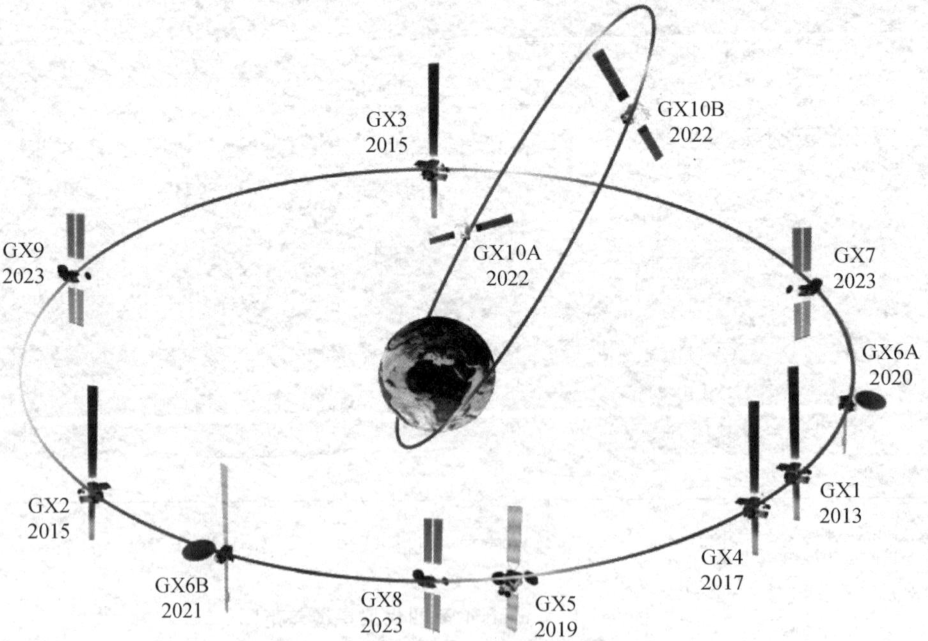

图 7-1-7 Inmarsat 已发射 GX 卫星和未来发射计划

更先进的 Inmarsat-6 卫星将面对第五代通信需求,提供更高的通信速率和安全性能。首颗卫星已经于 2020 年发射,有效增强了 L 频段网络服务性能,提供了卓越的卫星通信服务。

2. 跟踪遥测和控制站

TT&C 直接与卫星保持联系，它的主要作用是监测和跟踪卫星，获取卫星状态参数（如卫星相对于地球的姿态、卫星相对于太阳的姿态、卫星内各处的温度、燃料消耗及星上设备的工作状态等），并根据卫星控制中心 SCC 的指令对卫星进行相应的调整控制。

目前，在运行的几个跟踪遥测和控制站分别位于意大利富齐诺、中国北京、加拿大考伊琴湖、挪威艾克、新西兰奥克兰、俄罗斯卡什坦、美国夏威夷。

3. 卫星控制中心

SCC 设在英国伦敦 Inmarsat 总部。它的主要作用是根据全球各 TT&C 发来的卫星状态数据，依靠计算机数据处理来检查卫星的运行状态（如卫星的轨道、卫星相对于地球和太阳的方向性、卫星天线是否指向地球、太阳能电池板接收的太阳能是否最多以及燃料消耗情况等），并发出控制指令，通过 TT&C 调整，保证卫星工作正常。

目前设置了两个卫星控制中心，主中心位于 Inmarsat 总部，备份运营中心在荷兰布鲁姆。

二、地面站

地面站的作用是承担通信接续处理的网关，提供卫星与国际/国内电信网的接口，实现移动用户与固定用户/移动用户之间的呼叫转移。

1. 网络控制中心

NOC 设在英国伦敦 Inmarsat 总部。它的主要作用是监控、协调、控制整个网络的通信。NOC 通过卫星链路和陆网与各洋区的网络协调站（NCS）和地面站（LES）保持联系，以此来协调各洋区 NCS 和 LES 的活动，同时，NOC 还负责系统的时钟。

网络控制中心也可以通过网络协调站为某个洋区中的所有船舶或选定船舶发送 Inmarsat 系统信息。

2. 网络协调站

为了了解网络协调站的概念，首先需要知道什么是洋区。在 Inmarsat 系统中，洋区即卫星的覆盖区。原系统基于 I-3 的四颗卫星工作，形成了四个洋区，名称分别为大西洋西区（AOR-W，Atlantic Ocean Region-West）、大西洋东区（AOR-E，Atlantic Ocean Region-East）、太平洋区（POR，Pacific Ocean Region）、印度洋区（IOR，Indian Ocean region）。2018 年起，卫星开始换代到 I-4，新的洋区名称分别为美洲洋区（AMER，American Ocean Region）、欧洲及中东洋区（EMEA，Europe/Middle East Ocean Region）、亚太洋区（APAC，Asia/Pacific Ocean Region）和中东及亚洲洋区（MEAS，Middle East/Asia Ocean Region）。I-4 卫星和 I-3 卫星的位置及覆盖区域稍微有所区别，具体位置数据见第十七章。在实践工作中，为了方便船员熟悉和使用终端设备，很多设备仍旧沿袭着原洋区的称谓，即 AOR-W、AOR-E、POR 和 IOR。

NCS 的主要作用是协调和控制本洋区地面站与移动站之间的通信（如通知相关信道占用情况、分配 SCPC 信道），发布广播业务（如通过 Inmarsat C 系统发射 EGC 信息、群呼信息、公共信息），发射公共 TDM 载波（用于移动终端跟踪卫星），以及处理遇险等。

NCS 在通信中起着很重要的作用。每一个 Inmarsat 系统有其自己的 NCS，每个系统的每一个洋区有一个 NCS，通常由一个地面站兼作 NCS。实际工作中，由于 Inmarsat B、M、Mini M、

M4、F 系统属于一个家族系统，所以这些系统每个洋区的 NCS 是相同的。B 家族的系列产品已经或者正在面临淘汰。另外，为了防止 NCS 工作出现异常，每个系统的每一个洋区都配备有备用 NCS。

3. 岸站

岸站(LES/CES)全称为“海岸地球站(CES)”或者“陆地地球站(LES)”，作为空间段与各国国内/国际电信网的连接接口，也是实施 Inmarsat 业务的具体载体。它的主要作用是响应呼叫(如分配并建立信道、转发呼叫)，监控和管理信道(如信道空闲情况、正在受理的申请、占线和排队情况等)，提供网络服务(如受理新移动终端启用申请、分配移动终端识别码、移动终端性能测试及通信费用管理等)，监视并接收遇险信号。如图 7-1-8 所示为北京海岸地球站外景。

图 7-1-8　北京海岸地球站外景

Inmarsat 的每一个岸站都是 Inmarsat 的股东，由各成员国政府指定一个企业实体作为该国的签字者，负责投资建设和日常业务的经营和管理(我国指定交通运输通信信息集团有限公司作为中国的签字者，承担有关该组织的一切日常事务)。为了保证系统正常工作，岸站所有设备都是双备份运行，并采用 11～13 m 的抛物面天线，以提高天线增益。

Inmarsat 每一个系统都有其自己的岸站，其中还包括虚拟岸站(虚拟岸站是指某些国家借助别的国家或地区的岸站建立的与标准岸站功能完全相同的岸站)，每一个系统的岸站在每一个服务洋区都有一个接续码，如表 7-1-2 和表 7-1-3 所示。网络协调站和岸站工作状态会有变化，详细的最新信息可从最新版的《无线电信号表》查得。

表 7-1-2 Inmarsat C 系统岸站接续码

LES 名称	所在国家	AOR-E/EMEA	AOR-E/AMER	IOR/MEAS	POR/APAC
Yamaguchi	Japan	N/A	N/A	303-Operations Centre, Tokyo	203-Operations Centre, Tokyo
Yamaguchi at Aussaguel	France	103-Operations Centre, Tokyo	003-Operations Centre, Tokyo	N/A	N/A
Beijing	China	N/A	N/A	311-Beijing MRCC	211-Beijing MRCC
Nudol	Russia	117-State MRCC Moscow	N/A	317-State MRCC Moscow	217-Vladivostok MRCC
Nakhodka		N/A	N/A	317-State MRCC Moscow	217-Vladivostok MRCC
Sentosa	Singapore	N/A	N/A	328-Port Operations Center	210-Port Operations Center
Burum	Netherlands	102-Falmouth MRCC	002-Falmouth MRCC	N/A	N/A
		112-JRCC Den Helder	JRCC Den Helder	N/A	N/A
Perth	Australia	N/A	N/A	302-Falmouth MRCC	202-Falmouth MRCC
		N/A	N/A	312-RCC Australia	212-RCC Australia
Fucino	Italy	105-CG Rome	N/A	335-CG Rome	N/A
Aussaguel	France	121-CROSS Gris-Nez	021-CROSS Gris-Nez	321-CROSS Gris-Nez	N/A
Aussaguel at Yamaguchi	Japan	N/A	N/A	N/A	221-CROSS Gris-Nez
Eik	Norway	104-Stavanger JRCC	004-Stavanger JRCC	304-Stavanger JRCC	N/A
		101-USCG Norfolk	001-USCG Norfolk	301-Stavanger JRCC	N/A
Eik at Santa Paula	USA	N/A	N/A	N/A	201-USCG Alameda
		N/A	N/A	N/A	204-Stavanger JRCC
Hai Phong	Vietnam	N/A	N/A	330-Vietnam MRCC	N/A
Pune	India	N/A	N/A	306-MRCC Mumbai	N/A

表 7-1-3　Inmarsat F 系统岸站接续码

国家	AOR-E/EMEA	AOR-W/AMER	IOR/MEAS	POR/APAC
Japan	003	003	003	003
Korea	006	006	006	006
China	868	868	868	868
Greece	005	005	005	005
Israel	711	711	N/A	N/A
Singapore	210	210	210	210
Ex UK	002	002	002	002
USA	013	N/A	N/A	013
Netherlands	012	012	012	N/A
Australia	N/A	N/A	022	022
Algeria	777	N/A	N/A	N/A
Italy	555	555	555	N/A
Malaysia	060	060	060	060
France	011	011	011	011
Norway	004	004	004	004
USA	001	001	001	001
India	N/A	N/A	306	N/A

三、移动站

移动站是指利用 Inmarsat 系统进行通信的卫星终端设备,它直接面向用户,由移动用户负责购买或租用,在海事业务中,移动站也被称作"船舶地球站"。移动站根据使用的用户不同分为陆用、海用和空用移动站,移动站通常用缩写 MES(Mobile Earth Station)表示,海用移动站也可用缩写 SES(Ship Earth Station)表示,即"船舶地球站",简称为"船站"。如图 7-1-9 所示为某品牌卫星通信终端。

Inmarsat 每一个移动站都被分配有自己专用的识别码,用来表示不同系统的每一移动站、移动站所属国家、移动站所连接的终端设备等信息。

1. Inmarsat 移动号码组成

Inmarsat 移动号码通常用英文缩写 IMN(Inmarsat Mobile Number)表示。它采用两种格式:

(1)对于 Inmarsat B、M、C 海用移动站,其 IMN 格式为:

T X1 X2 X3 X4 X5 X6 X7 X8

其中,首位数字 T 表示系统识别,T=3 表示 B 系统,T=4 表示 C 系统,T=6 表示 M 系统;X1、X2、X3 表示水上识别数字 MID(Maritime Identification Digits),用来识别船舶所属国家;

图 7-1-9 卫星通信终端

X4、X5、X6、X7、X8 表示船舶识别、终端识别，由船舶所属国分配。

(2)对于 Inmarsat Mini M、M4、F 海用移动站，其 IMN 格式为：

T1 T2 X1 X2 X3 X4 X5 X6 X7

其中，T1、T2 与业务种类有关，规定如表 7-1-4 所示：

表 7-1-4 IMN 中 T1、T2 的含义

业务种类	T1	T2
话音(4.8 kbit/s)	7	6
低速数据(2.4 kbit/s)	7	6
传真(2.4 kbit/s)	7	6
高速数据(64/56 kbit/s)	6	0
IPDS 数据	6	0

X1～X7，表示终端识别、业务类型(如 G3 传真业务)，也可表示方便卡的个人识别。

目前，Inmarsat 正常运行的各系统移动站号码都是 9 位数字，但未来的 Inmarsat 移动号码将由 9 位数字升到 12 位数字，以便与陆地 ISDN 号码位数兼容。

2. 船站的电传应答码

船站的电传应答码是为了在电传通信时通信双方相互确认而设置的，它由两部分组成：船站的主移动号码(IMN)+识别符号。

识别符号通常为国际呼号，用 4 个英文字母表示。每个船站的电传应答码是与船站移动号码一起分配给船站的。电传应答码的主要作用是用于电传通信前、后双方确认识别，通过交换电传应答码来确保收、发双方身份无误。

第二节 Inmarsat 通信系统的工作波段

目前 Inmarsat 各系统中，I-4 卫星工作在 C/L 波段，移动站都工作在 L 波段，其上行频率（发射频率）为 1.6 GHz，下行频率（接收频率）为 1.5 GHz。岸站工作在双波段，即 C/L 波段。当岸站与移动站通信时，岸站工作在 C 波段，其上行频率（发射频率）为 6 GHz，下行频率（接收频率）为 4 GHz；而当岸站与岸站（或网络协调站）通信时，岸站工作在 C/L 波段，其上行频率（发射频率）为 6 GHz，下行频率（接收频率）为 1.5 GHz，如图 7-2-1 所示。I-5 卫星工作在 Ka 波段，其上行频率为 29.5～30.0 GHz，下行频率为 19.7～20.2 GHz。Inmarsat S 卫星工作在 S 波段，主要为航空用户提供服务。

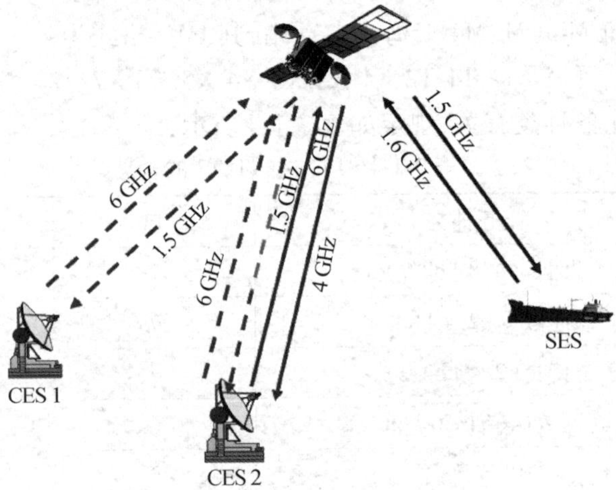

图 7-2-1 I-4 卫星通信频率示意图

第三节 Inmarsat 系统分类及主要特点

随着通信技术的发展，Inmarsat 系统的市场需求在不断地演进和发展。最早的 Inmarsat 系统是 1982 年投入商业运行的 Inmarsat A 系统，它是一个以模拟通信技术为基础的系统，自投入运行以来在海上通信中发挥了巨大的作用，但由于其技术落后，Inmarsat 已于 2007 年 12 月 31 日关闭了 A 系统业务，Inmarsat 后续推出多个通信系统，也有一些系统陆续关闭。目前，Inmarsat C、M4、D/D+、F、FBB 系统仍在使用，新的系统正在开发。这些系统的主要特点见表 7-3-1。

表 7-3-1 Inmarsat 各系统特点

系统分类	开始提供服务年份	主要通信业务	最高通信速率	停止服务年份	天线特性	卫星覆盖	应用特点（同时期比较）
A	1982	电话 电传 传真 高速数据	64 kbit/s	2007	定向		最早的 Inmarsat 系统，属模拟通信系统，可加密通信
B	1993	电话 电传 传真 高速数据	64 kbit/s	2014	定向	全球波束/点波束	数字通信系统，可加密，相比同时期其他系统更适用于大业务量通信
C	1991	电传 传真 数据	0.6 kbit/s		全向	全球波束	天线小，终端重量小，传送短信息较为经济
Mini C	2002	电传 传真 数据		2016	全向	全球波束	天线小，终端重量小，传送短信息较为经济
M	1993	电话 传真 数据	4.8 kbit/s	2014	定向	全球波束	体积小，重量小，比 Mini M 功率大
Mini M	1996	电话 传真 数据	4.8 kbit/s	2016	定向	点波束	体积小，重量小，与 M 比话音和传真质量更好
M4	2000	电话（保密电话） 传真 数据 E-mail	64 kbit/s		定向	点波束	比 Mini M 增加了高速数据功能和保密电话，比 M 更轻巧，适用于传输大批量数据和图像
E	1993	遇险报警		2006	全向	全球波束	实现同步卫星覆盖下的快速遇险报警
D/D+	1998	短信传送 数据广播	20 bit/s		全向	全球波束	与 GPS 结合可发射船位信息和用户跟踪，能实现信息广播，以个人用户为主
F	2002	电话 传真 ISDN MPDS	128 kbit/s		定向	全球波束/点波束	具有较高的传输速率，大信息量传输较经济，MPDS 功能可满足 24 h 上网
FBB	2007	电话 传真 文本短信 标准 IP 数据 流媒体数据 电路交换数据	432 kbit/s		定向	全球波束/点波束	提供更快、多形式的数据链接，语音和数据可同步进行，可传输 3G 文本短信
GX	2015	电话 数据通信	上行 5 Mbit/s，下行 50 Mbit/s		定向	全球波束/点波束	目前 Inmarsat 功能最强大的通信系统

第八章 Inmarsat C 系统及其船舶地球站

Inmarsat C 是纯数据通信系统,工作于全球波束,于 1991 年正式投入商业运营。该系统终端体积小巧、重量小、耗电低、不存在日凌中断现象,且通信可靠性高,可以提供存储转发、数据报告、询呼、遇险报警、遇险通信以及一系列的增值业务,是满足 GMDSS 要求的重要通信设备。本章主要从系统结构、信道结构、接续过程以及船舶地球站技术等方面介绍 Inmarsat C 系统的工作原理,有关具体业务的内容将在第十二章介绍。

第一节 Inmarsat C 系统的结构和信道

一、Inmarsat C 系统的结构

Inmarsat C 系统是 Inmarsat 系统的一个分系统,其基本网络组成与其他 Inmarsat 系统一样,都是由空间段的 Inmarsat 卫星,地面段的网络控制中心、网络协调站和地面站,以及船舶地球站组成。本部分除了介绍 Inmarsat C 系统的各组成部分外,还介绍了各种连接方式,具体如图 8-1-1 所示。

由图 8-1-1 可见,在 Inmarsat C 系统中,船舶地球站经由卫星通过陆地地球站接入国际或国内电信网,再通过不同的陆地网络与不同的用户终端通信。陆地网络既可以是电传网、电话网,也可以是互联网和专用网络。此外,船舶地球站还可以通过陆地地球站转接来实现和其他洋区 Inmarsat 移动终端的通信,转接至何种网络不仅取决于船舶地球站操作员的地址设置,还取决于陆地地球站所能提供的服务类型。

公共交换电话网(PSTN,Public Switched Telephone Network)是一种基于铜线的电路交换

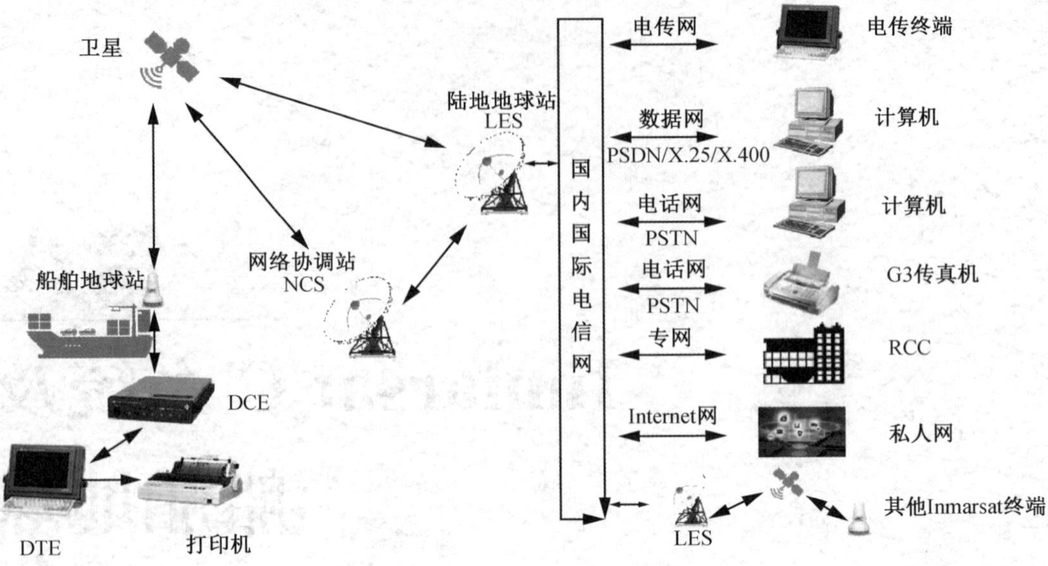

图 8-1-1　Inmarsat C 系统结构图

网络，通过电话线和 Modem 接入，网络建设费用低廉，但数据传输质量不佳，传输速率也不高。分组交换数据网(PSDN，Packet Switched Data Network)是一种以分组为基本数据单元进行数据交换的通信网络，已经成为广域网中的重要传输系统。分组交换是一种在距离相隔较远的工作站点之间进行大容量数据传输的有效方法，它结合线路交换和报文交换的优点，将信息分成较小的分组进行存储、转发，动态分配线路带宽。分组交换数据网使用 X. 25 协议标准，因此也被称为 X. 25 网。PSDN 通过远程的同步 Modem 接入，尽管较 PSTN 而言其具有更高的信道利用率和传输可靠性，但在信息技术高速发展的今天，该系统也越来越难以适应大容量数据高速传输的需求。

X. 400 是电子邮件传输协议的标准，它通过计算机与公用电信网结合，利用存储转发方式完成用户邮件系统之间的信息交换，它是除了邮件传输协议(MTP，Mail Transfer Protocol)、简单邮件传输协议(SMTP，Simple Mail Transfer Protocol)以外的可选方案，在欧洲和加拿大应用较广。终端通常通过 X. 25 或 X. 400 协议标准的陆地地球站实现电子邮件信息传递。G3 传真机传输速率通常有 2. 4 kbit/s、4. 8 kbit/s、9. 6 kbit/s、14. 4 kbit/s 几种，适用于电话网。Inmarsat C 系统的传真业务并非真正意义上的传真，因为该传真只能用于船至岸方向，且在船舶地球站到陆地地球站一段通过电传线路进行传输，陆地地球站再通过陆地电话网发到用户传真机，目前暂不支持岸至船方向传真业务。

二、Inmarsat C 系统的信道

信道是指以传输媒介为基础的信号传输通道，不同信道传递的信息不同，作用也不相同。在 I-3 和 I-4 初期，Inmarsat C 系统采用了 4 种信道，分为 TDM 信道、信令信道、信息信道和站际信令信道，如图 8-1-2 所示。而随着 I-3 使用寿命濒临结束，I-4 接手了相关服务，网关和接续方式也发生了一定变化。

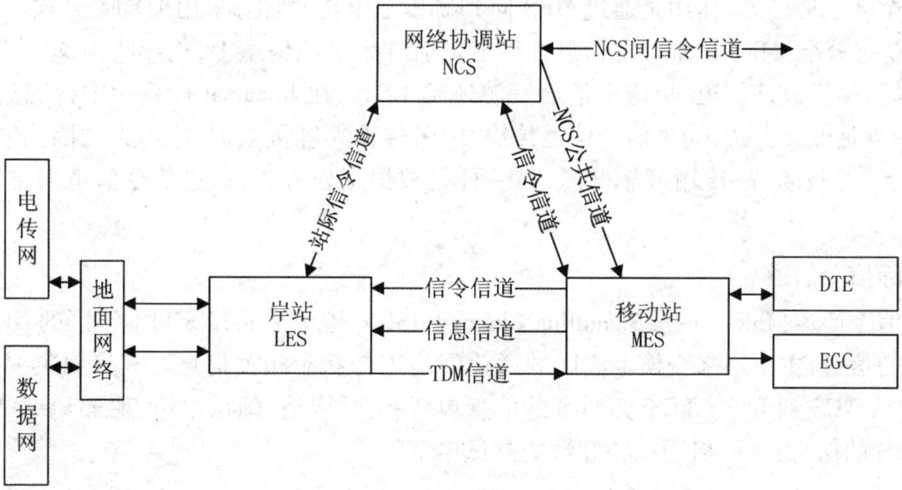

图 8-1-2 Inmarsat C 系统传统信道图

1. TDM 信道

时分多路复用(TDM, Time Division Multiplexing)信道以多路复用技术为基础,为网络协调站 NCS(简称 NCS TDM)和陆地地球站(简称 LES TDM)所采用,方向是从陆地指向船舶地球站。每个洋区的网络协调站和陆地地球站都有自己的 TDM 信道频率,并连续不断地发射,船舶地球站在空闲时会守听 NCS TDM 信道,当船舶地球站建立通信链路后,则开始守听 LES TDM 信道。NCS TDM 信道和 LES TDM 信道有相同的帧结构,都是由三部分组成:独特字 + 布告板 + 数据组。

(1)独特字(UW, Unique Word),也称独特码。在 Inmarsat C 系统中,它的主要作用是实现帧同步,即找出每一帧的开头(或结尾),以便能正确接收后面的信息。

(2)布告板,承担信道资源相关信息的通告任务。网络协调站和陆地地球站布告板的信息有所不同。网络协调站布告板主要播发本洋区的各陆地地球站信息,如陆地地球站总数、识别码、业务状态信息等;陆地地球站布告板主要播发本陆地地球站信令信道频率、时隙状态信息。因此,当 C 船舶地球站空闲时,可以从操作终端显示屏上查看到本洋区工作的陆地地球站及其业务状态信息。

(3)数据组,即要传递的信息。网络协调站和陆地地球站 TDM 信道中的数据组信息不同。发往网络协调站的数据组信息包括:宣布、确认、入网和退网申请、询呼、增强群呼等;而发往陆地地球站的数据组信息包括:宣布响应、逻辑信道分配、认可、数据包等。

2. 信令信道

信令信道(Signaling Channel)主要用于传送短信息,它采用 TDMA 时分多址链接技术,在规定的时隙发送信息,为船舶地球站所采用(即信道方向是船舶地球站至 NCS/LES)。每一个网络协调站和陆地地球站都有自己的信令信道频率,它们的信道帧结构相同,但所传递的数据信息不同。发往网站协调站的数据信息包括:数据报告、遇险报警、入网和退网申请等;发往陆地地球站的数据信息包括:宣布响应、逻辑信道分配申请、认可、数据报告、遇险报警等。

3. 信息信道

信息信道(Message Channel)主要用于船舶地球站传送电传和数据信息,它的方向是从船舶地球站至陆地地球站,作用是通过 MES 向 LES 发送电传、数据,采用 TDMA 方式。该信道由 LES 进行动态分配,MES 识别分配信息并调谐发射频率于该信道上,连续将电文发出,在使用完该信道后,便释放该信道,将这个信道资源还给 LES。在 Inmarsat C 系统中,信息传送有两种方式:一种是电文方式,通过信息信道传输,用于传输大容量数据,这种方式因为有检错、重发、收妥确认等技术,故传输可靠性高;另一种是数据报告方式,通过信令信道来传输小容量数据。

4. 站际信令信道

站际信令信道(Interstation Signalling Channel,ISL),是每一个 LES 和本洋区的 NCS 之间的一条专用的信道,主要用来交换本洋区的通信网络工作状态相关信息。其方向主要是从 LES 到 NCS 和从 NCS 到 LES。LES 至 NCS 的信息包括:询呼申请、确认申请、船舶地球站状态等。NCS 至 LES 的信息包括:启用试验和性能测试申请等。

三、Inmarsat C 新的系统结构

为了配合换星工作,目前 Inmarsat C 系统已经根据计划做了相应业务迁移工作,并采用了新的网络架构。在新的网络架构中,LES 运营商可以共享 Inmarsat 网络协调站(NCS)的卫星通信硬件设施(如天线),同时,LES 提供的 Inmarsat C 服务邮件地址不变,用户用来向终端发送信息或查看消息的界面也保持不变。在新的网络架构中,Inmarsat 的 LES 将可以通过地面网络来远程访问 NCS 上共享的地面接收天线等硬件资源,自身不必架设天线接收卫星下行信号,且当某一 LES 遇到恶劣天气影响信号接入时,可以由其他 LES 自动切换接入,保证通信质量。1 个 NCS 可以为多个 LES 提供基于地面通信网络的数据接入服务,将减少用户总体成本支出,实现分布式网络架构,增强通信网络抗干扰能力。Inmarsat C 新网络具体架构见图 8-1-3,图中 DCN 是指"Data Communication Network"(数据通信网络)的缩写,专门提供网络内部的控制信息。

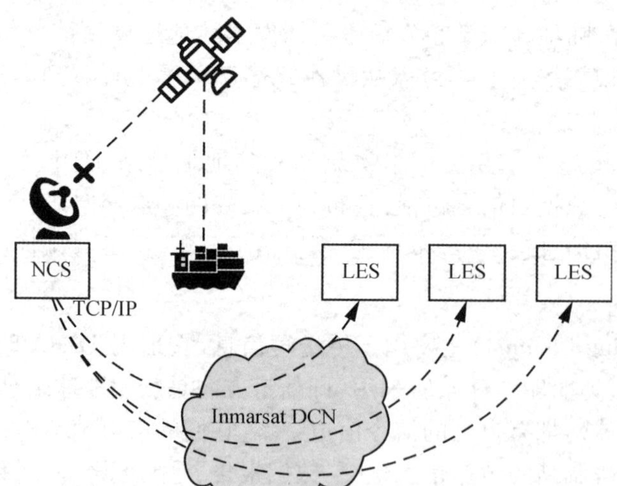

图 8-1-3　Inmarsat C 新网络架构图

四、入网与退网

Inmarsat C 系统收发电文之前，必须选择一个洋区并完成入网登记。有些船舶地球站具有自动入网登记的功能，在船舶地球站开机后便自动调谐至信号最强的 NCS 公共信道上，并自动向该 NCS 发出入网申请。如果 C 站是第一次向 NCS 发出入网登记申请，则需通过船舶地球站性能试验才能入网使用。

入网的方法有自动和手动两种。自动是指 C 船舶地球站开机后，利用其自动扫描功能选择最强信号洋区的网络协调站自动进行洋区入网；手动是指终端操作员根据船位人工选定一个洋区的网络协调站进行入网操作。大多数的船舶地球站终端有自动入网的功能，少数不能自动入网的船舶地球站操作员应注意进行手动入网操作。入网成功后，船舶地球站终端显示器上会以一定的方式表示。

如果 C 船舶地球站在较长一段时间内不使用，在关闭船舶地球站电源前应退出登记。如果船舶地球站在关闭之前没有退网，则 Inmarsat C 系统的数据库仍然保持该船舶地球站为登记状态，当有人给该船舶地球站发送电文时，LES 将因多次投送失败而向原发送者发出无法投递的通知。由于占用了通信网，所以即使电文未被投递，国内或国际电信机构仍将向原发送者收取通信费用。

第二节　系统通信接续过程

为提高信道利用率，Inmarsat C 系统采用双通道 R-ALOHA 方式。信令信道专门供申请预约及发短数据报；而信息信道的工作方式是陆地地球站根据船舶地球站的通信申请，给船舶地球站分配信息信道通信时隙；TDM 信道用于广播、分配及传送报文。为减少遇险报文的突发冲突，Inmarsat C 系统采用了优先等级控制方式。

Inmarsat C 系统通信所采用的技术是储存转发技术，即通信过程在本质上是船舶地球站与陆地地球站存储设备之间的通信。在船舶地球站向陆地用户发送报文时，操作员需要先在船舶地球站终端编辑存储报文。然后，报文被分成若干数据包通过 Inmarsat 卫星发至地面站。当陆地地球站接收到任何存在错误的数据包时，将通知船舶地球站重发这些数据包。这种过程将不断重复，直至地面站收到完整无误的报文。地面站对报文稍做储存，然后通过陆上电信网络将报文投送到目的地用户。由于 Inmarsat C 系统提供的不是实时通信，因而在使用体验上有短暂延迟。船舶地球站到陆地用户或陆地用户到船舶地球站的报文，自报文发送时起到目的地完整无误地收到报文，延迟时间为 3~6 min。船舶地球站到船舶地球站的报文，延迟时间可能会更长一些，为 5~8 min，在繁忙时刻延迟可能会更长一些。

一、船到岸方向通信接续

船舶地球站空闲时守听在 NCS TDM 公共信道上，当船舶地球站通过陆地地球站向用户传递信息时,船舶地球站操作员首先要在终端上进行发射设置,包括选择电文、陆地地球站、优先等级、用户地址等信息,然后启动发射。总体发射程序包括建立信道、传递信息、拆除信道、陆地地球站转发信息以及陆地地球站确认信息等,具体流程见图 8-2-1。

(1)MES 空闲时,在 NCS 的公共 TDM 信道调谐。MES 发送报文时,首先从 NCS TDM 帧的布告板得到所选择的海岸地球站的 TDM 信道(频率)。

(2)MES 接收机调谐到该海岸地球站的 TDM 信道,由海岸地球站的 TDM 信道的布告板得到 MES 使用的信令信道。

(3)MES 发射机调谐到海岸地球站的信令信道,发射分配申请。

(4)海岸地球站接收到 MES 发射的分配申请,在自己的 TDM 信道给 MES 发送信道分配信息。

(5)MES 接收到海岸地球站的信道分配,从中得到 MES 发送报文使用的报文信道和 TDMA 帧的时隙。

(6)海岸地球站给 MES 发射信道分配后,通过 ISL 给 NCS 发送 MES"忙"的数据包;NCS 更新数据库,将该 MES 置于"忙"状态,不允许其他海岸地球站或 MES 与该 MES 进行通信。

(7)MES 在报文信道的分配时隙,将报文以"数据包"的形式发送到海岸地球站。

(8)海岸地球站检查所接收的全部"数据包"。如果有错,海岸地球站则发送一个确认信息,指出有错的"数据包"。

(9)船舶地球站重发这些有错的"数据包",直到海岸地球站无差错地收到所有的"数据包"。

(10)海岸地球站发送清除信道指令,确认报文接收。

(11)MES 清除报文信道,重新调谐到 NCS 的公共 TDM 信道,并保持守听。

(12)同时,海岸地球站给 NCS 发送 MES"空闲"数据包。NCS 接收后,更新数据库,将 MES 重新置于"空闲"状态。

(13)稍做延迟,海岸地球站经过陆上电信网,给目的地用户传送报文。如果报文传送成功,且 MES 有收妥确认的要求,则海岸地球站经由 ISL 给 NCS 发送收妥确认的通知,再由 NCS 在公共 TDM 信道上发送给该 MES。如果由于某种原因,海岸地球站没有成功地传送报文,海岸地球站将经由 ISL 给 NCS 发送无法投递通知(NDN, Non-Delivery Notification),同样,由 NCS 在公共 TDM 信道将 NDN 发送给该 MES。

注意,如果没有选择"确认",一般若转发不成功,则告之"无法投递";若成功,则不告之,可认为电文已投递到对方。

二、岸到船方向通信接续

在陆地用户与目的船舶地球站通信的过程中,呼叫是通过陆地网络路由到相应的地面站。地面站必须确认洋区内所要呼叫船舶地球站的可用性。船舶地球站要通过登录所在的洋区注册信息。这个注册信息会通知给每个地面站,作为拒绝或接受岸上发来的呼叫的依据。图 8-2-2 给出的是陆上用户经陆地地球站把电文发给 MES 的通信流程,其通信过程可分为信道建立、报文传输和信道拆除三部分,这三个部分跟上述的船到岸的通信过程所对应的部分基本相同,只是信道建立部分有些差异。在岸发起的通信过程中,陆地地球站首先要向 NCS 查询

MES 的工作状态:是否启用、是否登录以及忙闲状况。在确认 MES 处于“闲”的情况下,NCS 在公共 TDM 信道发送陆地地球站的要求与它建立通信的信息。

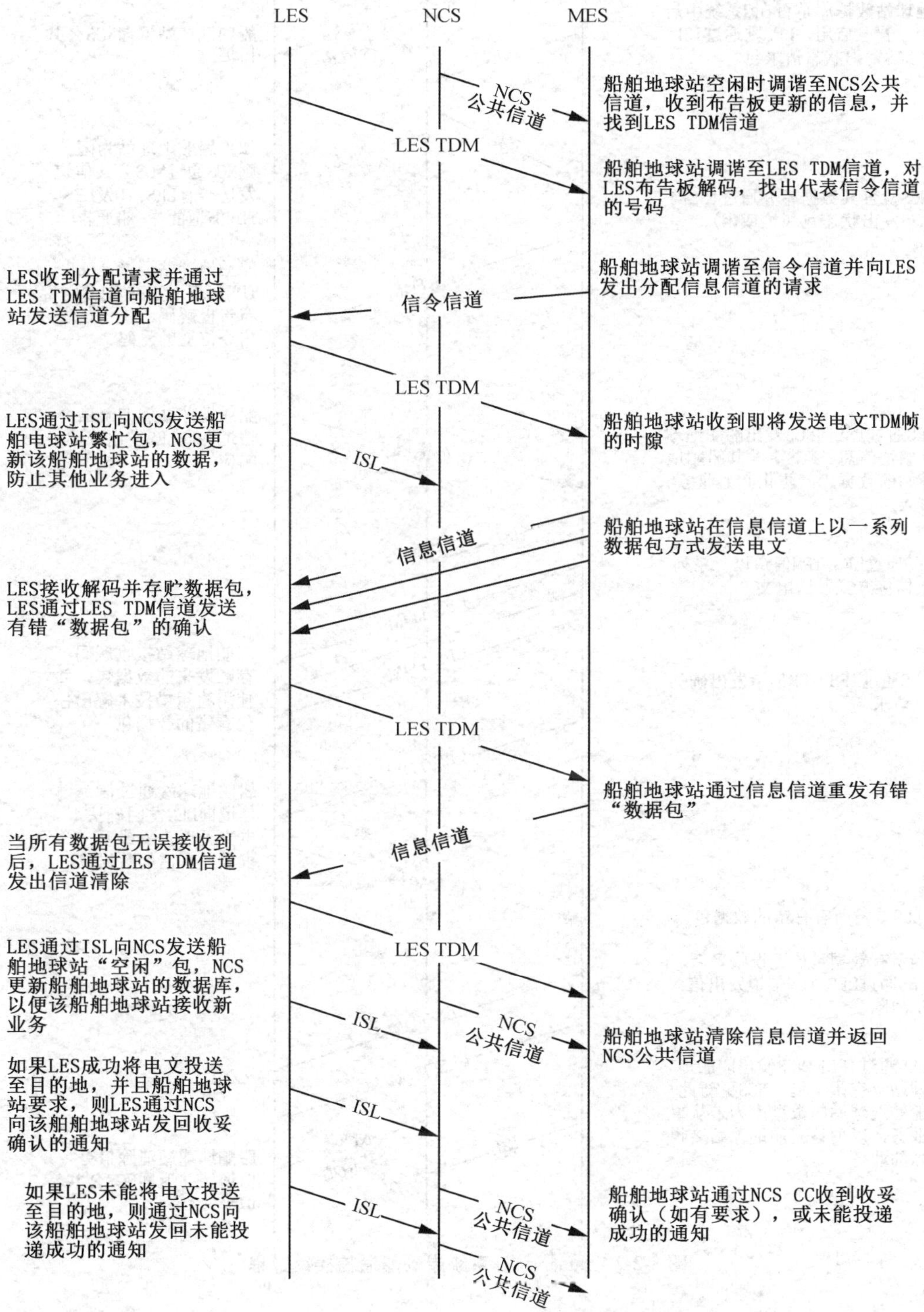

图 8-2-1 Inmarsat C 系统船到岸通信接续过程

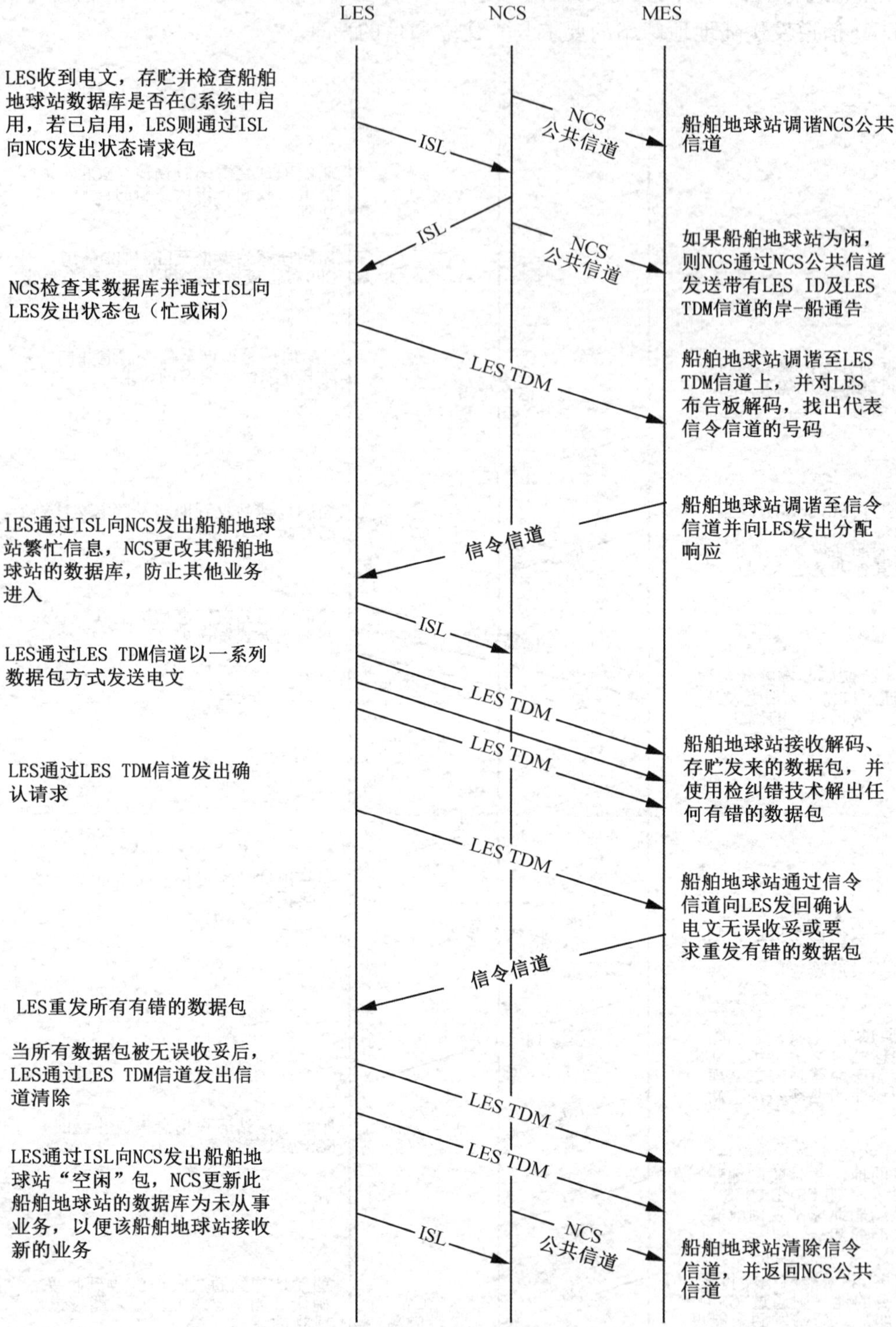

图 8-2-2　Inmarsat C 系统岸到船通信接续过程

第三节 Inmarsat C 系统中的主要通信

在海上卫星通信业务中,Inmarsat C 系统的必备业务包括:单工电传、遇险报警、遇险优先电文通信和 EGC 安全网业务。此外,LES 和 MES 还可根据情况提供其他业务,包括半双工电传、全双工电传、查询业务、数据报告业务、EGC 船队网(FleetNET)业务、数据采集(SCADA)与远距离监控业务和电子邮件业务等。本节主要介绍遇险报警和遇险优先电文通信,其余业务介绍见第十二章和第十四章。

船舶一旦遇险,可启动遇险报警或进行遇险优先等级通信。

一、遇险报警

每一个 Inmarsat C 系统的 LES 通过可靠的电信网连接至附近的搜救协调中心(RCC),RCC 响应从船舶地球站发来的遇险报警或遇险优先电文。每个 RCC 通过国际电信网与世界上其他地区的 RCC 相连接,并且很多 RCC 配有 Inmarsat 终端,能和其他搜救中心和遇险船附近的船舶进行通信,以迅速提供援助。如图 8-3-1 所示,船舶地球站的遇险报警路径有两条,一条是经卫星直接由陆地地球站转 RCC,另一条是经卫星由网络协调站送至陆地地球站再转 RCC。陆地地球站内部有声光报警提示,但其主要是承担转接任务,确保遇险报警信号快速接入 RCC。正常情况下,也就是在操作员选择了注册洋区的某陆地地球站或默认陆地地球站发起遇险报警时,是通过路径(1)到达 RCC 的。但是如果操作员没有选择陆地地球站,或者选择了非注册洋区的陆地地球站,抑或虽然选了陆地地球站,陆地地球站却因故没能收到,或者船舶地球站处于退网状态,或者船舶地球站设置为“EGC Only”状态,则遇险报警将通过路径(2)到达 RCC,此路径时间较长,一般不提倡。当采用路径(1)时,以选择注册洋区覆盖内的最近陆地地球站为好。

C 船舶地球站可采用两种不同的遇险呼叫。一种是快速发射“遇险报警”,即船舶一旦遇险,在情况非常紧急的情况下,操作人员只需按动“遇险报警”发射按钮,即能将遇险报警产生器自动生成的(包括船舶地球站识别码、遇险船位和遇险时间)信息发射出去。另一种是编辑发射“遇险报警”,即在时间允许的条件下,人工设定遇险性质等信息后的发射报警的方式。

二、遇险优先电文通信

遇险优先电文通信是指利用电文编辑操作界面编辑遇险电文,包括遇险情况、需要的救助等较详细的信息(包括取消误报警的电文),然后选择遇险优先等级(DISTRESS)后发送报警。

不论是遇险报警还是遇险优先电文发送,Inmarsat 均给予最高优先等级的信道使用权,LES 和 NCS 配备专门信令信道以处理各类遇险报警及船对岸的遇险电文传递,以最小的时延将遇险呼叫发至 RCC。

Inmarsat C 船舶地球站的遇险操作十分简单快捷,但也极易造成误操作。因此,在使用时

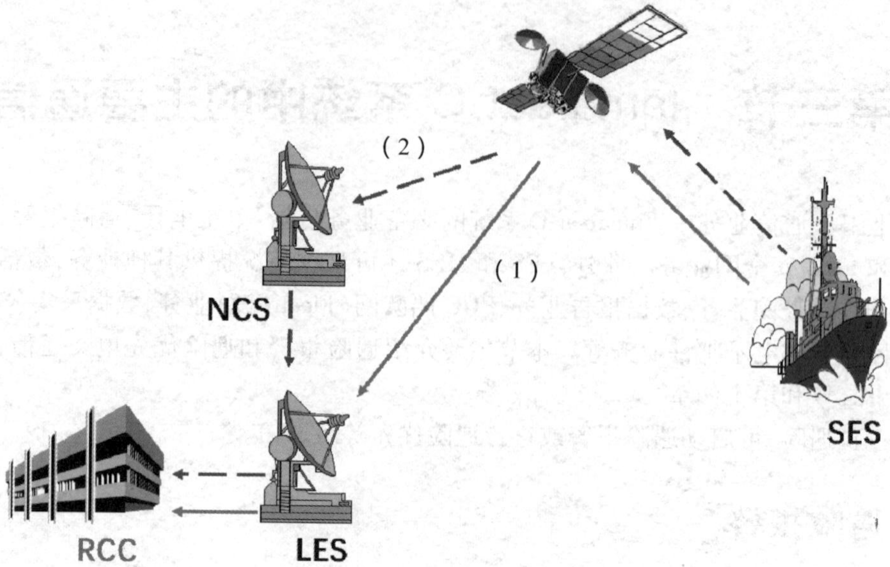

图 8-3-1 Inmarsat C 遇险报警路径图

应了解遇险报警的发射程序及按键的设置,避免误发射遇险报警。一旦发射了误报警,一定不要关机了事,而应向船舶负责人报告情况和等待 RCC 的确认,然后向 RCC 发出取消误报警的电文,并等候 RCC 取消此报警的确认通知。

如果在遇险报警发射后 5 min 内没收到陆地地球站或者 RCC 的收妥通知,则必须重新发射。在 C 船舶地球站没有入网或没做启用试验或"EGC Only"的状态下,也可发射遇险报警,路径为图 8-3-1 所示的(2)。

第四节 船舶地球站组成及终端技术

一、C 船舶地球站的组成

Inmarsat C 船舶地球站一般由天线单元、收发机单元、数据终端、电源单元、附属设备和任选单元组成,各设备按照安装地点可以分为室外安装设备(EME, Externally Mounted Equipment)和室内安装设备(IME, Internally Mounted Equipment),具体如图 8-4-1 所示。

1. 室外安装设备

室外安装设备又称天线射频单元(ARU, Antenna Radio-frequency Unit),该单元主要包括两个中间放大器、功率放大器、低噪声放大器和天线分离滤波器(双工器)等。ARU 负责接收和发射卫星信号。Inmarsat C 船舶地球站天线是全方向性天线,不存在日凌中断现象,双工器包括收、发两个带通滤波器,用于收、发信号隔离,避免相互干扰。室外安装设备可以实现船舶地球站信号的频率转换和信号的收发。

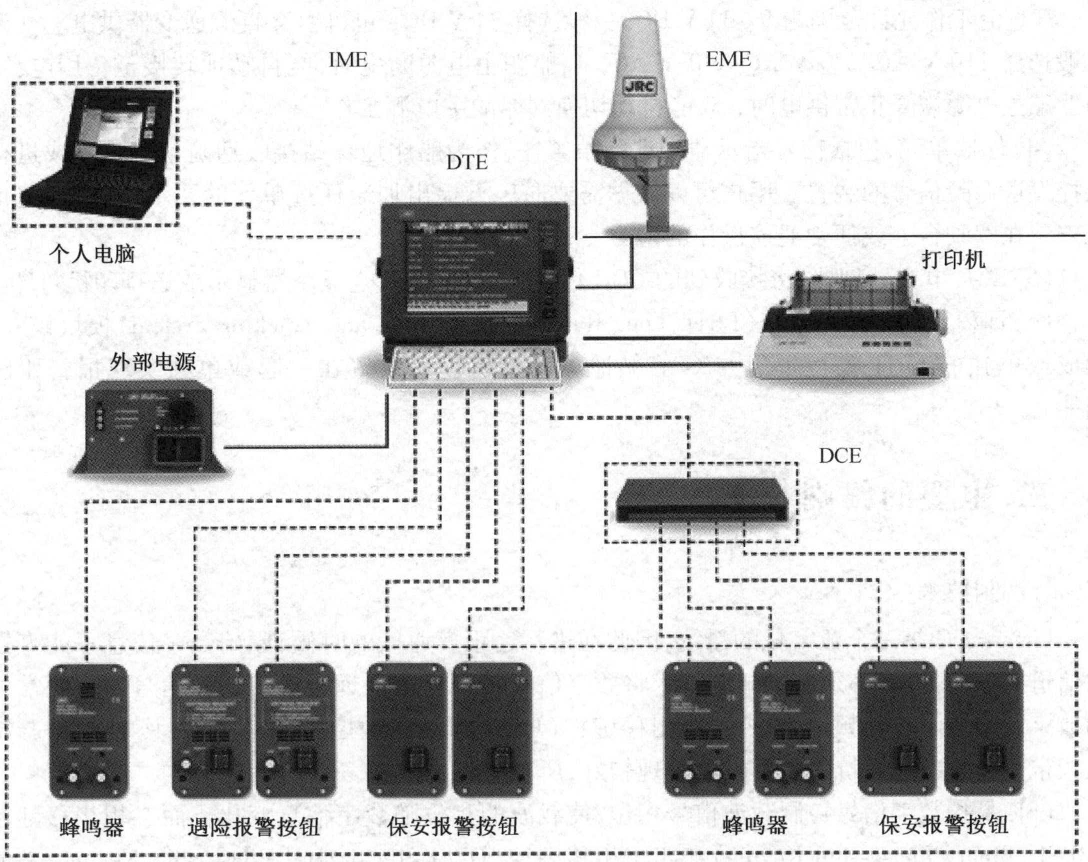

图 8-4-1 Inmarsat C 船舶地球站组成结构图

2. 室内安装设备

室内安装设备包括频率变换器、调制与解调器、频率合成器、编译码器、信令控制和信息处理及相应的接口等单元。频率变换器完成上、下行频率变换,实现中频和 L 波段频率之间的转换;调制与解调器完成频带信号与基带信号的转换,即信息码与 BPSK 信号之间的转换;频率合成器提供船舶地球站所需要的各种稳定的参考频率;信令控制及信息处理属于微机处理单元,包括 CPU、ROM、RAM、EPROM,利用软件实现控制;编译码器、扰码和交织都是数字传输系统中的差错控制技术,目的都是提高数字信号在传输中的抗干扰能力。

室内安装设备按照功能模块可以分为以下几部分:

(1)数据线路终端设备(DCE,Data Circuit-terminating Equipment),又称为电子单元(EU,Electron Unit),是 C 船舶地球站的核心部分,主要由信号处理电路和接口电路组成,其作用是将天线单元接收到的信息和需要发射的信息进行处理和接口信号的转换,然后予以输出。不同厂家对于收、发单元采取不同的方案,有的采用一个专用的独立单元,有的则与终端单元合并在一起。

(2)数据终端设备(DTE,Data Terminal Equipment),是船舶地球站与操作人员及输入/输出设备的接口,包括键盘、数据显示器、打印机等,一般采用 DOS 操作系统,有的是一个独立的终端单元,有的与 EU 单元合并在一起。其作用是完成数据的输入、输出和打印或显示功能。

(3)电源设备,为 C 船舶地球站提供交流和直流电源。C 船舶地球站一般用直流电源工作，其直流工作允许范围为 9~33 V DC，一般选择 24 V DC，也可由交直流逆变器供电。交流一般选择 110 V AC/220 V AC/240 V AC，当船舶主电源断电时，能自动地转接至备用电源，当船舶主电源恢复正常供电时，双能自动切换到船舶主电源工作。

(4)任选单元，包括信号指示器和遇险报警器，作为船舶地球站接收遇险信号指示或进行遥控发送遇险信号的装置。用户可以根据需要向厂方提出加装任选单元的要求，一般任选单元安装在驾驶台上或便于遥控操作的地方。

(5)EGC 电文处理器，将接收到的 EGC 信息加以处理后，送显示器显示或送打印机打印。

(6)远程识别与跟踪系统(LRIT，Long Range Identification and Tracking System)模块设备，集成或单独的 LRIT 模块可以与 C 船舶地球站主机设备放置在一起或单独实现报警跟踪功能。

二、主要的终端技术

1. 调制技术

Inmarsat C 是一个数字化的系统，因此在进行远距离通信的时候，原始数字信息不能直接在信道上进行传输，必须通过调制技术将数字信息转换为适合远距离传输的信号。一般常见的数字调制技术有移频键控(FSK)、相移键控(PSK)和振幅键控(ASK)三种，其中 PSK 调制在频带应用、抗衰落、抗噪声等方面表现较好，所以应用最广。

PSK 是指数字信号控制载波信号相位，使载波的相位随数字信息变化。而二相相移键控(BPSK，Binary Phase-shift Keying)和四相相移键控(QPSK，quadrature Phase-shift Keying)是最基本的调制方法。因此，在 Inmarsat 系统中，信令信道、电传信道多采用 BPSK 调制方法，SCPC 信道多采用 OQPSK(Offset-quadrature Phase-shift Keying，即偏移四相相移键控或偏移正交相移键控)。

2. 传输技术

在数字通信中，为了正确传输或者接收信息，收、发双方必须保持同步，数字通信系统要实现多种同步功能才能完成正确的数据通信任务。同步是指数据在通信介质上传输时，发送方发送数据的起止时间和速率与接收方接收数据的时间和速率必须一致。其技术目标是实现不同地域收、发双方的同步通信互联，实现一致的信息数据交换。因此，通信系统是否能够完全实现数据的同步交换成为衡量通信质量的重要因素，如果通信系统没有实现同步，将会导致系统的瘫痪，影响通信的效果。

通信系统中的同步又可分为载波同步、位同步、帧同步等。接收端在采用解调器解调时，需要提供一个与发端调制载波同频同相的波，而获取这个载波的过程就叫作载波同步，也叫作载波提取。载波同步有两种方法，一种是插入辅助同步信息，即在时域或频域插入同步信号；另一种是直接从接收信号中提取同步信息：多次方变换+锁相环。

位同步是数字信号码元时间对齐的过程，是在数字传输中，从信息码流中提取时钟信号，并借助于时钟信号来识别信息码元的定时提取过程。在同步传输中，发送方按固定的时钟节拍发送数据信号，数据的每一位与时钟信号一一对应，接收方要从接收的数据正确区分出每一位，即实现位同步。

帧同步是指找出每一帧开头或结尾的过程。在数字通信系统中,信息流由最基本的“字”和“句”组成。对于时分多路信号,要想在接收端能够正确分辨各路信号,发送端首先应该在信息流的头部或尾部加入一些特殊的代码进行区分标记,以便接收方能够正确分辨信息,我们称在接收端获取并分辨这些信息流的过程为帧同步或群同步。帧同步是为了发现一个帧的到来或上一个帧的结束,或者说是找到一个帧的开头和结尾,用于将不同的帧分开。

3. 差错控制

数字信号在传输过程中由于线路热噪声的影响、信号的衰减及外界干扰等,会造成发送的数据和接收的数据不一致而出现差错。所以,在数字通信系统中必须采取差错控制措施,以保证数据传输的正确性。常用的差错控制方式主要有:检错重发(ARQ,Automatic Retransmission Request)、前向纠错(FEC,Forward Error Correction)和混合纠错(HEC,Hybrid Error Correction)。

在通信过程中产生的差错是由随机干扰和突发干扰共同作用引起的,因此,卫星通信中采用的差错控制技术主要考虑抵消这两种干扰。最常用的差错控制措施是采取差错控制编码、扰码技术和交织技术。

(1)差错控制编码

差错控制编码是指发送端在信息发送前在信息码元中按规则加入监督码元,接收端收到信息后根据规则识别并利用监督码元检错或纠错。具体做法就是,在发送端被传输的信码序列上附加一些监督码元,与信息码元以某种确定的规则相互关联(约束)。接收端按照既定的规则检验信息码元与监督码元之间的关系,一旦传输过程中发生差错,就可以发现错误乃至纠正错误。差错控制编码的目的是纠正随机错误,即抗随机干扰。所以,差错控制编码也称纠错编码。

纠错编码的方法有很多,若按码制结构来分,可分为分组码和卷积码两类。分组码和卷积码都属于前向纠错(FEC)技术。分组码和卷积码都是在信息码元中插入多余码元来达到纠错目的。Inmarsat 系统中的差错控制编码大多采用卷积码。卷积码是指将连续的信息序列映射到连续的编码输出序列中,或者说编码器输出是输入信息序列与系统响应的卷积。

(2)扰码技术

进行基带信号传输的缺点是其频谱会因数据出现连“1”和连“0”而包含大的低频成分,不适应信道的传输特性,也不利于从中提取时钟信息。解决办法之一是采用扰码技术,使信号受到随机化处理,变为伪随机序列,又称为“数据随机化”或“能量扩散”处理。扰码虽然“扰乱”了数字信息的原有形式,但这种“扰乱”是有规律的,因此也是可以消除的。在接收端消除这种“扰乱”的过程称为解扰。扰码不但能改善位定时的恢复质量,还可以使信号频谱平滑,使帧同步、自适应同步和自适应时域均衡等系统的性能得到改善。

(3)交织技术

交织技术对已编码的信号按一定规则重新排列,解交织后突发性错误在时间上被分散,使其类似于独立发生的随机错误,从而前向纠错编码可以有效纠错,前向纠错码加交织的作用可以理解为扩展了前向纠错的可抗长度字节。纠错能力强的编码一般要求的交织深度相对较浅,纠错能力弱的则要求更深的交织深度。扰码虽然“扰乱”了原有数据的本来规律,但因为是人为的“扰乱”,因此在接收端很容易去加扰,恢复成原数据流。交织技术的目的是纠正突发错误,即抗突发干扰。

第五节　EGC 系统及 EGC 接收设备

EGC(Enhanced Group Call,增强群呼系统),是 Inmarsat C 系统的一个组成部分,其 SafetyNET(即安全网业务)是海上安全信息播发系统的重要组成部分,主要承担 A3 海区的海上安全信息播发任务。此外,A1、A2 海区主要依靠 NAVTEX 系统,A4 海区则由 HF-NBDP 来承担海上安全信息服务。

一、EGC 系统组成

EGC 系统的主体组成结构同 Inmarsat C 系统,并在此基础上增加信息提供部门和专用(或合并)接收设备,也就是由信息提供部门、Inmarsat C 系统和 EGC 接收设备三个部分组成,具体见图 8-5-1。EGC 信息提供部门分为 SafetyNET 信息提供部门和 FleetNET 信息提供部门。为确保 SafetyNET 信息的可靠性和准确性,SafetyNET 信息提供部门须经过 IMO 和 Inmarsat 批准注册,取得 SafetyNET 业务的播发资格。这些信息必须先经过有关管理机构协调后再通过安全网发送。注册的信息提供部门可以是提供航行警告和电子海图更新信息的国家航道测量部门,也可以是提供气象警告和气象预报的国家气象部门,或者是提供岸至船遇险报警和其他有关紧急信息的搜救协调中心及提供冰况报告的国际冰况监测部门等。

FleetNET 船队通信网业务属于商业业务,其信息为一般的公众信息和船务管理调度等方面的信息。信息提供部门主要是政府机构、商业新闻发布机构、船舶运输公司等。这些经有关机构核准的信息提供部门应先在提供船队通信网业务的地面站登记以取得资格,然后就可使用船队通信网业务为一些选定的船舶地球站播发各种信息。船舶地球站必须在信息提供部门进行登记并被登录到船队通信网的闭路网络(Closed Net)才能使用该业务。

EGC 信息的播发主要依靠 Inmarsat C 系统进行,由 LES、NCS 和卫星组成 EGC 信息传输通道。EGC 接收设备的主要作用是接收和处理信息。由于 EGC 系统是利用 Inmarsat C 系统作为传输通道,所以要求 EGC 接收设备工作在 Inmarsat C 系统的公共 TDM 信道上。

此外,SafetyNET Ⅱ(第二代安全网业务)是对当前 SafetyNET 系统的一个增强和补充。SafetyNET Ⅱ提供了一个交互式 Web 门户或为应用程序信息提供者创建其 MSI 的编程接口(API)消息并通过 EGC 系统传送的方式。相关介绍见第十四章第五节和第十七章第三节部分内容。

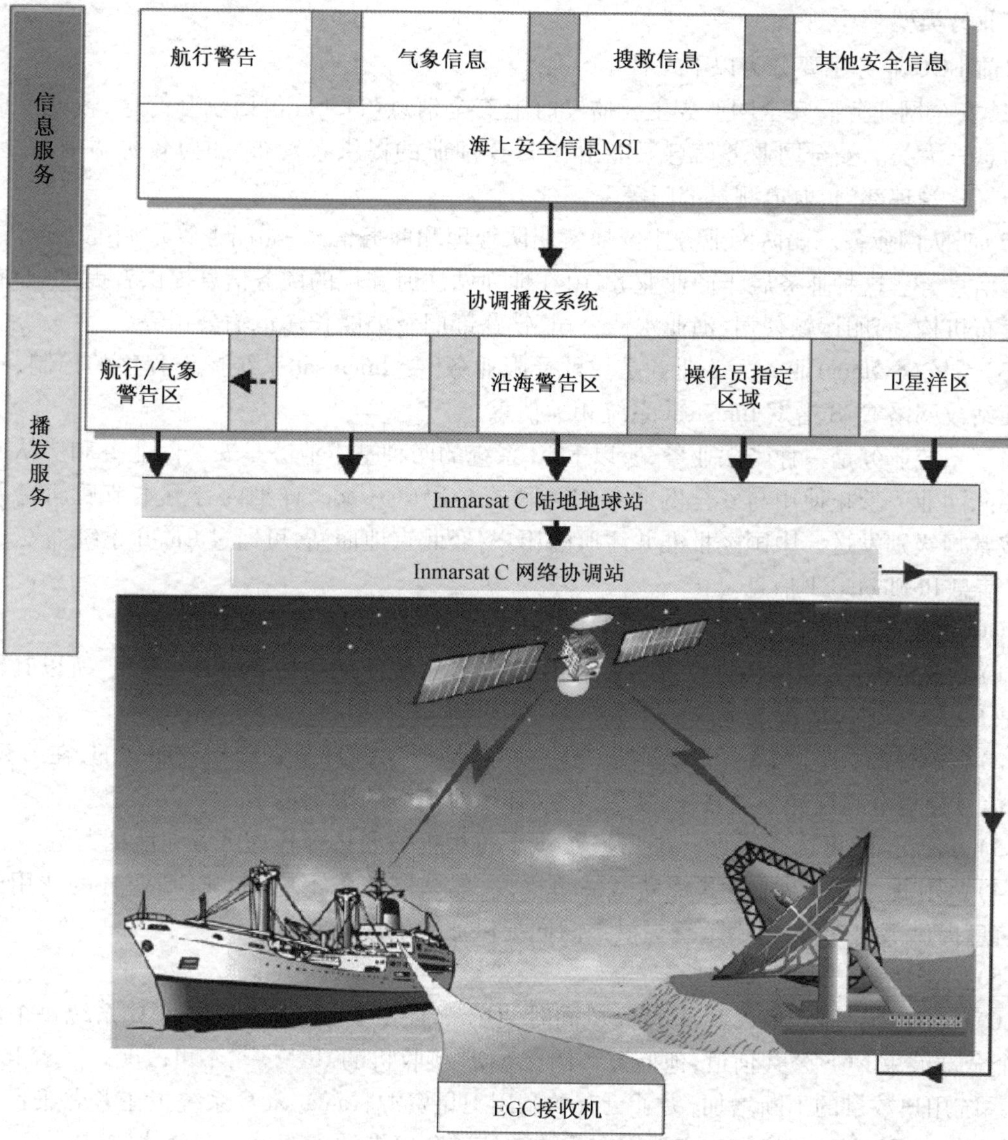

图 8-5-1 现有 EGC 系统结构图

二、EGC 信息的广播

信息广播要求海上安全信息提供者(MSIP，Martime Safety Information Provider)或无线接入网络(RCC，Radio Access Network)将信息通过陆网或卫星网传给陆地地球站，信息在陆地地球站排队(排队次序为岸至船报警、紧急信息、安全信息、常规信息)，而后送 NCS 或 RAN，经卫星在 NCS TDM 公共信道上播发，守听在 NSC 公共信道上的 EGC 接收设备可以接收并处理信息。可见，EGC 信息是通过 NCS TDM 公共信道播发的。在信息传递过程中，为保证 EGC 信息保密接入和正确播发，大多地面站采用“二级选择”接入方式。“二级选择”是指用接入码进入地面站 EGC 业务系统，还可以用 C 码具体选择播发的 EGC 信息及其种类。

1. 业务类型

目前 EGC 业务主要分为以下三种:

(1)安全网业务。安全网业务主要播发海上安全信息(MSI),包括航警信息、救助信息和气象信息三大类。安全网业务信息只能由在 IMO 注册的提供者发布,如搜救协调中心、冰况检测与气象管理部门、航道测量部门等。

(2)船队网业务。船队网业务主要播发船队管理和商务信息,如船务管理调度、航运信息和渔业信息等。这种业务属于商业业务,由在地面站注册登记的商务信息提供者提供,如商业新闻发布机构、船舶运输公司、渔业水产公司、铁路部门及公路长途运输公司等。

(3)系统(System)业务。该业务是一种受限业务,受 Inmarsat 系统操作程序的控制,只用于地面站或网络 NCS 播发 Inmarsat 系统相关信息。

由于系统业务是一种受限业务,所以 EGC 系统的两种基本业务是安全网业务和船队网业务。船队网业务禁止使用与安全网业务相关联的 C 码(C-Code,详细内容见本节后面),并且只能按常规级别发送。中国经批准并注册的用户,经北京地面站,可通过 Cmail 系统播发 SafetyNET 信息和 FleetNET 信息。

EGC 业务有以下特点:

(1)覆盖范围广,除两极外全球覆盖。由于 EGC 系统使用的是 Inmarsat 卫星,所以其覆盖范围是 Inmarsat 卫星的覆盖范围。

(2)可靠性高,不受气候、环境影响。这一特点是与 NAVTEX 系统相较而言的,在 EGC 系统中,信号穿透电离层经卫星转发,所以气候、环境对信号的影响很小。

(3)方便灵活,可选择接收。在 EGC 终端上可根据需要选择地理区域和信息类型。

(4)费用低。安全网业务是免费或减价播发,船队网业务不免费。EGC 业务的费用由用户向信息提供部门支付,再由信息提供部门向提供业务的岸站支付。

(5)保密性强,采用“二级选择”接入。

(6)信道利用率高,多数 EGC 接收机同时使用一个信道。目前,Inmarsat C 系统每个洋区有一个全球波束 NCS 公共信道,他们被存储在 EGC 接收机的 ROM 中,不可改变。随着 Inmarsat C 系统用户数量的不断增加,为了更有效利用卫星资源,Inmarsat C 系统正在考虑兼容卫星点波束工作。届时 NCS 将有一个专用全球波束信道和每点波束至少一个公共信道。

2. EGC 信息的接入

EGC 信息由信息提供者通过地面站在 NSC 公共信道上发布。关于如何保证 EGC 信息保密接入,如何保证信息提供者正确播发,不同的地面站对此有不同的接入方法,但大多采用“二级选择”接入方式。

EGC 信息提供部门向地面站申请并登记后,可分配一个接入码,存储在地面站的 EGC 业务数据库中(例如,进入北京地面站 EGC 业务系统的接入码为“219001”),EGC 信息提供者用该接入码向地面站进行呼叫,便可进入 EGC 业务系统,这就通过了第一级选择。

第二级选择播发的 EGC 信息及其种类是通过 C 码接入来完成的。EGC 业务的 C 码由五部分或六部分组成,即 C0、C1、C2、C3、C4 和 C5,一般 C 码是组合使用的。

C0:可选择的洋区识别码,由 1 位数字构成。如果地面站向多个洋区提供 EGC 业务,则应使用该码。

C1:优先等级码,由 1 位数字构成,对应 4 个优先等级,即常规、安全、紧急和遇险,分别用数字 0、1、2、3 表示。收方收到 EGC 信息时,通常在正文前显示关键字。例如:C1 = 1,则显示“SAFETY”或者“SECURITY”;C1 = 2,则显示“URGENT”或者“PANPAN”;C1 = 3,则显示“DISTRESS”或者“MAYDAY”。

C2:业务代码,由 2 位数字构成。各种 EGC 业务对应有相应的两位数字代码,见表 8-5-1。

C3:地址码,表明电文的作用区域。EGC 的地址码有位数和规则的限定,最多不超过 12 位数字。不同的业务有不同的地址码位数,见表 8-5-1。

C4:播发重复码,指明重复播发的方式,由 2 位数字构成。C4 分为两类,一类是要求有限的重复次数,另一类是要求在指定的间隔内重复,直到信息提供者要求取消为止。

C5:文体显示码,由 2 位数字构成。它决定输出的文字格式,目前只有“00”取值有效,表示输出的文体是“国际五号字母表(IA No. 5)”。

EGC 信息提供者应按“报头+C 码+信息”的格式编制电文,如果送达的地面站工作在一个以上的洋区,还需使用 C0 码辨别电文拟发的洋区。

表 8-5-1 EGC 业务类型与地址码对应表

C2	业务名称	C3 广播区域及编码位数	业务类型
00	General Call	None	System
02	Group Call	CNID 5 位	FleetNET
04	Urgency Message, NAV Warning	矩形区域 12 位	SafetyNET
11	Inmarsat System Message	广播 2 位	System
13	Coastal Warning	编码区域 4 位	SafetyNET
14	Shore to Ship Distress Alert	圆形区域 10 位	SafetyNET
23	EGC System Message	广播 9 位	System
24	Urgency Message, NAV/MET Warning	圆形区域 10 位	SafetyNET
31	MET/NAV Warning or MET Forecast	NAVAREA 2 位	SafetyNET
34	SAR Co-ordination	矩形区域 12 位	SafetyNET
44	SAR Co-ordination	圆形区域	SafetyNET

3. EGC 信息发送的寻址方式

此处寻址是指设置信息的接收地址。在 EGC 系统中通常有四种寻址方式:

(1)普通广播寻址,也叫全呼,用于播发 Inmarsat 系统信息和向所有移动终端的广播呼叫。

(2)CNID 码寻址,也叫群呼,用于向相同 CNID 的移动终端组播发信息。CNID(Closed Network Identity)称为 EGC 闭环网络识别,有时也用 ENID(EGC Closed Network Identity)表示。

(3)个别寻址,也叫单呼,用于向某一个移动终端播发信息。

(4)区域寻址,用于向某区域的所有移动终端播发信息。该区域可以是预先定义的某海域(如 NAVAREA 海区、NAVTEX 海区、WMO 世界气象组织海域),也可以是用经纬度及指定的边界参数表示的海域(如矩形海域、圆形海域)。

在 ECG 业务中,系统业务采用普通广播寻址方式,船队网业务采用 CNID 码寻址和个别寻址方式,安全网业务采用区域寻址方式,详见表 8-5-1。用户要想接收 CNID 码寻址信息,必须先下载 16 bit 的 CNID,CNID 信息中包含地面站和船队网业务供应商的信息。用户要想接收区域寻址信息,必须准确设定其地理位置和选择希望接收信息的航区。船舶位置可以由外部辅助导航设备自动输入,也可以手动输入。一般如果在规定时间没有更新船位,接收机将出现一个视觉提示。

三、EGC 设备类型

EGC 是通过 Inmarsat C 系统来转发信息的,因此通常 EGC 接收设备是与 C 船舶地球站组合在一起的,根据组合的情况,可以将 C 船舶地球站分为 4 类,具体情况如图 8-5-2 所示。

(1)第 0 类船舶地球站,即标准的 EGC 接收机。此类船舶地球站共分为两种,第一种单独作为 EGC 报文接收机使用;第二种作为附加的 EGC 接收机与 Imarsat B、M 站连接,共用相连接的船舶地球站天线。

(2)第 1 类船舶地球站,只能进行船到岸、岸到船的电报/数据通信,但不能接收 EGC 报文。

(3)第 2 类船舶地球站,具有报文、数据收发功能,空闲时可以接收 EGC 信息。

(4)第 3 类船舶地球站,除能完成第 1 类船舶地球站的功能外,由于配备第二套接收机,在进行正常报文交换的同时,可以连续独立地接收 EGC 信息。

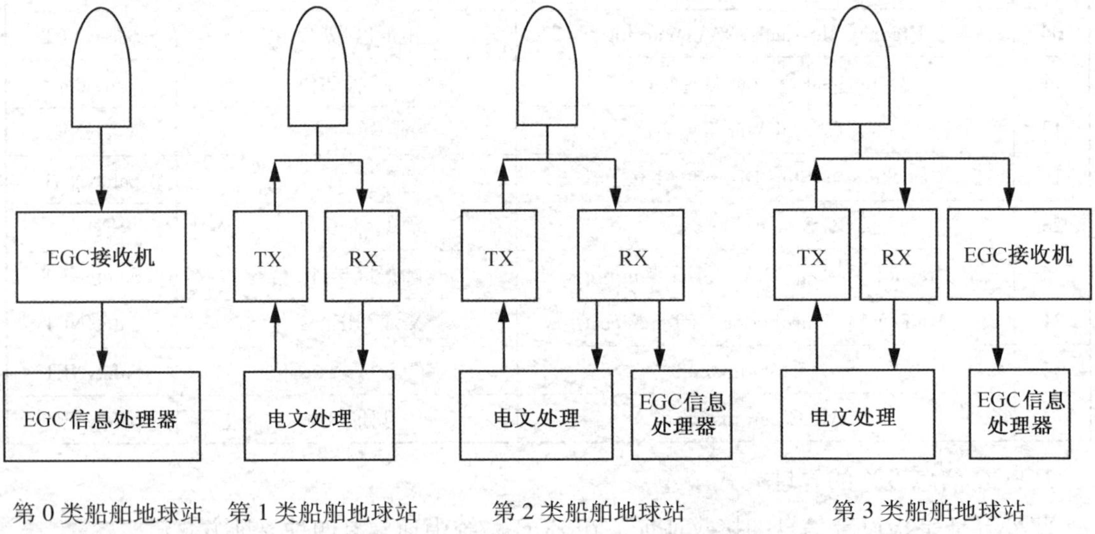

图 8-5-2 Inmarsat C 船舶地球站分类图

在这 4 种船舶地球站中,第 2 类船舶地球站的使用较为广泛,并可通过设置来实现两种工作模式的切换。

1. 合用模式

该模式下船舶地球站在接收陆地地球站电文时,不能接收 EGC 信息,空闲时方能接收。因为当接收机在接收正常的 C 船舶地球站电文时,接收机调谐在陆地地球站的 TDM 信道上,没有调谐到 NCS 公共 TDM 信道上,所以在此期间无法接收 NCS 公共信道发送的 EGC 信息。只有在完成正常通信后,接收机才能自动返回 NCS 公共信道上接收 EGC 信息。

2. EGC 接收模式（EGC Only）

在该模式下，C 船舶地球站在退网状态下工作，因此只能接收 EGC 信息。C 船舶地球站只作为一个 EGC 接收机使用，所以在恢复合用模式之前无法接收标准 C 船舶地球站电文。这种模式一般是为了在某一特定时间确保收到重要的 EGC 信息，避免被其他陆地地球站电文影响而中断。

需要注意的是，第 2 类船舶地球站在 EGC Only 模式下，不能收发常规电文，但可以发送遇险报警；在退网（Log-out）状态下，可以接收 EGC 信息。

四、EGC 接收设备的功能

1. 必备功能

（1）能连续接收 NCS 公共信道信息，能根据 EGC 协议处理信息。

（2）能自动识别出指向固定用户和特定地理区域的信息，同时特定地理区域既可以人工选择，也可以从航行设备自动输入。

（3）当 12 h 没有更新船位时应提供视觉提示，在船位更新后，提示才可取消。

2. 信息处理及报警

（1）EGC 业务信息的接收或拒收可由操作员控制，但航行警告、气象警告、搜救信息和特定地理区域（接收机正位于该区域）的遇险报警应为强制接收。

（2）当 EGC 接收机收到遇险或紧急级别的 SafetyNET 信息时，应该发出特定声音和视觉报警提示。

第六节 Mini C 船舶地球站简介

一、Mini C 船舶地球站介绍

Mini C 是 Inmarsat 于 2002 年为适应不断增长的小型船舶通信的需要，在 Inmarsat C 系统下引入的小型船舶地球站。Mini C 船舶地球站和 C 船舶地球站在系统运用上没有本质区别，它支持所有 C 船舶地球站的业务。Mini C 船舶地球站分为陆用型和海用型，在陆地上广泛地应用在车辆等移动体的定位、跟踪等方面，在水利水文、管道、森林、灾害等监控领域也有广阔的应用前景。在海上，Mini C 船舶地球站被广泛地应用到船舶保安报警系统和船舶远程识别与跟踪系统中，也为非公约船提供数据、电子邮件、电传、船-岸传真、数据报告、查询和紧急状况报警等服务，但目前暂不满足 GMDSS 对设备的配备要求。

Mini C 是将天线、主机和 GPS 接收机高集成组合在一起的小型船舶地球站，是标准 C 船舶地球站的小型化（如图 8-6-1 所示）。与标准 C 船舶地球站相比，Mini C 具有下列特点：

①采用全向性天线，没有伺服和控制单元。

图 8-6-1　Mini C 船舶地球站组成示意图

②重量约为 1 kg。

③耗电极低,发射时为 23 W,接收时为 1.8 W。

④供电范围为 10.5~32.0 V 浮充直流。

⑤具有 RS-232 标准串口与计算机、各种数据终端和外接数据设备连接。

⑥有 5 个可远程控制的输入/输出口,输入状态 100 ms 检测一次,输出可远程控制;配有专用报警按钮输入,报警通过专用的遇险信道实现快速报警的功能。

Mini C 船舶地球站通过软件控制,可实现以下主要功能:

①通信功能:可以完成 C 系统的所有通信功能。

②编程位置报告:能够使用 4 个不同的编程,实现本地或远程设置以及发送位置报告。

③输入/输出口控制:对输入口状态可实现远程监控,通过询呼(Polling)获得输入/输出状态,当输入状态发生变化时,自动发送状态变化信息;可以远程控制输出口,通过询呼设置输出状态,并在状态变化时自动输出。

④人工报告信息:Mini C 船舶地球站可随时通知其所在的最新位置;通过预置短信息,进行位置报告、业务确认和装货通知等。

⑤地理区域目标监控:Mini C 船舶地球站可监控用户关注的敏感区域、发送目标到达/离开区域的位置报告等。此项控制功能在交通、安全区域控制(危险/禁止区域)和渔业等方面得到应用。

⑥速度事件测定:主要应用在高速公路对车辆速度的测定上。在公路上设定限速牌对目标进行监控,提供超速报告或低速报告;速度限制事件可以激活并改变输出口语音报警装置,对车辆行驶限速报警,提醒驾驶员控制车速,注意安全。

二、应用

Mini C 船舶地球站被广泛应用于船舶保安报警系统和船舶远程识别与跟踪系统。

（一）船舶保安报警系统（SSAS）

1. 系统产生的背景

2002 年 12 月，国际海事组织在缔约国政府会议上审议并通过了强制安装船舶保安报警系统（SSAS，Ship Security Alert System）的规定。SSAS 已被纳入《国际海上人命安全公约》（SOLAS 公约）Ⅺ-2 章补充条例即《国际船舶和港口设施保安规则（ISPS）》。SOLAS 公约 Ⅺ-2 章第六条和第 76 届海安会决议 MSC. 136（76）规定，从事国际海域航行的船舶必须安装船舶保安报警系统，自 2004 年 7 月 1 日起生效。船舶保安报警系统能保证船舶在受到威胁或遭受攻击时及时向主管当局指定的相关部门和船舶运营部门发出警报，这是 IMO 继 GMDSS 和 AIS 强制安装规定之后针对船舶航行安全提出的新的要求。IMO 关于强制安装船舶保安报警系统的规定适用于各类从事国际海域航行的船舶、石油钻井平台和其他海上固定或移动设施。考虑到 SSAS 的安全性和隐蔽性，SOLAS 公约和 MSC 海安会并不要求对 SSAS 进行型式认证，但需通过船籍国主管当局依据 SOLAS、MSC76、IEC645 等规范对 SSAS 进行的装船检验。

2. 系统的组成

船舶保安报警系统是基于 Inmarsat 系统开发的，并且需通过 Inmarsat CN137 协议的验证，这意味着任何船舶保安报警系统发送的报警和 GMDSS 发送的遇险报警享有相同的遇险等级。SSAS 报警启动后，即通过 Inmarsat 卫星，经地面站自动向主管当局指定的相关部门发送警报。警报信息包括公司名、船舶标识、船位及船舶受到攻击等。系统将持续发送船舶保安警报信息，直到关闭或重新设置警报系统，并且不向任何其他船舶发送船舶保安警报，也不会由此启动船上任何其他警报。SSAS 系统的原理和组成如图 8-6-2 所示。

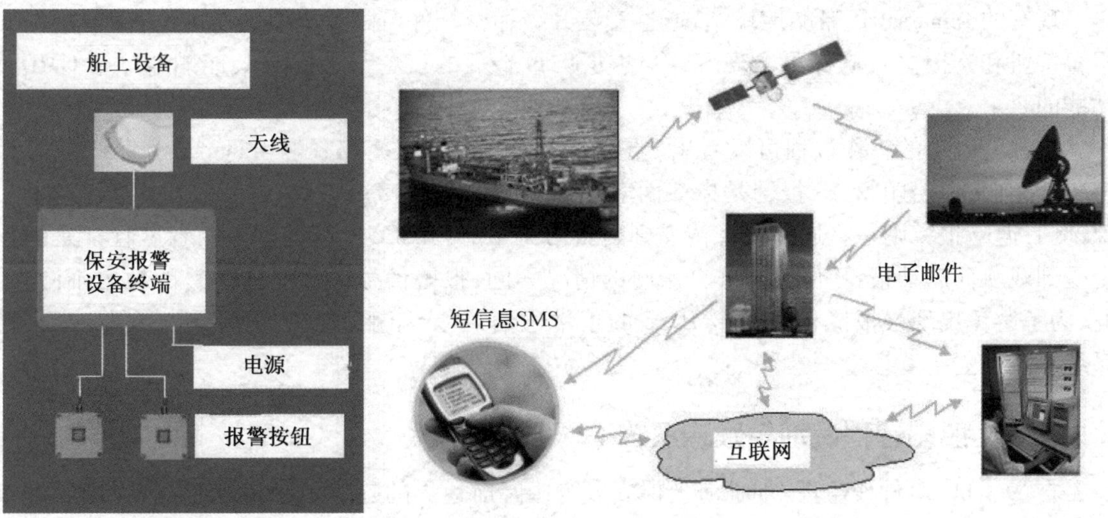

图 8-6-2 SSAS 系统原理和组成

3. 船舶保安报警设备

船舶保安报警系统的核心设备为 Inmarsat C 与 Mini C 船舶地球站。目前，船上保安警报设备安装的解决方案如下：A3 海区，已安装 C 船舶地球站的船舶，在 C 船舶地球站增加相应的应用软件和一些接口，实现 SSAS 的功能，但是国际海事组织不提倡这种方式，而是要求船船安装专用的保安报警设备。A3 以内海区,在没有安装 C 船舶地球站的情况下,用船舶 D 站和相应装置,可实现 SSAS 的功能;安装专用的 SSAS 设备。

对地面安全监控中心,根据 SOLAS 公约的要求,由主管当局授权设立专门负责接收处理船舶保安报警信息的部门。

(1)船舶保安报警设备的工作要求

- 安装独立、简便,不会与船舶现有设备的安装发生冲突;
- 设备成本低,外形小巧,便于隐蔽;
- 警报触发后系统处于自动发射状态,不增加船员的工作量;
- 自带备份应急电池,在船电中断后仍可发送报警信息;
- 满足 IMO 至少两个报警按钮的要求,同时 SSAS 主机可提供多路的报警按钮接口或其他信号接口;
- 具有"测试"和"运行"两种工作模式,便于检测和平时训练。

(2)船舶保安报警设备构成

图 8-6-3 所示为船舶保安报警设备的组成,它是基于 Inmarsat C 系统的 Mini C 终端设备研制的船舶保安报警系统,使用简单,当发生紧急情况时,只需按下报警按钮,即可将报警信息发送至事先设置的地址。其设备小巧,安装隐蔽。一般标准的海上保安警报系统可提供 20 m 连接电缆和连接盒,须有两个报警按钮和一个测试按钮,可以把它们安装在所提供的 50 m 连接线范围内的任何地方;可以在任何时候调用船位,也可以设置为定时报告。

紧急状况下提供报警功能,SSAS 可自动将报警信息以 E-mail 或 SMS 形式发送至用户指定的信箱,同时在船队在线监控(FVO,Fleet View Online)界面上明显标注报警船舶的位置,并增加报警船舶的船位报告频率。

现有的 Inmarsat C 船舶地球站,通过安装升级加密软件及配备必要的专用设备(专用保安报警按钮和连接盒),同样可实现 SSAS 的功能,改造后的设备不会影响 C 船舶地球站 GMDSS 功能的要求。

从报警系统的工作过程可以看出,船舶保安报警系统报警路径和 Inmarsat C 系统遇险报警十分相似,但船舶 SSAS 报警是指在面对恐怖行为或海盗威胁的情况下发送报警到国家安保部门;遇险报警则是将遇险信息传递到搜救协调中心(RCC)进行处理。两者尽管都是因安全受到威胁而启动报警,但面对安全威胁的情况不同,报警信号的最终送达目的地也不同,因此,为了避免出现误报警和干扰 GMDSS 的正常通信,要求船舶保安报警系统与 GMDSS 报警系统相互独立。

(二)船舶远程识别与跟踪系统(LRIT)

自"9·11"事件发生后,加强海上保安成为国际航运界的趋势。2006 年 5 月,在国际海事组织(IMO)海上安全委员会(MSC)第 81 次会议上通过了 1974 年 SOLAS 公约修正案,增加了强制实施船舶远程识别与跟踪系统的相关内容。该修正案已于 2008 年 12 月 31 日开始实施。船舶远程识别与跟踪系统(LRIT)是一个全球性的船舶动态管理系统。海上船舶可通过无线通信网在规定的时间间隔内自动发射船舶识别跟踪信息(如船舶 ID、船位、日期和时间)至陆地数据中心,相关信息可用于反恐环保、搜救和航行安全监管等领域。

按照《国际海上人命安全公约》(SOLAS 公约)第 V 章的规定,对于所有航行于国际航线

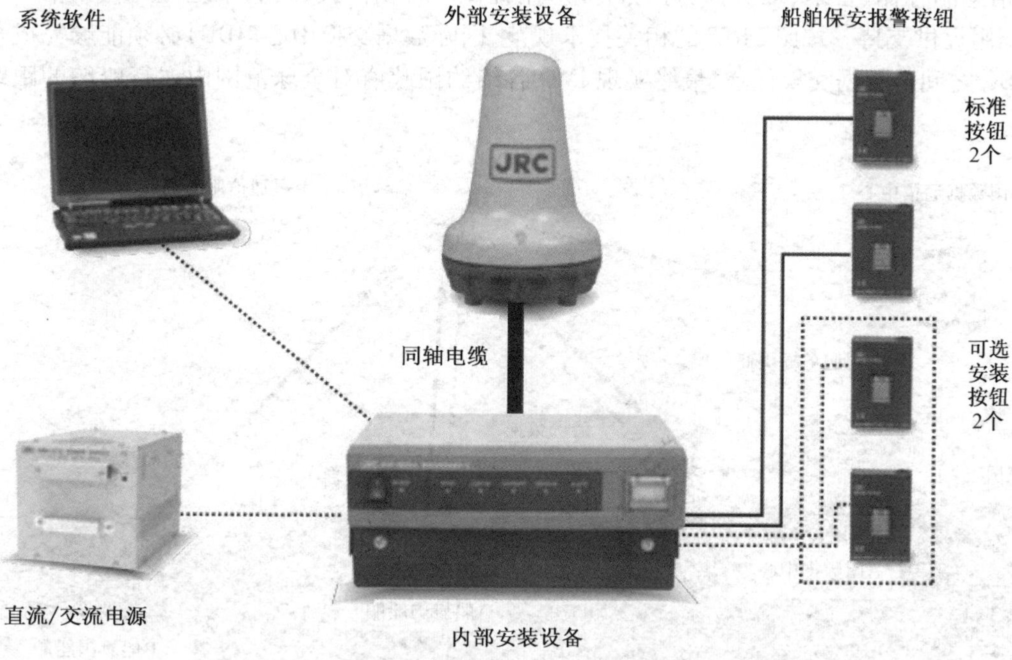

图 8-6-3 船舶保安报警设备组成

300 总吨及以上的货船和所有客船(包括高速艇)海上移动平台,均应在 2008 年 12 月 31 之前安装 LRIT 系统设备,同时对加入 LRIT 系统的船载设备进行符合性测试。但对于航行在 A1 海区的船舶,若已安装有船舶自动识别系统(AIS,Automatic Identification System),则可以免于安装。

SOLAS 公约对 LRIT 系统的功能要求如下:

(1)船载 LRIT 设备能够在无人干预的情况下每隔 6 h 自动发送信息。信息内容包括:船舶 ID、船位和与船位信息相对应的日期和时间。

(2)可以在陆地远程控制船载 LRIT 设备的发射时间间隔,时间间隔可控制在 15 min~6 h 向数据中心发送 LRIT 信息。

(3)可通过询呼功能启动船载 LRIT 设备发送位置信息。

(4)LRIT 设备可直接与船舶卫星导航系统接口连接或有内置定位功能。

(5)应由船舶主电源和应急电源供电。

充分利用一个已经广泛存在和使用的系统是最经济、最快捷的解决方案,而大部分船舶配有 Inmarsat C 或 Mini C 船舶地球站,因此,下面介绍基于 Inmarsat C 或 Mini C 船舶地球站的 LRIT 系统。

船舶 LRIT 系统基本结构如图 8-6-4 所示。系统主要由 Inmarsat C 或 Mini C 船载设备、Inmarsat 通信服务提供商(CSP)、应用服务提供商(ASP)、数据中心(DC)和国际数据交换中心(IDE)构成。其中,Inmarsat C 或 Mini C 船载设备是 LRIT 系统的终端设备,主要发送 LRIT 信息;通信服务提供商(CSP)是无线网与陆地电信网的连接接口,保证经 Inmarsat 卫星中转的信息接入 LRIT 系统陆地通信网络;应用服务提供商(ASP)主要提供 CSP 和数据中心(DC)之间的传输通道,同时监控和管理通道,确保 LRIT 信息安全、可靠地传送;数据中心(DC)主要承担

LRIT 信息的存储、管理、维护，同时为行业应用提供多种访问接口，为本地或远程数据应用功能的调用提供支持。按照 LRIT 的相关技术规范，国际数据交换中心(IDE)必须能够完成全球每个 DC 之间的数据交换任务，最终实现 IMO 各缔约国政府对全球范围内航行船舶的跟踪和识别。

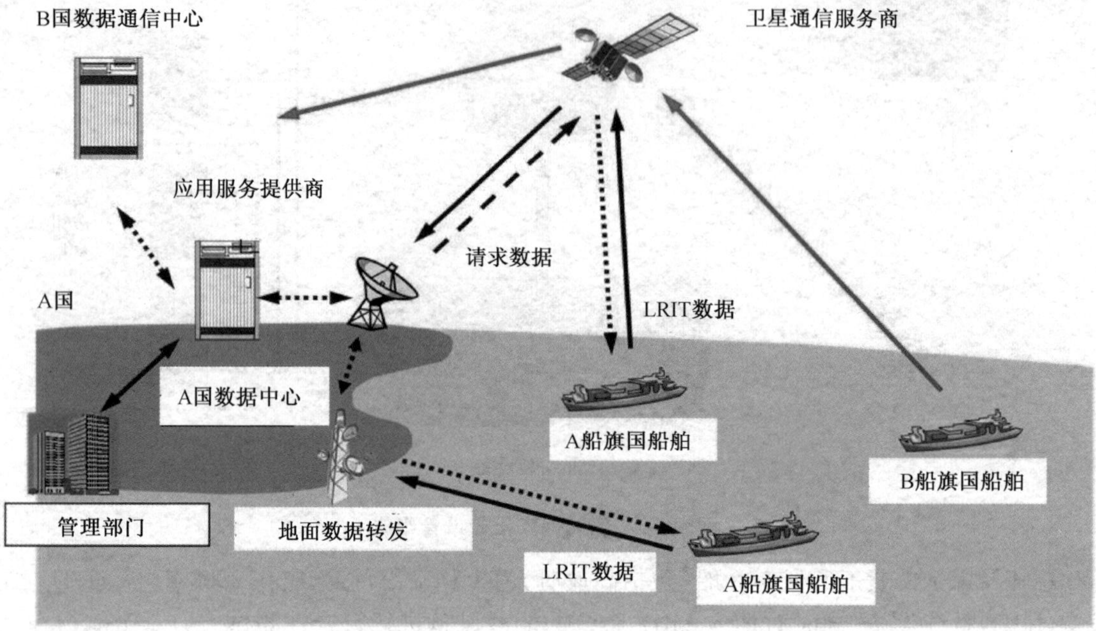

图 8-6-4 LRIT 系统结构图

为了保证系统的正常运行，加入 LRIT 系统的船载设备需进行符合性测试。根据 MSC. 1/Circ. 1257 文件的规定，符合性测试必须由船舶主管当局授权的应用服务提供商(ASP)或认可的测试应用服务提供商进行，并在测试通过后应用服务提供商代表船舶主管当局给船舶颁发 LRIT 符合性测试报告。

第九章

Inmarsat F系统及其船舶地球站

第一节　Inmarsat F 系统的结构和信道

为了满足在高速数据通信下既经济又安全的海事通信业务的要求，Inmarsat 开发了一系列独特的新服务，该系列产品提供全面集成的卫星通信服务，涵盖语音和数据应用。其中，Inmarsat F 系列包括 F77、F55、F33，是 2002 年以后 Inmarsat 贡献给海事领域的新产品，其后面的数字代表天线直径的尺寸，比如 F77 表示天线直径约为 77 cm。为适应和满足海上遇险安全救助通信的需要，F77 终端是移动多媒体在海事领域的延伸。其功能十分强大，具有以下特点：

（1）F77 设置了 4 个通信级别：遇险、紧急、安全、常规，而且容许双向高级别的通信呼叫。

（2）F77 可以工作在全球波束和点波束。

（3）可选的差分全球定位系统（DGPS）服务增强了 GPS 的定位功能。

（4）岸站、船舶地球站的 EIRP 可以动态调整。

（5）岸站、船舶地球站的接收和发射频率不成对。

（6）子带信令信道控制与 ISDN 网完全兼容。

（7）优先权抢占控制。优先权抢占是指在信道繁忙的情况下，系统依据高一级优先级别通信比低一级优先级别通信有信道使用优先权的原则实施信道分配和使用。

根据 IMO 对 GMDSS 的新要求，Inmarsat F 系统增加了网络协调站优先控制功能，对船舶地球站、岸站的控制功能也相应地做了改进，以实现船至岸、岸至船两个方向分层优先权抢占功能。分层优先权抢占功能是指在不同业务种类的情况下，高于常规的话音优先于数据（数据业务被看作常规等级）；在话音业务下，遇险高于紧急，紧急高于安全，安全高于常规；在统一呼叫等级情况下，船舶地球站发起的呼叫高于岸发起的呼叫。

F55 和 F33 是适用中小船舶的通信系统，与 F77 相比价格更低，但不具备遇险通信功能。Inmarsat F 系统三种产品的性能比较见表 9-1-1。

表 9-1-1　F77、F55、F33 性能比较

业务种类	F77	F55	F33
覆盖范围	全球覆盖	全球波束话音,点波束数据和传真业务	全球波束话音,点波束数据和传真业务
话音	全球范围的数字话音(4.8 kbit/s)	全球范围的数字话音(4.8 kbit/s)	全球范围的数字话音(4.8 kbit/s)
数据传输(线路接入)	64K ISDN(欧洲标准)	64K ISDN(欧洲标准)	2003 年上半年推出 9.6K 数据变量选择业务
数据传输(打包方式)	标准的 MPDS	标准的 MPDS	2003 年上半年推出 MPDS 数据变量选择业务
传真	2.4K(可选业务)、9.6K(可选业务)、64K G4 传真	9.6K(可选业务)、64K G4 传真	只有 9.6K 传真
GMDSS(遇险安全)	符合 IMO A888(21)决议要求的话音业务	无遇险安全呼叫功能	无遇险安全呼叫功能
天线尺寸	直径为 75~90 cm	直径为 50~60 cm	直径为 30~40 cm

一、Inmarsat F 系统的组成

Inmarsat F 系统同 Inmarsat 其他系统一样,由 Inmarsat 静止轨道卫星、网络控制中心(NOC)、NCS、LES 和 MES 组成。Inmarsat F 系统利用 Inmarsat 静止卫星全球覆盖范围的四个洋区,每个区域构成一个单独的网络。Inmarsat F 系统在 Inmarsat 卫星的全球波束覆盖范围内运行,可以充分利用覆盖范围内的点波束增强功率。Inmarsat F 系统由船舶地球站通过卫星和地面站经 PSTN、ISDN、Internet 和 VPN 等通信网络协议与陆地用户的计算机、局域网、传真、电话进行信息的传递。Inmarsat F 系统具体组成如图 9-1-1 所示。

Inmarsat F 系统在每一洋区都有一个网络协调站(NCS)管理并协调该区域的通信业务。NCS 为船舶地球站(MES)分配可用的通信信道。Inmarsat F 系统中四个洋区的岸站(LES/CES)见表 7-1-3。

二、Inmarsat F 系统的功能

Inmarsat F 系统设备通信接口丰富,符合国际规范。Inmarsat F 系统为全球区域网络提供服务,可进行普通语音通信、高质量语音通信、传真(G4)、高速数据传输、ISDN 与 MPDS 业务,实现通信网络互连互通。Inmarsat F 系统可以提供增强型海用全球区域网络,使用增强型新一代信令系统,确保兼容 Inmarsat 第四代卫星以及新型呼叫优先级划分计划,优化遇险呼叫处理功能。除此之外,它使用更先进的 EIRP 控制和点波束选择,在海事环境下实现更高的通信安全性和效率。

Inmarsat F 系统采用先进的船、岸地球站 EIRP 的控制技术,用最小的功率达到最好的通信效果,减少电波干扰,降低卫星功率。船、岸站根据通信业务、转发卫星和船站天线仰角,自动设置初始发射功率。在通信过程中船站还不间断地自动检测发射功率,一旦收到岸站的指

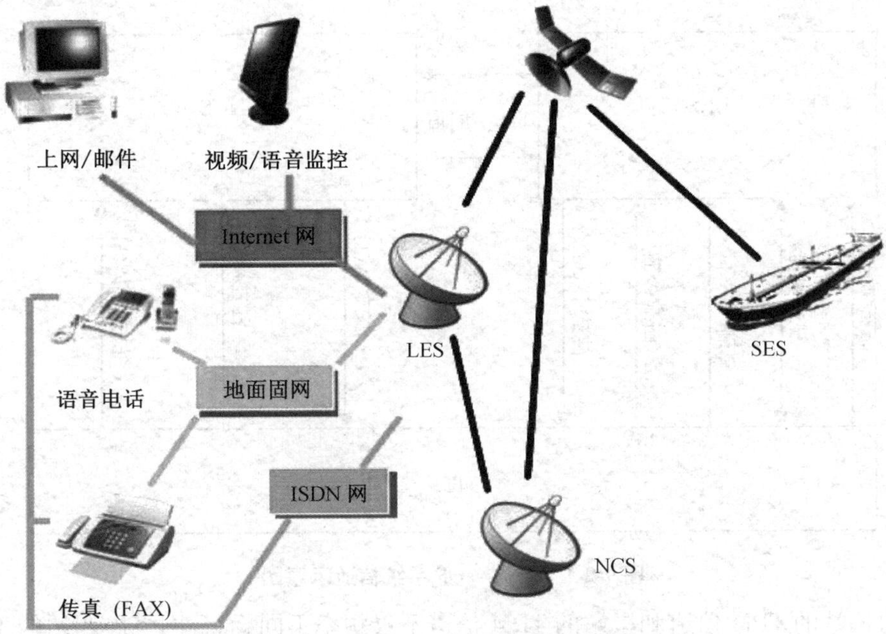

图 9-1-1 Inmarsat F 船舶地球站组成结构图

令会自动报告,并根据岸站的"功率调整"指令及时进行调整。同时,Inmarsat F 系统充分利用点波束技术,大幅度提高了卫星频谱的利用率。

此外,F77 船站还提供多种不同数量的通信接口,既可和高速数据终端设备相连接,又可和中、低速数据终端相连接;既可与数字设备相连接,又可与模拟设备相连接,从而提供多种通信业务,故被广泛用于 Intranet/Internet 接入、船舶管理、电子海图更新、DGPS 修正、气象导航、远程服务和电子商务等各种不同的领域,详见本章第六节。

第二节 系统接续控制

Inmarsat F 系统出现得相对较晚,因此在点波束控制、功率控制、优先权控制等方面采用了更先进的技术和方法,现仅就系统信道、控制原理等进行简单介绍。

一、系统信道

Inmarsat F 系统分为时分多路复用(TDM)信道、信令信道、时分多址接续(TDMA)信道、数据信道和话音信道五种类型,如图 9-2-1 所示。

1. TDM 信道

TDM 信道分为网络协调站 TDM 信道和岸站 TDM 信道。网络协调站 TDM 信道包括:公共信道、分配信道、点波束信道、洋区注册确认信道和网络协调站至岸站的站际信道等;岸站的 TDM 信道包括:分配信道和岸站至网络协调站的站际信道等。

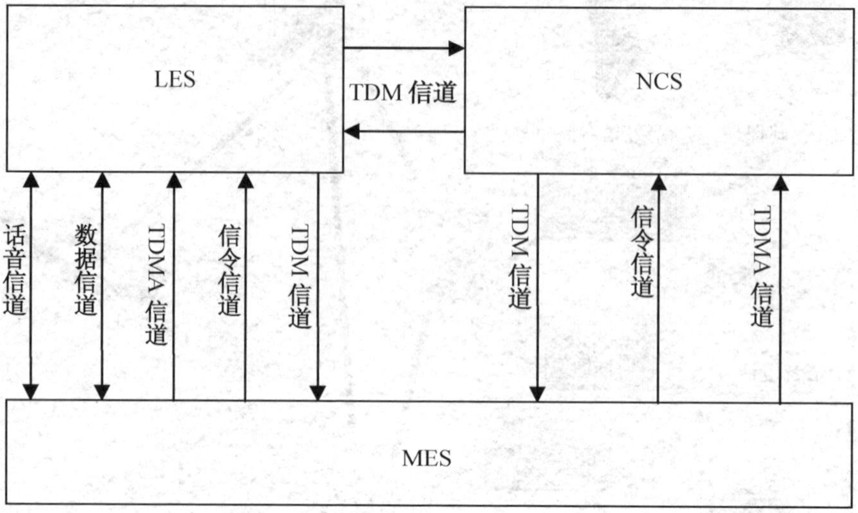

图 9-2-1　Inmarsat F 系统信道示意图

网络协调站的 TDM 信道和岸站的 TDM 信道不仅频率不同,而且网络协调站的 TDM 信道连续不断地发射。船舶地球站空闲时自动守听网络协调站的公共 TDM 信道,网络协调站的公共 TDM 信道主要用于 NCS 发布岸至船的呼叫通告、公告板信息(主要包括:NCS 点波束信道频率、船舶地球站点波束检测扫描时间间隔、岸站 ID、信令信道频率等)及网络状态信息。当船舶地球站与岸站建立通信链路后,船舶地球站则守听岸站的 TDM 信道,而一旦通信结束,船舶地球站又自动地守听到 NCS 的公共 TDM 信道上。

2. **信令信道**

信令信道为船舶地球站所使用,分为至网络协调站的信令信道和至岸站的信令信道。两个方向的信令信道都包括:申请信道、呼叫确认信道、洋区注册信道。申请信道用于船舶地球站通信前的信道申请;呼叫确认是告知已收到呼叫通告,并已经做好接收准备;洋区注册是告知本船舶地球站在该洋区,便于信息准确传递。一般船舶地球站开机后会自动进行洋区注册,收到洋区注册确认信息即完成注册,否则自动重新注册。转换洋区后船舶地球站会自动重新注册。船舶地球站关机,洋区注册解除。

由于信令信道采用突发式发射方式,时间很短,所以当船舶地球站使用信令信道时,不会中断对 TDM 载波的接收。

3. **TDMA 信道**

在 Inmarsat F 系统中,TDMA 信道主要用于船舶地球站与网络协调站之间的联系,主要包括船舶地球站响应信道,它用于船舶地球站对岸站发起呼叫做出的响应。

4. **数据信道**

数据信道分为船舶地球站数据信道和岸站数据信道两个方向,每个方向的数据信道又分为低速数据和高速数据信道,用于实现传真、低速数据和高速数据的传输。

5. **话音信道**

话音信道也分为船舶地球站话音信道和岸站话音信道两个方向,用于电话和话音波段的数据通信。

二、点波束控制

Inmarsat F 系统的信令信道均使用全球波束，通常所说的全球波束和/或点波束工作是指系统的信息信道，而信息信道是分配全球波束还是点波束，取决于船舶地球站的地理位置和信号强度，由船舶地球站申请时提供的信息决定。当船舶地球站处于点波束和全球波束覆盖重叠区时，船舶地球站为了更好的通信效果和更多的通信业务将优先考虑申请分配点波束信道；如超出点波束覆盖区域，则申请分配全球波束信道；如果重叠区内所在的点波束信号强度不满足要求，则船舶地球站将申请分配全球波束信道。

由于 Inmarsat F 系统第四代卫星点波束数量最多可以达到 255 个，因此 Inmarsat F 系统点波束识别采用的是基于布告板的点波束地图广播和位置信息系统的"增强点波束选择"机制。

基于这种机制，Inmarsat F 系统有两种点波束选择方法：

(1)由移动用户选择。移动用户根据当前位置及点波束图，选择点波束 ID，呼叫时通过"申请"传递给网络协调站，网络协调站依据收到的点波束 ID 来分配信道。

(2)由网络协调站确定。移动用户呼叫时通过"申请"将当前位置信息传递给网络协调站，网络协调站根据该位置来分配信道。

Internet F 系统的点波束选择具有选择时间短、灵活、更精确和更可靠的特点，能有效地改善空间段资源的利用。

三、优先权抢占控制

优先权抢占是指在信道通信繁忙的情况下，系统依据通信优先级来分配信道给高一级优先级通信使用。Inmarsat F 系统中的话音信道是由网络协调站分配的，所以网络协调站对优先权的抢占控制起着非常重要的作用。由网络协调站发起的优先权控制有两种方式：

1. 信道优先权控制方式

当网络拥挤，而此时 NCS 恰好收到一个由固定用户或船舶地球站发起的较高优先级别呼叫申请时，在优先权控制的作用下，较低优先级别的呼叫将被要求释放信道，而允许较高优先级别的呼叫进行通信。

2. 船舶地球站优先权控制方式

当船舶地球站处于繁忙状态，例如正在进行一个较低优先级别的话音呼叫或某种数据业务时，而此时，NCS 恰好收到一个由固定用户发起的至该船舶地球站的较高优先级别的呼叫申请，在优先权控制的作用下，该船舶地球站将被要求释放信道，终止正进行的较低优先级别的通信，为接收另一个较高优先级别的呼叫做准备。

根据 IMO 对 GMDSS 的新要求，Inmarsat F 系统中增加了网络协调站优先权控制功能，并对船舶地球站岸站的控制功能相应地做了改进，以实现船到岸和岸到船两个方向分层优先权抢占功能。一般来说，在不同业务种类情况下，高于常规的话音优先于数据（数据业务通常作为常规等级）；在同一话音业务情况下，遇险、紧急、安全、常规优先等级依次递减；在同一呼叫等级的情况下，船发起的呼叫高于岸发起的呼叫。目前，F77 标准船舶地球站系统是唯一满足 GMDSS 新标准要求的系统。

值得注意的是，由岸端发起的遇险优先级别呼叫须有 RCC 授权。

第三节　系统通信接续过程

Inmarsat F 系统通信主要有船岸之间的电话、传真、数据等通信，本节将从使用者的角度出发，介绍由船舶发起的船至岸的电话、传真、数据和船与船之间的电话通信。

一、船至岸电话、传真通信

Inmarsat F 系统船至岸的电话、传真通信过程如下：

(1)船舶地球站通过信令信道向岸站发出电话、传真申请。发出申请后船舶地球站仍然继续守听 NCS 的公共 TDM 信道。

(2)岸站收到船舶地球站发出的申请后，通过站际信道转发此申请到网络协调站，向网络协调站 NCS 提出话音、传真信道分配申请，请求分配信道，因为 SCPC 话音信道由 NCS 统一管理分配。

(3)网络协调站收到申请后，通过 NCS 的 TDM 信道向岸站和船舶地球站分配信道，主要包括发射频率和接收频率。

(4)岸站和船舶地球站分别自动调整收、发频率，完成频率转换，也就是 LES 与 SES 完成"握手"；船舶地球站拨叫陆地用户号码，至此电话、传真通信建立。

(5)通信结束后，NCS 将通信信道收回，船舶地球站则继续守听在 NCS 公共 TDM 载波上。

具体接续过程如图 9-3-1 所示。

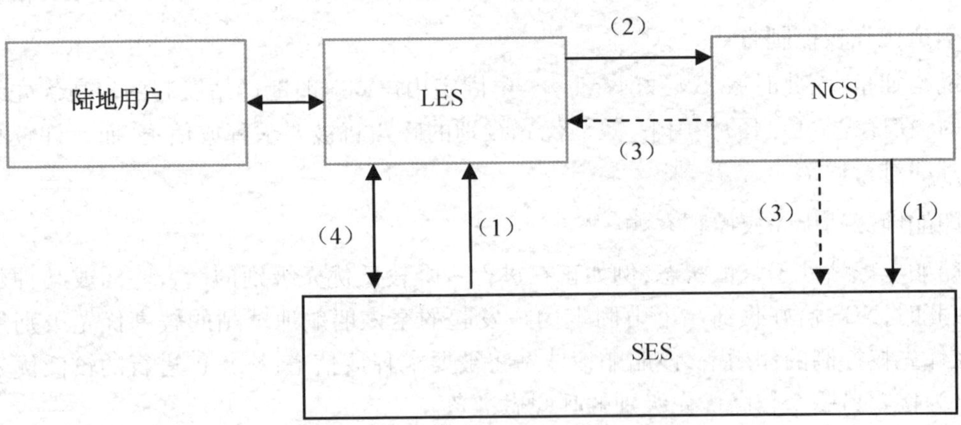

图 9-3-1　Inmarsat F 系统船至岸电话、传真接续示意图

二、船至岸数据通信

1. Inmarsat F 系统的数据通信简介

Inmarsat F 系统的数据通信分为两种模式:分组交换模式和电路交换模式。

分组交换模式又称为包交换模式,通信原理是:先将要发送的数据分组,每个组均由编号、源地址和目的地址组成,加上约定的头、尾信息,完成对数据的“打包”过程,然后各分组自行选择线路传输。

电路交换模式的通信原理是:通信前,先通过呼叫建立一条物理上的电路连接通道,在随后的通信中,该通道专用,通信完成后撤销连接,该通道收回。

电路交换模式又分为同步和异步两种工作方式。

同步工作方式是指收、发双方以固定的时钟节拍发送数据,数据的每一位与时钟信号一一对应,接收方以与发送方相同的节拍接收数据并正确区分出每一位,即收、发双方时钟保持同步。同步数据传输通常通过 ISDN 直接接入数字终端设备,Inmarsat F 系统中高速数据传输业务就采用同步传输方式。当启动呼叫时,发射同步信号,同步建立后,连续发送数据,通过连续发送的数据维持同步,如果没有数据发送,则插入无意义的空比特。

异步工作方式是指收发、双方不同步,数据传输以字符为单位,发送端的每一个字符前、后分别对应附加的起始位和停止位,以标识一个字符的开始和结束,收端在数据传送到目的终端设备之前,起始位和停止位在接收器中被剥离。异步通信中,起始位和停止位结合起来,便可以实现字符的同步,所以异步传输又称为“起始-停止”数据传输。异步数据传输通常通过 PSTN 网络经过调制解调器(Modem)接入数字终端设备。在 Inmarsat F 系统中,低速数据传输业务常采用异步传输方式进行。

2. Inmarsat F 系统的船至岸数据通信接续

船岸之间的数据通信经岸站可以通过 PSTN、ISDN 和 MPDS 等不同的通信网络实现,MPDS(Mobile Package Data Service)称为移动包交换业务,该业务通过分组交换网实现。

陆地 PSTN 和 ISDN 为 Inmarsat 用户提供电路交换数据通信业务,主要采用拨号接入。船至岸有两种拨号方式:

(1)船舶经过岸站直接拨陆地用户数字终端号码,例如与北京某用户(87615432)进行视频电话通信,直接拨 00861087615432 即可。

(2)船舶用户经岸站拨接入点的号码或通过岸站专用接入号接入,这种方式主要用于互联网的连接,例如通过北京的服务商,拨 00 86 10 16900 号码进行互联网连接,或通过直接拨北京岸站互联网专用接入码“61”进行互联网连接。

电路交换模式的数据通信采用的是 SCPC 数据信道,其信道的建立过程与电话、传真信道建立过程相似,当在船舶地球站数据终端上通过拨号方式呼叫时,船舶地球站向岸站提出数据业务申请,岸站收到申请后,向网络协调站申请信道分配,网络协调站收到申请后,分别向岸站和船舶地球站分配 SCPC 数据通信信道,然后船舶地球站和岸站根据网络协调站分配的信道进行数据传输。

Inmarsat F 系统的船至岸数据通信结构如图 9-3-2 所示。

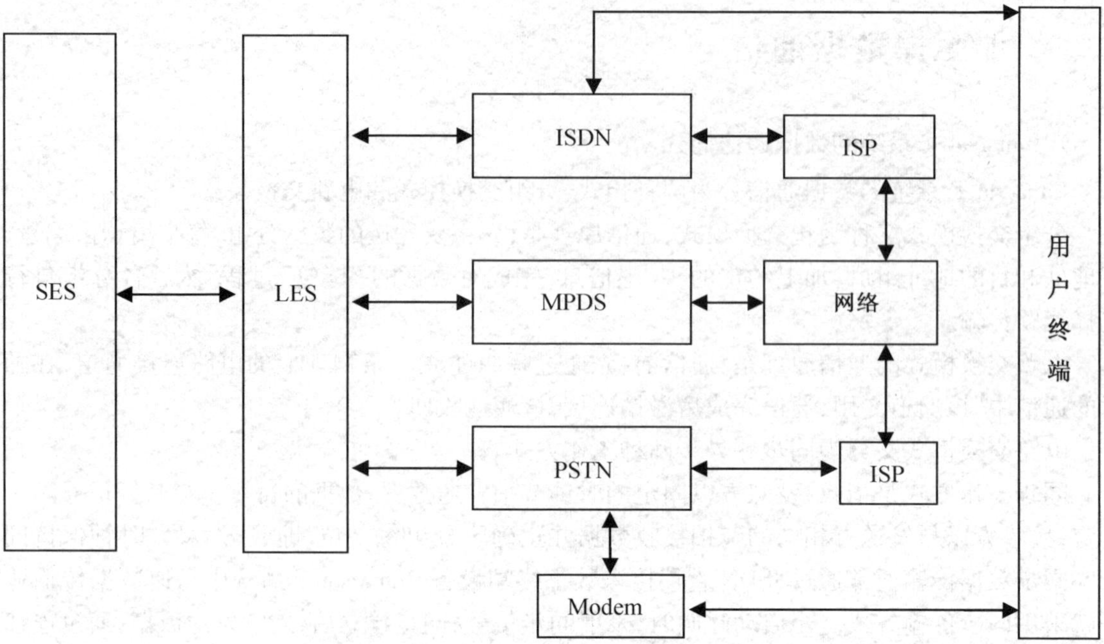

图 9-3-2　船至岸数据通信结构图

对于分组交换模式的数据通信，因为通信信道并不专用，所以其通信体制与电路交换模式不同，主要通过用户 MPDS 信道注册对信道实施管理。MPDS 业务网络结构如图 9-3-3 所示。

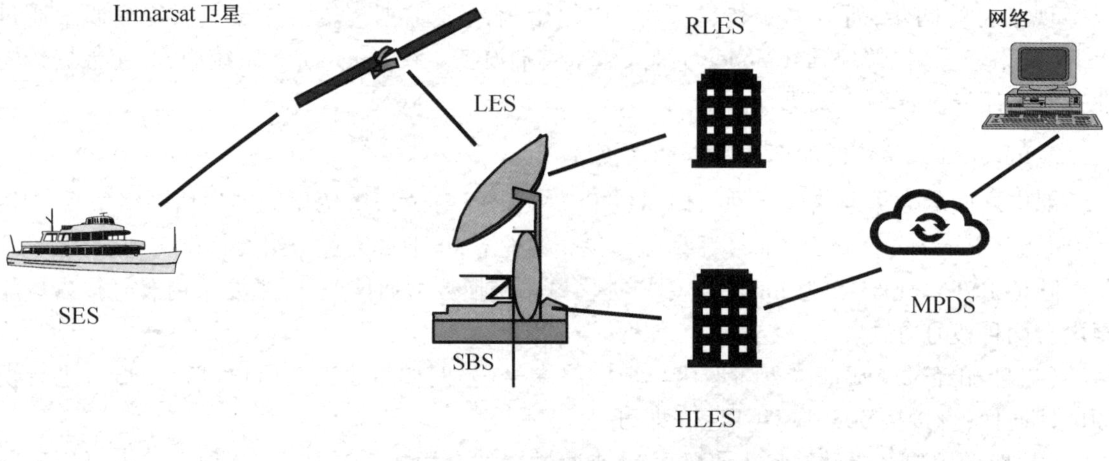

图 9-3-3　MPDS 业务网络结构示意图

在 MPDS 业务中，提供该业务的岸站作为一个共享基站（SBS，Shared Base Station）承担分配 MPDS 信道和管理 MPDS 通信的任务。当船舶用户需要通过 MPDS 业务进行数据通信时，首先向提供 MPDS 业务的岸站提出申请，岸站一方面将注册申请送区域地面站（RLES，Regional LES），RLES 把用户列入 MPDS 业务终端列表中，在 MPDS 列表中的用户将不能接收话音呼叫；另一方面将申请送主地面站（HLES，Home LES），主地面站提供 MPDS 业务接入服务及 MPDS 业务账单系统管理。

对于用户来说，进行数据通信时，不仅需要在船舶地球站终端完成卫星的选择和岸站的设置，而且需要在数据终端（计算机）上做好下列工作：

（1）在数据终端添加调制解调器；

（2）创建网络拨号连接；

（3）拨号建立连接。

三、船与船通信的接续

Inmarsat 船与船之间可以通过地面站进行通信联系，通信的两艘船可以在同一个洋区，也可以在不同的洋区，电话与传真的接续过程与陆地用户基本相同，呼叫中需要在被呼叫方识别码的前面加洋区号“870”。由于船与船之间的通信实际上是船舶到岸站，再由岸站至船舶的通信路由，所以有较长的时间延迟。另外，呼叫不在同一洋区的船舶地球站用户时，所选择的地面站应当对两个注册洋区提供服务。

Inmarsat 船舶地球站与船舶地球站之间是不能像 VHF 那样直接进行通信的，其主要原因有以下几个方面：

（1）Inmarsat 卫星没有 L/L 转发器；

（2）Inmarsat 卫星覆盖面积大，通过卫星中继通信应当满足覆盖范围内的任意两点的通信，这样就要求地球站有足够大的发射功率，由于安装在船舶上的地球站天线的尺寸受到限制，不能满足这一要求，因此需要岸站对信号进行放大。

（3）通信中还存在信道管理、计费等工作，这是船舶地球站所不能承担的任务，需要岸站和网络协调站的参与。

因此，船舶地球站与船舶地球站之间须通过地面站进行通信。

第四节　船舶地球站的组成和主要技术指标

F 船舶地球站目前安装在船上的设备是 F33、F55 和 F77，因为只有 F77 设备符合 GMDSS 报警相关要求，因此在这里只介绍 F77 船舶地球站。

目前有多家 F 船舶地球站生产厂商，其电路的具体形式随厂家和型号的不同而有一定的差异，许多功能由软件来完成，但总体框架设计和实现的功能基本一样。F77 船舶地球站的组成与其他船舶地球站的组成一样，分为甲板上设备（ADE）和甲板下设备（BDE）。甲板上设备主要由天线及其附属设备组成，甲板下设备主要由通信单元及其附属设备组成，F77 船舶地球站的具体组成情况如图 9-4-1 所示。

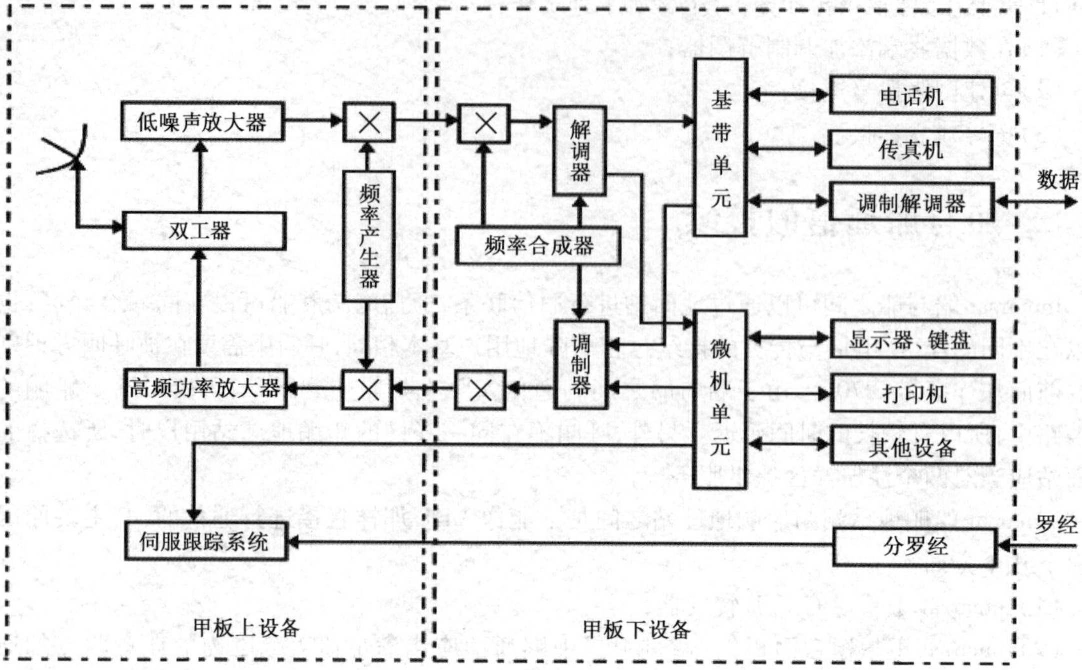

图 9-4-1 F77 船舶地球站结构图

一、甲板上设备

甲板上设备主要包括方向性天线、双工器、低噪声放大器、高频功率放大器、天线控制单元等。其主要作用是对接收到的信号进行放大和处理，然后送到甲板下设备；对发射信号进行放大和处理，然后送到天线进行辐射；天线控制单元对天线进行控制，使天线一直对准卫星。

F 船舶地球站的天线采用的是定向天线，一般是直径 0.8 m 左右的抛物面天线或平板相控阵天线。船舶在航行、转向及恶劣天气等情况下，要求天线始终指向卫星，所以电路中增加了天线控制单元。

从图 9-4-1 可以看出，F 船舶地球站也包括收、发两个通道，但与 C 船舶地球站不同的是，它采用 L/L 方式工作，也就是收、发通道同时工作，即系统信道分配应包括收、发两个频率。

二、甲板下设备

甲板下设备主要由电源、通信单元（收发机）、接口单元、电话手柄和外围附属装置组成，其作用是把甲板上设备送来的信号进行处理后送到相关终端；把各相关终端送来的信号处理后送到甲板上设备。F 船舶地球站基带处理单元含有语音压缩编码。由于系统是数字系统，且都有话音业务，语音压缩编码的作用就是实现模拟话音信号和数字话音信号之间的转换。

三、船舶地球站外围设备及其连接

F 船舶地球站的外围设备包括 PC 机或数字终端话机、遇险报警盒、传真机等。用户根据需要还可以选择配置蜂鸣器、信用卡电话、视频电话等外围设备。

F 船舶地球站接口丰富，主要有：物理端口 RJ-11，数字接口 RJ-45，串口 RS-232、RS-422 及 USB 接口。

（1）RJ-11 为标准 2 线模拟电话接口，可以连接普通的模拟电话机、G3 传真机，实现 4.8 kbit/s 的 AMBE 话音和 G3 传真通信，是 F77 成本最低的电话业务，也能保证最基本的遇险报警所需电话服务。G3 传真机也叫三类传真机，用于 PSTN 网，传输速率目前有 2.4 kbit/s、9.6 kbit/s 和 14.4 kbit/s，F 船舶地球站的传真机一般采用 9.6 kbit/s。

（2）RJ-45 也叫 ISDN 基本速率接口，支持 ISDN 终端设备之间 64 kbit/s 数据的应用，可以连接 ISDN 话机、可视电话、G4 传真机、局域网路由等使用 V.120、X.75 和 PPP（点到点协议）等协议的终端设备。G4 传真机也叫四类传真机，用于 PSDN 和 ISDN 网，传输速率为 64 kbit/s，传输速率可以向下兼容，比 G3 传真机具有更高的传输可靠性、更快的速度和更高的质量，传输一张 A4 纸上的数据只需要 6 s。

（3）RS-232 是串行数据接口，主要用于连接近距离的计算机。

（4）RS-422 是串行数据接口，一般用于宽带电路或连接较远距离的计算机。

（5）USB 接口具有即插即用的特点，计算机和许多终端设备上都有 USB 接口，应用极其方便。

F 船舶地球站通过 RS-232、RS-422 和 USB 接口均可连接到计算机上，通过厂家提供的专用软件，可在计算机上实现对通信主单元的控制和数据通信。F77 船舶地球站组成示意图（T&T 公司）如图 9-4-2 所示。

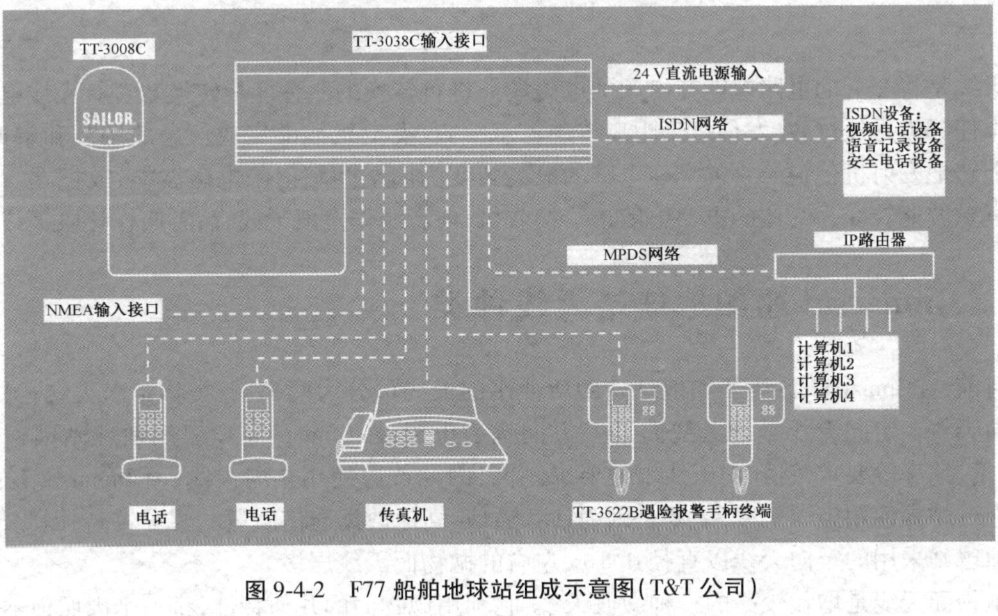

图 9-4-2　F77 船舶地球站组成示意图（T&T 公司）

四、Inmarsat F 系统主要技术指标

Inmarsat F 系统的主要技术指标如下：

- 发射频率：1 626.5～1 660.5 MHz。
- 接收频率：1 525.0～1 559.0 MHz。
- 频道间隔：1.25 kHz。
- 接收增益：$G/T \geqslant -4$ dB/K。
- 发射功率：20 dBW。
- 接口：计算机，RS-232/RS-422；导航，IEC61152-1/-2；USB，B 型；ISDN，RJ-45；模拟电话及传真，RJ-11。

五、Inmarsat F 船舶地球站设备的维护

设备的维护主要包括以下几方面：

(1)定期检查甲板上设备、甲板下设备电缆的连接情况，特别是电缆与甲板上设备的连接处是否氧化，如发现氧化现象，应及时处理，并用密封胶密封接头处。

(2)检查甲板下设备与外围设备(GPS、罗经等)的连接情况。

(3)定期查看手机话柄中的报警记录，如果有，应及时排除故障。在故障排除，设备恢复正常后，要及时在超级用户(SUPERUSER)菜单清除这些记录。

第五节 船舶常用的卫星天线

天线是将交变的电路电能与空间的电磁波能进行转换的一种能量转换装置。无线电通信的基本任务就是通过收、发信机远距离传递信息。收、发信机能够完成信息的调制和解调，而天线能够把发射机传输给它的交变电路的电能转变为向空间辐射的电磁波能，或把在空间传播的电磁波能转变为交变的电路电能送给接收机，前者叫作发射天线，后者叫作接收天线。

一、Inmarsat 船舶地球站天线种类

目前，在 Inmarsat 各类船舶地球站中所使用的天线可分为两类：一类称定向天线；另一类称全向天线。定向天线是指天线向某一方向辐射电磁波。Inmarsat C 船舶地球站因通信负载、容量、速率等要求较低，对天线增益要求不高，因此普遍使用全向天线；而 Inmarsat B、F、M 船舶地球站等使用定向天线，主要是因为话音通信、高速数据通信质量的要求较高，因此，这类船舶地球站采用的定向天线以直径 0.8 m 左右的抛物面天线居多。

抛物面天线是增益较高的一种微波天线，它利用抛物面的几何特性，将一个由照射器产生的弱方向辐射经抛物面反射后，形成一个方向性很强的天线辐射。组成抛物面天线的照射器

和反射器，其工作原理与探照灯相似，即利用几何光学原理，将照射器产生的球面波校正为平面波。照射器与馈线相连接，其作用是往抛物面上辐射电磁波，照射器通常置于抛物面焦点上。抛物面的作用是反射由照射器射出来的球面波，使之成为平面波且向着抛物面正前方传播出去。若要形成圆极化波，则照射器由带反射盘的十字形偶极子构成，十字形偶极子的两副对称振子上电流相位差为 90°，这样，其辐射场即为圆极化波。

近几年，随着电子技术的发展，特别是电控移相器的发展，船舶地球站定向天线开始采用相控阵天线。相控阵天线被认为是比较先进的通信天线，一般包括辐射单元、馈源电路、功率合成/分配器和移相器，其中移相器是相控阵天线的关键器件，通常采用的是数字移相器。借助数字移相器，相控阵天线可以在毫秒内把波束由一个方向转移到另一个方向，实现移动体对卫星的跟踪。

船舶地球站不论采用哪种定向天线，都需要由天线控制系统，使天线始终指向卫星。与抛物面天线比，相控阵天线控制灵活、扫描速度快、天线体积小且可与载体平台共形，但天线成本高（辐射元多且昂贵）、控制复杂（天线上零件多，装配量大且要求测试）。图 9-5-1、图 9-5-2 分别是 Inmarsat 船舶地球站中所使用的相控阵天线和抛物面天线。

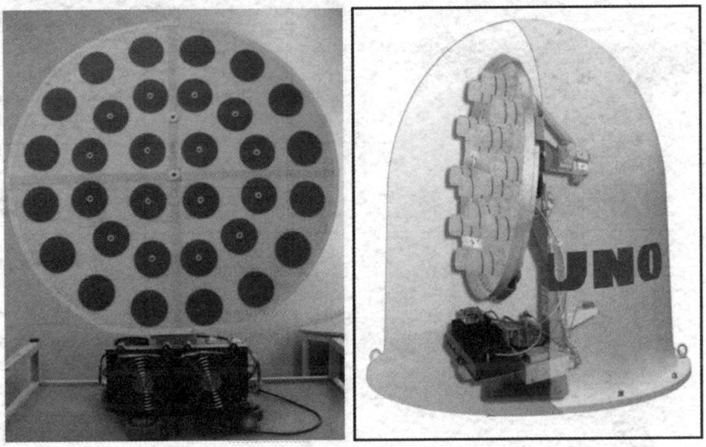

图 9-5-1　相控阵天线

图 9-5-2　抛物面天线

全向天线也称为无方向性天线，是指天线向各方向均匀辐射电磁波。Inmarsat C 船舶地球站使用的天线是全向天线，船舶地球站全向天线以螺旋天线居多。螺旋天线是一种天线增益相对较低的天线，它将导线绕成螺旋形，通常是将导线绕在一个圆柱体或圆锥体介质表面。这种天线的方向特性在很大程度上取决于螺旋直径与波长之比，当螺旋直径很小时，在垂直螺旋轴的平面上辐射最大，且在此平面内的方向性图为圆，所以称全方向性天线。螺旋天线可以看作一根鞭状天线电流沿螺旋线前进，相当于使天线长度增加。圆锥体螺旋比圆柱体螺旋具有更宽的频带。全向天线不需要卫星跟踪系统，但对卫星的发射能量要求相对较高。图 9-5-3 是 Inmarsat C 船舶地球站中所使用的全向天线。

图 9-5-3　全向天线

卫星船舶地球站的天线收、发共用，因天线具有可逆性，所以其作为发射天线与接收天线的性能是相同的。

既然全向天线具有诸多优点，如不需要天线控制电路，且天线体积小、重量小等，Inmarsat F 船舶地球站是否也可采用全向天线呢？

全向螺旋天线对传输信号的频带和信号质量的要求均低于抛物面天线。话音通信对信道频带要求高，Inmarsat F 船舶地球站具有话音通信，而 Inmarsat C 船舶地球站没有；实时通信对信号质量要求高，Inmarsat F 船舶地球站是实时通信，而 Inmarsat C 船舶地球站是存储转发通信;Inmarsat C 系统是全数字化系统,Inmarsat C 船舶地球站中采用了多种抗干扰措施(如卷积码、交织码、扰码),降低了对信号质量的要求。所以,Inmarsat C 船舶地球站可以用体积小的全向天线,而 Inmarsat F 船舶地球站不可以。

二、船舶地球站的天线控制系统

对于采用定向天线的船舶地球站,要求船舶航行时天线必须始终指向卫星。船舶在航行和转向或受天气影响纵横摇摆时以及天线指向误差等因素的影响,均可能使天线指向偏离卫星。这样,船舶地球站设备需要设置天线控制系统以补偿各种因素导致的船舶天线的指向误差。

1. 天线控制系统的补偿方法及其机理

天线控制系统要起到误差补偿作用,就必须从船舶各种运动传感器获得误差信号,再通过各自的反馈系统去控制天线指向。首先,船舶航行中天线相对于船体至少具有两个平面上的运动,一个是在水平平面左右摆动,称方位(Azimuth)运动;一个是在垂直平面上下运动,称仰角(Elevation)运动。因此天线必须要有两个运动轴,一般分别称为 *AZ* 轴和 *EL* 轴。其次,要考虑船舶航行中风浪对天线指向的影响,为了方便控制,可以把 *AZ* 轴和 *EL* 轴建立在一个控制平台上,该控制平台由 *X* 轴和 *Y* 轴构成,在任何天气条件下,由 *X* 轴和 *Y* 轴控制保持平台处于水平位置。这样,在这个控制平台上安装的 *AZ* 轴和 *EL* 轴,就可以专门用来补偿船舶航向和位置的变化,如图 9-5-4 所示。按这种方法建立的天线控制系统通常称为四轴控制系统,由四个轴分别控制,因此控制电路较为简单。

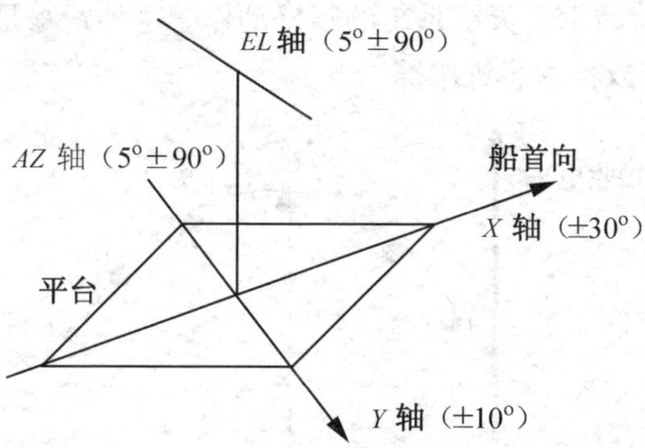

图 9-5-4　抛物面天线的四轴控制方式

控制平台的 *EL* 轴和 *AZ* 轴方向上分别放置有传感器,当船舶纵横摇摆时,由传感器送出误差信号,经处理后控制 *X* 轴或 *Y* 轴进行补偿运动,从而使控制平台尽量保持在水平位置上。*AZ* 轴的控制信号由船舶陀螺罗经提供,当船舶航向变化时,天线 *AZ* 轴将被驱动向相反的方向转动同样的角度。船首向的变化不会影响到天线的仰角,但船舶地理位置的变化,不仅会使仰角发生变化,还会使卫星的方位发生变化,但这种变化是缓慢的,用始终保持接收信号最强的自动跟踪方法可以补偿这种慢变化。

EL 轴和 *AZ* 轴的控制原理相同。在航行期间,随着接收信号电平的变化,控制系统应能自动补偿这种变化,保持对卫星的连续跟踪。

注意:船舶地球站开机后一般需要设定卫星和船位信息,以完成天线指向的初始定位。此后,在航行中才完全依靠接收电平的大小进行自动跟踪。

2. 天线自动跟踪的方法及其工作原理

天线自动跟踪的方法有多种,总体可分为机械跟踪和电子跟踪两类。

机械跟踪是指用机械控制的方法驱动天线运动来改变天线波束方向使其持续跟踪卫星。这一类天线需要伺服驱动系统。抛物面天线一般采用机械跟踪方法。

电子跟踪是指通过电子控制改变天线波束方向使其跟踪卫星。这一类天线通常通过改变移相器的相移值来控制天线波束方向跟踪卫星。相控阵天线采用电子跟踪方法。与抛物面天线相比,相控阵天线在自动跟踪方面有两大特点。首先是控制灵活:船舶地球站通过软件改变馈源点相移值,控制天线波束扫描,以跟踪卫星,取代了机械扫描天线中的伺服驱动系统;其次是跟踪速度快:采用数字移相器,天线波束形状变化快。

机械跟踪多采用步进跟踪的方法。步进跟踪法又称为"爬山"法,它是以接收信号电平最大为原则来驱动天线。当天线正好对准卫星时,船舶地球站可获得最大的接收信号电平;当天线偏离卫星时,随着偏离角度的增加,接收电平将明显下降。图 9-5-5 是天线步进跟踪原理示意图,其控制过程如下:

假设,在某时刻天线接收电平为 *A* 点电平,将天线方向移动一个角度后,接收电平为 *B* 点电平。*B*、*A* 两点电平相比较,*B* 点电平大于 *A* 点电平,则天线移动方向不变,继续移动到 *C* 点。*C*、*B* 两点电平比较,*C* 点电平大于 *B* 点电平,天线沿原方向继续移动到 *D* 点。*D*、*C* 两点电平相比较,此时 *D* 点电平小于 *C* 点电平,天线朝相反方向移动。如此反复,最终在 *B*、*C*、*D* 三点上来回移动。但伺服电机频繁工作,对系统总体稳定性可能不利,因此大多数天线接收信号允许在一定范围内波动,这就减少了天线系统的频繁动作。这种跟踪是跳跃式的,每一步有固定的角度位移,一般为 0. 5°,故称为步进跟踪。

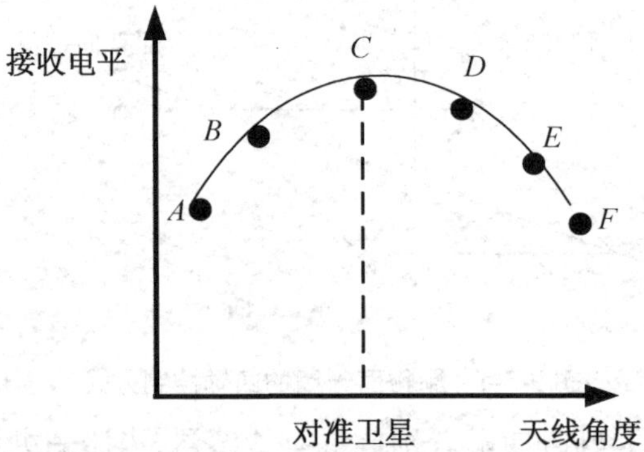

图 9-5-5　天线步进跟踪原理示意

在船位发生变化时,除天线的方位角会发生变化外,仰角也会改变,因此船舶地球站天线的步进跟踪是方位角步进和仰角步进交替进行的。为了保证能随时随地建立卫星通信线路,天线对卫星的跟踪必须是连续的,即使在空闲状态也不能中断跟踪,否则天线将偏离卫星。为了船舶地球站天线的跟踪,Inmarsat 系统卫星应连续不断地发射信号,该信号就是经卫星转发的网络协调站的 TDM 载波信号。

3. Inmarsat 船舶地球站天线的维护和保养

与地面系统设备的天线相比,船舶上卫星设备的天线一般不需要过多的维护,因为在安装时都是严格按照要求进行的。天线本身装有天线罩,且在安装时采用的材料防腐等,因此不担心一般的海水腐蚀、振动等不利因素影响,但还要注意以下几点:

(1)天线罩应保持干净。注意,不能在天线罩上喷油漆。

(2)对于定向天线,要定期检查天线底座是否由于船舶振动而脱焊松动;对于全向天线,应检查固定是否牢固,电缆与天线之间是否连接良好。

(3)进行甲板上设备维修或进入天线罩检修时,应切断船舶地球站电源。有些船舶地球站在天线罩内还设有一个电源开关,检修时也应断开,检修完毕及时闭合此开关。具体可参看设备说明书。

(4)船舶地球站工作时,距离天线 5 m 内不允许有人,以避免微波辐射对人体的伤害。但是,当天线罩高于甲板 2 m 以上时,可不受上述距离的限制。但在没有关闭射频发射器的情况下,人靠近天线的时间每天不允许超过 1 h。

(5)根据设备说明书,定期做功能测试,了解甲板上设备各部件的工作情况。

(6)线缆方面注意防止摩擦破损,禁止用力拉伸等。

(7)应定期对与 F 船舶地球站连接的计算机进行病毒检查,一旦发现病毒应及时清除,以免影响数据通信。平时也尽量少用或不用外面的 U 盘或软件,以免计算机感染病毒。

(8)若发现内置 GPS 损坏,应根据设备说明书,通过相关接口,接入外面的 GPS 信号,并做好相关设置。

(9)若发生误报警,应及时报告船长和附近的 RCC,及时取消误报警。

第六节 Inmarsat F 系统的应用

Inmarsat F 系统可以满足航海用户的现代化卫星通信需求,如货物和集装箱运输、石油和天然气运输、海军通信、渔业服务等。具体应用场景如下:

(1)导航

导航是一个综合性领域,涉及定位、最新海图的更新及使用、天气预报、水流预测、航线规划和航线优化等。通过网络浏览器软件可以了解到天气预报信息,在 Inmarsat F 终端上安装一种特殊的接收器可以进行 DGPS 校正。

(2)安全、遇险和 MRCC 通信

Inmarsat F 遇险服务提供多层优先级系统,可以使遇险、紧急和安全呼叫抢占低优先级和常规呼叫。抢占功能可以抢占地面站(LES)信道单元以及占用卫星信道等移动和其他共享资源,并在需要时(即低优先级的呼叫正在进行中)供高优先级的呼叫使用。这种功能可以用于船到岸和岸到船的呼叫。在安装正确的前提下,F77 可以成为 GMDSS 安全系统的一部分。

(3)与一般模拟设备连接

通过 AMBE 语音服务和 64 kbit/s、3. 1 kHz 音频服务,以及 Inmarsat F MES(如附加手机、G3 传真、V 系列语音频带数据调制解调器、STU-IIb 安全电话和 DECT 手机等),可以使用具有模拟接口的设备。

(4)船舶管理以及对公司 LAN 的接入

船载局域网(LAN)运营商日益要求与其他 LAN 的连接。可以使用 TCP/IP 协议,通过 Inmarsat F 来透明地与不同的网络进行互连。

(5)万维网(WWW)接入

Inmarsat F 最普遍的应用是提供了一种相对便捷和经济的互联网的接入方式(相对以前老旧系统而言,最新的 GX 等不在对比范围之内)。通过互联网可以为海事用户提供数量巨大的信息。可以通过与所有流行的操作系统如互联网浏览器或其他厂家的浏览器来阅读这些信息。通过 Inmarsat F 终端接入互联网的主要方式是通过 MPDS 使用专门配置的拨号网络会话功能,也可通过对 ISP 的移动 Inmarsat ISDN 呼叫或公司内联网来接入互联网。

(6)收发电子邮件

电子邮件是一种普遍的海事通信方式。由于时差和全球海事的全天候运作性质,“办公时间”各不相同,因此,必须提供详细消息供随后检索和处理。在离线状态下编辑电子邮件并通过 Inmarsat F 终端来发送到公司邮件系统,是实现以上目的的理想选择。但为了实现最经济的海事电子邮件服务,需要安装有电子邮件客户服务软件和岸上电子邮件或互联网账户的计算机,还要求有正确配置的拨号网络连接、电子邮件压缩软件,并确保为卫星网络优化设置的邮件客户机或服务器。

(7)船到船通信

利用 Inmarsat F 进行船到船通信一般通过 4.8 kbit/s AMBE 语音服务和移动到移动的拨号呼叫来实现。通过 Inmarsat 可以直接了解船舶身份和联系号码的目录信息。

(8)船员呼叫(海事福利服务)

为船员提供便捷的语音服务,可以使他们在工作中感到更加愉快、更加安全,工作效率更高。现在,可以很方便地提供长途电话:将电话安装在一些专门的地方,船员通过付费或电话卡给家里通电话。有些 LESO 提供有预付费电话卡服务,也非常适用。

(9)电视会议

用户可以在海上的任意位置享受全面的电视会议功能。已经有一些广泛使用的国际标准非常适合 Inmarsat F,可以同时提供视频和音频。通过 Inmarsat F 使用一些经过优化的电视会议软件系统,海事用户不仅可以举行低分辨率的电视会议,还可以享受高级应用共享功能,如共享“虚拟”桌面和创造性“白板”功能。

(10)实现语音和数据复用

可以通过 64 kbit/s 的数据信道来最多承载 8 个复用(或综合)电话、传真和中速率数据电路。这种功能可能对船舶用户很有用,因为海运行业需要多条电话线来为乘客提供电话服务,或同时为船员提供福利呼叫。或者,船舶应提供到公司 WAN 的数据连接,并同时支持多个压缩语音信道。这种应用可以使用高级复用设备(例如 Vocality International 公司的 V100),这种设备可以有效地将 4~8 条语音/传真/数据信道以及 1 条 LAN 连接复用到 64 kbit/s 的 Inmarsat FM-ISDN 呼叫。大量未被使用的语音呼叫容量(包括对先行呼叫的语音插入)可以被分配给 LAN 连接。

(11)货物/船舶遥测

遥测的原理是“远程测量”,通过传感器、处理器以及 Inmarsat F 系统网络可以将船舶货物的重要参数或船载操作系统的测量数据传输到远端处理中心，在这些中心里集中有适当的专家并可以在船舶或货物管理方面做出适当的决策。船舶上的感测器或传感器一般以一定的时间间隔生成少量数据。与遥测相关的应用需要不断定制，因为各公司间监控系统的属性有很大的不同。

(12) 文件传送

当从岸上传送大型文件如图像文件或地震记录数据时，这种应用非常有用。这种传送有多种选择方案，并可以建议一些为 Inmarsat F 优化的设备和协议。如果不是交互式会话，则认为移动 ISDN 是文件传送的首选通信方式，而不是 MPDS。

(13) G4 传真

G4 传真机专用于 ISDN，能够提供更快的传输速度、更好的传输质量和更高的传输可靠性。G4 的主要优势是具有数字网络的吞吐量，因此，在传输前，它不会将扫描信息转换为模拟格式。通过 ISDN，G4 传真机只需要 6 s 的时间就可以传送一张 A4 纸上的数据，而 G3 传真需要 45 s 以上的时间。

(14) 电报

尽管 Inmarsat F 不支持对电报网络的直接接入（Inmarsat B 系统服务可直接接入电报网络），但需要这种服务的用户可以通过电报互连代理来发送和接收电报消息。

(15) 远程参与、远程教育

远程参与可以为船舶直接提供远程专家帮助，如货物或船舶损坏和保险评估、船舶发动机的修理等，从而避免了运送服务人员和亲临现场协调的费用和延误。Inmarsat F 可以通过交互式视听和数据通信快速连接到远程医疗专家。

Inmarsat F 也支持远程教育应用，如对船上船员进行安装、维护和紧急措施的培训等，该服务可以显著地节约培训和差旅费用。

第七节 Inmarsat FBB 系统及其船站

Inmarsat FBB（Fleet Broadband，船队宽带）系统是依托于 Inmarsat 第四代卫星构建的新一代全球移动卫星宽带通信系统的海用部分，是 Inmarsat F 系统的升级版。本节介绍 Inmarsat 全球移动卫星宽带通信系统、Inmarsat FBB 船站的组成及外围设备、Inmarsat FBB 系统业务及 Fleet Safety 业务三个部分。

一、Inmarsat 全球移动卫星宽带通信系统

2005 年 3 月，Inmarsat 系统发射第一颗第四代卫星，标志着该系统进入了宽带卫星通信起步阶段，之后随着四代卫星星座的完善，服务领域不断推进：2005 年 12 月，首先向陆地用户推出了全球宽带局域网（BGAN，Broadband Global Area Network）业务；2007 年，推出了面向海上用户的 FBB 业务、面向航空用户的快速宽带（SB，Swift Broadband）业务；2009 年 2 月，Inmarsat 第四代卫星全面实现了除南、北两极以外地区的各类业务全球覆盖。

以第四代卫星为依托的 Inmarsat 全球移动卫星宽带通信系统，是第一个在全球范围内使用单一终端同时提供语音和宽带数据服务的移动通信系统，通过 BGAN、FBB、SB 三种全新业务引领，陆、海、空领域移动通信进入了宽带数据的新时代。该系统可满足用户对移动多媒体（视频）的需求，实现对全球事件的实时视频直播和远程参与，解决多点电视会议、数字视频点播及其他节目传输问题；可满足用户随时随地进行业务联系、信息共享、企业专网接入等移动办公需求，实现企业活动的远程管理；可满足突发事件和特殊环境条件下的应急指挥、应急救援等通信需要。Inmarsat 全球移动卫星宽带通信系统结构如图 9-7-1 所示。

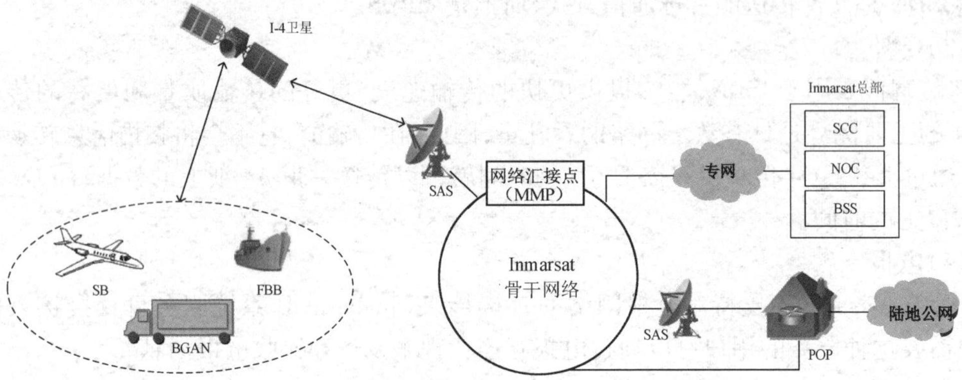

图 9-7-1　Inmarsat 全球移动卫星宽带通信系统结构图

图中，SCC 和 NOC 分别为 Inmarsat 卫星控制中心与网络控制中心，BSS（Business Support System）为宽带业务支持系统，承担用户管理、呼叫记录发布及业务账单等任务。I-4 卫星表示 Inmarsat 第四代卫星，由同步轨道上的亚太卫星、美洲卫星、中东/亚洲卫星及欧非卫星等 4 颗卫星构成。

SAS（Satellite Access Station）为卫星接续站，承担移动用户 IP（Internet Protocol，互联网协议）网、全球陆地公网的接入任务。SAS 由第三代卫星系统地面站 LES 升级而成，采用了更先进的核心技术。在卫星轨道位置的相应地区设置了 6 座 SAS，分别位于荷兰 Burum、意大利 Fucino、美国夏威夷 Paumalu、中国北京、加拿大 Laurentides 洛朗蒂德和新西兰 Auckland。6 座 SAS 互相连接形成一个巨大的环形拓扑结构网络，网络内设置了 3 个网络汇接点（MMP，Meet Me Point），分别位于阿姆斯特丹、纽约和香港，将路由延伸到欧非、美洲和亚太地区。POP（Point of Presence）为地面接续站，提供与当地公众交换电信网和国际互联网的连接，负责开通 BGAN 数据、话音及传真等业务。

Inmarsat 全球移动卫星宽带通信系统具有以下特点：基于“动态网络管理系统”调整部署卫星波束位置和容量，保证不同业务需求用户的通信效果；支持电路交换数据和语音业务、IP 数据业务，并能与陆地电信网络互联互通；移动终端满足 3G（3rd Generation，第三代数字通信）标准，与 3G 移动通信产品有较好的适用性和兼容性，且体积小，便于携带、安装。

二、Inmarsat FBB 船站的组成及外围设备

Inmarsat 全球移动卫星宽带通信系统的设备终端可分为陆用站、船载站和机载站，其中船载站一般称为 Inmarsat FBB 船站，有时简称 Inmarsat FB 船站。根据设备性能不同，FBB 船站

主要分为 FBB 150、FBB 250、FBB 500 及 Fleet One 四种类型,其性能标准和技术参数如表 9-7-1 所示。

表 9-7-1　FBB 四种类型的性能标准和技术参数

性能标准和技术参数	FBB 500	FBB 250	FBB 150	Fleet One
语音业务	4 kbit/s AMBE+2 和 3.1 kHz 音频		4 kbit/s AMBE+2	4 kbit/s AMBE+2
传真业务	经 3.1 kHz 音频信道的 G3 传真		无	无
短信业务	标准 3G(最多 160 字节)			无
标准 IP	最高 432 kbit/s	最高 284 kbit/s	最高 150 kbit/s	最高 100 kbit/s
流媒体 IP	32、64、128、256 kbit/s	32、64、128 kbit/s	无	无
ISDN	64 kbit/s	无	无	无
物理接口	RJ11、Ethernet、RJ45(ISDN)、L-band RF、USB		RJ11、USB、Ethernet	RJ11、Ethernet

在上述四种终端设备中,Fleet One 专为满足偶尔或季节性用户的低速数据语音和数据需求而设计;FBB 500 一般为远洋船舶设计,可同时进行话音和高速 IP 数据通信,即能够在下载文件、视频连接时进行语音通信,可同时完成天气数据、海图和航线计划信息收发,船员个人通信等业务,极大提高了船岸通信效率。

目前生产的 FBB 船站具体样式较多,但总体框架设计及实现功能基本一致,通常可分为甲板上设备和甲板下设备两部分。FBB 船站外围设备是指船站为实现不同通信,通过物理接口连接的其他设备。FBB 船站的组成及外围设备如图 9-7-2 所示。

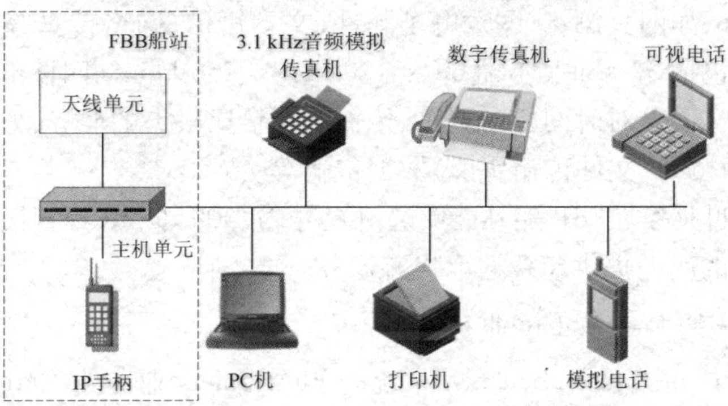

图 9-7-2　FBB 船站组成及外围设备

甲板上设备主要指天线单元,包括带有射频单元的天线、天线控制单元和 GPS 接收器等部分。天线为定向天线,一般采用抛物面或平面相控阵形式;天线控制单元能够保证天线在船舶航行、转向及恶劣天气海况中始终指向卫星,保证通信效果。

甲板下设备主要由主机单元、IP 手柄构成。主机单元主要完成信号变换和处理功能,发射频率为 1 626.5~1 660.5 MHz,接收频率为 1 525.0~1 559.0 MHz,直流电源输入电压为 10~32 V,电源最大输出功率(包括天线)为 150 W;IP 手柄具有打电话、发短信(英文)以及部分主机监控等功能。

FBB 船站外围设备可根据用户需要进行配备,如 PC 机、打印机、模拟电话、3.1 kHz 音频模拟传真机、数字传真机、可视电话等。为实现与各种外围设备的方便连接,FBB 船站提供了丰富且符合国际规范的物理接口,接口种类因生产厂家而异,一般包括模拟接口 RJ-11、RJ-45 型 ISDN 接口、RJ-45 型以太网接口、USB 接口、Discreet 接口等。

三、Inmarsat FBB 系统业务及 Fleet Safety 业务

1. Inmarsat FBB 系统业务

Inmarsat FBB 系统实现了真正意义上的 IP 业务,并能够多业务同时进行,使船舶工作和岸基办公完全同步,极大提高了海上通信效率。此外,通过提供便捷、高效的高质量通信手段,FBB 系统对于改善和加强海上安全指挥通信能力、加强海上应急抢险救助能力、提高海上其他行业和社会公众信息通信能力等方面也具有重大意义。FBB 系统向海上船舶用户提供的具体业务主要包括:

(1)电路交换业务。主要包括:4 kbit/s 普通语音电话,可实现海上用户之间、海上用户与陆地电话网用户或移动电话网用户之间的话音通信,也支持语音留言、来电显示等多种增值服务;传真/数据,包括 ISDN & 3.1 kHz 信道的 G3/G4 传真和调制解调器方式的数据;支持传统的 ISDN 设备,包括可视电话、适配器、用户交换机等;支持 SMS(Short Messaging Service,短信业务),可实现 FBB 船站之间或 FBB 船站与普通手机终端之间的短信收发,每条最多 160 字节。

(2)IP 数据通信业务。包括标准 IP 业务与流媒体 IP 业务。标准 IP 业务,是一种动态速率业务,速率最高可达 432 kbit/s,通常按流量收费,适合传输数据量较小、对传输时间要求不严格的数据通信业务,如网页浏览、网页电子邮件、文本短信、网络传真等;流媒体 IP 业务,是一种可选速率业务,包括 32 kbit/s、64 kbit/s、128 kbit/s、256 kbit/s 四种不同速率供用户选择,通常按时间进行收费,适合对时间要求严格、传输数据量比较大的业务,如 IP 电话、视频会议、FTP(File Transfer Protocol,文件传输协议)数据传输等。

(3)505 紧急呼叫业务。FBB 船站能够通过短号码“505”向 RCC 直接发起语音呼叫,为没有装配 GMDSS 设备的船舶提供免费遇险报警业务。

2. 基于 FBB 系统的 Fleet Safety 业务

2018 年 5 月,IMO 正式认可 Inmarsat 系统的 Fleet Safety 业务为 GMDSS 提供服务。Fleet Safety 业务可满足船舶遇险报警、接收 MSI 信息、语音报警和常规通信等 GMDSS 功能要求。Fleet Safety 业务的硬件组成主要包括 FBB 船站、海事安全终端(MST,Maritime Safety Terminal)等。MST 是 Fleet Safety 业务的核心组成部分,FBB 四种终端设备都可与之连接,其外观如图 9-7-3 所示。MST 能够实现下列 GMDSS 具体业务功能:

(1)遇险报警:通过 MST 终端上的专用遇险报警按钮或专用语音遇险报警按钮,可自动生成并发送一个遇险等级的报警电文或语音呼叫至与 Fleet Safety 业务关联的 RCC。

(2)遇险交谈(Distress Chat):遇险船舶可通过 MST 终端加入遇险交谈专用网络,同 RCC 或遇险船舶周围 MST 终端船舶用户进行搜救协调通信。

(3)MSI 信息接收和查询:MST 终端具有 MSI 信息的自动接收能力,因关机而错过的 MSI 信息可利用 MST 终端通过 Inmarsat 海上安全业务服务器查询。

图 9-7-3　MST 终端

(4)优先级信息发送:MST 终端可实现船对岸、岸对船两个方向上的遇险、紧急或安全等级信息的发送,具体包括医疗援助、医疗咨询、搜救协调信息和气象报告等。

第十章
搜救卫星系统及EPIRB

GMDSS 全面实施后，遇险船舶发出的报警信息由海岸电台或者卫星地面站接收后，通过通信网络传送到搜救协调中心（RCC），收到报警的搜救协调中心运用通信网络迅速进行信息分发和协调指挥搜救工作，从而最大限度地降低海难损失，保障海上人命和财产安全。可见，遇险报警是否迅速有效，海事搜救工作能否顺利展开以及用于报警或搜救的通信网络是否畅通是关键。

第一节　GMDSS 搜救通信网

一、GMDSS 搜救通信网概述

GMDSS 搜救通信网络承担着海上遇险安全通信的功能，主要由地面通信网和卫星通信网相互结合构成，如图 10-1-1 所示。为了在 GMDSS 中充分发挥两个网络相互配合的优势，各搜救协调中心（RCC）按照《1979 年国际海上搜寻救助公约》的要求，由国际海事组织统一规划建立了相互连接的通信线路。RCC 之间的通信线路，既可以使用专用线路，也可以使用公众交换网，但是要求网络的组织结构要足够灵活，以便能够在搜救区内协调、组织各种形式的国际合作的搜救工作，并能够适应其他搜救区在组织架构及搜救设施配备方面可能存在差异的情况，甚至能够适应某些特定区域不能提供设施或者无人承担搜救职责的最坏情况。除此以外，每个 RCC 同与其相关联的海岸电台、海事卫星地面站和 COSPAS-SARSAT 任务控制中心（MCC）之间也要求建立迅速、高效的通信线路。除上述互联互通的陆地网络外，卫星通信领域近年来也有众多新技术被引入或者即将被引入 GMDSS。2018 年，航行、通信与搜救分委会第 5 次会议（NCSR5，Sub-Committee on Navigation，Communication and Search and Rescue）接受了将铱星视为 GMDSS 卫星服务提供商的提案；我国北斗导航系统加入 GMDSS 的申请也已经被国际海事组织正式受理，国际海事组织航行、通信与搜救分委会对其开展系列评估。在我国，除了运行上面提到的北斗系统外，位于北京的中国交通通信信息中心卫星地面站作为遇险安全通信的接续地面站之一，通过专线与中国海上搜救中心实现互联。中国海上搜救中心不仅可以及时、准确、完整地收到交通通信信息中心卫星地面站投递的遇险安全信息，还可以利用通信网络进一步向各地搜救中心分发信息并协调、组织搜救工作。

在 GMDSS 中，紧急无线电示位标（EPIRB，Emergency Position Indicating Radio Beacon）是一种启动后能够自动发射无线电遇险信号的信标，也是 GMDSS 的重要遇险报警装置之一。国际海事组织要求，适用于所有从事国际航行的客船和 300 总吨及以上的货船，除专门航行在 A1 海区的船舶可用 VHF EPIRB 替代外，都必须配备卫星 EPIRB。但是，在 GMDSS 现代化进程中，VHF EPIRB 将被停止使用。总之，目前 406 MHz EPIRB 在船舶上被广泛装配使用，并在海上遇险报警和搜救活动中起着越来越不可替代的作用。

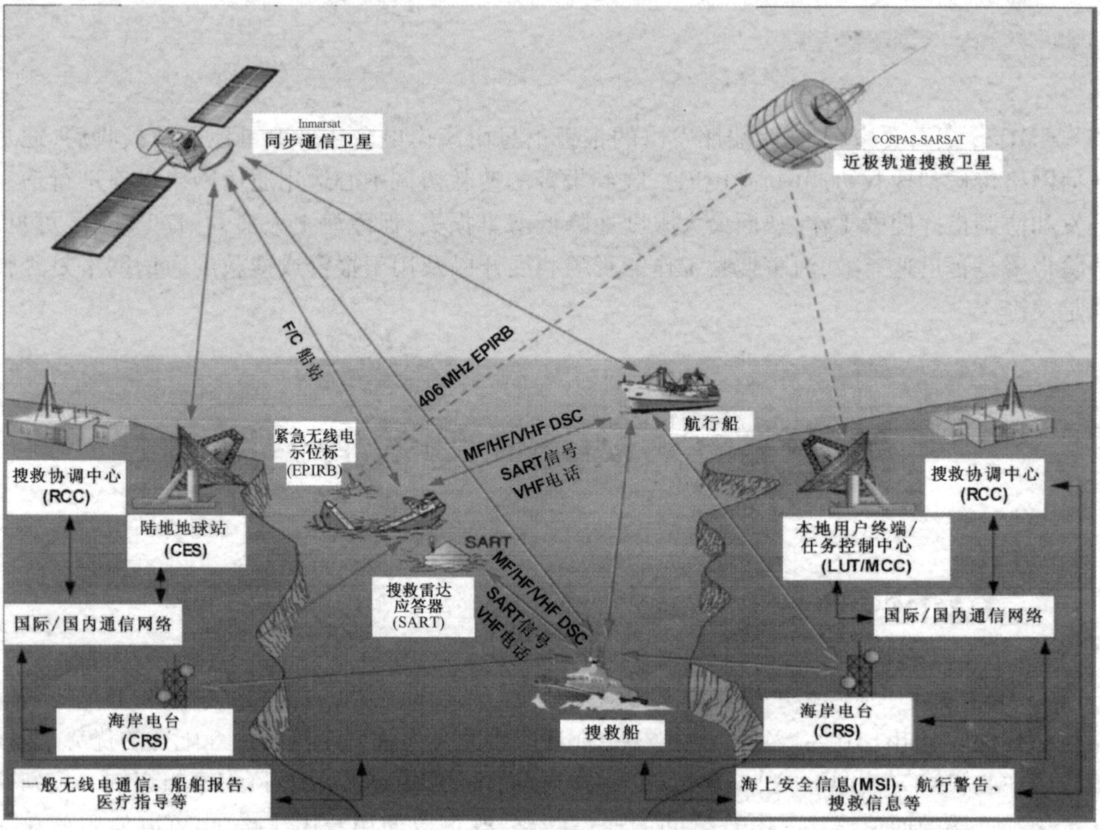

图 10-1-1　GMDSS 搜救通信网组成

二、搜救协调操作流程

搜救行动应在能够提供帮助的各搜救主管部门的协调下完成。地面系统和卫星系统的搜救协调工作程序是存在区别的。

如果船舶利用地面系统设备报警，距离报告事故地点最近的海岸电台应对遇险报警给予收妥确认。如果该最近的海岸电台因故没有应答，则收到报警的其他海岸电台应予以收妥确认。给予报警收妥确认的海岸电台在将其责任移交之前必须与遇险船沟通并保持有效的通信,同时,海岸电台应把报警信息转发给与其相关联的 RCC。如果船舶利用船舶地球站报警,则需选择报警的陆地地球站,该陆地地球站收到报警后会直接把报警信息转发给与之相关联的 RCC;如果使用卫星 EPIRB 进行报警,则报警信息经卫星转发至本地用户终端 LUT,再通过 MCC 的处理和协调,最终转发给 RCC。

一个报警信号可能被多个海岸电台或陆地地球站收到,但与第一个给出收妥确认的海岸电台相联系的 RCC,或与遇险者所选择的报警陆地地球站相关联的 RCC 才是负责组织协调的 RCC。若事故发生地不在本 RCC 救助区内或本 RCC 地理位置不利于搜救,则除非有另外一个地理位置更利于救助的 RCC 来承担责任,否则第一个 RCC 仍应承担起全部后续的搜救协调工作。若有多个海岸电台给出收妥确认但是无法确定哪个 RCC 为第一个,则相关的 RCC 之间必须尽快地商定出由哪个 RCC 承担搜救协调工作,以便对事故做出最迅速的响应。搜救通信流程如图 10-1-2 所示。

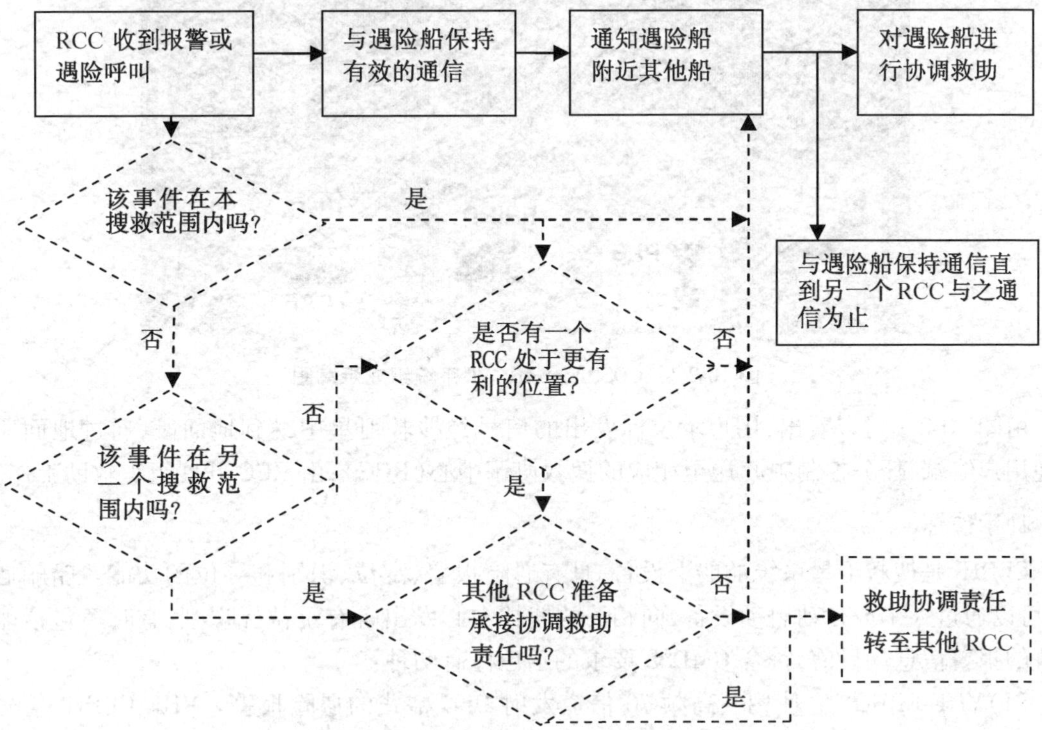

图 10-1-2　搜救通信操作流程

第二节　COSPAS-SARSAT 系统

COSPAS-SARSAT 系统是 1982 年由加拿大、法国、美国和苏联等联合开发的全球卫星搜救系统,其中 COSPAS(Space System for Search of Vessels in Distress)是苏联开发的搜救遇险空间系统,SARSAT(Search and Rescue Satellite-Aided Tracking)是加拿大、法国和美国开发的基于搜救卫星辅助的跟踪系统。COSPAS-SARSAT 系统于 1988 年被 IMO 采用,目前有 43 个国家和组织参与该系统的运行和管理。该系统承诺免费无歧视地为全球范围内的海、陆、空用户将遇险报警及定位信息发送给搜救机构。实现这个目标的方法是,船舶配备 406 MHz EPIRB,遇险时自动或人工启动 EPIRB 发出报警信号,系统的卫星接收并转发遇险报警信息到地面系统,最终送到遇险用户所在区域的 RCC,使遇险者得到及时有效的救助。

一、COSPAS-SARSAT 系统组成

COSPAS-SARSAT 系统由用户示位标、空间段、本地用户终端(LUT,Local User Terminal)和任务控制中心(MCC,Mission Control Center)组成,如图 10-2-1 所示。

图 10-2-1　COSPAS-SARSAT 系统组成示意图

由图 10-2-1 可以看出,用户示位标发出的信号经搜救卫星中继到地面段,通过地面段的本地用户终端、任务控制中心送至相应的搜救协调中心(RCC),由 RCC 开展组织救助工作。

1. 示位标

EPIRB 是搜救卫星系统的船上设备,具有遇险报警、定位、识别和寻位的功能。船舶遇险时,可以通过人工或自动启动设备,向相关的搜救中心发出含有示位标识别,有时还包括船舶位置的报警信息。目前,符合 GMDSS 要求的示位标有两种:

(1)VHF EPIRB,它使用甚高频 70 信道发射 DSC 格式的遇险报警。VHF EPIRB 信号不经过卫星转发,属于地面通信系统,仅能够配备到航行在 A1 海区的船舶上。目前 VHF EPIRB 设备已经从 GMDSS 中淘汰。

(2)工作在 406 MHz 通过 COSPAS-SARSAT 搜救卫星进行中继的 EPIRB,即 406 MHz EPIRB。有些 406 MHz EPIRB 还同时含有载频为 121.5 MHz 的寻位信号,用于航空搜救,但该信号非强制要求。

卫星示位标分为三种形式:航空用紧急示位标(ELT,Emergency Locator Transmitter),船用紧急无线电示位标(EPIRB),陆用个人示位标(PLB,Personal Locator Beacon)。

2. 空间段

在 COSPAS-SARSAT 系统中,搜救卫星的主要作用是实现信号变频、存储,然后将信标信

号转换到 1 544.5 MHz 的下行频率向地面转发。

搜救卫星包括三种：第一种是在近极轨道上运行的卫星，称为低高度极轨道卫星；第二种是在地球同步轨道上运行的卫星，简称同步轨道卫星；第三种是中高度地球轨道卫星，例如 GPS 卫星、GLONASS 卫星等。因此，根据搜救卫星的不同，COSPAS-SARSAT 系统也划分为低高度极轨道卫星搜救系统 LEOSAR（Low-altitude Earth Orbit System for Search and Rescue）、同步轨道卫星搜救系统 GEOSAR（Geostationary Search and Rescue）和中轨道卫星搜救系统 MEOSAR（Medium-altitude Earth Orbit Satellite System for Search and Rescue）三个分系统。由于 MEOSAR 技术正处于发展阶段，方便起见，相关内容主要在本章第三节讲述。

（1）LEOSAR 空间段

目前，LEOSAR 系统由 5 颗卫星组成，即 Sarsat-10、Sarsat-11、Sarsat-12、Sarsat-13、Cospas-14。LEOSAR 卫星运行在近极轨道，卫星高度为 700～1 000 km，装有 406 MHz 搜救载荷。低高度极轨道卫星的运行周期约为 100 min，卫星运行速度为 7 km/s，覆盖直径约为 6 000 km 的圆形区域，该区域称为卫星共视区，随着卫星绕地球旋转，在地面上形成宽约 6 000 km 的带状覆盖区域，如图 10-2-2 所示。使用低高度卫星的优点：需要较低的下行链路发射功率，较为明显的多普勒频移，缩短绕行一周的时间，能够覆盖地球的两极。

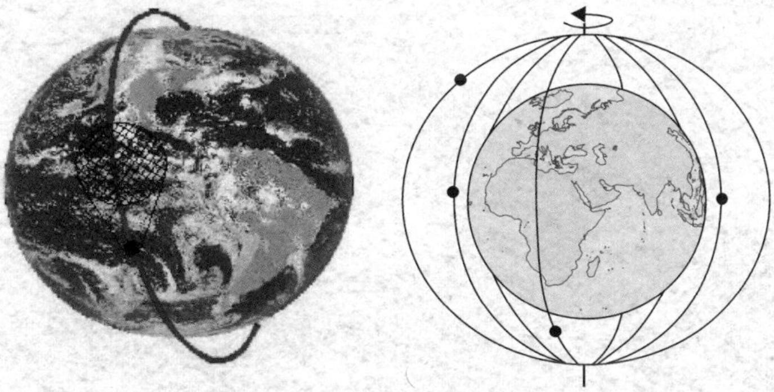

图 10-2-2 LEOSAR 卫星轨迹

从地面上看，一颗卫星飞过的时间大约为 15 min。因此，对遇险目标来说，存在着一定的等待时间。同时，由于地面上 LUT 的分布有限，只有那些和 LUT 处在同一个卫星共视区内的遇险目标才能实现实时报警，而其他区域的报警将会出现一定的延时。另外，基于多普勒技术的定位需要对物标进行跟踪和计算，也进一步延长了获取船舶位置信息的时间。因此，目前开始使用地球同步卫星实现对信标信号的实时转发，以消除卫星的等待时延。

（2）GEOSAR 空间段

截至 2021 年 2 月，GEOSAR 空间段有 9 颗同步轨道卫星处于完全工作状态。同步轨道卫星装有 406 MHz 转发器，卫星位于 36 000 km 高的静止轨道，分别由美国、印度、欧洲气象组织和俄罗斯提供，在轨、测试和备星共 16 颗。图 10-2-3 所示为 GEOSAR 卫星星座的示意图。目前，GEOSAR 空间卫星已经覆盖除两极地区以外的广大地区。图 10-2-4 为 GEOSAR 卫星的覆盖图。

由同步轨道卫星构成的 COSPAS-SARSAT 搜救分系统（GEOSAR）作为低高度极轨道卫星搜救系统的补充，具有以下特点：

①能够实现南、北纬 76°之间的实时报警，提高了报警的时效性。

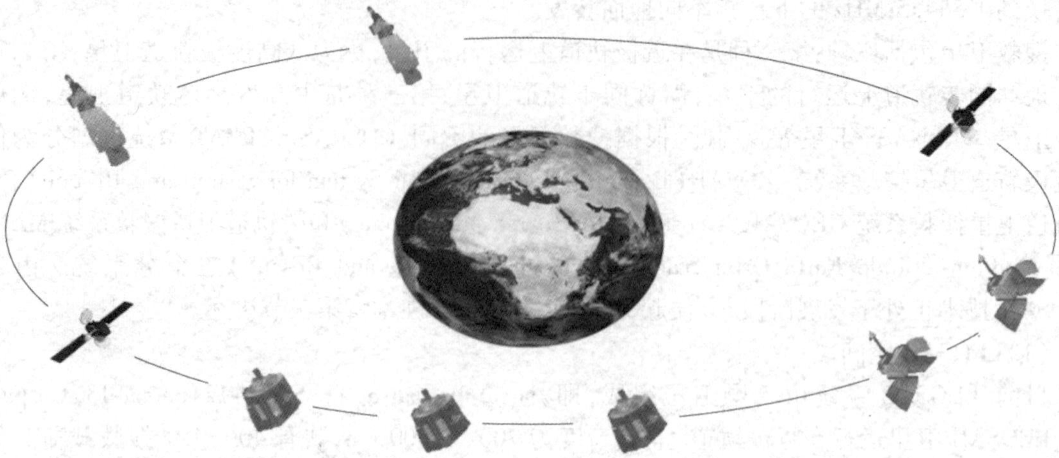

图 10-2-3　GEOSAR 卫星星座示意图

②示位标需要导航设备提供位置信息。因为卫星和示位标之间无相对运动,因而不能利用多普勒频移原理对报警信标进行定位。

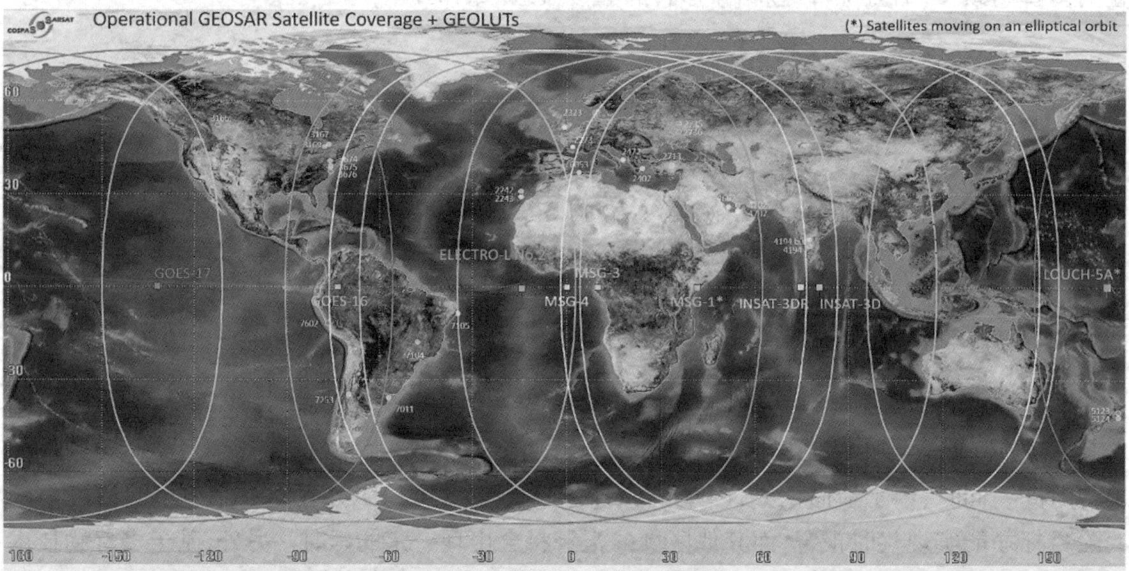

图 10-2-4　GEOSAR 卫星覆盖图

3. 地面段

地面段由区域用户中心(也称本地用户终端 LUT)、任务控制中心 MCC 和搜救协调中心 RCC 组成。

(1)本地用户终端

本地用户终端实际上是系统的地面接收站,目前有两种形式:一种是低高度极轨道卫星的地面接收站(LEOLUT),另一种是静止轨道卫星的地面接收站(GEOLUT)。

①LEOLUT

LEOLUT(LEOSAR Local User Terminal)系低高度极轨道卫星搜救系统的地面接收站,接收并处理 406 MHz 信号。LEOLUT 计算遇险报警示位标位置,同其他的遇险报警信息(包括遇险报警示位标的识别信息）一并转发给 MCC。全部的 406 MHz 数据在每次通过的几分钟内即可处理完毕。另外，LEOLUT 还实时地修正卫星的轨道参数。

②GEOLUT

GEOLUT（GEOSAR Local User Terminal）系静止轨道卫星搜救系统的地面接收站，接收并处理从静止卫星转发的 406 MHz 遇险报警信息，并能够实现在 406 MHz 频率上全天候的监听，没有报警延迟。报警 EPIRB 和静止卫星间没有相对运动，不能用多普勒频移来自动定位。因此，示位标需内装 GPS 或者外部提供位置信号，遇险报警发射时一并发出遇险位置信息。

（2）任务控制中心

任务控制中心 MCC 必须和本地用户终端相连，一个 MCC 至少要连接一个 LUT。MCC 的主要功能是：

①收集、整理、储存和分类从 LUT 与其他 MCC 送来的数据。

②在 COSPAS-SARSAT 系统内与其他 MCC 进行信息交换。

③过滤虚假报警，模糊值处理。

④把报警和定位数据分发到有关的搜救协调中心 RCC 或搜救联络点 SPOC（Search and Rescue Point of Contact）。

MCC 通过互联网络分发系统信息和报警数据。MCC 将把遇险信息转发到与其相关联的 RCC 或 SPOC。

截至 2021 年 7 月，全球已经建立了 57 个 LEOLUT 和 28 个 GEOLUT，共有 32 个 MCC 处于工作状态，LUT 的地理分布可以覆盖地球的大部分表面。北京建有一个 LEOLUT。目前中国境内没有 GEOLUT，但是可以通过 COSPAS-SARSAT 内容分发网络由其他的 MCC 转发给我国 MCC。

二、LEOSAR 和 GEOSAR 组合系统的工作原理

406 MHz 系统的主要优点是使用有限的几颗低高度极轨道卫星实现全球覆盖。但是，LEOSAR 系统不能连续覆盖，有报警延迟，这种延迟在赤道附近区域尤其突出，最大延迟近 2 h。GEOSAR 系统则在南、北纬 76°以内的地区提供了连续覆盖，没有报警延迟，接收到船舶的 406 MHz EPIRB 报警信号会立即转发给相关地面站。但是，GEOSAR 不能提供全球覆盖，南、北纬 76°以上地区是静止卫星的盲区。同时，LEOSAR 卫星和 GEOSAR 卫星都存在信号可能被遮挡的问题。因此，LEOSAR 和 GEOSAR 结合组成卫星搜救系统，有效地解决了系统的缺陷，使遇险用户的报警更快、更可靠地传送到 RCC 或者指定的搜救联系点 SPOC，从而进行及时有效的救助。

船舶在遇险时，人工或自动启动紧急无线电示位标发出遇险报警信号，由 LEOSAR 卫星或者 GEOSAR 卫星转发给本地用户终端 LEOLUT 或者 GEOLUT，然后经任务控制中心 MCC 将遇险报警信息转发至某一国家的救助协调中心 RCC 或搜救机构，开始搜救行动。当采用多普勒频移的方式确定示位标位置时，其定位精度一般在 2~3 n mile。

LEOSAR 系统有两种工作模式：

（1）本地工作模式：当 LUT 和示位标同时都在卫星的视区内时，卫星接收 406 MHz EPIRB 示位标的信号，测出多普勒频移，形成数字信息，实时转发给卫星视区内的 LUT。这种工作模

式叫作本地工作模式。

(2)全球覆盖工作模式:当 LUT 和示位标不同时在卫星的视区内时,卫星接收 406 MHz EPIRB 示位标的信号,测出多普勒频移,形成数字信息,先存储在卫星上,等到一个 LUT 出现在卫星视区内时,再转发给卫星视区内的 LUT,这种工作模式叫作存储转发模式,因系统靠这种工作模式覆盖全球,故又称全球覆盖工作模式。

低高度极轨道卫星对 406 MHz 示位标提供实时和存储转发两种模式。实际工作中 406 MHz EPIRB 实时模式和存储转发模式同时使用,一方面对覆盖区实时报警,另一方面同时延时报警定位。

三、406 MHz EPIRB 设备

1. 406 MHz EPIRB 主要性能

COSPAS-SARSAT 406 MHz EPIRB 的主要性能要求如下:

(1)示位标启动后,每 50 s 发送一次,持续时间约 0.5 s,输出功率为 5 W 的含有数字编码信息的射频脉冲信号;调制方式为 G1B。

(2)工作温度:1 类信标为-40~+55 ℃,2 类信标为-20~+55 ℃;在 30 ℃温差范围内,允许示位标有 15 min 内的性能下降,也就是 15 min 后各项指标应恢复到标准值。

(3)最低工作寿命:示位标被启动后要求至少能工作 48 h。

(4)工作频率:目前,被 COSPAS-SARSAT 委员会批准使用的 406 MHz EPIRB 频率有 406.025 MHz、406.028 MHz、406.031MHz、406.037 MHz 和 406.040 MHz。

从性能指标规范要求看,大部分 406 MHz EPIRB 含有 121.5 MHz 信号发生器,在此频率上可发射引航信号(通常使用 50~100 mW 的低功率),作为国际标准频率,该信号可以被搜救飞机和地面台监测到,从而提高搜救效率。

EPIRB 电池容量为 48 h 以上,有效期一般为 4 年;静水压力释放器有效期为 2 年;示位标从 20 m 高落入水中不损坏,在 10 m 深水处,至少能保持 5 min 而不进水。

406 MHz EPIRB 信号的帧格式包括载波恢复、位同步、帧同步、格式标志和报文内容五个部分,如图 10-2-5 所示。报文格式有短格式和长格式之分,由一个比特的格式标志来标识。

当格式标志为“0”时,表示后面的报文内容为短格式(每帧包含 112 bit 数据);当格式标志为“1”时,表示报文内容为长格式(每帧包含 144 bit 数据)。协议标志表示本示位标采用的协议是标准/国内/测试定位协议(协议标志为“0”),还是用户定位协议(协议标志为“1”)。报文内容中应急码共 6 bit,分为海事应急码和非海事应急码。在海事应急码中,第一比特表示是否输入了应急码(“0”表示未输入应急码,“1”表示手动输入了应急码),第二比特表示启动方式(“0” 表示只能手动启动,“1”表示可以手动启动也可以自动启动),后四比特表示遇险性质。由 IMO 定义的海上应急码对应的遇险性质见表 10-2-1。自 2003 年开始,遇险性质增加了人员落水和海盗袭击。通常示位标的识别是预先注入的,其他数据由内置或外置导航仪自动注入并更新。

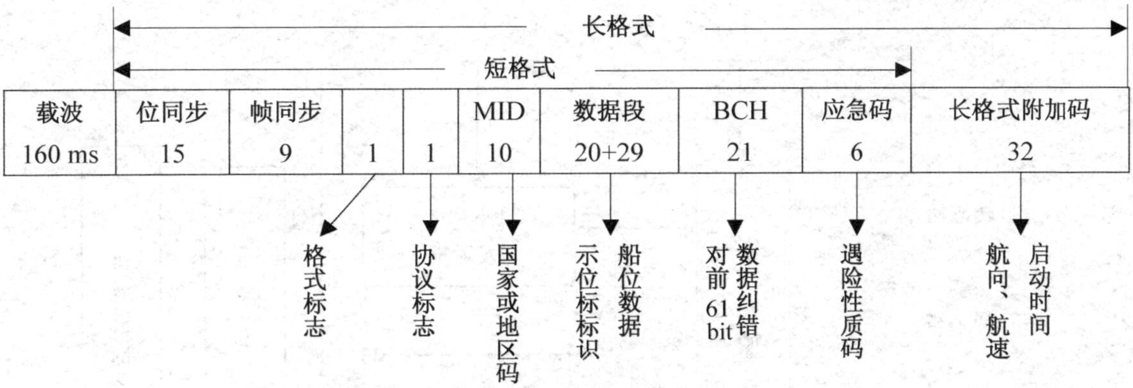

图 10-2-5 406 MHz 示位标信号帧格式

表 10-2-1 IMO 定义的海上应急码表示的遇险性质

IMO 代码	码元	遇险性质
1	0001	火灾/爆炸
2	0010	浸水
3	0011	碰撞
4	0100	搁浅
5	0101	倾斜
6	0110	正下沉
7	0111	失控/漂流
8	0000	没指明遇险的性质
9	1000	弃船
10	1001~1111	备用

另外,根据 MSC. 471(101)决议,成员方如果在 2022 年 7 月 1 日或以后安装的 406 MHz EPIRB 设备,还应该满足或者不低于下述新增性能要求:

(1)EPIRB 内置 GNSS,增加全球导航卫星系统(GNSS)定位信号发射功能;

(2)EPIRB 内置 AIS,增加船舶自动识别系统(AIS)信号发射功能;

(3) EPIRB 传输信号的技术特征和报文格式应符合 COSPAS-SARSAT 系统文件 C/S T. 001 或 C/S T. 018 的要求;

(4)对于 121. 5 MHz 寻址信号,传输占空比应不少于 50%(1. 125 s 开,1. 125 s 关),而且如果高于 50%,开启时间应延长至超过 1. 125 s,而关闭时间进行相应的缩短。

2. 406 MHz EPIRB 的电路组成

406 MHz EPIRB 由电池供电单元、主控单元、信号收发单元和释放机构四个部分组成,如图 10-2-6 所示。

(1)电池供电单元

EPIRB 的工作主要靠电池供电。EPIRB 的规范要求,示位标被启动后至少应工作 48 h,因此,示位标中通常使用高性能的锂电池,电路的其他各个部分要选用低功耗的元器件,以减

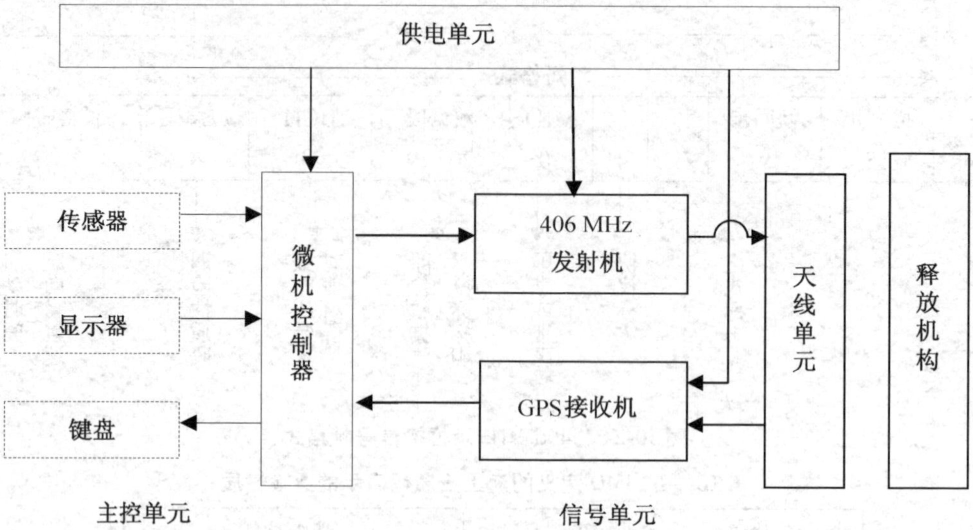

图 10-2-6　EPIRB 组成框图

少非工作状态下的电能消耗。不同的示位标的电池工作特性有所不同,但都需要定期检查维护、定期更换。

(2)主控单元

主控单元包括微控制器和传感器部分。其中,微控制器是 EPIRB 的控制中心,负责所有信息的处理以及控制命令的发出。在微控制器内部的寄存器中,可以完成来自外部导航设备船位信息的存储和更新,也可以写入船舶的识别码、协议标志和注册信息等编码信息。传感器主要是指压力传感器,实时测量环境参数,并传递给微控制器,由微控制器根据环境参数做出相应的判断,以实现自动启动。

(3)信号收发单元

信号收发单元包括 406 MHz 的信号发射机、频率合成单元、功率控制单元和天线单元等。其中频率合成单元为发射单元提供高稳定度的频率,以产生发射信号的载波频率;发射单元主要完成对基带信号的编码调制,并在调制后进行带通滤波,以除去杂波干扰;功率控制单元对发射功率进行控制,使其满足示位标要求的发射功率。当发生紧急情况时,示位标通过自动或人工启动,存储在寄存器中的船位、船舶识别码和注册信息等经过编码后由发射天线发射出去。EPIRB 的天线通常采用外置或内置的全向天线。

(4)释放机构

释放机构是用来保证遇险时示位标能自动或手动脱离船体的部件。通常 EPIRB 的释放机构为带有静水压力释放器的浮离式支架(或存放盒)。

如果示位标的存放盒或安装支架是浮离式的,则该示位标可以自动启动。具体是指当船舶遇险,船体下沉到一定深度后(一般为 2~4 m),由压力传感器测得海水静压力,释放机构自动启动,示位标脱离支架(或存放盒),浮出水面,开始发射报警信号,所以自动启动式示位标需要安装在没有遮挡的暴露场合处。当然,自动启动式示位标通常也可以手动启动。手动启动是指人为地将示位标从安放支架上或存放盒中取出,手动启动示位标的遇险报警功能,使示位标开始发射遇险信号。

示位标的大致结构是：上半部为电子电路及天线，下半部为电池和控制开关（控制开关主要分水敏开关、磁性开关和水银开关三种）。两个部分之间用密封圈套住，在外壳的两部分之间有一层密封垫圈，以保持良好的水密性，避免被海水浸湿。通常，示位标都带有意外操作防护装置，用来防止意外启动。示位标的结构外壳具有足够高的强度，以便在遇险时可以将其直接抛入水中。为了醒目，外壳通常涂成橘红色，顶部有闪光灯，通常还带有反射光圈，白天依靠较强的日光反射，使搜救者容易发现目标，夜间闪光灯闪烁，使其在很大范围的海面上可见，闪光灯电源由光敏开关控制，白天能自动关闭。另外，示位标上还附有一根系绳索，通常用于弃船后将 EPIRB 绑到救生艇筏上，或者落水者牵引 EPIRB 用（注意，绳索不能捆绑在船体上）。

四、EPIRB 的放置、启动和测试的方法和要求

SOLAS 公约要求，自 1993 年 8 月 1 日起，所有船舶配备自浮式 406 MHz EPIRB。船用 EPIRB 用 406 MHz 发射机发射遇险报警信号。部分 EPIRB 发射 121.5 MHz 信号作为搜救飞机的引航信号（Homing Signal）。

在船舶突然遇险必须马上弃船且来不及发遇险报警的情况下，应首先考虑人工启动 406 MHz EPIRB 发出报警，或者选择将它带到救生筏上并启动报警。如果确实没有时间进行人工启动，当船沉入水下 2~4 m 时，EPIRB 自动被释放，浮出水面，进行遇险报警。如果确信能够及时得到遇险救助，建议不要启动 EPIRB。为了方便理解，下面以英国的 Mcmurdo E3 406 MHz EPIRB 为例来阐述紧急无线电示位标的使用和安装。

1. Mcmurdo E3 406 MHz EPIRB 的使用

图 10-2-7 所示为 Mcmurdo E3 406 MHz EPIRB 实物，实践工作中该示位标经常被简称为 E3 示位标或者 E3。E3 是第三代船用紧急无线电示位标，配备一个完全密封的自浮的外罩，在不打开外罩的情况下也可以自测。一旦从外罩中被释放并浸入水中后，它会自动启动发射报警信号，也可以手动从外罩中取出人工启动。当按住自检按钮（TEST）时，设备会进行自测，并给出相应的自检结果指示。

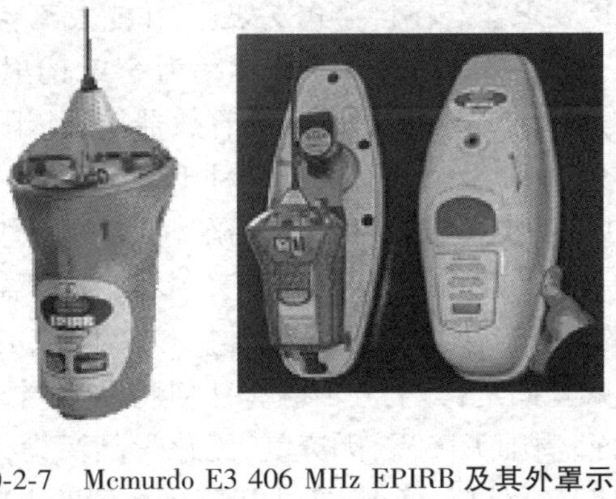

图 10-2-7 Mcmurdo E3 406 MHz EPIRB 及其外罩示意图

（1）自动启动模式

该示位标属于自浮式。一旦船舶遇险下沉，示位标随船沉入水中后，在沉到水下 4 m 之前，E3 就会自动从外罩释放出来，浮出水面，与此同时水敏开关遇水导通，示位标就会闪烁并开始自动发射求救信号。

(2)人工启动模式

有时船只遇险但未马上沉没,需要进行人工操作发射求救信号。在人工操作模式下,需要拔掉外罩上方的金属插销,打开外罩,取出示位标,撕下开关护板上的白色封条,将其推到左边位置,按住"ON"开关直至示位标闪光灯闪烁,表示示位标已开始工作,如图 10-2-8 所示。

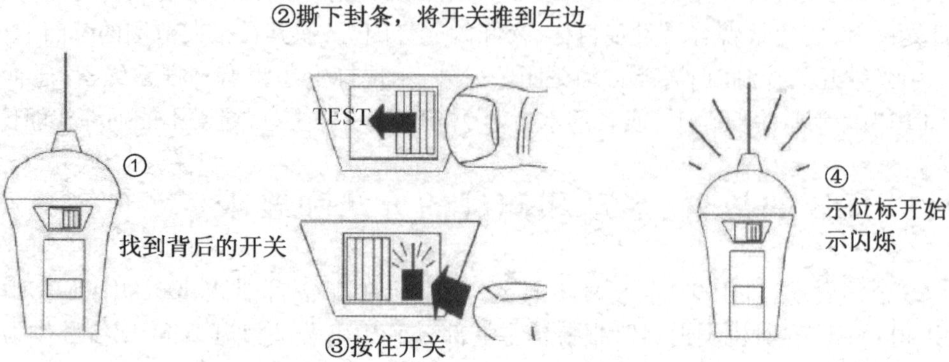

图 10-2-8　Mcmurdo E3 人工启动

(3)自测试

Mcmurdo E3 设计成不用打开外罩即可进行自检,方法是通过外壳上的透明弹性膜按住"READY"开关 10 s,红光闪烁 4 s 表示测试开始,接着白光闪烁 3 次,表示自检通过,一切正常。当然也可以打开外罩,直接按"READY"开关进行自检,步骤如上所述。松开"READY"开关,自检停止。每三个月对设备进行自测试一次,并将结果记录在电台日志上。不建议过于频繁地自检,这样可能会导致电池耗电过快。

(4)停止发射

在自动启动状态下,把示位标从水中捞出,擦干即可。如果人工启动,则把黑色的开关推向右边,按住"READY"开关一下,即可停止发射。

2. EPIRB 的安装

船上的 406 MHz EPIRB 要求安装在自浮式支架上,并能人工启动和自动启动。EPIRB 示位标启动后,每 50 s 发射一次,持续时间约 0. 5 s,功率为 5 W 的射频脉冲信号。EPIRB 的电池使用年限一般为 4 年。自浮式支架上的静水压力释放器使用年限一般为 2 年。

如果船舶需要配备 EPIRB,应及时向有关机构注册。注册的内容需要在注册卡上标明,主要包括装船 EPIRB 的出厂序列号,船舶的国籍、船东、船名等信息。如果注册的内容有任何变更,应及时通知注册机构,比如:船东变更,EPIRB 丢失、被盗等,需要及时通知注册机构。

406 MHz EPIRB 安装的地点应便于接近,方便维护和人工启动;一般水平或垂直安装在驾驶台两侧或驾驶台顶部,用螺丝固定,其上方不应有任何物品遮挡,以便于在紧急情况下示位标能够不受阻挡地浮至水面;周围无障碍,无废气,无化学品污染,无机械冲击,无海浪冲击。以 E3 EPIRB 为例,安装时应打开外罩,确保 E3 主机正确放置并卡紧在其位置上,防止其左右摇动,脱离磁性开关的控制。

五、安装、使用 EPIRB 的注意事项

我国已有相当数量的船舶配备了紧急无线电示位标。为加强设备的管理,防止发生误报警,使 EPIRB 设备发挥应有的作用,应注意以下问题。

(1)EPIRB 设备安装前,各船舶所属公司的通信导航管理部门应认真核对所装设备与船舶相关的数据是否一致;做好电池失效期、释放器更换期等有关数据的记录工作。

(2)EPIRB 应安装在靠近驾驶室并易于到达的位置,并张贴明显的标志,设备周围及其上方应避免有碍设备取出和自浮释放的物体。

(3)EPIRB 设备安装后,船长应组织全体船员学习有关使用规定和注意事项。船长、驾驶员必须了解和熟练掌握该设备的性能结构、操作规程及试验方法。

(4)电池和释放器的有效期要经常查看,到期前应及时报告,申请安排换新,换新后的电池、释放器要标明有效期。

(5)EPIRB 设备属救生无线电报警设备。当船舶处于危急状况,严重危及船舶和人命安全时,在船长指示下或相关操作人员主动请示船长批准后方可启动。严禁无关人员随意触动设备及其附属设施。任何违反操作规程造成的误报警发射都要及时取消误报警。

六、对 EPIRB 的检查和维护保养要求

(1)EPIRB 设备应急状态下的操作使用及设备在船上的日常维护工作一般由 GMDSS 操作员负责。

(2)EPIRB 要注意电池和静水压力释放器的有效期,及时做好准备与更换工作。

(3)对不同类型的设备,分别按不同的方法进行试验和检查其工作情况。对于带试验开关的设备,将开关转至“TEST”位置,试验指示灯应闪亮或点亮。每季度由 GMDSS 操作员对设备进行一次试验。试验时,应按产品说明书自测试程序进行,防止由于操作不当造成的误报警发射,并将试验情况填入船舶电台日志,该项试验方法应作为交接班的一项内容。

(4)确认其安装位置及方法是否满足设备安装要求。所有示位标安放位置的上方不应存在妨碍示位标自动浮起的物体。做系绳用的浮力短索,其布置应能防止在浮离时被缠在船舶结构上。

(5)检查贴于设备外部的简短说明,原电池的失效日期和编入发射器的识别码是否清晰可见,设备上的反光材料是否完好,是否具有制造厂、型号、编号、出厂日期的铭牌以及船用产品检验标志。

(6)在各地海事部门或验船师登船检查时,GMDSS 操作员应在场,并给予必要的协助。

(7)EPIRB 每年都要进行年度无线电检验。EPIRB 检测应由船检机构认可的单位进行,使用专用检测设备测出示位标的编码、发射频率等,出具检测和维护报告时,应附上认证单位的资质证书复印件,船上应保留相应的报告备查。

七、防止 EPIRB 设备误报警及误报警后的正确处理方法

1. 防止 EPIRB 误报警

统计数据表明，由示位标产出的遇险警报大约 90% 为误报警。现代的示位标都有海水开关，而在恶劣的海况或暴雨的环境下海水使开关启动的情况并不少见，往往是因为示位标在安装盒里没有放好而造成故障。以 E3 为例，为了避免误启动，示位标外罩里有一块隐藏的磁铁，使 E3 处于关闭的状态，如果 E3 没有正确放置在支架上并盖好外罩，磁铁便不能正常起作用，海水或雨水就可能启动海水开关。两重开关保护和合理放置将 E3 误启动的可能性减至最小。最简单的预防措施便是确保 E3 被正确地放置好。

2. 取消 EPIRB 误报警

如发现 EPIRB 误报警，应立即向本洋区的 RCC 报告，通过电话或电报取消误报警。

电传取消 EPIRB 误报警格式：

TOP URGENT

TO：RCC

FM：MASTER OF M/V（SHIP'S NAME/MMSI）

DD：DATE AND TIME

SUBJ：CANCEL A FALSE DISTRESS ALERT

MY SHIP'S EPIRB GENERATED A FALSE DISTRESS ALERT IN PSN LAT... LONG... AT... UTC，PLEASE CANCEL，NOW MY SHIP CONDITION IS GOOD. TKS

MASTER

第三节　中轨道卫星搜救系统

目前，COSPAS-SARSAT 发展了中轨道卫星搜救系统（MEOSAR），主要利用美国 GPS、我国北斗等导航卫星接收和转发示位标的报警信号。由于这些卫星在 19 000~24 000 km 的高度绕地球运行，属于中高度地球卫星，因此搜救卫星系统的这一组成部分被称为中轨道卫星搜救系统（MEOSAR）。MEOSAR 系统将同时具有 LEOSAR 和 GEOSAR 系统的优点，即具有通过发送报警信号定位和通过信标独立定位的功能。总之，应用 MEOSAR 中轨道卫星搜救系统，实现高精度、无延迟、全天候、全球覆盖，无论何时何地发生的遇险报警，都能在第一时间得到有效处理。

MEOSAR 空间段将由 70 多颗中轨道卫星组成，主要来自美国 GPS、欧洲 GALILEO 和俄罗斯 GLONASS，未来还有中国的北斗加入。MEOSAR 系统提供了相对较大的覆盖区，卫星相对于地面位置有足够快的相对运动，将允许使用多普勒测量来协助确定遇险信标的位置。MEOSAR 将具有现有的 LEOSAR 和 GEOSAR 系统的所有优点，包括近瞬时检测、识别和 406 MHz EPIRB 的定位。

2020 年,我国在北京建成了中轨道卫星搜救系统的地面接收站 MEOLUT 及任务控制控制中心系统 MCC,使遇险报警信息处理更快捷、更高效。现在,我国已经能够接收和处理低轨、中轨、高轨卫星搜救载荷转发的报文。

一、MEOSAR 搜救系统工作原理

对于没有装有 GNSS 的示位标,利用卫星和地面位置的相对运动,测出多普勒频移,并将信号转发到地面站(MEOLUT)。MEOLUT 计算出示位标的位置,将信息发送给 MCC;对于装有 GNSS 的示位标,示位标位置信息和遇险信号通过中高度卫星直接转发到地面站(MEOLUT),由 MEOLUT 直接解算出示位标位置信息,再将信息发送给 MCC。MCC 将信息收集整理发送给 RCC。另外,收到报警信号的 MEOLUT 会通过伽利略导航卫星发送一个反向链路的传输信号通知发送遇险信号的示位标停止发送遇险信号。

具体工作过程如下(如图 10-3-1 所示):

(1)启动遇险示位标,发出遇险信号。

(2)卫星转发。示位标将定位信号或定位数据通过卫星转发到本地用户终端(MEOLUT)。

(3)MEOLUT 对转发信号进行处理后得出示位标的位置,生成报警并转发到任务控制中心 MCC。

(4)任务控制中心 MCC 收集、存储和分类从 MEOLUT 和其他 MCC 接收到的数据,并将报警分发给相关的搜救协调中心(RCC)。

(5)搜救协调中心 RCC 启动相应的紧急情况响应,部署救援工作。

(6)MEOSAR 系统还有另外一个附加功能,它能通过伽利略导航卫星发送一个反向链路的传输信号,这将给下一代示位标用户提供遇险信号已经收到的确认信息。

MEOSAR 完全部署后的目标是:95%的时间内定位精度在 5 km 内,10 min 内确定信标位置。72 颗 MEOSAR 卫星位于中轨道高度。采用近瞬时信标信号检测技术,这种技术与 LEOSAR 相比平均快 46 min。使用多个信号脉冲减少响应时间,以提高定位计算的速度和精度。基于多天线系统和 MEOLUT 网络,具有接近 100%的可靠性。通过伽利略卫星返回链路信号可以确认接收到遇险信号并停止发射遇险信号。

MEOSAR 具有以下益处:

遇险人员:通过返回链接服务,缩短等待帮助和确认遇险报警已收到的时间。

搜救小组:尽可能早获得高精度的搜索区域坐标,减少搜索时间,增加救援时间。

政府机构:更有效的任务规划和更短的救援总时间。

二、MEOSAR 示位标

目前在 COSPAS-SARSAT 中使用的 406 MHz 卫星示位标都能够在 MEOSAR 系统中使用。图 10-3-2 所示是 Kannad SafePro AIS EPIRB,是一种集 406 MHz、121.5 MHz、GNSS 和 AIS 为一体的示位标。SafePro AIS EPIRB 与 MEOSAR 兼容,完全满足 MEOSAR 系统的要求。SafePro AIS EPIRB 拥有多个 GNSS 接收器,包括 GPS、GALILEO 和 GLONASS,能够提供全球覆盖范围

和更快、更精确的位置检测。装有 GNSS 的 406 MHz EPIRB 能够加快救援速度,将进一步缩短救援时间,满足海事客户的长期需求。Kannad SafePro AIS EPIRB 还可以接收伽利略卫星的返回链路信号,为示位标用户提供遇险信号已经收到的确认信息。

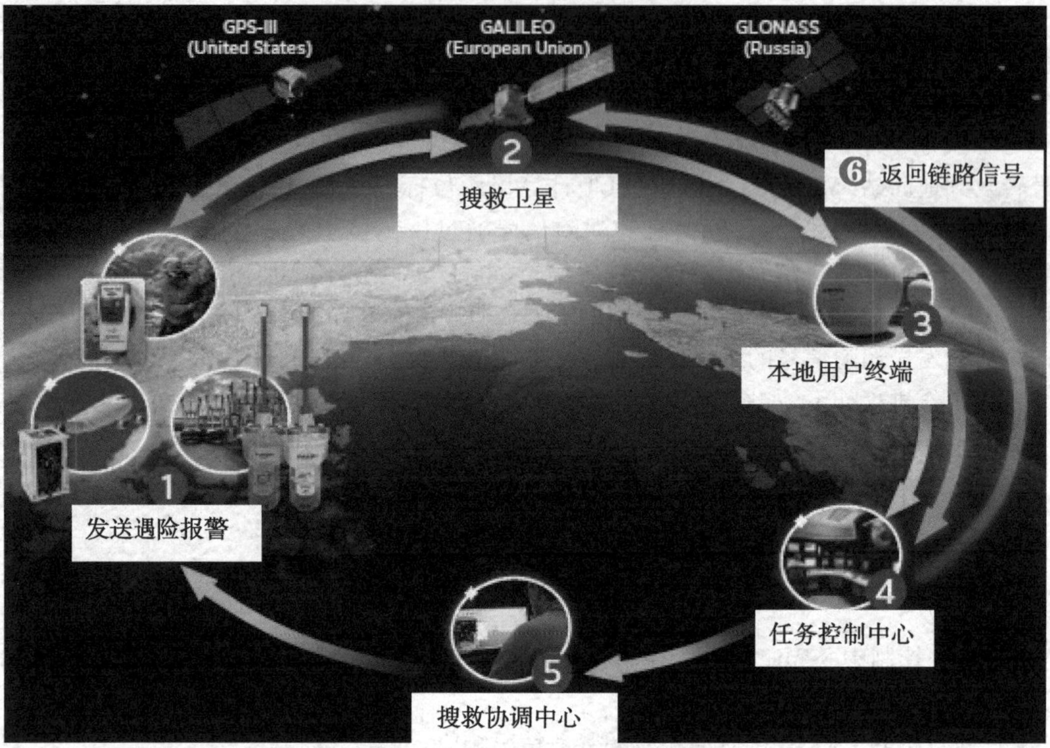

图 10-3-1　中轨道卫星搜救系统流程图

图 10-3-2　Kannad SafePro AIS EPIRB

第四节 我国的搜救系统

GMDSS 已于 1999 年 2 月 1 日全面实施。在我国,按照 SOLAS 74/88 公约的要求,所有公约船均如期安装了新的通信设备,岸台(站)的改建和搜救通信网的建设也已完成,并不断完善。1989 年,为了与国际海上搜救工作接轨,根据《1979 年国际海上搜寻救助公约》的要求,国务院、中央军委联合发文,在交通部(现交通运输部)建立"中国海上搜救中心",负责全国海上搜救工作的统一组织、协调和搜救情况的掌握与上报,各省级搜救中心在省、自治区、直辖市人民政府和军区的领导下开展工作,业务上受中国海上搜救中心的指导,日常工作由部海事局承担。2005 年,为加强我国应对海上突发事件应急工作的能力,增进国务院各相关部委和军队在海上搜救工作上的协调配合,国务院批准建立了由交通部(现交通运输部)牵头的国家海上搜救部际联席会议制度,指导全国海上搜救和船舶污染应急反应工作;明确中国海上搜救中心作为国家海上搜救的办事机构,负责组织、协调、指挥重大海上搜救和船舶污染事故应急处置行动,指导地方搜救工作;考虑到我国海岸线长(约 18 000 km)、海上环境和救助条件变化较大的特点,在每个设有 DSC 系统海岸电台所在地的海事局设置了救助分中心 RSC。中国 RCC 除了与国外 RCC 经国际公网相连外,还与北京地面站以专线相连,各 RSC 处均设有 DSC/NBDP/SSB RT 或 DSC/RT 控制台,并分别与所在地的海岸电台以专线或专网方式相连,各 RSC 间、RSC 与 RCC 间以及 RCC/RSC 与搜救单位间均以 PSTN 和专网相连,构成了我国的搜救通信网。

在卫星搜救系统方面,我国于 1994 年加入了 COSPAS-SARSAT 系统,在北京的交通运输部大楼内建设了卫星搜救本地用户终端(LUT)和搜救任务控制中心(MCC),负责对中国服务区的实时覆盖和报警数据的处理和分配。

目前,我国版图上有三套搜救系统:

北京系统——北京的 LUT 服务区覆盖除我国台湾地区以外的所有陆地和大部分海域。

香港系统——香港的 LUT 由香港特别行政区海事处负责运行和管理,其服务区覆盖北京系统无法覆盖的我国南部海域和岛屿。

台湾系统——台湾的 LUT 由台湾地区的民航部门管理,其服务区覆盖全部台湾岛和环岛的周边海域。

北京系统的建设采用了国际上先进的技术和设备,可以同时分别跟踪两颗卫星,并对卫星下行信号进行实时处理;同时还可以对 406 MHz 信标信号进行延时处理。MCC 可以通过电传、传真、X. 25、航空固定电信网等方式连接国际通信网。当北京 MCC 从本地的 LUT 或其他 MCC 收到报警数据后,首先要根据报警数据判断遇险位置是否在自己的服务区内,如果在服务区内,则立即把报警信息发给中国海上搜救中心;如果遇险位置不在服务区内,则将报警数据发往自己所属的西北太平洋数据分配区(North West Pacific DDR)的节点任务控制中心(日本 MCC),再由节点任务控制中心把相应的数据转发给离示位标最近的 MCC,以便更好地进行搜救行动。

我国海上搜救力量主要由军队部门、中央有关直属部门和地方部门及专业救助力量,以及各港口、企事业单位和航行于我国水域的大量商船和渔船组成。任何参与搜救的救助力量由负责该搜救责任区的省级搜救中心统一组织、协调。参与搜救的军用船只、飞机由军队派出机关实施指挥,同时接受省级海上搜救中心的现场统一协调。专业救助力量主要为交通运输部救助打捞局,它是中国唯一的一支国家海上专业救助打捞队伍,承担着对中国水域发生的海上事故的应急反应、人命救助、船舶和财产救助、沉船沉物打捞、海上消防、清除溢油污染及其他为海上运输和海上资源开发提供安全保障等多项使命,同时,也代表中国政府履行有关国际公约和海运双边协定的义务。中国救捞系统下设北海、东海和南海三个救助局,烟台、上海和广州三个打捞局,以及北海第一、东海第一、东海第二和南海第一等四个海上救助飞行队,在沿海建立了一个比较完整的立体救捞网络。目前,中国救捞系统共有员工近万人,其中专业技术人员、潜水员和船员占 80%以上;在中国沿海水域设有 24 个救助基地以及 19 支应急反应救助(分)队,担负救助值班待命任务;近 210 艘船,其中专业救助船近 80 艘,打捞船 130 余艘;24 架救助航空器,确保海上一旦发生险情便能够及时出动并实施有效救助。

现在,中国沿海主要城市还开通 12395(谐音为:要岸上救我)公众海上险情报警电话,进一步提高了海上搜救的快速反应能力。总之,我国的搜救体系正在日渐完善,在国际上扮演着越来越重要的角色,中国救捞也已经成为世界上实力最强的专业救助力量之一。

第十一章
地面系统通信业务

地面通信系统主要指 MF/HF 和 VHF 无线电通信系统。通过该系统可以实现 DSC 呼叫，包括常规呼叫和遇险、紧急、安全呼叫，可以实现船船、船岸之间的无线电传通信，以及船船、船岸间的 SSB 或者 FM 无线电话通信。地面通信系统已经服务航海事业逾百年，在卫星通信技术蓬勃发展的今天，该系统在沿岸、近洋，尤其是 A4 海区海事通信领域，仍然发挥着难以替代的作用。

第一节　水上移动业务识别

水上移动业务识别(MMSI，Maritime Mobile Service Identify)是一种 9 位识别码，主要由国家主管机关分配给船舶电台和海岸电台在 DSC 和 NBDP 通信中相互识别身份时使用。根据 ITU《无线电规则》的相关规定，在电话业务呼叫人工连接时也可以使用水上移动业务识别。水上移动业务识别主要包括船舶电台识别、船舶电台群呼识别、海岸电台识别和海岸电台群呼识别等。通常水上移动业务识别由设备安装人员利用技术手段写入终端设备。

一、水上识别数字

水上识别数字(MID，Maritime Identification Digits)是水上移动业务识别组成的一部分，由 ITU 分配用来表示为海岸电台、船舶电台分配 MMSI 的国家或地区。MID 由 3 位数字组成，第一位数字代表国家或地区所属的区域，其中“2”代表欧洲，“3”代表北美洲，“4”代表亚洲(不含东南亚)，“5”代表大洋洲和东南亚，“6”代表非洲，“7”代表南美洲；第二、三位数字代表国家或者地区的具体编号。例如，中国的水上识别数字是“412”，美国是“366”，英国是“232”等。在实际工作中，有时一个国家或地区会被分配两个或两个以上的水上识别数字，例如，中国、美国和英国还分别被分配了 413，367，233、234 和 235 等水上识别数字。有关具体分配情况，船舶操作人员可以查阅《无线电信号表》相关卷。

二、水上移动业务识别的组成

不同类型水上移动业务识别类型及组成见表 11-1-1。

表 11-1-1　水上移动业务识别类型及组成

类型		识别码组成	说明
船舶电台	选呼	MID $X_1X_2X_3X_4X_5X_6$	$X_1 \sim X_6$：船舶电台自身识别，可以是 0～9 的任何数字； 第一位的"0"是群呼业务标志
	群呼	0 MID $X_1X_2X_3X_4X_5$	
海岸电台	选呼	00 MID $X_1X_2X_3X_4$	选呼或者群呼时构成形式相同，但是具体号码不同； $X_1 \sim X_4$：海岸电台自身识别，可以是 0～9 的任何数字； 前两位的"00"是海岸电台业务标志
	群呼	00 MID $X_1X_2X_3X_4$	

例如：一个美国船舶电台的识别是"366$X_1X_2X_3X_4X_5X_6$"；
一个中国船舶电台的识别是"412$X_1X_2X_3X_4X_5X_6$"；
一个英国船舶电台的识别是"232$X_1X_2X_3X_4X_5X_6$"；
上海海岸电台的 9 位水上移动业务识别码是"004122100"；
大连海岸电台的 9 位水上移动业务识别码是"004121300"等。

第二节　数字选择性呼叫业务

一、常规呼叫频率的划分和使用

1. 常规呼叫频率

ITU 在中频（415～526. 5 kHz、1 605～2 850 kHz）、高频（4 000～27 500 kHz）和甚高频（156～174 MHz）波段上为海事通信分配了一系列常规呼叫专用频率，通过这些频率船岸之间可以实现诸如海事控制、商业、非商业和公众业务呼叫。通常 MF 和 HF 的常规呼叫频率应该成对使用。在特殊情况下，国内业务可以通过单一的频率完成。如果在多个频率上收到相同的呼叫，应答时应该选择最适当的频率。进行 VHF-DSC 呼叫时，应该使用单一的 VHF 频率（156. 525 MHz）。

常规呼叫频率分为国内呼叫频率和国际呼叫频率。海岸电台呼叫船舶电台时应首选国内呼叫频率，次选国际呼叫频率，只有在确定船舶电台没有值守相关国内频率的情况下，才可以使用国际呼叫频率呼叫。而船对岸的呼叫更适合在海岸电台值守的国内频率上完成。

船舶在海上航行时,应该守听相关海岸电台适当的国内和国际呼叫频率。各海岸电台具体值守的国内和国际呼叫频率,由各国主管机关根据海岸电台负责的海域情况、ITU《无线电规则》的规定等进行分配。实际工作中船舶无线电操作人员可查阅最新版的《无线电信号表》第Ⅰ卷或《海岸电台表》获得信息。表 11-2-1 给出了 ITU 划分的船舶与海岸电台之间常规 DSC 呼叫的国际频率。

2. 常规呼叫频率的使用

由表 11-2-1 可以看出,中频波段船岸电台之间可使用的 DSC 呼叫频率只有两对;高频波段船岸电台之间可使用的 DSC 呼叫频率有很多,呼叫时需要根据通信距离及电波传播特点,具体选定一对合适频率;甚高频波段只有一个呼叫频率,是 156. 525 MHz,即 VHF 70 信道。这个信道既可以用于遇险、紧急与安全呼叫,也可以用于常规呼叫。

当船舶电台之间进行 DSC 呼叫时,只有两个频率可用,即 2 177 kHz 和 156. 525 MHz。

表 11-2-1 常规 DSC 呼叫国际频率

波段	船舶电台	海岸电台	船舶电台	海岸电台	船舶电台	海岸电台
中频/kHz	458. 5	455. 5				
	2 189. 5	2 177. 0				
高频/kHz	4 208. 0	4 219. 5	4 208. 5	4 220. 0	4 209. 0	4 220. 5
	6 312. 5	6 331. 0	6 313. 0	6 331. 5	6 313. 5	6 332. 0
	8 415. 0	8 436. 5	8 415. 5	8 437. 0	8 416. 0	8 437. 5
	12 577. 5	12 657. 0	12 578. 0	12 657. 5	12 578. 5	12 658. 0
	16 805. 0	16 903. 0	16 805. 5	16 903. 5	16 806. 0	16 904. 0
	18 898. 5	19 703. 5	18 899. 0	19 704. 0	18 899. 5	19 704. 5
	22 374. 5	22 444. 0	22 375. 0	22 444. 5	22 375. 5	22 445. 0
	25 208. 5	26 121. 0	25 209. 0	26 121. 5	25 209. 5	26 122. 0
甚高频/MHz	156. 525	156. 525				

二、常规业务的呼叫程序

1. 海岸电台呼叫船舶电台

(1)呼叫

海岸电台呼叫船舶电台时有两种呼叫种类:常规呼叫(Routine Call)和船舶业务呼叫(Ship's Business Call)。按照常规,船舶与营运公司应该在船舶开航之前约定航行途中通信时主要经由的海岸电台,届时船舶电台根据船舶位置选择守听不同的海岸电台。当陆地用户试图通过海岸电台联系船舶时,根据自己掌握的船位情况选择不同的海岸电台,然后向海岸电台提供被叫船舶的船位、水上移动业务识别和可能守听的频率等信息。有时海岸电台可能要求其他更合适的海岸电台协助联系被叫的船舶电台。

一般来讲,海岸电台每次只能在一个频率或者信道发送呼叫,只有在个别情况下,才可以一次在多个频率上发送同一个呼叫。在同一个频率上，海岸电台可以连续发送两次呼叫，但是两次呼叫之间至少应该有 45 s 的间隔，以便接收被叫船舶电台的应答。船舶电台只有在收到需要应答的呼叫时才可以发送应答序列，海岸电台一旦收到船舶电台同意进行后续通信的应答序列，即转入后续通信程序。如果第二次呼叫之后，被叫电台仍然未应答，应该在 30 min 后在同一个频率重复呼叫，也可以在 5 min 后换其他频率重复呼叫。当海岸电台呼叫船舶电台，并且需要对方和自己进一步完成电话、电传等后续通信时，一般需要在其呼叫序列中给出建议的工作频率。

必要时，海岸电台在上述两次呼叫序列发送之后，可以使用“呼叫尝试”的方式进一步呼叫。一个呼叫尝试中可以包含多达五次在多个频率上完成的呼叫发射，尝试时各个呼叫之间至少保持 5 min 的间隔。必要时，电文中的后续通信频率需要根据呼叫波段的不同而改变。当被叫电台不予应答时，通常在 15 min 之后进行进一步的呼叫尝试；同一个呼叫尝试 24 h 之内不应该重复超过 5 次；一个呼叫尝试占用频率总时长不应该超过 1 min。

（2）船舶电台接收呼叫

船舶电台收到呼叫后，呼叫序列会被存储并以适当的方式显示是常规呼叫还是船舶业务呼叫。如果被叫的船舶电台没有装备自动应答的 DSC 设备，当收到的呼叫需要应答时，操作员需要在收到呼叫之后至少延迟 5 s，但是最迟应在 4 min 30 s 之内给予应答。如果操作员不能在 5 min 之内应答呼叫，也可以启动船叫岸的方式主动呼叫海岸电台。如果船舶电台装备了自动应答的 DSC 设备，当收到的呼叫需要应答后，高频和中频设备将在 30 s 之内，甚高频设备将在 3 s 之内自动启动应答程序。

无论船舶电台能否满足海岸电台在呼叫序列中提出的通信请求，均应对呼叫序列应答并在应答序列中表明本台能否进行后续通信。正常来讲，海岸电台呼叫船舶电台时应该在呼叫序列中给出后续通信的频率及使用的业务。如果海岸电台的初始呼叫序列中没有关于后续工作频率及业务的信息，船舶电台可以在应答序列中给出建议。操作员提供建议性频率时一定要仔细查阅该海岸电台在《无线电信号表》第 I 卷中公布的相关资料。

一旦被叫船舶电台能够满足海岸电台的通信请求，发送的应答序列也被对方成功收妥，本次 DSC 呼叫即结束。倘若船舶电台的应答序列没有被对方成功收妥，海岸电台可能重新启动呼叫程序，届时船舶电台也需要启动新的应答程序。

2. 船舶电台呼叫海岸电台

船舶电台按照下面的格式编辑呼叫电文：

- 选择呼叫格式符
- 编辑被叫地址
- 选择呼叫种类
- 选择遥指令
- 填写后续通信将使用的频率
- 在自动、半自动连接时插入申请连接的电话号码
- 要求对方给予应答，即插入适当的结束符

船舶根据自身的船舶位置从《无线电信号表》中选择适当的、海岸电台正在值守的一个频率进行先期守听。当频率上没有其他呼叫时，船舶电台发送自己的呼叫序列，发送之后在手动连接的情况下，船舶电台至少应该等待 5 min，在半自动、自动连接的情况下分别等待 5 s 和

25 s 之后,才可以转换接收机频率,否则对方应答时本台收不到。当海岸电台没有应答时,如果在同一或另一 DSC 频率上重复呼叫,船舶电台需要等待 5 min 之后再进行;如果该重复仍未收到应答,进一步的呼叫尝试应至少延时 15 min,这样可以尽可能减少频率占用率。

海岸电台在通信频率没有被占用的情况下,收到呼叫之后,在人工连接的情况下会至少延迟 5 s,但是最迟要在 4 min 30 s 之内,或者在自动、半自动连接的情况下 3 s 之内将发出应答序列。同时需要注意:

(1)如果海岸电台能够利用呼叫序列中建议的工作频率与船舶电台通信,应该在应答序列中复述呼叫序列中的工作频率、遥指令等信息;

(2)如果呼叫序列中没有给出建议性的工作频率,或海岸电台不能使用船舶电台的建议频率,会在应答序列中建议船舶电台后续的工作频率;

(3)如果海岸电台不能满足船舶电台的通信请求,应在应答序列中给出否定性信息,并且利用第二遥指令给出关于通信的补充信息。

人工连接时,在上述第二种情况下,收到应答的船舶电台如果无法使用海岸电台建议的工作频率,应该马上呼叫海岸电台表明自己无法使用建议的工作频率。海岸电台应答时应该再次建议工作频率或者同意船舶电台初始建议的频率。一旦双方就后续通信达成一致意见,DSC 通信即宣告结束。

3. 船舶电台呼叫船舶电台

船舶电台呼叫船舶电台的操作方式与船舶电台呼叫海岸电台相同。具体操作时,可以把被叫船舶电台看作海岸电台。

第三节　窄带直接印字电报业务

一、NBDP 识别码与应答码

1. 选择性呼叫码

每一个装配了窄带直接印字电报设备的船舶电台或者海岸电台都具有一个唯一的选择性呼叫码(SelCall Number,Selective Calling Number),在通信中起到识别身份的作用。

根据 ITU 的《无线电规则》,船舶电台的选择性呼叫码是 5 位数字,海岸电台的选择性呼叫码是 4 位数字。这种号码依靠号段来识别分配号码的国家或者地区,例如:中国大陆分配的船舶电台选择性呼叫码号段是 19700~20199;中国大陆分配的海岸电台选择性呼叫码号段是 2010~2019。

船舶电台选择性呼叫码可以在 ITU 出版的《船舶电台表》中查得。海岸电台选择性呼叫码既可以在 ITU 出版的《海岸电台表》中查到,也可以在《无线电信号表》中查到。例如,广州海岸电台选择性呼叫码为 2017,香港海岸电台选择性呼叫码为 1480。

GMDSS 实施以后,一些国家和地区又在 NBDP 业务中开始使用前面讲述的 9 位水上移动业务识别。例如，上海海岸电台同时兼容“2010”和“004122100”两个号码，通信时船舶电台可任选其一。鉴于目前两者在 NBDP 业务中同时存在，为了阐述方便，本书在涉及 NBDP 识别时，一律使用“识别码”一词，对上述两个专业名词不再加以区分。

2. 电传应答码

为了确保操作员能够正确连接到船舶电台、海岸电台或者陆地用户，通常要求收、发双方在电传通信链路建立的初始阶段交换电传应答码，以进行身份的识别。每一个电传终端设备都拥有唯一的应答码，该码通常通过菜单或指令“写入”设备。这种应答码对于 NBDP 终端而言就是“NBDP 应答码”。

海岸电台、船舶电台和陆地用户的电传应答码格式略有不同，如表 11-3-1 所示。

表 11-3-1　电传应答码的构成

海岸电台	NBDP 识别码+海岸电台名称缩写+国籍/地区代码
船舶电台	NBDP 识别码+船舶电台呼号+ X
陆地用户	识别码+公司识别+国籍代码

表 11-3-1 中“X”是水上移动业务标识。例如，“1480 HKGRDO HK”为香港海岸电台的 NBDP 应答码；“19719 BTBM X”为某船舶电台的 NBDP 应答码；“860528 DMU CN”为中国某陆地用户的应答码。

在实际 NBDP 通信中，识别信息（本台呼叫码和对方应答码）会在电传通信终端上显示，详见后面的通信实例。

二、NBDP 常规业务呼叫程序

船对岸 NBDP 常规通信通常包括：呼叫前准备、通信呼叫、发送报文和结束通信四个环节，其中呼叫前准备和通信呼叫是最重要的两个环节。

1. 呼叫前准备

（1）查阅相关资料

船舶无线电操作人员根据当时的船位、电波的传输特性、陆上用户所在的国家等情况，通过查阅《无线电信号表》《海岸电台表》等资料，确定本次呼叫可选用的海岸电台、频率、NBDP 识别码等信息。

实际工作中，为了方便海岸电台与本船联系，当船舶驶入海岸电台覆盖范围时，也可以使用“FRQ”指令向海岸电台发送一份在未来一段时间内，本船舶电台将执行的值守计划。海岸电台一旦需要联系船舶电台，即可以根据值守计划在约定好的时间和频率上呼叫船舶电台。船舶电台可以人工应答，也可以自动应答。第三章阐述了船用 SSB 发射机自动天线调谐器的工作原理，自动天线调谐器为船舶在无人值守的情况下自动应答海岸电台的呼叫提供了关键技术支撑。有关“FRQ”等通信指令的内容可以参考表 11-3-2。

（2）收/发信机的准备

操作员根据查阅的信息，设置收/发信机工作种类、频率、识别码等，调谐收/发信机，做好呼叫准备。

(3)编辑报文

在 NBDP 终端上编辑并存储通信报文。

2. 利用 NBDP 发出呼叫

(1)工作模式的选择

NBDP 通信有自动请求重复(ARQ)和前向纠错(FEC)两种工作模式,在模式选择时应注意两点。

①两个电台进行通信时,应尽量使用 ARQ 模式。但若被叫船舶电台的发射机丧失工作能力或者发射机不允许开启(如船舶靠泊或者处于通信受到限制的区域),或者对方处于无人照料的接收状态,而且报文发送后不需要对方予以收妥确认的情形下可采用 FEC 模式。

②一个电台向两个或者两个以上的电台发送信息时,需要采用 FEC 模式。

(2)ARQ 手动呼叫

①船舶电台呼叫海岸电台

首先,船舶电台利用数字选择性呼叫终端、无线电话或者其他手段,采用常规呼叫程序向海岸电台申请 NBDP 通信。这一过程中,双方需要交换 NBDP 通信的工作频率和识别码等信息。然后,海岸电台在双方协商确定的频率上与船舶电台建立通信。

②船舶电台呼叫船舶电台

可以参考上述船对岸的呼叫,将被叫台看作海岸电台即可。

③海岸电台呼叫船舶电台

海岸电台呼叫船舶电台时,通常是海岸电台把计划呼叫的船舶电台名称或者呼号等识别信息放入通报表,然后在《无线电信号表》上载明的时间和频率上对外广播,希望船舶主动联系海岸电台。还有一种方法就是利用数字选择性呼叫终端、无线电话或者其他的呼叫手段,采用常规的呼叫程序呼叫船舶电台,船舶电台按照前面阐述的船对岸呼叫方式联系海岸电台,建立通信。通报表的相关内容将在本章第五节阐述。

(3)ARQ 自动呼叫

①船舶电台呼叫海岸电台

船舶电台直接通过 NBDP 终端,在海岸电台的工作时间内和值守频率上呼叫海岸电台。海岸电台的设备检测到呼叫后,直接在海岸电台的发射频率上应答。随后,双方即可开始工作。

②海岸电台呼叫船舶电台

海岸电台直接通过 NBDP 终端呼叫船舶电台,船舶电台检测到呼叫后,可能马上应答,也可能稍后采取船对岸呼叫方式重新呼叫,代替应答。

无论是自动呼叫还是手动呼叫,呼叫完成后双方即可开始发送电文。在电文发送之前,发射台应该确保它的发射不会对正在进行中的通信产生干扰。暂时无法通信时,由双方协商再次通信的时间。通常当船、岸双方通信出现困难时,下一次呼叫往往由船舶电台发起;当船船之间通信出现困难时,由被叫船舶电台发起。

在前向纠错模式下,只要船舶电台接收机调谐到适当的频率上,就可以接收报文。

三、船至岸 NBDP ARQ 方式通信实例

下面以某船呼叫广州海岸电台为例，说明船至岸 ARQ 通信流程。

首先，查阅《无线电信号表》第 I 卷获得电台相关资料，包括台名、呼号、地理位置、联系方式、无线电话频率表和 NBDP 频率表等。具体查阅方法见第十六章。

然后，根据船舶所在地理位置、天气状况、时间、海岸电台当时值守的情况，选择适当成对频率，选择 F1B(或 Telx)模式，调谐收/发信机。

最后，手动启动呼叫。

呼叫过程如表 11-3-2 所示。

表 11-3-2　船至岸 NBDP ARQ 方式通信实例

船舶电台建立联系	
XSQ(广州海岸电台呼号)发送	“2017 XSQ CN”，自动索取船舶电台的应答码，并且发送“GA+”
船舶电台发送	“DIRTLX”，需要连接的陆地用户电传号码和一个“+”
广州海岸电台发送	“MOM”，表示稍等 被叫用户的电传号码 被叫用户的电传应答码 “MSG+?”，向船舶电台索取报文
船舶电台发送报文	
船舶电台和被叫用户交换应答码	
船舶电台发送	“KKKK”，清除陆线连接
广州海岸电台发送	“2017 XSQ CN” 船舶电台的应答码 日期和时间 被叫陆地用户电传号码 业务计费时间长度 “GA+”，提示船舶电台继续其他业务
船舶电台发出申请连接其他电传用户或者利用命令“BRK+”清除和海岸电台的无线连接	

海上 NBDP 通信经常涉及一些指令和缩语，常用指令及其含义见表 11-3-3。由于各海岸电台设备和软件的细微差别，通信指令会略有差异，具体可查阅《无线电信号表》第 I 卷。

表 11-3-3　NBDP 电传通信常用指令及其含义

指令	含义
BRK+	中断和海岸电台的无线连接
DIRTLXxy+	直接连接的电传业务：连接用户(x = 具有前缀“0”的国家码，y = 电传用户号码)
FREQ+	向海岸电台指明目前船舶电台正在值守的频率表
HLP+	向海岸电台索取命令列表

续表

指令	含义
MAN+	申请人工连接
MED+	申请无线电医疗业务
MRK+	请求海岸电台发送测试目的的音频信号
MSG+	请求对方发送电文
OBS+	发送船舶的气象报告
OPR+	将船舶电台连接到海岸电台的值机员处,在那里可以获得值机员的帮助
POS+	发送船舶的位置报告
SVC+	发送业务性信息,例如电文的收妥确认
TGM+	电文到达海岸电台以后,海岸电台以电报的形式投递电文
TLXxy+	存储转发的电传业务:连接用户(x = 具有前缀"0"的国家码,y = 电传用户号码)
TST+(TEST+)	请求发送测试电文
URG+	在遇险和安全通信时请求操作员帮助

第四节 甚高频和单边带电话业务

甚高频和单边带电话业务分公众业务和港口营运业务。本节重点介绍公众通信业务。

一、电台呼号与无线电话台识别

1. 电台呼号

电台呼号是由无线电管理部门指配给无线电台对外呼叫时使用的唯一的身份证明。按照规定应当使用呼号的无线电台站,必须使用指配的呼号。呼号必须由无线电管理机构或者无线电管理机构委托部门按规定进行指配,未经批准,任何单位和个人不得编制、使用电台呼号。在中国境内,为船舶指配呼号的单位是交通运输部。

电台呼号一般由英文字母、阿拉伯数字或地理名称等单独组合或相互组合而成。在电台管理中,不允许众多电台使用相同的呼号或不按规定使用电台呼号,否则会在通信识别身份时造成困难。

(1)海(江)岸电台呼号

- 两个字符和一个字母;或
- 两个字符和一个字母,后跟不超过三位数字(紧跟在字母后面的数字不能是 0 或 1)。

(2)船舶电台呼号

- 两个字符和两个字母;或
- 两个字符、两个字母和一位数字(数字 0 或 1 除外)。

只使用无线电话的船舶电台呼号也可以是:

- 两个字符(只要第二位是字母),后跟四位数字(紧接在字母后面的数字不能是 0 或 1);或
- 两个字符和一个字母,后跟四位数字(紧接在字母后面的数字不能是 0 或 1)。

(3)船舶救生艇(筏)电台呼号

母船的呼号后面跟两位数字(紧接在字母后面的数字不能是 0 或 1)。

(4)紧急无线电示位标呼号

字母 B 后面跟无线电示位标所属母船的呼号或只是无线电示位标所属母船的呼号。

(5)航空器电台的呼号

- 两个字符和三个字母

(6)航空器救生筏电台的呼号

- 航空器母体完整呼号后面跟随一位不是 0 或者 1 的数字。

2. 无线电话台的识别

(1)海(江)岸电台(包括港口话台和专用话台)

- 电台的呼号;或
- 港口地理名称后面加“RADIO”(台),或单位名称,或其他识别。

(2)船舶电台

- 电台的呼号;或
- 船舶的正式名称,与国外电台联系时,前面加“CHINESE VESSEL”。

(3)救生艇(筏)电台

- 电台的呼号;或
- 母船名称后面加两位数字。

为了识别船舶电台或者海岸的国籍身份,ITU 采用了类似号段的方法向各个国家或者地区主管机关分配呼号资源。中华人民共和国交通运输部指配的船舶电台呼号以字符“B”开头,后面再加 1 个字符和 2 位字母,例如大连海事大学教学实习船“育鲲”轮呼号为“BQHZ”,“育龙”轮呼号为“BTBM”;中国海岸电台呼号以 2 个字符“XS”开头,后面加 1 位字母,例如上海海岸电台的呼号是“XSG”,广州海岸电台的呼号是“XSQ”。

在实践工作中,船舶交管电台、搜救电台等多以(1)描述的方式加以识别。

(4)航空器电台识别

- 呼号前面加上一个单词表明航空器所有者,或者航空器的类型;或
- 与官方分配给该航空器注册标识一致的字符组合体;或
- 分配给该航空公司的一个单词,后面加以该航空器的识别数字。

二、常规呼叫频率及其使用

与 DSC 一样,在 MF、HF 及 VHF 的每一个波段上,ITU 专门划分了常规通信专用的呼

叫频率。

1. 常规呼叫频率

无线电话常规呼叫频率分国内呼叫频率和国际呼叫频率,具体呼叫频率由各国通信主管部门规定,实际通信中可查阅《无线电信号表》或者《江岸电台表》。表 11-4-1 给出了船舶电台与海岸电台间可以使用的常规国际电话业务呼叫频率。为了减轻海岸电台设备配备及值班守听的压力,这些频率既可以用于国际电话业务的呼叫回答,又可以用于遇险、安全通信。下面分波段阐述频率的使用。

表 11-4-1 常规国际电话业务呼叫频率

频率波段	船舶电台	海岸电台
中频	2 182 kHz	2 182 kHz
高频	4 125 kHz	4 417 kHz
	6 215 kHz	6 516 kHz
	8 255 kHz	8 779 kHz
	12 290 kHz	13 137 kHz
	16 420 kHz	17 302 kHz
	18 795 kHz	19 770 kHz
	22 060 kHz	22 756 kHz
	25 097 kHz	26 172 kHz
甚高频	156. 8 MHz	156. 8 MHz

2. 常规呼叫频率的使用

(1)1 605~2 850 kHz 波段的使用

2 182 kHz 是水上无线电话业务在 1 605~2 850 kHz 波段的国际遇险频率。除了遇险、安全通信之外,《无线电规则》规定,2 182 kHz 频率还可以用于常规国际电话业务的呼叫与回答,也可被海岸电台用来播发广播业务的引语,即在该频率发送引语信息,然后转到其他工作频率完成广播性业务,如气象预报、通报表等。

根据《无线电规则》的规定,在 1 606. 5~2 850 kHz 波段内 1 个或者多个频率上开放了公众业务的海岸电台,应该有能力在 2 182 kHz 频率上以 J3E、A3E、H3E 模式接收,以 H3E 和 J3E 模式发射。当船舶电台出于安全目的呼叫海岸电台时,可以采取 H3E 或者 J3E 模式。

海岸电台如果把 2 182 kHz 作为呼叫频率,通常在中频 1 605~2 850 kHz 至少应该再有一个非 2 182 kHz 的工作频率,并以 J3E 的模式发送信号。海岸电台的常规工作频率应该在《海岸电台表》中以粗体字印刷,如果还分配有备用频率,则以常规字印刷。海岸电台选择工作频率时,应该尽量避免和其他电台相互产生干扰。除了 2 182 kHz 之外,在本波段内,主管机关也可以为所属海岸电台分配其他频率用于呼叫与应答。

海岸电台不允许以纸带、磁带的形式发送识别信号占用无线电话频率。当海岸电台应船舶电台的请求发送测试性信号时,在该频率上发送测试信号的时长不能超过 10 s。

为了保证 2 182 kHz 上的遇险通信不受干扰,船舶电台应尽可能避免在该频率上进行其他呼叫,若必须在该频率上呼叫,则应在呼叫之前先行守听该频率,以确保当时没有遇险通信。

(2)4 000~27 500 kHz 频率的使用

船舶电台可以使用表 11-4-1 内船舶电台一列的频率进行无线电话呼叫。在频率 12 290 kHz 和 16 420 kHz 上的呼叫只允许往来于 RCC，而其替代频率 12 359 kHz 和 16 537 kHz 可以被船舶电台和海岸电台以单工的形式共同用于呼叫，但是峰包功率不允许超过 1 kW。

频率 4 125 kHz、6 215 kHz、8 291 kHz、12 290 kHz 以及 16 420 kHz 可以被船舶电台和海岸电台共同用于单工 SSB 无线电话遇险、安全通信。频率 4 125 kHz 和 6 215 kHz 还可以被船舶电台和海岸电台共同用于单工 SSB 无线电话的呼叫与应答，但是发射的峰包功率不允许超过 1 kW。4 125 kHz 和 6 215 kHz 不允许用于工作目的。

海岸电台可以使用表 11-4-1 内海岸电台一列的频率进行无线电话的呼叫。其中频率 4 417 kHz、6 516 kHz 可以被船舶电台和海岸电台共同用于单工 SSB 无线电话，但是发射的峰包功率不允许超过 1 kW。当出于这种目的使用频率 6 516 kHz 时只能限于白天。

自 2003 年 12 月起，频率 13 137 kHz 和 17 302 kHz 不再作为呼叫频率使用，其替代频率 12 359 kHz 和 16 537 kHz 可以被船舶电台和海岸电台用于单工 SSB 无线电话呼叫，但是发射的峰包功率不允许超过 1 kW。

当在频率 4 125 kHz、6 215 kHz、8 291 kHz、12 290 kHz 以及 16 420 kHz 上发射之前，无线电操作员需要先守听一段时间，以确保该频率上没有进行遇险通信。

为了有效地管理双工无线电话通信，除非在条件不允许的情况下，或者为了临时性的特殊目的，否则海岸电台和船舶电台的频率均应根据《无线电规则》的要求成对使用。

开放公众业务的海岸电台在其工作时间内，应该值守自己分配的呼叫与应答频率，呼叫与应答频率可以包括表 11-4-1 内的一部分或者全部。关于值守的具体情况，包括值守时间、频率和电台地理位置，操作员可以在《无线电信号表》第 I 卷中查阅。根据 ITU 的要求，各国主管机关应该鼓励所属的海岸电台和船舶电台尽量利用 DSC 技术进行呼叫与应答。

(3)156~174 MHz 频率的使用

由于甚高频波段的无线电波具有直线传输的特点，因此进行甚高频通信时要求收、发天线之间必须是无阻隔的。一般来讲，甚高频通信的作用距离为 25 n mile 左右。在海上实际工作中，许多通信是通过甚高频无线电话设备来完成的，如船舶的操纵避让、船舶的营运业务、船舶遇险时的现场通信等。

频率 156.8 MHz 除了用于遇险、安全通信之外，也可以作为甚高频波段的呼叫与应答频率。由于频率 156.8 MHz 在遇险、安全通信、呼叫与应答等方面的突出作用，国际上采取了多种措施保护该频率：要求在 156.8 MHz 频率上进行通信的时间不超过 1 min，以将其影响降低到最低限度；每次发射信号之前操作员必须守听一段时间，以确保该频率上没有正在进行的遇险通信；在频段 156.762 5~156.837 5 MHz（即 156.8 MHz±1.5×0.025 MHz）除了 156.8 MHz 之外，限制其他发射等。为了减少 156.8 MHz 频率的使用，ITU 指出，在 156~174 MHz 波段内，任何其他用于公众业务的信道，经过相关部门认可，都可以作为呼叫与应答信道使用；船、岸电台也可以使用任何一个工作信道作为呼叫与应答信道；把 156.8 MHz 作为呼叫频率的海岸电台，应该在 156~174 MHz 波段内至少使用一个其他频率作为工作频率；在甚高频波段内船舶电台的发射功率不超过 25 W。

在 156~174 MHz 波段，任何开放了国际公众业务的海岸电台，均能与船舶电台进行双工或者半双工通信,并在其工作时间内应该值守适当的频率,这些频率的值守情况应该在《海岸电台表》中加以说明。实际工作中,无线电操作员也可以查阅《无线电信号表》第Ⅰ卷。

港口营运业务应该严格限制在和船舶动态、船舶安全或者紧急情况下人员安全相关的通信,船舶动态业务应该严格限制在和船舶动态相关的通信,公众业务通信均不包含在上述业务范围之内。

船舶航行于提供国际海上移动 VHF 电话业务的海岸电台覆盖范围内时,应该值守 156.8 MHz 频率。如果船舶只装配了 VHF 无线电话设备,而没有 DSC 值守设备,则航行时应该保持值守 156.8 MHz。当船舶和港口电台或者提供船舶动态业务的海岸电台能够保持联系时,如果该电台正在值守 156.8 MHz 频率,则在相关主管机关有规定的情况下,可以只值守港口营运频率或者船舶动态业务频率。

三、常规呼叫程序

1. 船岸之间的呼叫

(1)初次呼叫与应答

虽然 IMO 和 ITU 积极推崇把 DSC 作为 GMDSS 中建立任何通信的标准技术,但是实际上时至今日真正把该技术运用到 NBDP、无线电话等业务常规呼叫的海岸电台仍然非常少。海事无线电话常规呼叫一般还是先在呼叫与应答频率上呼叫,然后双方转换到工作频率上面交换信息。当然,如果能够确定被叫电台正在值守工作频率,呼叫电台可以直接在工作频率上呼叫,这样可以尽可能减少不必要的发射。在呼叫与应答频率上的沟通格式如下:

- 被叫台呼号或者其他识别,不超过三次;
- THIS IS(或者 DE,读作 DELTA ECHO,当语言存在障碍时使用);
- 呼叫台呼号或者其他识别,不超过三次。

【初次呼叫与应答实例】

SHANGHAI RADIO SHANGHAI RADIO SHANGHAI RADIO

THIS IS (DE)

M/V YUKUN M/V YUKUN M/V YUKUN

但是,在 VHF 波段,在通信效果较好的情况下,沟通格式可做以下简化:

- 被叫台呼号或者其他识别,一次;
- THIS IS(DE);
- 呼叫台呼号或者其他识别,两次。

当船舶电台呼叫海岸电台,而该海岸电台同时值守多个信道时,船舶电台应该在自己的呼叫中指明呼叫时正在使用的信道号,以利于岸上值机员工作。一旦呼叫被对方应答,即表明双方建立了联系,在此后的信息交换过程中涉及双方呼号或者识别时,只发送一次即可,不需要重复。

(2)在工作信道上确认呼叫

通信双方电台在呼叫与应答频率上先期沟通之后,会在呼叫波段上另外选择一个频率完成信息的传递,这个频率一般是海岸电台的一个工作频率。对于海岸电台来讲,除了在《海岸电台表》《无线电信号表》中以黑体字印刷的常用工作频率之外,根据业务量不同,还经常会被分配一个或者多个备用工作频率。由于可能多个海岸电台共用一个呼叫与应答频率，为了减少相互干扰，除非进行紧急、简短的安全通信，在呼叫与应答频率上尽量不要进行常规通信。如果该海岸电台使用遇险、安全通信频率进行呼叫应答，常规通信是被严格禁止的。转换到工作频率后，双方需要再次联系，格式如下：

- 被叫台呼号或者识别，不超过一次；
- THIS IS(DE)；
- 呼叫台的呼号或者识别。

2. 船内通信

船内通信是指船员利用无线电话设备，在海事移动波段内进行的涉及船舶安全、操作和营运的通信。一般来讲，这种通信是通过 VHF 无线电话完成的。为了避免船舶之间的干扰，《无线电规则》为此专门规定了格式。

(1)主台呼叫

- 船名后跟随一个字母，例如 A 或 B 等，或者直接指明其身份，例如某船船尾，以此指明副台标识。船名和字母不超过三次。
- THIS IS，一次，指明呼叫台身份。
- 船名后面跟随单词“CONTROL”，指明呼叫台本身是主台。

【主台呼叫实例】

YUKUN ALPHA，YUKUN ALPHA，YUKUN ALPHA

THIS IS

YUKUN CONTROL，YUKUN CONTROL，YUKUN CONTROL

(2)副台呼叫

- 船名后面跟随单词“CONTROL”，不超过三次。
- THIS IS，一次，指明呼叫台。
- 船名后跟随一个字母，船名和字母不超过三次。

在实际呼叫中，更多使用“某轮驾驶台”“某轮船头”“某轮船尾”等分别替代相应的“CONTROL”“A”“B”。

3. 港口营运业务呼叫

对于试图进行港口营运业务的船舶，应注意：

(1)使用在 ITU《海岸电台表》中粗体印刷且标注用于港口营运业务或船舶动态业务的工作信道进行呼叫。

(2)若 VHF 16 信道上正进行遇险、紧急或安全通信，则可在 VHF 12 信道(156.6 MHz)或在 ITU《海岸电台表》中黑体印刷、用于港口营运业务的其他工作信道上建立通信联络。

(3)当开放港口营运业务的海岸电台与船舶电台在 VHF 16 信道上已建立联络时，船舶电台应指明其所要求的具体业务。例如，航行信息、靠泊计划或进港指南等。然后，海岸电台应指明信息交换使用的信道，最好用信道标志符指明。

4. 通信困难

如果被呼叫电台暂时没有能力马上接收信息，应答中应该附加“Wait . . . minutes”字样，或者以“AS”码语拼读的方式表明等候的时间。

【通信困难实例 1】

M/V YUKUN

THIS IS

DALIAN PILOT STATION

WAIT FIVE MINUTES.

OVER

但是如果等待时间超过 10 min,被叫电台应该给出推迟业务的理由,做出说明。当然,被叫电台也可以利用其他有效的方式向对方表明暂时无法处理业务。

当某个电台收到呼叫,但是不能确定指向自己时,应该等待对方重复呼叫直到听清楚时再予以应答,以免盲目占用无线信道。当某个电台收到指向自己的呼叫,但是无法确定呼叫电台的呼号、识别等信息时,可以马上请求对方重复呼号或者识别,例如:

【通信困难实例 2】

THE STATION CALLING M/V YUKUN

THIS IS YUKUN

PLEASE REPEAT YOUR CALL

OVER

四、手机与海事无线电话

航海人员必须注意,虽然有很多例子证明,手机通信在某些情况下有助于航海人员求生,但是从航海的角度上看,目前手机通信在海事范围内并不是一种理想的通信手段。其根本原因是海事无线电话通信主要是在 MF、HF、VHF 波段,基于调频、单边带及卫星技术实现,全球拥有一个完整规范、功能齐全的 GMDSS 通信网,且信号覆盖范围广。而手机无线电话利用的是主要服务于岸上用户的移动通信网,网络的覆盖范围主要在陆地。此外,两个通信网在很多方面目前还不能实现完整的衔接。例如,当航海人员在海上需要救助时,通过手机拨叫紧急业务往往获得的是岸上专业搜救部门的救援,但是岸上搜救部门无论是在专业技术上还是在设备方面都远不如专业的海上部门。此外,手机通信的特点是点对点通信,搜救信息很难被其他船只共享,救助效果往往较差。因此,当航海人员需要救助时,应该首先考虑通过 GMDSS 通信网,利用专业的海上报警及通信手段进行。

五、无线电话通信实例

无线电话通信业务种类较多,又涉及甚高频、高频、中频等不同的波段,呼叫和通信的格式也就不尽相同。下面以“育鲲”轮(YUKUN,呼号 BQHZ)利用甚高频无线电话呼叫广州海岸电台,通过该话台接通一个岸上电话为例,给出无线电话通信流程的具体实例。

首先,根据船舶当时所在位置,选择通信波段(甚高频、高频或者中频)及对应的工作模式(G3E 或 J3E)。波段不同,设备设置的工作模式不同:甚高频选择 G3E,高频或者中频选择 J3E 等。

然后,查阅《无线电信号表》第 I 卷,获得广州海岸电台无线电话业务相关资料,根据资料做分析和通信准备。假设船舶准备靠泊黄埔港，经查阅资料，得出该海岸电台正在值守的信道为 16、27 和 65 信道。为了减少 16 信道的使用，避免对 16 信道产生不必要的干扰，船舶电台首先直接到工作信道 27 或者 65 信道呼叫“Guangzhou Radio”。当发现难以沟通时，回到 16 信道重新呼叫。呼叫格式如表 11-4-2 所示。

表 11-4-2 “育鲲”轮利用甚高频无线电话呼叫广州海岸电台实例

船舶电台在 16 信道发起呼叫	
“育鲲”轮发起呼叫 注：双方台名、呼号可以根据情况适当减少次数	Guangzhou Radio, Guangzhou Radio, Guangzhou Radio. This is Chinese Motorvessel Yukun, Chinese Motorvessel Yukun, Chinese Motorvessel Yukun calling on Channel sixteen. How do you read me? Over.
广州话台应答，询问对方情况 注：双方台名、呼号可以根据情况适当减少次数	Motorvessel Yukun, Motorvessel Yukun, Motorvessel Yukun. This is Guangzhou Radio, Guangzhou Radio, Guangzhou Radio. Please spell your ship's name and call sign. Over.
“育鲲”轮应答 注：为了使对方清楚，必要时可以重复	Guangzhou Radio. This is Motorvessel Yukun. My ship's name is Yangkee, Uniform, Lima, Oscar, November, Golf. My call sign is Bravo-Tango-Bravo-Mike. Over.
广州话台给出工作信道	Motorvessel Yukun. This is Guangzhou Radio. Channel sixty five, please. Over.
船舶电台在 65 信道上再次呼叫	
船舶电台发送 注：双方台名、呼号一次	Guangzhou Radio. This is Motorvessel Yukun calling on Channel sixty five. How do you read me? Over.
广州话台应答 注：双方台名、呼号一次	Motorvessel Yukun. This is Guangzhou Radio. Signal strength 5. Can I do anything for you? Over.
船舶电台提出业务申请和号码	Guangzhou Radio. This is Motorvessel Yukun. I would like to get a telephone link call to my agent in Chinese. Her telephone number is one-three-eight, four-two-one-eight, zero-nine-nine-zero. Would you put me through to this number? Over.
广州话台应答	All right. Just a moment. Hold on for a few minutes. Please.

第五节　通报表

前面提及，DSC 技术在地面通信系统常规呼叫中的应用并不理想。对于船舶电台而言，可以通过查阅《无线电信号表》获得海岸电台的频率及工作时间；而对于海岸来讲，很难了解某艘船在无线电话、NBDP 业务呼叫应答频率上的值守情况。在这种情况下，当海岸电台企图呼叫某个船舶电台时，只能采用通报表的形式广播寻找船舶电台。通报表是指海岸电台把被叫船舶的船名或者呼号按照字母顺序登记在特定的表格里，每天定时向海上广播，希望表格内的船舶电台收到通报后主动联系海岸电台，进而通过海岸电台完成与陆地用户的通信。《无线电规则》要求，开放公众业务的海岸电台应该尽可能向海上用户广播通报表。通报表应该在特定的、主管部门认可的、固定的时间播发。一般来讲，时间间隔大于 2 h、小于 4 h。船舶电台的操作人员可以通过查阅《无线电信号表》第 I 卷获得相关海岸电台广播通报表的时间和工作频率，然后每天定时接收相关海岸电台的通报表。一旦发现通报表中出现了本台的标识，操作员马上联系海岸电台。被叫船舶收妥电报、电话后，被叫船舶电台的识别将从通报表中删除。

通报表一般首先在一个呼叫频率上广播引语。语音广播格式如下：

- Hello all ships（或者 CQ，读作 CHARLIE QUEBEC），不超过三次；
- THIS IS（DE）；
- 播发台的识别，例如"Guangzhou Radio"，不超过三次；
- Listen for my traffic list on ××× kHz。

任何情况下该报头不应该重复。

然而，在 VHF 波段，在通信效果较好的情况下，也可采用以下格式：

- Hello all ships，一次；
- THIS IS；
- 播发台的识别，例如"Guangzhou Radio"，两次；
- Listen for my traffic list on Channel ×××。

当海岸电台使用 2 182 kHz 或者 VHF 16 信道作为呼叫与应答信道时，上述的引语必须采纳。

第六节　地面系统设备的维护和保养

一、MF/HF/VHF 收、发设备的维护保养

MF/HF/VHF 收、发设备的维护保养主要包括：

（1）接收机静噪控制效果的检查。

（2）分别使用主电源和备用电源操作机器，能在开机后 1 min 内进行正常的收、发信工作。

（3）对于 MF/HF 电台，检查天线调谐功能。发信机同任一天线连接，在开机状态下，转换不同频率，调谐器都能将机器迅速调整至最佳调谐状态。

（4）在中频波段可以使用 2 182 kHz 与 150 n mile 以内的海岸电台进行实效通话试验；在高频波段可以同 200 n mile 以外海岸电台进行实效通话试验。

（5）将检测结果如实填入船舶电台日志。

检查设备有时会涉及测试，除非十分必要，一般不提倡发射测试。当船舶电台必须发射信号测试或者校准设备，而该发射可能对邻近海岸电台的正常工作产生干扰时，发射信号之前必须得到海岸电台的同意，并且发送测试信号的时间不允许超过 10 s。在发送测试信号时，测试信号中必须包含诸如测试台的呼号、识别码等信息，同时上述信息的发射必须缓慢且清晰。测

试信号发送的影响必须保持到最低限度。

二、DSC 终端的检查与测试

GMDSS 实施之后,DSC 终端在遇险报警环节起着关键作用,船舶电台的操作人员在日常工作中需要经常对其进行检查与测试,以确保:

(1)各部分处于正常状态。

(2)DSC 终端与通信设备有效连接。

(3)专用遇险按钮能够被清楚辨别,并保证遇险按钮上防止误操作的装置工作有效。

(4)VHF 70 信道上的 DSC 值班接收机工作状况良好。

(5)水上移动业务识别(MMSI)保存于设备之中。

(6)船位信息和定位时间数据有效、准确。

(7)中/高频 DSC 遇险频率值守机工作状况良好。

(8)通过测试呼叫(Test Call)业务,确认设备的接收、发送工作正常。

检查工作包括本机内部自检和信息查看确认。内部自检和信息查看确认无须启动发射机就可以进行,要求每日至少应进行一次。上述(1)~(4)项的保障,通常通过 DSC 内部自检实现(多数 DSC 终端具有内部自检功能),一般包括值守接收机检测、DSC 工作模式检测和报警检测。上述(5)~(7)项的保障通常通过操作菜单进行信息查看或设置实现,具体可参考设备操作说明书。

测试工作主要指发射测试,需要启动发射机向电波覆盖范围内的某海岸电台发 DSC 测试呼叫。DSC 系统的实际工作情况主要通过该测试实现,这是船舶电台操作人员很重要的一项工作,也是 PSC 检查中的一项内容。发射测试要求每周进行一次。当船岸距离超出 DSC 通信距离而无法进行测试时,一旦进入通信范围,船舶电台应该在第一时间进行上述的测试呼叫。

对于 MF/HF 设备,进行测试时,需要编辑一份对某海岸电台的测试呼叫电文,电文中优先等级应选择“Safety”(安全),通信指令选择“Test”(测试)。该电文应在 DSC 的遇险与安全频率上发送,但是在发送之前,应该确保相关的海岸电台正在值守相关的频率。值得注意的是,并不是所有的海岸电台都同时扫描值守 6 个遇险与安全频率。在发送测试信号之前,还应该确保当时该频率上没有进行其他的通信,以免对正在进行的通信产生干扰。当成功发送测试呼叫 1 min 左右后,海岸电台会发出确认信息给测试船舶电台,指出测试信号被成功接收。由于在中频波段只有 2 187.5 kHz 一个遇险与安全频率,所以在进行测试时,应该尽量避免选择该频率。

对于 VHF 设备的维护,只要求每日进行一次上述检查工作,不允许进行发射测试。做出这一要求,主要是考虑到 VHF 上只有一个呼叫信道,即 70 信道,它同时具有常规呼叫和遇险、紧急、安全呼叫的作用,因此日常通信量较大。如果经常发送测试信号,所产生的干扰影响较大。另外,由于 70 信道在日常工作中经常被使用,一般认为日常呼叫中已经完成了该信道的测试。

MF/HF-DSC 测试时,通常要做好以下几个环节:

(1)根据海岸电台的值守频率及其与本船的距离,调谐发射机到一个遇险与安全信道上。

(2)根据设备生产厂家的操作指南,在 DSC 终端上编辑测试呼叫报文。

(3)监听测试频率上确实没有正在进行的通信时,发送呼叫序列。

(4)等待应答信息。

(5)将检测结果如实填入船舶电台日志。

有些设备的(1)、(2)环节均可在 DSC 终端上进行,由终端自动控制收发机频率及调谐。

三、NBDP 终端的维护保养

NBDP 终端的维护保养主要包括以下几项工作:

(1)执行设备相应工作程序或进行自测,确认设备已完成存储本船识别码的初始化工作。

(2)确认 NBDP 终端与 SSB 通信设备有效连接。

(3)与开放测试业务的海岸电台,采用 ARQ 模式,通过“TEST+”指令进行电传测试,以判断设备是否处于正常的工作状态。

第十二章 Inmarsat卫星通信业务

本章将在第八章和第九章介绍的 Inmarsat 卫星通信设备基础上，着重介绍 Inmarsat C、Inmarsat F 以及海上宽带等常规通信业务。

第一节 Inmarsat C 通信业务

Inmarsat C 系统是一个全数字化通信系统，可经过本船所在的洋区卫星，以 600 bit/s 的速率将信息发送给适当的陆地地球站（简称地面站）或从陆地地球站接收信息，进而与陆地通信网络或者其他的船舶地球站（简称船站）建立链接。Inmarsat C 系统虽然由于速率较低而无法提供语音通信业务，数据传输速率仅有 600 bit/s，但其终端设备价格低、通信资费低廉，终端产品具有体积小、重量小等特点，特别适用于游艇、渔船或供给船等小型船舶。该系统可以在除南、北极外的全球范围内提供电传和低速数据通信服务，还提供各种增值业务，应用非常广泛。Inmarsat C 系统通信业务主要包括：存储转发业务、数据报告业务、询呼业务、遇险与安全通信业务、EGC 业务和增值业务等。上述业务划分仅是行业共识，并不具有排他性或者说划分并不严格，例如遇险与安全通信业务、增值业务和数据报告业务等从本质上讲其实都是存储转发业务，增值业务的内涵具有一定的历史局限性等。

存储转发业务对于大多数 Inmarsat C 系统地面站来说是最基本的业务，包括电传、低速数据、文本传真、电子邮件及船至船通信；数据报告业务、询呼业务及各种增值业务属于注册业务，用户需要向开放业务的地面站申请，经地面站审核确认后才能开通。

这里重点介绍 Inmarsat C 系统的存储转发业务、数据报告业务、询呼业务和增值业务，遇险与安全业务和 EGC 业务将分别在第十三章和第十四章相关章节中详细介绍。

一、存储转发业务

存储转发业务采用单工工作模式，所有信息先由 Inmarsat C 船舶地球站发送至地面站存储后再转发至陆地或者其他卫星网络用户。由于使用存储转发工作模式，船舶至岸上陆地用户的信息延时通常为 3~6 min，要经过两次卫星接续，船舶至船舶信息的延迟一般可达 5~8 min。存储转发业务通常包括以下 5 种形式：

(1)电传业务。C 船站可以与任何连接国际或国内电传网的用户经过地面站转接进行电传通信。电传业务是 Inmarsat C 建立之初的主营业务，但是伴随陆地电传业务的衰落，很多陆地电传网络已经拆除。C 船站的电传业务已经凸显疲态。

(2)文本传真业务。文本传真业务鼎盛于二十多年前，究其原因是当时陆地用户有强大的与移动地球站通信的需求，但是陆地电传网络资源非常匮乏，绝大多数陆地用户没有或者不具备资质安装电传终端设备，而基于电话网络的传真设备触手可及。作为折中方法，C 船站先将电传发送到地面站，地面站存储后再将电传信息以传真的形式发送给传真用户，因其仅能发送电传文本信息，所以称为文本传真。伴随电子邮件等业务的开放，文本传真业务的优势越来越不明显了。

(3)低速数据业务。从本质上讲，C 船站能够提供的业务都是低速数据业务，但是这里专指 C 船站通过地面站与连接国际分组交换数据通信网(PSDN)的 X. 25 和 X. 400 或国际公共交换电话通信网(PSTN)的计算机交换数据，该业务要求 C 船站和接收端计算机具有特别的功能和外部设施。

(4)船到船通信业务。C 船站之间经过地面站进行通信。

(5)电子邮件业务。C 船站经过地面站与 Internet 电子邮件用户进行通信。

有关存储转发业务的各种形式的通信程序如下：

1. 电传/文本传真/低速数据/船至船通信业务通信程序

由于电传、文本传真、低速数据、船至船通信业务在通信程序上类似，这里将它们的通信流程进行归纳，统一介绍。它们的具体通信流程如下：

(1)确认 C 船站具有相应通信的业务功能(具有与之相连接的输入/输出外部设备)，并已处于“入网”(Login)状态，对于需要手动“入网”的 C 船站，要通过菜单执行手动“入网”操作。

(2)确认所选择的转发地面站能够提供相应的通信业务。

(3)在 C 船站电传终端上按照格式编写报文并存储，编写报文过程中注意报文的长度与报文格式字符码的选择。使用 Inmarsat C 存储转发业务时，由于受到通信系统本身的限制，一份电文长度不许超过 32 kB。报文格式字符码的选择与地面站服务能力以及操作员选择的业务类型相关。对于 Telex 与 ASCII 编码(ITA. 5 码)格式的报文，所有地面站都具有转接能力，而转接八位二进制码格式数据报文属于地面站的选择性开放业务。当报文发送给陆地电传网络用户时，仅能选择 Telex 编码格式编辑电文；当报文发送给除陆地电传网络用户以外的其他用户时，既可以选择 Telex 编码格式，也可以选择 ASCII 编码格式，但当报文中使用的字符包含有特殊符号(如 $ 、@ 等)时，应使用 ASCII 编码格式，如编辑 E-mail 电文。

(4)进行发射参数设置，通常包括：

- 目的用户地址；

- 经由的地面站；
- 通信优先级别(这里是常规等级)；
- “确认”选择；
- 选择的报文名称。

这里“‘确认’选择”是指电文投递后 NCS 稍后是否经过其 TDM 信道通知 C 船站目的用户电文的投递情况(目的用户电文的投递情况由转接地面站发给 NCS),投递情况包括“成功”(Conf OK)、“失败”(Failed)、“状态不明”(Unknown)以及“地面站收妥”(Acknowledged)等。

(5)启动发射。

(6)如果选择了“确认”,可以稍后查看发射纪录,了解报文是否投递成功。

一般情况下,发射后很快可收到地面站的确认通知,告之报文接收或拒收;在船舶要求确认的情况下,5~10 min 可收到用户确认通知,告之用户已收到或投递失败。地面站通信繁忙时,虽然报文在发出后的几分钟内可能已经投递到用户,但地面站可能需要较长时间(如 1 h)才给船站发回报文投递确认通知。一般在报文发出 10 min 之后,如果 C 船站没有收到地面站投递失败的通知,则可以认为报文已经投递到目的用户。需要注意的是,对于多地址投递的报文,由于除了第一个投递地址外其余地址没有被分配到关联号码,因此只有第一个地址可以获得“确认”信息;由于“确认”是经过本洋区的 NCS 广播的,船站发送电文后一旦转换到其他洋区,将无法收到“确认”信息。在 Inmarsat C 通信中,有时会由于各种因素而导致无法投递,无法投递的原因用失效码表示,详见表 12-1-1 所示的 Inmarsat 电传通信常用的失效码。

表 12-1-1　Inmarsat 电传通信常用的失效码

失效码	含义	失效码	含义
ABS	用户不在,移动终端未在本洋区登记	NA	该用户的通信不能被接受
ACB	接入阻塞	NAL	没有地址行
ADR	接收端拒收电文	NC	没有电路
ANU	注销,电文在 1 h 内未能投递,做注销处理	NCH	用户号码已经改变
ATD	试投电文	NDA	未试投
BK	电文失败,用于传真或 PSTN 拆线不正常	NFA	没有最终应答
BUS	忙	NIA	没有初始应答
CCD	呼叫中断	NOB	不能获得
CI	不能通信	NOC	没有连接
CIE	没有处理你电文的能力	NP	用户不存在,被叫方不是或不再是用户
CNS	呼叫不能启动	NTC	网络拥挤
DTE	数据终端设备,用于 X. 25 用户在呼叫过程中的拆线	OAB	操作员中断
ERR	错误	OCC	用户占线
FAU	故障	OOO	故障
FMT	格式错误	PAD	包组合器/分解器
FSA	不需认可的快速接收	PRC	过早拆线
IAB	目的地无效应答	PRF	协议不符

续表

失效码	含义	失效码	含义
IAM	无法处理下列电文的地址信息	RCA	不接受对方付费
IDS	来自船舶的数据无效	REF	遥控设备故障
IDT	暂停输入数据	RLE	超过容量范围
IFR	无效性能请求	RPE	遥控程序错误
IMS	电文长度无效,最多 7 932 个字符	RPO	RPOA 故障
IND	与收方设备不兼容	SCC	呼叫成功
INH	无法从下列报头确定电文种类	SHE	船站硬件错误
INV	无效	SNF	卫星网络故障
ISR	无效的船站请求	SPE	船站格式错误
LDE	已经超过可接收电文的最大长度或时间	SUC	测试结果正在投递
LEF	当地设备故障	TBY	中继线忙
LPE	当地程序错误	TGR	TDM 群复原
MBB	电文被高优先等级电文中断	TIM	暂停
MCC	信息信道拥挤	TMD	目的地太多
MCF	信息信道故障	UNK	情况不明,用于没有其他故障码适用时
MKO	电文被操作员中断	WFA	最终应答错误
MSO	设备关闭	WIA	开始应答错误

"目的用户地址"是发射设置中最重要的一个参数,一般包括"目的地址码""网络类型""信息编码"三部分内容,"网络类型"与"信息编码"的选择由目的用户所使用的终端设备与地面站开放的业务种类决定。不同的存储转发业务形式的"目的地址"参数设置不同,表 12-1-2 所示为存储转发业务目的地址参数设置。

表 12-1-2　存储转发业务目的地址参数设置

业务分类	目的地址类型	目的地址码	网络类型	信息编码/bit
电传	陆地用户	电传国家码 + 用户电传码 + 应答码(可省略)	Telex	5/7
	船舶用户	电传洋区接入码 + IMN(C 船站)	Mobile/Telex	5/7
文本传真	陆地用户	电话国家码 + 地区码 + 用户传真号码	Fax	5/7/8
	船舶用户	电话洋区接入码 + IMN(F 船站/FB 船站)	Mobile/PSTN	5/7/8
低速数据	陆地用户	电话国家码 + 用户调制解调器地址	PSTN	5/7/8
		数据网识别码(DNIC, Data Network Identification Code) + 用户 X. 25(数据)地址	PSDN/X. 25	
	船舶用户	DNIC+ IMN(C 船站/F 船站/FB 船站号码)	Mobile/PSDN	8

对于文本传真业务,有以下两点需要说明:

(1)C 船站可以给陆地用户和船舶用户(F 船站/FB 船站)发送文本传真,但它不能直接接收由地面站发来的传真。

(2)所有能被电传终端接收的字符、数字和符号都能通过文本传真业务实现,但图片、图表和手写信息的传输不能通过文本传真业务实现。

有关表 12-1-2 中"信息编码"解释如下:

(1)5 bit 编码称为电传或国际电报 2 号码(ITA2)或 5 位压缩码。该编码基于 5 位代码的字母与数字字符集,通常只用于通过电传网络发送有效的电传字符。5 bit 编码只支持大写字符,船站一方输入的任何小写字符在接收方都会显示为大写字符。同样内容使用 5 bit 编码时,所形成的文件要小于使用 7 bit 或者 8 bit 编码形成的文件,信息传输费用也会低大约 1/3。

(2)7 bit 编码称为 ASCII 或国际电报 5 号码(ITA5)。该编码基于 7 位代码的字母与数字字符集,通常用于通过 PSTN 网络向计算机或传真机终端发送文本电文,能提供大写和小写两种字符,因此任何小写字符在传递过程中都能够被正确地呈现。

(3)8 bit 编码称为数据编码,由 8 位码组成。通常用于通过 PSDN 线路发送二进制编码数据,例如,经字处理器或软件将电文编码的数字数据,可提供阿拉伯文、中文、日文和俄文等字符。

(4)所有地面站都支持 7 bit 信息编码。对于某地面站是否支持 5 bit 或者 8 bit 编码,需要咨询具体的地面站。

2. C 船站发送电子邮件(E-mail)业务通信程序

由 C 船站发送 E-mail 业务通信程序包含以下步骤:

(1)确认 C 船站已处于"入网"状态。对于手动"入网"的 C 船站,要通过菜单执行手动"入网"操作。

(2)确认转发地面站 E-mail 业务的参数设置情况,目前不同地面站的 E-mail 业务的"网络类型""专用接续号码""地址前缀"不同,表 12-1-3 给出了不同地面站开放 E-mail 业务要求设置的参数。

(3)参考表 12-1-3,不同的地面站依照不同的格式编辑电文。

表 12-1-3 地面站 E-mail 业务的参数设置

序号	地面站	所属国家	网络类型	专用接续码	地址前缀
1	BT	英国	Special	67	to+ cc:
2	Comsat Mobile	美国	Special/X. 25	INET 26245880793037	to: cc:
3	Stratos	美国	Special	633333	inet: cc:
4	EIK Global	挪威	Special	28	to: cc:
5	France Telecom	法国	Special	67	to+ cc:
6	KDD	日本	Spccial	28	to: cc:

续表

序号	地面站	所属国家	网络类型	专用接续码	地址前缀
7	Station 12	荷兰	Special	28	to: cc: stx:
8	Singapore Telecom	新加坡	Special	65	to: cc:
9	Telia Mobile	瑞典	X. 25	2403722360710	to: stx:
10	Telstra	澳大利亚	Special	28	inet: cc:
11	T-Mobil	德国	X. 25	624880790003	to: cc:
12	Beijing	中国	Special	555	to: cc: Subject:

(4)进行发射参数设置,包括:

- 目的用户地址,包括网络类型和专用接续号码(SAC,Special Access Code);
- 转发地面站;
- 通信优先级别(这里选择常规等级);
- "确认"选择;
- 选择的 E-mail 电文名称。

(5)启动发射。

采用 C 船站发送 E-mail,目的用户的 E-mail 地址编辑在电文中,建立的电文采用 ASCII 编码。在电文内容中,C 船站操作员必须按照规定的格式注明目的用户的电子邮件地址,不同的转发地面站要求的格式不一样,具体格式见表 12-1-3 中"地址前缀"列的内容。

C 船站的 E-mail 业务支持多地址传送,只要在各邮箱地址之间用","隔开即可,但地址超过一行不得用"回车"键,直到全部地址键入后使用"回车"键以区分地址和正文。例如北京地面站 E-mail 业务多地址传送的地址前缀为:

to: user1@ 163. com,user2@ sina. com. cn,user3@ qq. com

cc: user4@ 163. com,user5@ sina. com. cn

Subject: Test

以上"to"表示邮件的收件人,"cc"表示邮件的抄送人,"Subject"表示邮件的主题。

3. Internet 用户向 C 船站发送 E-mail 通信程序

(1)用户登记

由于 Internet 与 Inmarsat 是两个完全不同的通信网络,Internet 用户需要通过地面站转接才能与 Inmarsat 用户进行通信,所以 Internet 用户要进入 Inmarsat 系统就需要向有关的服务地面站进行登记。通常 Internet 用户在服务地面站登记后,会被分配一个用户账号和密码,用于通过 Internet 向 C 船站发送 E-mail 电文时对用户进行身份验证,同时还需要登记 Internet 用户 E-mail 地址,以便服务地面站向上述登记的 E-mail 地址发送电文、转发通知或投递回执。

(2)具体发送程序

①发送前准备

Internet 用户采用与 Internet 连接的计算机或其他上网终端,使用电子邮件客户端(如 Outlook Express、Foxmail 等)或浏览器登录 Internet 用户 E-mail 服务器(如:www. 163. com、www. sina. com 等)网页端。

②发件人与收件人地址栏录入

在发件人地址栏内输入 Internet 用户在服务地面站中注册的 E-mail 地址,在收件人地址栏内按照以下格式输入 C 船站的 E-mail 地址:

C 船站 IMN + @ + 服务地面站的 E-mail 业务服务器域名

例如,某 Internet 用户通过北京地面站向 IMN 为 441219012 的 C 船站发送 E-mail,则收件人地址栏应输入 441219012@ c. bjles. com. cn,其中“@”符号前是接收 E-mail 的 C 船站 IMN,“@”后面是提供转接服务的北京地面站 E-mail 业务服务器域名“c. bjles. com. cn”。

③编辑 E-mail 正文

Internet 用户直接在邮件的正文里编辑要发送的 E-mail 电文,也可以添加事先编辑好的附件文件(该文件只能是英文纯文本文件)。虽然以附件文件的形式发送 E-mail 电文在技术上是可行的,但这样做可能会增加通信费用,而且不同地面站要求的附件文件格式和大小不一样,通常只有特定的用户才会使用,所以服务地面站电子邮件地址的默认配置都是“无附件”。

④发送 E-mail

编辑完 E-mail 正文,并检查无误后可执行“Send”操作发送 E-mail。如果电子邮件能够正常投递到所选定的服务地面站,Internet 用户最快能在几分钟内收到电文递交确认(时间的长短取决于 Internet 的线路状况和繁忙程度)。对于没能成功转发的 E-mail 电文,服务地面站在最后一次尝试失败后将通过 Internet 向该用户登记的 E-mail 地址发送不可投递回执。

二、数据报告业务

1. 数据报告业务简介

数据报告业务是 C 船站通过系统信令信道传输简短数据的一种业务,一般最多可传输 32 个字节的信息。在实际工作中,船舶的正午船位报告或者加入船舶报告系统(见第十五章)后的各种报告,例如偏航报告、抵港报告、离港报告等,以及其他需要频繁发送的与安全相关的短消息都可通过数据报告业务来实现。与通过信息信道实现的存储转发业务相比,数据报告业务传输时间更短、通信费用更低廉。数据报告业务不仅满足了商业经营的需求,同时也满足了海上安全的需要。例如,船舶管理公司通常要求所属船舶定期发送船位更新信息和其他数据,并且每天发送一次甚至两次,它们需要船舶不论位于哪个时区都能以较低的费用将这种数据可靠地发回公司;海上安全部门也出于各种原因需要船舶发回各种类型的数据报告,以便帮助陆上有关部门对气象进行分析,编辑航行警告或气象报告,为遇险船舶提供帮助和防止发生海上污染事故。数据报告具有以下优点:

(1)数据报告能利用 Inmarsat C 系统的数字接口,便于采集导航设备、数据监测传感器上的数字信息。

(2)数据报告采用标准格式与数据编码和数据压缩技术,与储存转发电传方式相比既经济又快捷。

(3)数据报告可以按预先确定的时间间隔自动发送,也可以人工发送。

(4)监控中心可以使用询呼(Polling)功能控制 C 船站工作,如发送数据报告,通过接口电路驱动数据采集系统执行规定的监控和数据采集任务等。

2. 采用数据报告业务自动发送船位报告通信程序

采用数据报告业务发送船位报告有 3 种形式,分别为人工即时发送、人工编程自动发送和受寻呼指令控制自动发送,但最常用的是人工编程自动发送。人工编程自动发送船位报告,简称自动船位报告,使海上航行的船舶按规定的时间和格式向报告中心发送船舶动态信息(包括船位、航速和航向等)。下面介绍采用数据报告业务发送自动船位报告的通信程序,具体包括以下步骤:

(1)设置船位

船位信息有自动输入和人工手动输入两种情况。如果船站连接船舶定位导航设备,则船位信息可自动注入和更新;如果船站未连接船舶定位导航设备,则需要人工输入船位并保证船位信息的有效性。

(2)设置船位报告参数

船位报告参数通常包括:

- 报告发送的时间和周期;
- 转接船位报告的地面站;
- 船位数据接收地址,通常包括数据网络识别(DNID,Data Network Identifier)和船站在该网络中分配的网络成员号(Member Number)。

(3)激活自动船位报告

关于自动船位报告的激活方法,不同厂家生产的 C 船站方法不同,但通常是将船位报告的状态选项参数设置为“ON”。

需要特别说明的是,虽然采用数据报告业务发送船位报告具有传输时间短、通信费用低等优点,但是由于数据报告业务属于注册业务,用户需向开放业务的地面站申请,经审核确认后才可开通,需要船公司、转接地面站和 C 船站操作员三方共同协作才能完成。因此在实际工作中,船舶发送自动船位报告时更习惯采用普通电文定时发送的形式实现。

三、询呼业务

询呼是一种由陆地用户发送指令,控制 C 船站执行某项任务或操作的业务。询呼分单独询呼、群询呼和区域询呼,询呼控制指令也有多种(详见第八章)。在船舶应用中,通常通过询呼业务调取船舶信息,如船位信息、文件或预存的资料等。

对于询呼业务,陆地用户是主控方,而船舶是被控方,因此对 C 船站操作者来说主要是做好不同询呼用户响应的设置。设置的过程是船舶给予陆地用户授权的过程,通常包括两个方面:

1. 设置数据接口

如果 C 船站允许陆地用户调取的船舶信息来自不同的数据端口,则应对不同数据端口进行配置。

2. **设置用户调取权限**

设置用户调取权限，即输入并存储调取船舶信息陆地用户地址，包括转接地面站和用户识别码，通常每一个洋区对应设置一个用户地址。只有被船舶赋予调取权的用户，船舶才能对其询呼指令自动进行响应。当船舶对其询呼指令响应后，通常可以通过发射或呼叫记录查看寻呼响应信息。

虽然 Inmarsat C 系统的数据报告和寻呼业务是两种不同的业务，但是通常这两种业务一直配合使用。基于这两种业务开发的应用系统也有不少，如：远程识别与跟踪（LRIT）系统、监控和数据采集（SCADA，Supervisory Control and Data Acquisition）系统等。SCADA 系统将一台 Inmarsat C 移动站通过相关的接口连接到数据采集平台或者传感器，监测系统或周围环境状态，将监测到的数据报告上传到操作中心进行分析。操作中心可向移动站发询呼指令来操作控制诸如开关、继电器或阀门之类的设备以调节系统。SCADA 系统可用于监控水库水位情况、灯塔工作情况、船舶运行状态和性能、输油管道或天然气管道中的流量等，也可以根据需要构成不同的远程监测与控制系统。例如，SCADA 系统用于险情的监测和发出报警，如油气管道发生高压或低压状况时，传感器将危险情况报警发到操作中心。操作中心收到报警后随即做出反应，如通过寻呼功能向移动站发出控制指令关闭供应阀门，或释放灭火器和/或启动音响报警等。

四、增值业务

Inmarsat C 系统的增值业务是在基本通信功能的基础上，由各海事卫星地面站根据用户需求自主研发的附加通信业务，不仅满足了目前船舶通信新业务的要求，也扩大了 Inmarsat C 系统的应用范围，提高了其应用价值。前面介绍的电子邮件业务就是增值业务的一种。由于地面站不同，开发的增值业务也不同，下面仅以北京地面站为例加以介绍。

目前，北京地面站提供的增值业务主要有 C-Quick 业务、Cmail 系统业务和 IGW 业务，以及针对数据报用户推出的基于 TCP/IP 协议的 Telnet 业务。下面简单介绍使用比较广泛的 Cmail 系统业务中的 E-mail 业务，其他业务请查阅相关资料，这里不做赘述。

1. **Cmail 系统简介**

Cmail 系统是基于 Inmarsat C 系统基本通信功能开发的一个综合的双向信息收发系统，由交通运输通信信息集团有限公司负责技术开发，由其所属的北京地面站负责提供服务，可在四个洋区实现报文转发、EGC、询呼、数据报告及电子邮件等业务。通信可分为陆地和船舶两部分，陆地用户可经由 Internet 发送报文、询呼指令和 EGC 群呼到 Inmarsat C 系统；Inmarsat C 船站可直接将信息发送到陆地用户邮箱。

2. **Cmail 业务的开通**

用户首先要登录北京地面站 Cmail 业务主页：http//c. bjles. com. cn，按要求填写开通申请，在网上提交。在成功提交电子申请单后，还需向交通运输通信信息集团具体业务部门提交书面申请。将申请表打印签字盖章后，传真或邮寄给交通运输通信信息集团业务主管部门，获得审核确认后，用户会收到通知单，业务即可开通。

3. Cmail 系统业务的实现方式

Cmail 系统业务的实现有两种方式,一种是电子邮件方式,一种是 Web 方式。

(1)电子邮件方式

Cmail 系统为注册的每个陆地用户和船舶用户在北京地面站服务器上设立一个邮箱,陆地用户终端只需配备一台能上网的计算机,船舶方配备基本的 C 船站设备即可,无须增加任何其他设施。电子邮件方式是指陆地用户与船舶用户直接用北京地面站设立的邮箱地址收发电文。

电子邮件方式可供陆地用户和船舶用户使用。陆地用户直接使用该邮箱向船舶注册邮箱地址发送电子邮件,并自行维护其邮箱;船舶用户发送的电文直接投递到陆地用户设置在地面站的邮箱中,由陆地用户到其邮箱里收取。船舶到陆地用户的邮件可以多地址投递,费用不变。

C 船站存储转发电子邮件业务时,陆地用户邮箱设立在用户自己选择的邮件服务器里,地面站接续系统将收发的电子邮件转发到用户邮件服务器上,如果用户邮件服务器或网络工作不稳定,就会出现邮件丢失,用户无法与船舶正常通信的情况。Cmail 系统将陆地用户与船舶用户的邮箱设置在北京地面站服务器上,邮件仅在北京地面站本地服务器上进行接续,减少了网络不稳定对通信的影响。当然,船舶用户和陆地用户也可以同时将报文发送到自己在网络上选择的其他邮件服务器的信箱内,不过可能会因为网络工作不稳定而造成邮件丢失。

(2)Web 方式

Web 方式是指通过浏览器上网登录北京地面站 Cmail 系统,通过该系统实现各种通信业务与管理功能,如报文转发、船位询呼、查询和查看各种信息及用户各种信息的管理等,仅适用于陆地用户。为了方便用户使用,Cmail 系统还可以实现汉字与中文电报码转换,即陆地用户可直接输入汉字,系统将自动转换成电报码传输到船上。船方可输入电报码,到该系统后转化成汉字投递到陆地用户信箱,系统可以直接接收船舶端发送的 GB 2312 汉字码,汉字与中文电报码转换程序可在 Cmail 服务器页面下载。

4. 船舶 Cmail 业务的使用

船舶用户的 Cmail 业务主要是通过 C 船站实现船至岸 E-mail 通信,其通信程序与上述 C 船站发送 E-mail 业务通信程序相同,只是对目的用户地址具体参数设置有规定,见表 12-1-4。

表 12-1-4 船舶 Cmail 业务在不同洋区的设置要求

本船所在洋区	POR、IOR 的设置	AOR-W、AOR-E 的设置
地面站(LES)	211(POR)/311(IOR)	021(AOR-W)/121(AOR-E)
网络类型(Network)	Special	Mobile
接续码(Code 或 Number)	555	583 494600555 或 582 494600555
字符码或数据位长度	7 bit 或 8 bit	7 bit 或 8 bit

注意,表 12-1-4 中 C 船站的参数表述及其设置会因生产厂家及型号不同而有所不同,具体可参看操作说明书或咨询北京地面站。由表 12-1-4 可以看出,航行在大西洋东区或大西洋西区的船舶通过 Cmail 业务实现 E-mail 通信,通过协议地面站法国(021/121)进行转接,发给了处于印度洋(电传洋区码 583)或太平洋(电传洋区码 582)的船舶用户(IMN 为

494600555)。在以上通信过程中，对法国地面站(021/121)来说，北京地面站(211/311)实际上被视为一个处于印度洋或太平洋的船舶用户(IMN 为 494600555)，法国地面站一旦发现网络类型为“Mobile”，接续码为“583 494600555”或“582 494600555”的目的用户地址，就根据其与北京地面站的协议，将发给该目的地址的 E-mail 电文通过陆地通信网转发给北京地面站，而后由北京地面站提供该 E-mail 电文的投递服务，所以船舶 Cmail 业务可以在四个洋区提供服务，其中太平洋区和印度洋区由北京地面站直接提供服务，大西洋东区和大西洋西区通过法国协议地面站提供的陆地通信网转接功能间接地提供服务。

第二节　Inmarsat F 通信业务

一、Inmarsat F 通信业务种类

Inmarsat F 系统于 2002 年正式推出，该系统的主要特点是把移动综合业务数据网(ISDN)业务和移动数据包业务(MPDS)用于海上移动通信。利用该业务，船舶不仅可以进行常规的电话通信，还可以进行数据通信，即利用 Inmarsat F 船站(简称 F 船站)，船舶在海上能够实时地接入各种局域网和广域网，使移动卫星通信网和陆地通信网实现通信一体化。Inmarsat F 系统能够提供的基本通信业务如下：

1. 遇险通信业务

遇险通信通过电话通信实现，船站申请遇险等级的通信将由地面站直接连接到搜救协调中心。

2. 常规电话通信业务

电话通信业务包括 4.8 kbit/s 的普通电话业务与 64 kbit/s 的丽音电话通信业务，其中 4.8 kbit/s 的普通电话业务是 F 船站默认的电话业务。

3. 传真通信业务

传真通信业务包括 64 kbit/s 的 ISDN 传真(G4 传真)、2.4 kbit/s 的传真(普通传真)以及 9.6 kbit/s 的传真(G3 传真)，其中 2.4 kbit/s 的传真与 9.6 kbit/s 的传真为地面站可选项目。

4. 数据通信业务

数据通信业务包括移动综合业务数据网业务和移动包交换数据业务。移动综合业务数据网业务的速率为 64 kbit/s，信道的使用与陆上 ISDN 相似，以通信时间计费，适用于实时数据传输。移动包交换数据业务按通信流量计费，可以帮助船舶实现“永久在线”的网络连接。该业务比较适用于船岸间频繁的、小文件的交互应用。

以上业务在具体划分时界限并不是十分明朗，许多业务是相互交叉的，例如电话业务包括普通电话(4.8 kbit/s)和丽音电话(64 kbit/s)，但是丽音电话是在 Inmarsat F 数字信道上传输的，严格意义上属于数据通信业务，形式上属于电话业务。

基于 Inmarsat F 提供的基本通信业务能实现货物/船舶遥测、导航海图更新、差分全球定

位系统(DGPS)校正、语音和数据复用、视频会议以及远程医疗、远程教育等诸多应用。

遇险通信业务将在第十三章相关章节中详细介绍,这里重点介绍 Inmarsat F 系统的常规电话通信业务、传真通信业务和数据通信业务的通信程序。

二、电话/传真/数据业务通信程序

Inmarsat F 系统的电话/传真/数据业务分为船到岸、船到船和岸到船三个方向,这里主要介绍涉及船上通信业务的船到岸与船到船通信程序。船到岸与船到船方向基本的通信流程相同,区别在于目的用户识别码不同。电话/传真/数据业务通信程序如下:

1. 通信前准备

(1)查看当前洋区卫星是否合适,是否已经处于同步状态。若不合适,则按照设备操作说明书步骤设置 F 船站登录到合适洋区卫星。

(2)对于传真通信,提前将发送的信息正确放置在传真机上,具体放置方式和操作方法参看传真机操作说明书。

(3)为了节省通信费用,对于电话通信业务,应准备好会话要点,应包括的关键内容如下:

- 本船的 IMN;
- 准备使用的地面站的识别码;
- 需要呼叫的用户电话号码,包括电话国家码和区域码;
- 通话内容的要点。

2. 通信呼叫

(1)选择好通信方式(电话/传真/数据)后,设置通信等级和信道种类,通常用“缺省”的“常规通信等级”设置即可。

(2)拨地面站的接续码,呼叫地面站,建立卫星链路。地面站一般选择本船所在洋区的协议地面站,具体地面站接续码可查阅《无线电信号表》第Ⅰ卷。

(3)根据设备操作说明书,拨被叫用户电话/传真/数据终端号码,呼叫用户,建立陆网链路。有时将拨地面站的接续码与拨被叫用户电话/传真/数据终端号码合并为一个环节,省去了呼叫地面站,但实际上呼叫的是默认地面站,所以通信前需要设置好 F 船站的默认地面站。

3. 信息传输

完成呼叫之后开始通话或启动传真、数据发送程序。

4. 切断链路

对于电话通信,将话机手柄重新放回即可;对于传真或数据通信,通常是自动断线或执行“退出”指令。

上述通信呼叫程序中,在船至岸、船至船进行电话/传真/数据通信时,其拨打号码的组成各不同,具体如下:

(1)船至岸

00 + 电话国家码 + 地区码 + 用户电话/传真/数据终端号码 + 结束符“#”

(2)船至船

00 + 电话/数据洋区码 + 船站电话/传真/数据终端号码 + 结束符“#”

"00"是自动电话呼叫业务码;"电话国家码"和"电话/数据洋区码"可以从《无线电信号表》第 I 卷中获取;结束符"#"一般需要键入,表示用户电话号码序列的结束。当未键入"#"键时,有些 F 船站提供"拨打"键,以触发通信呼叫。

例 1:被叫用户为中国大连某一电话用户,拨"00 86 411 84721234 #"。00 为自动电话呼叫的两位数字电话业务码,86 为中国电话业务国家码,411 为大连电话地区码(0411 去掉 0),84721234 为被呼叫用户电话号码,#为呼叫序列的结束符。

例 2:被叫用户为航行于大西洋东区的某一 F 船站,拨"00 870 763612345 #"。00 为自动电话呼叫的两位数字电话业务码,870 为通用的电话洋区接入码,763612345 为被呼叫 F 船站的 IMN,#为呼叫序列的结束符。

需要注意的是,在电话通信业务中,听到拨号音后一般应在 10 s 内拨第一个数字,随后号码应在 5 s 内拨完。通常,约在 15 s 内会听到回铃音,表明船站与被呼用户间链路已建立。如听到特殊信息音或通告,表明与被呼用户沟通失败,应挂机,若需要查询通信记录可在叫通地面站后,拨打"12#"。

对于电话/传真/数据通信,为了获得良好的通信效果,应选择最佳通信时间,如有可能应考虑:在非高峰时间呼叫,以避免拥堵;考虑船舶与被呼用户之间是否存在时差,应在被叫方工作时间呼叫,以避免打扰用户。一般航行于太平洋或印度洋的船舶与国内用户通信时,出于经济考虑应尽量使用北京地面站。

三、增值业务

Inmarsat F 系统的增值业务是在其基本通信功能的基础上,由各海事卫星地面站根据用户需求自主研发的附加通信业务,地面站不同,开放的业务类型也不同,例如北京地面站所提供的 Inmarsat F 系统增值业务主要有 Rydex E-mail 业务、Rydex 传真业务、SIM 卡电话业务、"Internet 61"业务等,其中以基于 Rydex 系统的各种增值业务应用最受用户欢迎。

1. Rydex 系统增值业务

(1)Rydex 系统介绍

Rydex 是 Inmarsat 子公司 Rydex 开发的一款基于 REP-Rydex 增强型协议的船岸数据通信软件系统,该系统综合了先进的船/岸通信特点,支持 F 船站进行船岸数据通信,配合 Outlook Express、Foxmail 等多种兼容 SMTP/POP3 协议的电子邮件应用程序使用,不改变用户常规收发邮件习惯,容易掌握。

Rydex 通信业务一般通过与船站相连接的数据终端进行,数据终端通常是一台安装有 Rydex 软件的 PC 机,Rydex 软件可以在直接连接船站的 PC 机上使用,也可以在船舶局域网上供其他联网的数据终端使用。Rydex 不仅提供优化的电子邮件通信功能,而且提供完整的数据通信和管理功能,如船舶信息的自动反馈、收发信息的自动记录及审查并存档等。归纳起来,Rydex 具有以下特点:

①高效的数据压缩、邮件批传送、收发同步传送和断点续传,节省通信费用。

②可轻松实现邮件管理,如船舶局域网上各 PC 机终端独立邮件的收发、邮件的统一管理、邮件的选择性接收等。

③可与船舶信息管理系统结合,为船岸信息化管理提供高效全自动化的数据通信接口。

④为用户提供 MPDS、ISDN 方式收发数据量分析及通信费用比较，以方便选择数据传输最佳方案。

利用 F 船站通过北京地面站 Rydex 业务实现数据通信时，先期应做好以下工作：

①安装 Rydex 软件。在安装过程中，通常要求用户选择用户类型（如果为单用户安装，则应选择"Single User Installation"；如果船舶上有局域网，并希望局域网各终端能共享 Rydex 软件资源，则应选择"Multiple User Installation"）和使用收发邮件工具软件，然后安装相应的驱动程序并进行呼叫号码的配置，包括地面站接续码和业务接入码。

②配置 Outlook Express。主要是邮件账户的设置，将 Outlook Express 软件与 Rydex 中的自动邮件交换子系统进行绑定。

上述两项工作的具体操作见业务提供商提供的"Rydex 软件安装配置手册"。

（2）Rydex E-mail 业务

Rydex E-mail 业务是指通过 Rydex 系统收发电子邮件。过程如下：

①通过 Outlook Express 建立新邮件。

②将邮件从 Outlook Express 传送至 Rydex 中。

③通过 Rydex 经 Inmarsat F 系统与陆地用户交换邮件。

④通过 Outlook Express 查看接收的邮件。

因为 Rydex E-mail 业务是一个双向通信过程，每一次呼叫发送邮件和接收邮件都同时进行，邮件交换完成后自动断线。因此，在船舶用户发送邮件的同时，地面站若有本船的邮件，同时也被接收下来存放在 Rydex 中，则需要通过 Outlook Express 软件，执行"发送/接收"操作，把邮件放至收件箱中查看。

（3）Rydex 传真业务

Rydex 传真业务是指通过 Rydex 系统将电子邮件发送到传真机上，实现邮件信息（包括文本、图片）到指定传真机的通信。其过程与上述 Rydex E-mail 业务收发过程相同，但是通过 Outlook Express 建立新邮件时，要求"收件人"栏中地址格式为：

目的用户传真机号@ fax. bjles. net

其中，目的用户传真机号：

国际传真：00 + 电话国家码 + 地区码 + 用户传真号码；

国内传真：地区码 + 用户传真号码；

北京传真：用户传真号码。

例如，发往英国的传真地址：00442392674000@ fax. bjles. net；发往上海的传真地址：02187654321@ fax. bjles. net；发往北京的传真地址：65293800@ fax. bjles. net。

Rydex 传真业务应注意：

①目的用户传真机必须设置为"自动应答"模式。

②建立新邮件时，Outlook 内容框中只能输入英文文本格式字符，中文须以 Word 文档格式的附件形式发送，图片格式文件也必须以附件形式发送，附件名为"FAX"。

③一个传真邮件只允许带一个附件。

Rydex E-mail 业务和 Rydex 传真业务都可以实现多址传送，只需在多个地址间用"；"分隔，同时也支持抄送地址。

2. SIM 卡业务

SIM 卡业务是指将 SIM 卡插入已经入网的船站中，实现电话、传真、数据等船站通信功能，并与船上工作通信相互独立计费。SIM 卡业务的开通手续简便，只需填写 SIM 卡入网申请表，电汇预存话费，相关部门分配识别码并邮寄 SIM 卡及密码条，用户收到 SIM 卡和密码条后即可开通业务。

SIM 卡上有芯片，内置北京地面站接续码，并有唯一的序列号，支持预存话费和挂失。为防止 SIM 卡被盗用，每一个 SIM 卡对应有一个密码条，密码条包含 PIN 码（开机密码）、PUK 码（解锁密码，用于解除密码输错后锁住的卡）和序列号（对应 SIM 卡序列号）。

船员开通 SIM 卡业务后，将 SIM 卡插入船站设备，通信费用在 SIM 卡上直接扣除，独立于船上工作通信计费，通信完毕后取出 SIM 卡结束计费。SIM 卡业务多用于分账计费管理，多个部门共用一部卫星通信船站时，可以通过各自的 SIM 卡实现通信费用独立记账，独立核算通信成本。

3. “Internet 61”业务

“Internet 61”业务是指通过北京地面站特服号码“61”建立 Internet 连接访问互联网的业务。目前 F 船站都可以通过串行通信接口（RS-232）连接 PC 机终端，实现“Internet 61”上网业务。

船舶用户使用“Internet 61”业务，无须增加任何设备，但需要事先对连接的 PC 机终端进行参数配置。配置工作主要有：

（1）在计算机操作系统中添加 Modem 驱动程序。一般选择 33 600 bit/s 标准调制解调器，并设置调制解调器的最大端口速度为 115 200 bit/s。

（2）建立拨号连接。要求 ISP 电话号码设置为“61#”。有些型号的船站在设置号码时有特殊要求，具体参阅 F 船站操作手册。

配置完成后，其操作步骤主要有：

（1）拨号建立连接，连接完成后可进行互联网的各种操作，如网页浏览，收发邮件等。

（2）断开连接。“Internet 61”业务与 MPDS 业务尽管都能实现上网，但“Internet 61”业务按时间计费，而 MPDS 业务按流量计费，因此在不进行互联网操作时，应及时断开连接。

第三节 Inmarsat 系统二位码业务

国际海事卫星组织开发的特别业务都有专门的业务代码。这些业务由地面站提供，供船站与地面站联系的时候选择使用。业务代码由两位十进制数字构成，如表 12-3-1 所示。表 12-3-1 所列业务中，00、11、13 二位码业务是地面站必须开放的业务，其他特别业务的开放情况因地面站而异，具体可咨询相应的地面站。以北京地面站为例，除了开放 00、11、13 业务外，还开放了 33、92 二位码业务。

表 12-3-1　海事卫星特别业务及代码

代码	特别业务	特别业务操作	电话/数据	电传
00	Automatic	自动业务	√	√
11	International Operator	国际值机转接	√	√
12	International Information	国际查询业务	√	√
13	National Operator	国内值机转接	√	√
14	National Information	国内查询业务	√	√
15	Radio Telegram Service	无线电报业务	×	√
17	Booking of Telephone Calls	电话预约	√	√
20	Access to a Maritime PAD	访问海上 PAD	√	×
21	Store & Forward (International)	(国际)贮存和转发业务	×	√
22	Store & Forward (National)	(国内)贮存和转发业务	×	√
24	Telex Letter Service	电传信件业务	×	√
31	Maritime Enquiries	海事查询	√	√
32	Medical Advice	医疗指导	√	√
33	Technical Assistance	技术援助	√	√
34	Person to Person Call	叫人电话	√	×
35	Collect Call	受话人付费电话	√	×
36	Credit Card Call	信用卡电话	√	√
37	Time & Charges (at End of Call)	通信时间和费用(通信结束时提供)	√	√
38	Medical Assistance	医疗援助	√	√
39	Maritime Assistance	海事援助	√	√
41	Meteorological Reports	气象报告	√	√
42	Navigational Hazards & Warnings	航行障碍物和警告	√	
43	Ship Position Reports	船位报告	√	√
51	Meteorological Forecasts	气象预报	×	√
52	Navigational Warnings	航行警告	×	√
6(x)	Administration Specialized Use	管理上的特殊用途	√	√
70	Land Earth Station Databases	陆地地球站数据库(用于 Inmarsat C)	√	√
91	Automatic Line Tests	自动线路检测	√	√
92	Commissioning Tests	船站启用测试	√	√

一、常用的二位码业务

常用的由值机员协助的二位码业务有：需要国际值机员转接（11#）、需要国内值机员转接（13#）。

常用的常规优先等级二位码业务有：查询一个用户的国际电传或电话号码（12#），要求技术援助（33#）、自动线路检测（91#）等。

常用的紧急优先等级二位码业务有：医疗指导（32#）、医疗援助（38#）、海事援助（39#）、气象报告（41#）、航行障碍物和警告（42#）等。对于紧急业务，要注意在呼叫前设置好"紧急"优先等级，具体见设备生产厂家设备操作说明。

二、电话二位码业务程序

（1）用电话终端接通地面站。

（2）地面站链路建立（听到"拨号音"）后，拨对应的电话二位码：

①船站如果需要转值机员提供服务，拨"11#"或"13#"。

值机员应答后，告知地面站值机员被叫用户国家和地区名称、被叫用户电话号码（如不知道，可告知被叫用户单位或地址）、呼叫船名称和船站识别码，等待地面站值机员人工转接。这种业务通常适用于不知道被叫用户具体电话号码或号码变更的情况。

②船站如果还需要地面站提供叫人电话、受话人付费电话、信用卡电话、要求通话结束时提供时间和费用情况的业务，则可分别拨"34#""35#""36#""37#"。值机员应答后，船站应提供有关的信息。

三、电传二位码业务程序

对于电传二位码业务，可以在 C 船站发射参数设置时，"目的用户地址"输入相应的业务代码，"网络类型"选择 SAC 或 Special，"信息编码"选择 5 bit 或 7 bit，启动"发射"。相应机构应答后，会告知相关信息。

第四节　海上宽带业务

一、海上宽带通信业务种类

FB（Fleet Broadband）是海上宽带业务的英文简称，指依托 Inmarsat 第四代卫星构建的新一代全球移动卫星通信系统。FB 由 Inmarsat 于 2007 年推出，吸取并兼容了第三代数字通信（3G）的先进通信技术优势，可以为海上用户同时提供电话和最高速率可达 432 kbit/s 的宽带数据服务,还能让用户按照需要选择有确保高达 256 kbit/s 数据传输速率的流媒体 IP,以促进海上通信更多高级应用的实现,具体应用包括实时电子海图和气象信息更新、电子邮件和网络邮件、双向短信及语音信箱、电话和传真通信、大文件传输、视频会议以及远程访问公司内联网和互联网等。FB 系统向海上用户提供的业务归纳起来有以下四种:

1. 电话通信业务

电话通信业务包括 4 kbit/s 的标准电话业务与 64 kbit/s 的 3.1 kHz 音频信道丽音电话通信业务,其中 4 kbit/s 的标准电话业务是 FB 系统默认的电话业务。

2. 传真通信业务

传真通信业务包括 64 kbit/s、3.1 kHz 音频信道 G3 传真与 ISDN UDI(Unrestricted Digital Information)信道/RDI(Restricted Digital Information)信道 G4 传真,其中 64 kbit/s、3.1 kHz 音频信道 G3 传真是 FB 系统默认的传真业务。

3. 文本短信业务

文本短信业务主要提供 FB 终端能与连接 GSM 网的陆上手机用户收发不超过 160 个字符的文本短信。该业务通过 FB 终端连接的 IP 话机终端或计算机终端完成,用户可以在船上通过电脑与陆上手机用户实现短信的收发,也可以在各个 FB 终端之间发送和接收文本短信息,按文本短信条数收费。

4. 数据通信业务

(1)ISDN 数据通信业务

ISDN 数据通信业务主要指在 ISDN UDI/RDI 数据信道上提供传输速率最大为 432 kbit/s 的各类数据应用业务,通过 ISDN 数据接口接入相应的应用终端,如可视电话、G4 传真、用户交换机等,按时间计费。

(2)标准 IP 数据通信业务

标准 IP 数据通信业务是一种动态速率业务,当 FB 终端建立标准 IP 连接以后,各种应用可以共享连接进行数据通信,如浏览网页、收发 E-mail、E-fax 网络传真等。该共享信道上的速率可达 432 kbit/s。对于 FB 终端,标准 IP 通常是其默认连接方式,按数据流量计费。

(3)流媒体 IP 数据通信业务

流媒体 IP 数据通信业务是一种可选速率业务,用户根据需要对 IP 信道的传输速率进行选择,以实现不同质量要求的通信,如 IP 电话、视频会议、FTP(File Transfer Protocol)数据传输等,最大传输速率可达 256 kbit/s,可以选择的传输速率有 8 kbit/s、16 kbit/s、32 kbit/s、64 kbit/s、128 kbit/s 和 256 kbit/s,可同时为不同的应用选择不同的传输速率。多个流媒体 IP 应用连接在一起可以达到整个 FB 终端的最大通信速率 256 kbit/s。对于 FB 终端,流媒体 IP 通常是其辅助连接方式,其 IP 地址与标准 IP 共享,通过专用信道实现,并按时间计费。

与 F 船站电话、传真、数据同一时间只能通一路的单通道通信不同,FB 实现了真正意义上的 IP 数据通信业务,并且具有多 IP 数据通信业务同时进行的特点。用户在使用 FB 终端进行电话呼叫的同时,可以保持一个或多个高速数据连接,满足海上同一部终端实现多种通信的需求,如在打电话的同时收发文本短信、访问电子邮箱、浏览网页、传输文件、召开视频会议等。

对于以上业务划分,有以下两点说明:

(1)4 kbit/s 的标准电话业务,64 kbit/s、3.1 kHz 音频信道业务以及 ISDN 数据通信业务在通信机制上同属于电路交换业务(CS,Circuit Switched),标准 IP 数据通信业务与流媒体 IP 数据通信业务属于包交换业务(PS,Packet Switched)。电路交换业务按时间计费,并且同一时间仅支持一个信道上的电话、传真或数据通信,即在电路交换业务中电话通信、传真通信和数据通信不能同时进行。

(2)以上业务在具体划分时界限并不是十分明朗,许多业务是相互交叉的,例如传真业务包括 G3 传真(64 kbit/s、3.1 kHz 音频信道)与 G4 传真(ISDN UDI/RDI 数据信道),但是 G4 传真(ISDN UDI/RDI 数据信道)是在 FB 系统数字信道上传输的,严格意义上属于数据通信业务,形式上属于传真业务。

二、海上宽带通信业务通信程序

1. 电话/传真通信业务通信程序

(1)通信前准备

首先,通过 FB 终端主机面板指示灯/手柄显示屏/登录内置 Web 端窗口,查看卫星信号强度,确保系统 BGAN 网注册已经完成并处于待通信状态,具体操作步骤请查看设备对应的操作说明书。

然后,对于电话呼叫,提前准备好通话提纲并做好记录准备;对于传真呼叫,需要将传真信息正确放置在传真机上。具体操作步骤请查看设备对应的操作说明书。

(2)拨号呼叫建立线路链接

①船至岸呼叫

00 + 电话国家码 + 地区码 + 用户电话/传真号码 + 结束符

②呼叫其他 Inmarsat 船站

00 + 870 + 被叫船站 IMN+ 结束符

标准模拟话机结束符拨“#”,而 IP 话机结束符通常用“拨号键”取代。

(3)信息传输

拨号呼叫建立线路链接后,开始通话或者启动传真发送程序。

(4)切断链路

对于标准模拟话机手柄重新放回即可,而 IP 话机可将手柄放回支架,也可按“挂机键”。对于传真通信通常是自动切断链路。

2. 文本短信业务通信程序

文本短信业务通过 FB 终端连接的 IP 话机终端或计算机终端完成,文本短信长度不超过 160 个字符。短信发送前需要设置短信服务中心号码,该号码由业务提供商提供,通常存储在 SIM 卡中,可以通过 IP 话机终端或计算机终端查看或修改。这里主要介绍采用计算机终端发送文本短信的通信程序,通信程序如下:

(1)发送短信

①在信息区输入要传送的信息,信息最大长度为 160 个字符。计算机终端支持 Unicode 编码,输入的中文信息最大长度为 20 个字符,一些特殊字符可能无法显示。对于 IP 话机终端,即使启用了 Unicode 支持,也只能使用英语。如果信息超过 1 条信息规定的最大字符量,

将作为多条信息发送。发送的信息在 FB 终端上会有显示。

②在接收人区域输入号码

短信发送至陆地手机用户:00 + 电话国家码 + 用户手机号。

短信发送至船舶移动用户:00 + 870 + IMN(FB 标准电话号码或 64 kbit/s、3.1 kHz 音频信道识别码)。

③启动发送

发送完毕后,FB 系统还提供短信传送收妥确认功能,以便及时了解短信传送结果。

(2)接收短信

当收到短信时,计算机 Web 窗口会出现一个收到短信的标识,标识通常是一个小信封符号,点击查看或通过菜单查看即可。

3. 数据通信业务通信程序

数据通信业务通过 FB 终端连接的计算机终端完成。登录 FB 终端内置 Web 窗口,窗口上提供数据连接的“Start”或“Stop”按钮,用于启动或终止数据连接,具体操作方式可以参考对应设备操作说明书。

需要注意的是:

(1)一个信道可以同时支持多种 IP 业务,但同一时间只能选择一个速率的流媒体 IP 业务,若要更换其他速率业务则必须终止当前连接,然后重新选择,启动连接。

(2)由于流媒体 IP 业务按时间计费,所以在启动连接后,通信结束要及时终止连接。

(3)要实现高速(128 kbit/s 或 256 kbit/s)流媒体 IP 业务连接,通常需要 FB 天线仰角大于 15°,即本船不能位于 Inmarsat 卫星覆盖范围的边缘区域。

第五节　铱星系统业务简介

铱星(Iridium)系统是美国摩托罗拉公司提出的第一代低轨道全球数字化卫星移动通信系统,是未来服务海事业的卫星通信中坚力量之一。有关铱星技术发展现状参见第十七章,以下仅通过与 Inmarsat 的对比简单介绍铱星系统的特点。

铱星系统业务应用领域可分为海事业务、航空业务、陆地移动业务、政府企业业务以及物联网业务等。与 FB 系统相比,其海事业务能提供更高的数据传输速率(最高 1.4 Mbit/s),提供更好的电话质量,支持频带灵活分配,采用端到端 IP 技术,能支持更丰富的海事业务应用能力。与现有 Inmarsat 通信系统相比,铱星系统具有以下特点:

(1)终端小巧灵活,适用于海上不同的应用场合。铱星系统可以提供手持式话机、船载数字设备等终端,不仅可以在安装驾驶台进行数字、语音和传真等通信,其手持式话机也可以应用到救生艇(筏)、安全舱等场合,实现船到船和船到陆地用户之间的通信。

(2)终端价格低,通信资费低。Inmarsat 终端的价格为 8 000 美元到数万美元不等,空间段的使用费用为每分钟 3~7 美元;相对应的,铱星终端的购置成本在 500 美元到数千美元不等,空间段的使用费为每分钟 0.65 美元左右。

(3)通信容量大,频谱利用率高。铱星系统采用多波束技术,实现了极高的频谱复用率,因而大大提高了系统的通信容量。在相同面积的区域内,铱星系统可提供的电话信道数目是 Inmarsat 卫星通信系统的 2 倍。

(4)无信号延迟和回声干扰。铱星系统采用的是低轨道卫星通信系统,卫星轨道高度为 780 km,无线电波传播的距离比较近,传输时间较短,因此从根本上杜绝了 Inmarsat 静止轨道卫星由于无线电波传播距离远而产生的信号延迟和回声干扰现象。此外,由于轨道低,信息损耗小,通信质量大大提高。

第六节　卫星船站的维护和保养

卫星船站的维护和保养是无线电操作员的基本职责之一,保持卫星船站通信功能的可用性使其满足 GMDSS 的基本要求对保障海上人命安全具有重要意义。本节主要对 GMDSS 中 C 船站与 F 船站的常规维护和保养进行介绍,FB 船站与铱星船站由于目前还未被正式纳入 GMDSS,在这里就不做介绍了。

一、C 船站的常规维护和保养

C 船站的常规维护和保养,应注重以下方面:

(1)在整个航行期间定期检查卫星信号接收强度,确保船站在一个较强信号的洋区登记,若发现接收到的卫星信号强度一直偏低,或者没有信号,同时启动全洋区扫描登录方式也无效,就要检查天线电缆的接头处有无漏水、氧化或接触不良甚至脱落。

(2)船舶航行期间,随时检查或更新船位,确保船位信息的准确。一旦发现船位自动更新失效,应及时检查船舶定位导航设备接收机与 C 船站的连接情况。如不能修复,应改为人工输入,且每 4 h 更新一次。

(3)定期检查软盘驱动器和软盘的工作情况,定期对软盘的数据进行整理和备份,避免数据损坏或丢失。磁盘存放应远离磁性物体和热源。

(4)经常检查数据终端设备(DTE)工作是否正常,如发现"死机"现象,一般是由于数据终端 CPU 运行程序冲突或内存不足所致,应关机后重启,有时可能需要重装系统。

(5)利用 C 船站提供的菜单,定期对其进行内部检测。

(6)定期检查船舶主用电源和备用电源与船站的连接情况。

(7)按照要求,每月利用设备自带的测试功能对设备进行一次性能验证测试(PVT)或链路测试(Link Test),在测试的过程中,避免发生误报警。

Inmarsat C 的链路测试是由船站操作者提出申请,由网络协调站指定某一地面站协作自动完成的。检测项目一般包括:申请链路、发射链路、接收链路、报警测试及布告板误码率情况等。一般启动链路测试后,各试验项目会自动完成,但有些项目可能要求船站操作员进行相关操作。试验完成后,相应地面站会向船站发回一份确认报文,报告试验结果。船站操作员应对此予以保留,以备 PSC 检查之用。

需要强调的是,有的船站在链路测试期间会要求船站操作员按屏幕提示发一份遇险报警测试报文,以此测试报警按钮的机械部分。但如果船站操作员在 2 min 之内没有按提示操作,船站会自动进行遇险报警电文的测试发送。也就是说,在超过 2 min 的时限后,船站操作员就不应该再手动发送测试电文了,否则可能会引起误报警。若发生误报警,应及时报告船长和附近的 RCC,及时取消误报警。误报警的处理方法见第十三章。

二、F 船站的常规维护和保养

F 船站的常规维护和保养主要包括以下内容:

(1)航行期间确保船站同步于一个信号较强的洋区卫星。

(2)定期查看船站遇险默认地面站的设置情况,确保参数已经按照要求设置。

(3)F 船站的天线单元体积较大,为了避开周围物体的遮挡和其他无线电设备的干扰,一般安装在驾驶台顶罗经甲板较高的位置或主桅杆上,受风面积较大。因此必须定期检查天线底座及连接状况,若发现底座锈蚀严重和连接方面的安全隐患,应及时排除。

(4)保持卫星天线罩干净,严禁在天线罩上喷涂普通油漆。

(5)定期检查电缆与天线的连接,天线的连接电缆一般较粗,应绑扎牢固,防止破裂进水或脱落。

(6)进入天线罩内进行检修时,为安全起见,应切断船站电源。有些船站在天线罩内设有一个电源开关,检修时应断开,检修完毕应及时闭合。

(7)在船站工作期间,距离天线 5 m 内不允许有人,以避免微波辐射对人体产生伤害。但是当天线高于甲板 2 m 以上时,可不受上述距离的限制。

(8)利用 F 船站提供的菜单,定期对其进行自测试,以便了解设备的工作情况,若发现内置定位导航设备接收机损坏,应根据设备操作说明书,通过相关接口,接入外部定位导航信号,并做好相关设置。

(9)应定期对与 F 船站连接的电脑进行病毒检查,一旦发现病毒应及时清除,以免影响数据通信。平时也尽量少用或不用外面的 U 盘或软件,以免电脑感染病毒。

(10)定期对 F 船站进行电话遇险测试,若发生误报警,应及时报告船长和附近的 RCC 及时取消误报警。

F 船站的电话遇险测试是一种发射测试,测试信号会经地面站自动转接至相应的 RCC,以检查报警链路情况。由于 F 系统的遇险报警测试通常需要 RCC 值班员配合,不建议频繁测试,应按照相关地面站或 RCC 有关遇险测试要求进行。例如,北京地面站对经由其转接的遇险报警有以下规定:“除船舶或水上设施遇险,处于紧急、危险状态之外,严禁船站发送遇险、紧急信息;测试设备发送遇险、紧急信息,须事先报告中国海上搜救中心。”

无论是 C 船站还是 F 船站,有两点需要特别注意,首先对于安装的新船站,通常在启用试验通过后的 24 h 之内,仅能选择启用试验的地面站进行接续通信,并且船舶应航行在由启用试验地面站提供服务的洋区内;24 h 后,则可经由其他 Inmarsat 系统地面站进行通信。其次,任何船站无论是否完成启用试验,是否正式投入运营,还是由于拖欠通信费用停机或者设备处于脱网状态,都不会妨碍遇险报警的发射。

第十三章

遇险、紧急和安全通信业务

第一节　遇险、紧急和安全通信概述

为了保障海上移动通信的畅通,尤其是在一个移动单元需要紧急救助时能够快捷、安全地和相关机构保持联系,国际电信联盟将海上通信划分为遇险、紧急、安全和常规四个优先级别。

遇险通信,包括遇险报警和后续通信。遇险报警表明发送报警的移动单元,如船舶、航空器以及其他载运工具或人员处于紧迫危险需要立即救援。后续通信主要包括搜救协调通信、现场通信等,它是在遇险报警之后针对险情展开的通信。

紧急通信,意味着呼叫台有一份涉及移动单元或者人员安全的十分紧急的信息需要发送。紧急通信包括多种业务形式,如医疗援助、医疗指导等。

安全通信,表明呼叫台有一份涉及航行安全的电文需要发送,如航行警告、气象警告等。

一、遇险、紧急和安全通信频率

《1974 年国际海上人命安全公约》不仅为 GMDSS 定义了海区的概念,还为每个海区的船舶应该装备的无线电报警设备做出了详细的规定,见第一章。国际电信联盟出版的《无线电规则》为遇险、紧急和安全通信划分了特定的频率,并制定了严格的通信程序。《国际航空和海上搜寻救助手册》(IAMSAR, International Aeronautical and Maritime Search and Rescue Manual)从海空立体协调角度描述了搜寻、救助程序,包括海空通信程序及频率的使用。这些都是海上人命安全强有力的保障。

为了更有效地利用频率资源,避免相互干扰,国际电信联盟为不同的无线电使用群体、不同的通信手段、不同的通信优先等级划分了不同的频率,并且专门在《无线电规则》中做了详细的描述。表 13-1-1 所示为海上地面通信系统的遇险、紧急和安全通信频率表通信方式。这些频率可以用于遇险呼叫、遇险确认与转发、遇险的后续通信、紧急通信等冠以遇险、紧急和安全标志的通信。对于表 13-1-1 需要说明以下几点：

(1)为了使船舶、人员处于紧迫局面时更加快捷地获得援助，GMDSS 提倡船舶之间的互助。互助中信息共享是关键。因此，遇险和安全通信频率都是单频工作，即收、发同频。

(2)在遇险报警时，虽然移动单元可以使用表 13-1-1 中所列的所有 DSC 频率，但是在实际工作中移动单元要根据报警的距离和海岸电台值守情况选定报警频率。报警时，并不是选择的频率越多，报警和求救效果越好。

表 13-1-1　地面系统的遇险、紧急和安全通信频率表通信方式

<table>
<tr><th>波段</th><th>DSC</th><th>无线电话</th><th>NBDP</th><th>其他</th></tr>
<tr><td>MF</td><td>2 187.5 kHz</td><td>2 182 kHz</td><td>2 174.5 kHz</td><td></td></tr>
<tr><td rowspan="5">HF</td><td>4 207.5 kHz</td><td>4 125 kHz</td><td>4 177.5 kHz</td><td rowspan="5">3 023 kHz
5 680 kHz</td></tr>
<tr><td>6 312 kHz</td><td>6 215 kHz</td><td>6 268 kHz</td></tr>
<tr><td>8 414.5 kHz</td><td>8 291 kHz</td><td>8 376.5 kHz</td></tr>
<tr><td>12 577 kHz</td><td>12 290 kHz</td><td>12 520 kHz</td></tr>
<tr><td>16 804.5 kHz</td><td>16 420 kHz</td><td>16 695 kHz</td></tr>
<tr><td>VHF</td><td>156.525 MHz
(70 信道)</td><td>156.8 MHz(16 信道)
156.65 MHz(13 信道)
156.3 MHz(06 信道)
121.5 MHz
123.1 MHz
161.975 MHz(AIS1 信道)
162.025 MHz(AIS2 信道)</td><td></td><td></td></tr>
<tr><td>UHF</td><td></td><td></td><td></td><td>9 200~9 500 MHz</td></tr>
</table>

(3)根据规定，搜救协调通信可以使用无线电话和 NBDP 中的合适频率，在实际工作中具体频率的选择不仅取决于船舶设备和出事的海域，还取决于接收方的状况：对方是船舶、航空器，还是救生艇(筏)，因为不同的接收方，配备的设备往往也不同。

(4)在 MF/HF 波段的遇险、紧急与安全频率中，没有 18 MHz、22 MHz 和 25 MHz 波段。因为一般来讲，18 MHz、22 MHz 和 25 MHz 波段的作用距离较远，向远距离的船舶电台或者海岸电台进行遇险、紧急和安全通信没有实际意义。

(5)MF/HF 波段的 2 187.5 kHz 和 8 414.5 kHz 是 DSC 在 MF/HF 波段的强制值守频率。只要船舶根据规定装配了相应的中、高频 DSC 值守机，在海上航行时就必须值守上述的频率。而 HF 波段的其他 4 个频率为选择性值守频率，船舶在海上航行时，可以根据航行环境选择 1~4 个频率与前面提到的 2 个频率一并值守。值守可以通过 DSC 值守机完成。

(6)频率 156.525 MHz 是 VHF-DSC 通信频率。它不仅可以用于遇险和安全呼叫，在日常工作中也可以用于常规通信。

(7)频率 2 182 kHz 是中频波段的无线电话遇险和安全通信频率，该频率也可以用于常规无线电话业务的呼叫与回答。我们知道地面系统的通信一般分为呼叫和通信两个步骤。《无线电规则》要求，当 2 182 kHz 用于遇险和安全目的时，安全级别的通信只能完成呼叫和非常简短的通信，如果呼叫之后的通信内容较长，操作员需要转换收发信机频率，在常规通信频率下完成工作。

(8)频率 4 125 kHz 和 6 215 kHz 是高频波段无线电话的遇险和安全通信频率,也可以用于常规业务呼叫与回答,用于常规业务时同样需要注意保护频率。实际上可以认为它们是频率 2 182 kHz 的辅助频率。其中 4 125 kHz 可以用于航空器联系船舶电台完成遇险和安全通信,包括搜救业务。

(9)频率 156. 8 MHz 指定为 VHF 无线电话遇险与安全通信信道,也可以兼顾常规 VHF 无线电话通信的呼叫与回答。

(10)按照国际电信联盟的设想,在 GMDSS 实施以后,上述几个频率(2 182 kHz、4 125 kHz、6 215 kHz 和 156. 8 MHz)"兼顾常规呼叫与回答"的功能将逐渐弱化,直至最后专门用于遇险和安全目的。由于种种原因,目前很多船舶乃至海岸电台仍然利用它们完成常规业务的呼叫与回答。因此,当航海人员把上述频率用于非遇险和安全通信目的时,必须注意不要干扰其他电台的通信,尤其是遇险通信,并且把通信的时间、功率降低至最低限度。

(11)频率 156. 65 MHz 用于船到船有关航行安全的通信。

(12)频率 156. 3 MHz 可以用于参与搜救行动的船和航空器之间的通信,也可以用于船和航空器之间涉及安全的通信。船舶电台使用该频率时应该注意避免对航空器通信的干扰,及在结冰期对破冰作业的干扰。

(13)SOLAS 公约中,要求每艘客船均应配备包含航空频率 121. 5 MHz 和 123. 1 MHz 的双向无线电通信设备,以便于进行以搜救为目的的通信。使用上述两个频率通信时,调制方式为 A3E。

(14)频率 161. 975 MHz 和 162. 025 MHz 是 AIS 的两个发射频率。在遇险和安全通信中,被 AIS-SART 所采用。

(15)表 13-1-1 中有 6 个 NBDP 遇险和安全频率,除非遇险船舶操作员在 DSC 报警中指明后续通信使用 NBDP 方式,否则默认的后续通信方式是无线电话。无线电话的特点是方便、快捷,而 NBDP 方式不仅可以直接保存通信记录,对于存在语言障碍的收、发双方来讲 NBDP 也更具有优势。

(16)频率 3 023 kHz 和 5 680 kHz 是航空器专用频率。参加搜救业务的移动电台之间、移动电台和陆地电台之间可以使用这两个频率。由于上述两个频率属于航空频率范畴,一般船舶电台的发射机不能调谐到这两个频率上,但是船舶电台的接收机可以监听这些频率,这对于搜救行动是有益的。

(17)9 200~9 500 MHz 是航海雷达应答器的工作频率。

通过前面的学习我们知道,除地面通信系统外,GMDSS 还引入了卫星通信系统,包括 Inmarsat 系统和 COSPAS-SARSAT 系统。目前有关卫星通信系统遇险和安全通信频率的使用情况如下:

(1)在 COSPAS-SARSAT 系统中,406~406. 1 MHz 波段用于紧急无线电示位标的发射,方向是地面到空间站。

(2)在 Inmarsat 系统中,频率 1 530~1 544 MHz 是卫星移动站接收频率,既可以用于常规通信,也可以用于遇险和安全通信。GMDSS 的遇险、紧急和安全通信在该波段具有优先等级。

频率 1 544~1 545 MHz 是卫星移动站接收频率,仅限于空间站到地面方向的遇险和安全通信。

频率 1 626. 5~1 645. 5 MHz 是卫星移动站发射频率,既可以用于常规通信,也可以用于遇险和安全通信。GMDSS 的遇险、紧急和安全通信在该波段具有优先等级。

频率 1 645.5~1 646.5 MHz 是卫星移动站发射频率，仅限于地面到空间站方向的遇险和安全通信。

伴随铱星等新系统、新技术的加入，后现代化的 GMDSS 会引入更多新的频率用于遇险、紧急和安全通信。

二、遇险、紧急和安全通信频率的使用与保护

(1)遇险、紧急和安全频率的使用

①遇险报警频率

地面系统的主要报警手段是 DSC 终端，可使用表 13-1-1 所列的所有 DSC 频率。COSPAS-SARSAT 系统 EPIRB 的具体遇险报警发射频率位于 406.025~406.076 MHz 波段，该波段内以 3 kHz 频率间隔划分有多个频率，随着 EPIRB 用户数量的增多将逐步启用。目前已开放使用的 EPIRB 报警频率有 406.025 MHz、406.028 MHz、406.037 MHz 和 406.040 MHz。Inmarsat 船舶地球站的遇险报警频率不是由报警者确定的，而是报警者通过设置不同的优先级别，由系统在规定的波段内自动分配。遇险报警的信息流是单向的。

②现场通信频率

现场通信(On-Scene Communication)是指遇险船舶和参与救助的移动单元之间的通信。它包括救助指挥船与其他船、船舶与救生艇、指挥船与救助飞机之间的现场通信。这种通信的距离比较近，一般是使用无线电话或 NBDP 终端，在中频和甚高频波段内指配给遇险和安全通信的频率上进行的。涉及的频率有 2 182 kHz、4 125 kHz、3 023 kHz、5 680 kHz、2 174.5 kHz、156.8 MHz、156.3 MHz、123.1 MHz 等，高频波段的频率一般较少采用。另外，在搜救现场需要根据通信双方设备配备状况决定频率的选择。在特殊情况下，可使用船舶地球站。现场通信是双向的。

在搜救现场，常常需要确定遇险单元或者人员的位置，因此搜救雷达应答器的 9 200~9 500 MHz 和 AIS 搜救发射器的 161.975 MHz 和 162.025 MHz 也划归现场通信频率的范畴。

③搜救协调通信频率

搜救协调通信(SAR Coordinating Communication)是指 RCC 通过海岸电台或陆地地球站与遇险船舶和参与救助的船舶、飞机以及与陆上其他有关搜救中心进行有关搜救的直接通信。搜救协调通信也是双向通信。

这种通信的距离通常比较远，可以使用地面通信系统，在指配给遇险和安全通信的频率上，利用无线电话或者无线电传进行，也可以使用卫星系统设备。具体通信设备的选用主要取决于船舶配备的设备和遇险事件发生的海区。根据事发现场距离 RCC 的远近，除了 VHF 频率、紧急无线电示位标的 406 MHz 之外，几乎所有的遇险和安全频率都可以使用。

④紧急通信频率

除了频率 156.65 MHz、123.1 MHz、3 023 kHz、5 680 kHz、161.975 MHz 和 162.025 MHz 以及 9 200~9 500 MHz 和 406~406.1 MHz 波段之外，表 13-1-1 所列的遇险和安全频率以及 Inmarsat 的相关频率都可以使用。

⑤安全通信频率

除了频率121.5 MHz、123.1 MHz、3 023 kHz、5 680 kHz、161.975 MHz和162.025 MHz以及9 200~9 500 MHz和406~406.1 MHz波段之外，表13-1-1所列的遇险和安全频率以及Inmarsat的相关频率都可以使用。

⑥救生艇频率

主要包括雷达应答器的9 200~9 500 MHz，AIS搜救发射器的161.975 MHz和162.025 MHz，紧急无线电示位标的406~406.1 MHz，G3E无线电话的156.8 MHz，以及主管机关特殊要求配备的A3E无线电话的121.5 MHz和123.1 MHz等。

(2)遇险、紧急和安全频率的保护

为了有效地利用频率资源，保障海上人命安全，ITU《无线电规则》中很多条款都是针对频率保护的，尤其是针对遇险和安全通信频率的保护。

首先，尽量减少遇险和安全通信频率的使用。在这方面主要采取了两项措施：

①遇险报警、后续遇险通信、遇险确认和转发、紧急通信等非常规通信需要船长、移动单元负责人、海岸电台(陆地地球站)负责人授权才能进行。

②优先等级低的通信尽量避免使用遇险和安全通信频率。例如，安全通信只有在通信内容非常简短的情况下才可以在遇险和安全通信频率上完成，否则，完成呼叫后操作员需要转换到常规信道工作。

其次，在无线电频谱中关键的频率点附近设立保护频带，防止频谱中的关键频率点受到有害干扰。有害干扰是指对安全业务或无线电导航业务能产生危害，或严重降低、阻碍或反复中断无线电通信的干扰。为了保证遇险通信的完整性，防止有害干扰，应杜绝在任何频率上，特别是遇险专用频率上进行广播或进行能引起有害干扰的任何发射。

为了进一步保证遇险安全通信的顺利进行，除了允许在指定的频率上发射外，在指定频带中的其他所有发射均应予以限制。例如，《无线电规则》规定，为了保护16信道，75和76信道分配给卫星移动业务(地对空)，用于接收船舶发出的ITU-R M.1371-5所建议的远距离AIS广播电文(电文27)。除此项应用之外，信道75和76的使用必须严格限制在与导航相关的通信，且需预防其对16信道的有害干扰，例如限制输出功率为1 W。

最后，对发射机的测试做出了严格规定。为了避免对遇险和安全频率的干扰，原则上不允许进行发射机发射试验，当认为确有必要时方可进行。发射试验应将其影响降到最低程度，如可行，应使用假天线(或者假负载)进行试验，如果必须使用天线，应在低功率上进行，并与有关当局协商征得同意。应避免在遇险和安全呼叫频率上进行发射试验。试验电文应该包含本船的识别，并且清楚地表明是在进行发射试验。在发射试验之前，操作员应首先在准备发射试验的频率上守听，以确认没有遇险和安全通信正在进行。在实际工作中，常规通信也不允许被打断，操作员应该注意到，在打断其他台站的同时，自己的通信也在被对方干扰，最终双方都无法完成通信。因此，在海上遵守相关的通规、通纪是十分重要的。

第二节　遇险通信业务

一、遇险报警方法和值守要求

1. 遇险报警方法

所有与遇险相关的通信都必须在得到移动单元负责人授权的情况下方可进行。遇险报警可以通过地面系统实现，也可以通过卫星系统实现。在地面系统中，根据船舶设备配备状况，综合航行环境，包括当时的海况、通航密度、电离层的无线电波传输特性、接警人可能值守频率的情况等因素，利用 MF/HF/VHF 设备的 DSC 终端通过海岸电台向 RCC 或者直接遇险船舶附近的船舶报警；在卫星系统中，利用 Inmarsat 船舶地球站，设置遇险优先级别，通过卫星经由地面站向 RCC 报警；或利用 COSPAS-SARSAT 系统中的 EPIRB，通过卫星经由本地用户终端和任务控制中心向 RCC 报警。无论采取何种手段，最终的接警人应该是 RCC。

对于船舶电台，首要考虑的报警方式就是船对岸报警，只要实现了船对岸报警，稍后岸上的相关机构就可以持续地向海上转发报警。船对船报警方式只能通过 DSC 实现，尽管 DSC 报警反应迅速，但是由于在报警初期缺少岸上搜救机构的协调，报警和搜救成功率往往较低。

根据 SOLAS 公约、《无线电规则》和《国际航空和海上搜寻救助手册》的要求，遇险报警内容中必须包括遇险船舶的识别、报警的船位等，并且尽可能加入遇险性质、需要的援助种类等其他任何有利于援助的信息。这些信息可以在报警之前由操作员预置，或者报警时导航设备自动注入。

2. 值守要求

在 GMDSS 中提供无线电值守任务的海岸电台，应该在各自的工作时间内、在特定的频率上保持连续的 DSC 值守，并且把值守计划通过国际电信联盟出版的《海岸电台表》《无线电信号表》向社会公布。海岸电台收到遇险报警后首先将报警信息转发到 RCC，根据 RCC 要求将启动相应的岸到船遇险报警程序。报警信息可以通过卫星或地面通信系统转发给覆盖区域的所有船舶，或转发给指定的某些船舶或某一艘船舶。同理，担任遇险报警值守任务的陆地地球站也应保持连续的守听，必要时根据 RCC 的要求启动相应的程序。

对于 GMDSS 船舶，在海上航行时应遵守以下连续值守要求：

(1) 根据 SOLAS 公约第 7.1.2 条的要求，如安装有 VHF 无线电装置，应在 VHF 的 DSC 70 信道保持连续值守。

(2) 根据 SOLAS 公约第 9.1.2 条或第 10.1.3 条的要求，如安装有 MF 无线电装置，应在 DSC 遇险和安全频率 2 187.5 kHz 上保持连续值守。

(3) 根据 SOLAS 公约第 10.2.2 条或第 11.1 条的要求，安装有 MF/HF 无线电装置的船舶，在 DSC 遇险和安全频率 2 187.5 kHz 和 8 414.5 kHz 上以及至少在 DSC 遇险和安全频率 4 207.5 kHz、6 312 kHz、12 577 kHz 或 16 804.5 kHz 中的一个频率上保持连续值守，第三频率的选择应该根据一天中的时间和船舶所在的地理位置而定。可用扫描接收机保持该值守。

(4)根据 SOLAS 公约第 10.1.1 条的要求,安装有 Inmarsat 船舶地球站的船舶,应对卫星岸对船的遇险报警保持连续值守。

(5)每艘船舶在海上航行时,应该在覆盖该船舶航行区域的一个或多个安全信息发布频率上,对海上安全信息的播发保持无线电值守。

3. 船舶遇险时各部门的组织协调性

为了提高搜救效率,遇险船舶、海岸电台或者地面站、遇险船舶附近的其他船舶所采取的行动必须保证一定的组织协调性。在这一过程中,通信作为相互联系的纽带,其协调性成为问题的关键。下面从上述几个单位的视角分别阐述遇险报警后各部门的反应。

(1)遇险船舶

遇险时,船舶应首先发送遇险报警,在某些情况下报警的同时可能也在进行遇险通信。如果报警信息是经由实时卫星通信系统(如 Inmarsat F 系统)发送的,利用卫星电话进行遇险报警的同时也会向地面站或者搜救中心介绍遇险及需要救助的细节,因此遇险报警的同时也进行了后续通信;如果报警信息是经由存储转发的卫星系统(如 Inmarsat C 系统)或者地面系统的 DSC 终端发送的,倘若时间允许,应在发送了报警的设备或者频率上等待对方的收妥确认,然后通过无线电话、无线电传等手段进行首次的后续通信,以便对救助行动做出初步安排。

(2)海岸电台和地面站

遇险报警一般应该由岸上机构予以确认。海岸电台或者地面站在收到船舶的遇险报警后,必须根据本国主管机关的搜救计划采取行动,包括:联系遇险船舶;向相关 RCC 转发报警信息;根据 RCC 的指示采取其他措施,包括协调搜救力量、向遇险船舶附近报警等。

①海岸电台

地面系统的主要报警手段是 DSC。海岸电台、遇险船舶在附近的船舶收到遇险报警后必须根据情况采取必要的措施:遇险确认、转发、救助等。我们已经知道,不同频率的电波在空间传输时经由的路径不同,作用距离也不相同,例如,当某船在 2 MHz 波段上收到其他船舶的遇险报警时,如果在 8 MHz 予以确认,报警船舶不一定能够收到确认信息。因此实施遇险确认时,发出遇险确认信息的电台应该以“同频段”为原则选择发送确认信息的频率。“同频段”的原则同样适用于后续通信。收到报警信息的海岸电台和地面站将采取的基本措施是相同的,但是对地面系统中的海岸电台来讲,考虑到天波传输特性、设备调制和发射周期、人工参与等因素,即使是同一个电台在不同的波段上收到遇险报警时采取的具体措施也存在一定的差异。

如果报警信息是在 VHF-DSC 设备上收到的,海岸电台可以根据本国的搜救计划马上对该报警进行确认;如果是在 MF/HF-DSC 设备上收到的,则海岸电台需要 1 min 之后才能在 DSC 设备上做出反应,但是在等待的同时应该根据“同频段”的原则,马上守听相应的无线电话遇险频率。例如,在 2 187.5 kHz 上收到 DSC 遇险报警,海岸电台可以马上守听 2 182 kHz 无线电话,如果报警电文中指明后续通信采用 NBDP 方式,则可以马上在 2 174.5 kHz 上守听。同理,频率 8 414.5 kHz 分别对应 8 291 kHz 和 8 376.5 kHz 守听频率。

DSC 遇险报警有两种呼叫尝试方式:单频呼叫尝试(Single Frequency Call Attempt)和多频呼叫尝试(Multiple Frequency Call Attempt)。MF/HF 波段的多频呼叫尝试一个发射周期耗时大约为 40 s。另外,DSC 遇险报警设备具有持续发射直到收到有效的 DSC 遇险报警确认时才停止工作的特点。考虑到上述因素,海岸电台在 MF/HF 波段上收到报警信息后应等待 1 min

的时间,允许报警电台完成一个呼叫尝试周期,这样可以提高报警的成功率。由于DSC遇险报警链路是开放性的,当报警船舶完成一个呼叫尝试周期后,会有很多电台收到报警信息,因此,海岸电台在等待1 min后,必须在2 min 45 s之内做出确认。通过上述规定既能够保证报警信息被可靠接收,又能及时停止遇险船报警设备的工作,使报警频率很快空闲下来,为邻近海域的其他船舶报警提供频率保障。

海岸电台一方面向遇险船舶发送确认信息,另一方面向相关海域、部门转发收到的遇险信息。

②地面站

如果报警信息是经由COSPAS-SARSAT系统或者Inmarsat系统收到的,RCC需要将信息转发至相应的地面站或者海岸电台,而后利用Inmarsat系统的增强群呼功能或者NAVTEX系统向相关海域转发遇险报警。当利用增强群呼功能转发报警时,地面站会根据遇险船舶所在海域的通航密度定义面积、形状不同的作用区域。

(3)遇险船舶附近的其他船舶

遇险船舶附近的其他船舶根据收到报警路由的差别采取不同的行动。

如果遇险船舶附近的船舶通过Inmarsat或者NAVTEX接收机收到船舶遇险信息,在把相关信息记录到船舶电台日志的同时,船长会根据自身船舶的状况采取相应的行动,如加强瞭望,联系RCC并根据RCC的指令驶往事发海域参与救助等。

如果该船舶在DSC终端上收到遇险报警信息:

倘若该信息是经由海岸电台转发的信息,船舶在将信息记入船舶电台日志的同时应报告船长,并且根据遇险电文指示守听相应的无线电话或者无线电传遇险频率。如果船舶电台认为应该对电文予以确认,注意此时只能使用无线电话或者电传,而不应该使用DSC设备,因为DSC确认信息具有自动中断海岸电台报警程序的功能。确认之后须根据岸上当局的指令提供必要的救助行动。

倘若该信息是由遇险船舶直接发送的,船舶电台可以考虑对信息进行确认或者转发,但是无论如何都应该首先守听相应的电话、电传信道。在电话、电传信道上可以判断其他船舶的反应及该报警的真实性。如果船舶电台在MF或VHF波段上继续收到DSC遇险报警,只有在与RCC或海岸电台协商并得到明确指示时,方可发射DSC遇险确认以中断遇险报警发射;如果在MF波段上发送确认信息,需要在收到报警3 min后进行。如果在HF波段收到遇险报警,当海岸电台在5 min内未予确认时,船舶电台应该以适当的方式向适当的海岸电台转发遇险报警。

倘若该信息是一份经由某船舶电台发射的遇险转发呼叫,船舶电台应在同波段遇险频率上采用无线电话方式予以确认。船舶电台转发的遇险报警通常由海岸电台采用DSC方式确认。

4. DSC遇险通信

(1)在MF/HF-DSC遇险通信中,为了提高DSC遇险报警的成功概率,通常可采用以下两种呼叫发送方式。

①单频呼叫尝试

发射机在某一个选定的DSC遇险频率上连续发送5次呼叫序列。为了避免其他船舶电台之间发生发射冲突相互干扰或者收不到他船发出的收妥确认信息,同频率上的重复呼叫尝试应该在初始呼叫之后 3 min 30 s 到 4 min 30 s 的随机延迟之后进行。如果 DSC 值守机能够在所有遇险和安全频率上保持连续的守听,那么发射机可以连续重复发送遇险呼叫尝试,而不必考虑随机延迟的问题。

②多频呼叫尝试

多频呼叫尝试只适用于 MF/HF 组合电台,是指发射机自动在 DSC 的 6 个遇险频率上(1 个中频频率,5 个高频频率)循环进行呼叫。具有多频呼叫尝试功能的设备应该具备在所有遇险和安全频率上保持连续守听的能力,否则它必须能够在 1 min 之内完成呼叫尝试(一般组合电台能够在 40 s 内完成一次呼叫尝试)。多频呼叫尝试可以在开始呼叫的 3 min 30 s~4 min 30 s 的随机延迟之后进行下一次呼叫尝试。

VHF 的遇险报警可以和 MF/HF 遇险报警同时发出。

(2)DSC 遇险报警

航行在 A1、A2 海区的船舶,可以通过 MF 和/或 VHF-DSC 向海岸电台或附近的其他船舶电台发射遇险报警。航行在 A3 和 A4 海区的船舶遇险时,可通过 HF-DSC 向海岸电台发射遇险报警。选择 HF-DSC 报警频率时,遇险船舶应考虑无线电波的传播特性、本船地理位置、当时的时间(不同季节和一天中的不同时刻)等因素。根据不同情况,156.525 MHz、2 187.5 kHz 和 8 414.5 kHz 通常可以作为首选报警频率。DSC 遇险呼叫的接收对象为报警信号覆盖范围内的“所有台”。

DSC 遇险呼叫格式在第三章已做过介绍,呼叫设置中许多信息是自动生成的。DSC 遇险报警发送程序如下:

首先调谐发信机至相应的 DSC 遇险报警频率。

如果时间允许,在 DSC 控制器上输入或选择以下信息:

- 遇险性质;
- 船位;
- 船位提取时间(UTC)。

SOLAS 公约 1998 年修正案生效后,手动更新操作只有在设备出现异常而导致船位和时间参数不能自动更新时才被使用,因此上述的船位和船位提取的时间两项内容通常由导航仪器接口电路自动注入和更新。

- 后续通信方式(一般为无线电话)

然后,启动/发射 DSC 呼叫。

最后,等待 DSC 遇险报警确认信息。

当遇险船舶收到 DSC 遇险报警确认信息后,设备报警动作自动停止。此时,遇险船舶应根据报警电文中指明的后续通信手段,将发信机调谐到和遇险确认频率同一频段的相应遇险频率上。例如,遇险船采用多频呼叫尝试方式发送遇险报警,并指明后续通信是无线电话,发出报警后若在 2 187.5 kHz 频率上收到确认,则调谐到 MF 的 2 182 kHz 频率上;若在 8 414.5 kHz 上收到确认,则调谐到 8 291 kHz 上,按无线电话遇险呼叫格式与确认方进行后续通信。无线电话遇险呼叫格式将在本节后面阐述。

(3)DSC 遇险报警的确认

遇险报警确认简称遇险确认,是指收到遇险报警信号后收到方对遇险报警的应答。它有以下作用:

①表明 DSC 遇险报警已被确认台收妥,确认台承担了相应的责任。

②通知其他电台遇险报警处理状态,以利于其他电台做出反应(见本节前面相关阐述)。

③遥控停止报警电台发射机重复报警等。

确认电文一般包含报警系列里面的大部分信息,并在收到报警的频率上发出。值得注意的是,收到遇险报警的船舶电台通常不使用 DSC 予以确认,DSC 方式的确认在多数情况下由海岸电台完成,但是如果船舶电台在 MF/VHF 信道连续收到遇险船 DSC 遇险报警,在与 RCC 或某海岸电台协商后并在其指示下,可发射 DSC 遇险确认信息以中断遇险呼叫。如果船舶电台在 HF-DSC 上收到初始遇险报警,应该根据遇险报警内容在指定的频率上以指定的通信模式保持值守,而不应该对遇险报警进行确认。

(4)DSC 遇险报警的转发

DSC 遇险报警转发是指以 DSC 技术转发所收到的遇险报警序列,可由海岸电台或船舶电台根据情况进行。

当海岸电台收到 DSC 遇险报警时,考虑到其他船舶电台可能没有接收到初始的 DSC 遇险报警;或者由于遇险船舶电台在非标准遇险频率上发送了初始的遇险报警;或在标准的遇险频率上发射了遇险报警,但没有使用 DSC 手段;或有必要向遇险船舶进一步提供援助等因素,往往需要向其他在航船舶转播遇险报警。

当船舶电台在 VHF 和 MF 波段收到 DSC 遇险报警呼叫后,决不允许实施对所有船舶的 DSC 遇险转发,但可视情况向某一个特定海岸电台实施"individual"格式的转发。当船舶电台在 HF 波段上接收到 DSC 遇险报警呼叫,并在 5 min 内没有其他任何电台确认时,应利用适当的无线电通信手段通知 RCC 或进行船到岸的遇险报警转发。不管使用什么方式转发,转发信息必须清楚地注明不是发射台本身遇险。此外,当一艘船舶发现遇险船自身无能力发射遇险报警,或者该船舶的船长认为有必要对遇险船提供进一步的帮助时,可以通过遇险转发方式代替遇险船发送报警,但是报警信息中需要指明发生遇险的是另外一艘船舶。

DSC 遇险转发程序如下:

首先将发射频率设置为 DSC 遇险频率。

然后选择"distress relay call"编辑呼叫序列。

在 DSC 控制器上输入或选择以下信息:

- All Ships Call(VHF)或 Geographical Area Call(MF/HF)或合适海岸电台的 MMSI;
- 遇险船的 MMSI(如果知道);
- 遇险性质;
- 遇险船的最新位置(如果知道);
- 遇险船位置对应的 UTC 时间(如果知道);
- 后续遇险通信方式(Telephony)。

发射 DSC 遇险转发呼叫。

最后将收发机设置为与遇险转发频率同波段的无线电话遇险与安全通信频率,准备进行后续遇险通信。

由前面的阐述可以看到,DSC 遇险报警的转发可以根据情况发给所有船舶(All Ships),或发给选定的一组或某一艘船舶(Group/Individual),也可以发给某确定海域内的船舶(Geographical Area)。当利用海呼或者选呼的方式转发 DSC 遇险报警时,在指定分组或者指定地理海区以外的船舶电台接收机虽然也有可能收到遇险报警,但是不予响应,即打印机和报警装置都不会启动。

DSC 遇险报警的转发可以使用单频呼叫尝试或者多频呼叫尝试发送。收到转发信息的电台应在遇险和安全频率上使用无线电话对 DSC 转发的遇险报警进行确认。

二、无线电话遇险通信

船舶无线电话包括 SSB 电话、VHF 电话及卫星电话,尽管它们隶属于不同的系统,采用的是不同的通信技术,但遇险电话通信时的呼叫格式是相同的。

1. 无线电话遇险呼叫

无线电话遇险呼叫应尽可能使用表 13-1-1 列明的遇险频率,这样获救的概率才最大。遇险信号为"Mayday",在无线电话上按照法语"m' aider"读音。在利用无线电话进行遇险通信时,每一次呼叫之前应该前缀上述的遇险信号标识。

无线电话遇险呼叫格式如下:

- 遇险信号 Mayday,三次;
- This is(语言出现障碍时可以使用 DE,意思为"这是"或"来自",读作"Delta Echo");
- 遇险船舶的船名、呼号或 MMSI 等识别,三次;
- Mayday;
- 地理位置;
- 遇险性质以及期望得到的救助;
- 其他有助于救助的信息;
- Master(表示该电文已经经过船长授权)。

为了使遇险通信既方便、快捷,又在一定程度上避免受到干扰,当遇险船舶通过 DSC 终端发射报警并成功收妥报警确认后,双方根据 DSC 报警信息约定在 2 182 kHz 或者 VHF 16 信道上展开后续通信的情况下,遇险信号、双方识别可以减少为 1 次。

【遇险呼叫实例】

Mayday, Mayday, Mayday.

This is M/V ×××, This is M/V ×××, This is M/V ×××.

Mayday.

I am in danger. My position is Latitude 37. 15 degrees North, Longitude 123. 05 degrees East. I am on fire at 1645 hours local time and have IMO-Class B chemical on board. I require fire fighting assistance.

Master.

Over.

2. 无线电话遇险确认

无线电话对遇险船报警的确认呼叫格式如下:

- Mayday;
- 遇险船舶的船名、呼号或 MMSI 等识别,三次;

- This is(或者 DE);
- 确认台的台名、呼号或 MMSI 等识别,三次;
- Received(语言出现障碍时可以使用"RRR",读作"Romeo, Romeo, Romeo")Mayday。

当船舶对从其他船转发来的遇险报警进行无线电话确认时,也使用上述格式,但是遇险船舶的船名、呼号或 MMSI 等识别信息改为确认对象的识别。

【针对前面遇险呼叫的确认实例】

Mayday.

M/V ×××, M/V ×××, M/V ×××.

This is

M/V Golden River, M/V Golden River, M/V Golden River.

Received Mayday.

3. 无线电话遇险转发

无线电话遇险转发标识为"Mayday Relay",其规范的呼叫格式如下:

- 遇险转发(Mayday Relay),三次;
- This is(或者 DE);
- 转发台的台名、呼号或 MMSI 等识别,三次;
- Relaying from <遇险船的船名>;
- Mayday;
- 复述遇险信息。

【上海海岸电台对前面遇险呼叫的转发实例】

Mayday Relay, Mayday Relay, Mayday Relay

This is

Shanghai Radio, This is Shanghai Radio, This is Shanghai Radio.

Relaying from Chinese M/V ×××.

Mayday.

I am in danger. My position is Latitude 37.15 degrees North, Longitude 123.05 degrees East. I am on fire at 1645 hours local time and have IMO-Class B chemical on board. I require fire fighting assistance.

Master. Over.

三、NBDP 遇险通信

NBDP 遇险通信是指遇险报警之后在某信道上进行的与遇险事件有关的、利用 NBDP 方式实现的通信。利用 NBDP 进行遇险通信的优点首先是可以将遇险通信情况直接记录打印、输出、存档,其次对英语口语能力的要求较低;缺点是通信没有无线电话快捷。因此,多数遇险通信是通过无线电话手段实现的。如果在收到的 DSC 遇险报警中指明后续通信采用 NBDP 方式,应选择表 13-1-1 所规定的相应的 NBDP 遇险与安全频率,做好 NBDP 遇险通信的准备。通常情况下,NBDP 遇险通信采用 FEC 工作模式,这样附近所有的 NBDP 终端都能在选定的频率上收到 FEC 信号,分享遇险信息,必要时提供援助。特殊情况下,也可以使用 ARQ 模式进行 NBDP 的遇险通信。

NBDP 遇险呼叫格式如下：

- 至少一个回车、换行、字符转换符号；
- Mayday；
- CQ（表示普遍呼叫，相当于“All Ships”，也可以省略）；
- DE（或者 THIS IS）；
- 遇险船舶的船名或呼号、MMSI 等识别；
- Mayday；
- 遇险电文；
- MASTER（表示该电文的发送已经经过船长授权）；
- NBDP 遇险确认电文格式；
- Mayday；
- 遇险船舶的船名或呼号、MMSI 等识别；
- DE（或者 THIS IS）；
- 确认台的台名或呼号、MMSI 等识别；
- RRR Mayday。

【NBDP 遇险确认电文实例】

Mayday.

J8DT6 DE BTBM.

RRR Mayday.

这里“J8DT6”和“BTBM”分别是遇险船舶和确认船舶的呼号。

在进行遇险通信时，一般没有必要特别指明接收台站的标识，即“盲发”。但是，在个别情况下需要指明接收台，在这种情况下，电话业务中在“Mayday”三次之后冠以“THIS IS”和“接收台相关识别”三次即可。但是如果使用的是电传业务，应该分别冠以“DE”和“呼号”一次。

四、卫星系统遇险通信

通过 Inmarsat 船舶地球站进行遇险、紧急和安全通信是通过设置不同的通信优先级别来实现的。在 Inmarsat 系统中，通信优先级别分四级，分别用数字 0（常规）、1（安全）、2（紧急）、3（遇险）表示。实际通信时，通常默认级别（缺省设置）为 0（常规），其他级别通过船舶地球站终端选择设置，具体设置方法可参考相关设备操作指南。

1. Inmarsat 电话遇险通信

对于 GMDSS 船舶，Inmarsat 电话遇险报警是通过船舶地球站送/受话器终端实现的。由于 Inmarsat B 系统已经停止服务，目前 GMDSS 中可以实现电话遇险报警的卫星通信系统主要是 Inmarsat F 系统。由于 Inmarsat F 系统无线电话是实时通信，报警信号可以直接转至 RCC，因此报警与后续通信是一并完成的。

通过话机手柄进行电话遇险通信的程序如下：

（1）设置“遇险（Distress）”优先等级。“遇险”优先等级的设置通常是通过按下红色报警按钮完成，一般要求按压 5 s 以上。报警按钮设置的位置因设备型号的不同而有所不同。

需要注意的是，尽管按下红色报警按钮只是设置“遇险”优先等级，但是 15 s 后船舶地球站会自动启动报警呼叫，经默认地面站转接至 RCC。因此，当操作者错误按下报警按钮时，务必在 15 s 内终止报警。

(2)选择地面站。原则上选择距离事发地最近的地面站，因为 Inmarsat 系统中的每一个地面站都与一个 RCC 有专线连接，选择最近的地面站意味着选择了最近的 RCC。但是实质上，选择地面站时除了就近之外，还需要综合考虑对方的救助实力、语言问题甚至政治因素。

(3)拿起话机，启动呼叫。此时报警被启动，经地面站自动连接至特定的 RCC。

(4)当 RCC 应答时，按照前面描述过的无线电话遇险呼叫格式进行通信。

(5)通话完毕，放回话机即可。

上述的报警也可以通过船舶地球站默认的地面站转接至 RCC。此时，上述程序中步骤(2)可省略。默认地面站的设置可参考相关设备操作指南。

此外，目前 Inmarsat FB 也已经开始提供电话遇险通信业务，使用时操作员直接拨叫“505”号码即可接入指定的 RCC。与此同时，Inmarsat FB 系统还提供二位码业务，包括 32(医疗指导)、38(医疗救助)和 39(海事救援)。

2. Inmarsat 电传遇险通信

目前，GMDSS 中可以提供电传业务的只有 Inmarsat C 系统。Inmarsat C 系统可以提供遇险报警和后续通信。

(1) Inmarsat C 系统的遇险报警

Inmarsat C 系统的遇险报警一般有两种操作方法。

①编辑报警。操作员首先在终端上对报警信息进行简单的设置，包括转接的地面站(缺省时为默认地面站)、遇险性质(缺省时为“未指明”)等，然后按下报警按钮启动报警。选择地面站需要考虑的因素与 Inmarsat F 系统无线电话报警相同。

②快速报警，即直接按下遇险报警按钮启动报警。操作员可以按下船舶地球站设备上面的报警按钮，也可以在环境或时间不允许时，触发遥控报警按钮。此时，报警信息均为默认设置，即默认地面站和“未指明”遇险性质。这种方法操作简单、快捷，适用于十分紧急的情况。

具体操作请参考相关设备操作指南。值得注意的是，若报警发出 5 min 后，RCC 或地面站没有应答，操作员应重发报警。

(2) Inmarsat C 系统的后续通信

在船舶地球站发出报警并收妥确认后，操作员通常利用船舶地球站进行后续遇险通信，向救助单元通报遇险详情以利于救助。发送遇险电文的程序如下：

- 编辑并存储遇险电文；
- 在电传终端上设置通信参数，包括设置通信级别为“遇险”，设置与报警时相同的地面站；
- 启动发射。

五、其他与遇险相关的通信

1. 现场通信

现场通信由现场指挥(OSC，On Scene Commander)或海面搜索协调员(CSS，Coordinator

Surface Search)负责,其职责之一就是指定现场通信所使用的频率。在现场通信中,一旦确定了现场通信所使用的频率,则要求参加现场通信的所有移动单元均应在指定的频率上保持连续的电话或电传值守。

2. 协调通信

遇险通信的总指挥通常是 RCC。RCC 不但负责管制搜救行动,而且负责协调与遇险事件有关的通信,必要时可以指定其他电台负责协调遇险通信。协调通信包括无线电静默和恢复正常工作通信。

(1)无线电静默

无线电静默主要是强制干扰遇险通信的电台保持静默。这种静默指令既可以发给所有电台,也可以发给某一个特定电台。

强制静默一般由指挥电台发出,不同通信方式的标识也不同:

当使用无线电话通信方式时,静默的标识是"SEELONCE Mayday",法语读作"Silence m'aider";

当使用 NBDP 通信方式时,静默的标识是"SILENCE Mayday"。

如果要求产生干扰的无线电台保持静默的是一个非指挥台,应将上述标识的"Mayday"改为"DISTRESS"。

(2)恢复正常工作通信

当遇险通信结束后,RCC 或管制搜救行动的电台必须在遇险通信所使用的频率上发出表明遇险通信已经结束的电文。

①无线电话业务中恢复正常工作的呼叫格式

无线电话中发出恢复正常工作的呼叫格式为:

- Mayday;
- Hello All Stations(语言交流困难时说 CQ,读作 Charlie Quebec),三次;
- This is;
- 发射台呼号或其他识别,三次;
- 该电文的交发时间;
- Seelonce Feenee(法语读作"Silence fini")。

②NBDP 业务中恢复正常工作的呼叫格式。

NBDP 中发出恢复正常工作的电文格式为:

- Mayday;
- CQ;
- DE;
- 发射台呼号或其他识别;
- 该电文的交发时间;
- 遇险船船名和呼号;
- SILENCE FINI。

【无线电话恢复正常工作实例】

Mayday.

Hello all stations. Hello all stations. Hello all stations.

This is

Yanjiu No. 1, Yanjiu No. 1, Yanjiu No. 1.

The distress vessel, ××× has sunk. All survivors are rescued by our vessel. Assistance is no longer required. You may proceed.

SEELONCE FEENEE at 0830 hours Local Time.

Out.

六、误报警的处理

GMDSS 实施之后，误报警浪费了大量的人力、物力，成为困扰船员、执法者、设备设计人员的一大难题。设计报警设备时在遵循报警安全、可靠这一基本原则的同时，必须兼顾对误报警的预防。例如，TT 3020 C 船舶地球站进行遇险报警时，操作员需要打开特殊的保护盖子，并持续按下按钮超过一定时间后才会启动报警；而 KANNAD 406 型 EPIRB 从固定盒中取出超过 30 s 后才会自动启动遇险报警等。但是，由于 GMDSS 的个别分系统之间兼容性存在问题、GMDSS 某些设备设计存在缺陷及操作人员的失误等，误报警现象很难马上消除。例如，为了增加卫星的接入量，卫星 EPIRB 报警工作的时间很短，启动后每 50 s 报警持续时间只有 0.5 s。如果操作员粗心大意，即使产生误报警也很难及时发现。船舶一旦发生误报警，必须按照规定的操作程序及时取消报警，以减少对 GMDSS 通信系统的影响。

1. 地面系统中误报警的处理

(1) 马上关闭正在工作的发射机。

(2) 将相关设备的无线电话根据“同频段”的原则调谐到遇险频率上。

(3) 在设置好的电话频率上进行广播取消此次误报警。广播呼叫格式如下：

- All stations, All stations, All stations;
- This is ;
- 船名、呼号、MMSI 码，三次；
- 误报警的地理位置；
- Cancel my distress alert of <日期、UTC 时间>;
- 船长姓名、船名、呼号、MMSI 码；
- 日期、UTC 时间。

2. Inmarsat 船舶地球站误报警的处理

当发现 Inmarsat 船舶地球站出现误报警时，应立即：

(1) 按照以下格式编辑电文：

- This is;
- 船名、呼号、MMSI 码；
- 误报警的地理位置；
- Cancel my distress alert of <日期、UTC 时间>;
- 船长姓名、船名、呼号、MMSI 码；
- 日期、UTC 时间。

(2)用遇险通信等级,把上面的电文发送到刚刚接收了遇险报警的 RCC。

3. EPIRB 误报警的处理

如果发现用 EPIRB 设备发送了误报警,必须马上联系就近的海岸电台或者适当的陆地地球站或 RCC 取消误报警。

无论哪种设备出现了误报警,均应把误报警日期、UTC 时间、地理位置、经由的海岸电台或地面站记入船舶电台日志。一般来讲,对那些在产生误报警之后,能够按照正确的步骤取消报警从而消除其不利影响的船舶免予处罚,但是,那些经常进行错误操作的船舶可能被追究责任。另外,一旦船舶发生了误报警,船舶靠港时很可能面临严厉的 PSC(Port State Control)检查,所以,航海人员必须认真对待。

第三节 紧急和安全通信业务

紧急和安全通信包括:

(1)航行警告、气象警告和其他紧急信息的发送。

(2)船对船的航行安全通信。

(3)船位报告通信。

(4)搜救行动的辅助通信。

(5)医疗指导和医疗援助通信。

(6)有关导航、船舶动态和船舶必需品的通信,以及发给官方气象部门的船舶气象观测电文等。

一、紧急通信

紧急通信包括医疗援助、医疗指导、海事援助等。当船上出现人员落水或船损但还没有直接危及船舶安全时,如果需要援助,也应采用紧急通信。紧急通信必须有船长授权方可发送。紧急通信中的紧急信号为"Pan Pan",读作法语中的"Panne Panne"。通信时首先应发送紧急信号的引语,然后发送相关的紧急信息。紧急信号和紧急信息可以通过地面或卫星系统发送。利用地面通信系统发送时,首先必须在一个或几个指定的遇险安全呼叫频率上,使用 DSC 终端发送紧急通信引语;而通过卫星系统进行紧急通信时不需要独立的引语,因为通过选择"紧急"优先等级,操作员已经获得了进入国际海事卫星系统的优先权。当其他船舶在数字选择性呼叫设备上收到紧急呼叫时,不要对呼叫予以确认,只需将相关接收机调谐到呼叫中所指明的频率上进行接收即可。

利用地面系统无线电传终端完成紧急通信时,应该采用 FEC 方式,当确信采用 ARQ 方式对紧急通信有利时也可以采用。所有紧急信息必须至少要冠以一个回车(CR)信号、一个换行(LF)信号、一个字母变换信号和紧急信号(Pan Pan)。格式如下:

- 回车、换行、字符转换符号;
- Pan Pan;

- DE;
- BTBM;
- 电文。

下面是某船在 DSC 设备上发送紧急信号后,在特定的遇险和安全频率上利用无线电话呼叫的实例。

Pan Pan, Pan Pan, Pan Pan.

This is M/V ×××.

My ship is disabled. My position is latitude 15.45 degrees North, longitude 118.30 degrees East. I require a tug to harbour urgently and wide berth is requested.

Master.

Over.

二、医疗指导和医疗援助通信

医疗指导和医疗援助是两种主要的医疗通信。医疗指导适用于获得医疗指导、建议的情况,医疗信息主要发给海岸电台或者港口的医疗部门,船员可以通过电传、电话等方式直接和医生取得联系来获得必要的医疗指导和帮助。医疗援助适用于船上病人或伤员需要紧急送上岸或请医生登船治疗的情况,呼叫转至岸上后由岸上相关机构做出安排和处理。全球许多国家的海岸电台、陆地地球站提供医疗指导和医疗援助业务,具体细节可查阅《无线电信号表》。

医疗指导和医疗援助属于紧急通信的子项,除紧急信号外,还后缀"Medical",即:

- 紧急信号(Pan Pan),三次;
- 发射台识别;
- Medical;
- 电文。

医疗指导和医疗援助既可以通过地面系统实现,也可以通过卫星系统的两位数字业务码实现。从方便的角度考虑,航海人员比较容易接受卫星业务中的传真或者语音业务。另外,在某些特殊情况下,一艘船舶也可能从另外一艘医疗条件较好的船舶上获得该服务。

船舶与指导医生或者救助人员之间有效的信息交互是医疗业务的关键。因此,申请医疗业务的船舶需要按照规定的格式和内容发送医疗信息。主要的医疗信息内容见表 13-3-1。

进行医疗通信时应注意:

(1)在进行医疗通信之前应准备好相关内容,通信时注意做好记录并且复述对方通信内容,防止因理解错误而延误治疗。在确实可行的情况下,将医疗通信的内容做出语音记录也是一种很好的方式。

(2)操作员应该准备好纸笔,随时记录通信内容,结束通信后应及时将有关信息转录到患者医疗记录和船舶相关日志上。

(3)平时应对本船医疗急救药箱的配备情况有所了解,备妥药品清单,在医疗通信时可以节省双方大量的时间。

(4)在某种特殊的情况下,患者的姓名可能不方便提供或者来不及提供,但是患者的年龄、性别、种族等信息至关重要。

(5)只有在情况非常危急时,才允许船舶呼叫直升机。船员必须意识到通过直升机实施医疗撤离不仅费用高昂,实施救援的直升机驾驶员和乘员也处在极大的危险中。

表 13-3-1 医疗通信时可能涉及的信息内容

项目	内容
船舶资料	船名
	呼号/MMSI/Inmarsat 号码
	日期和标准时间
	地理位置、航向、航速
	上一挂靠港口
	还有几天到达目的港、目的港名称
	还有几天到达最近港、最近港名称
	还有几天到达其他可能港口,其他可能港口名称
	本地气象条件(如果需要)
患者资料	患者基本信息:姓名(可以不填)、种族、职务、年龄
	病情细节:发病时间、发病突然还是缓慢、发病的过程(或者受伤时伤情细节)
	患者情况:患者的反应、征兆、病史、过敏史,是否做过大的手术以及是否受过外伤等;家庭病史;发病前服药情况、服药的细节:药量、频率;患者的脉搏、血压以及呼吸状况等(或者伤者情况:受伤史、伤者的反应、征兆、过敏史或者是否做过大的手术以及是否受过外伤等;家庭病史;伤后服药情况,服药的细节:药量、用药频率等;伤者是否昏迷、能否记清楚当时情况;伤者的脉搏、血压、呼吸、失血情况)
	船上的医疗过程以及初步诊断结论等(或者船上的医疗过程以及对伤情的初步判断,当时采取的急救措施等)

三、安全通信

安全通信表明呼叫台有一份涉及航行安全的电文需要发送。例如,当某船舶发现危险冰况、危险船舶残骸或危及海上航行安全等危险情况时,船舶电台应该尽快联系附近的其他船舶,并尽快与附近海岸电台取得联系,并且通过海岸电台将上述信息发送给有关当局。上述所有通信都必须冠以安全信号。如果使用地面通信系统进行安全通信,首先应该在一个或多个指定的遇险和安全呼叫频率上使用 DSC 终端进行呼叫,然后调谐到无线电话或者 NBDP 设备的特定频率上广播安全信号及信息,安全信号为"Securite",读作法语的"Say-Cure-Tay"。如果通过国际海事卫星系统发送安全信息,则不需要另外使用 DSC 终端呼叫。当船舶收到 DSC 安全呼叫时,不要对呼叫予以确认,只需将相关接收机调谐到呼叫中所指明的频率上进行接收即可。

利用无线电话、电传进行安全通信时,安全信息必须冠以安全信号和发射台的识别。根据安全通信信息的长度,安全通信既可以在遇险与安全工作频率上完成,也可以在收、发双方协商好的频率上完成。例如,海岸电台经常在固定的工作频率(518 kHz、490 kHz 等)上广播涉及航行安全的信息;船舶电台使用 VHF 13 信道完成操纵避让。总之,无论是船舶电台还是海岸电台进行该通信,目的都是最大限度保证船舶航行的安全。

在使用无线电传进行安全通信时,应该采用广播前向纠错(CFEC)方式建立安全通信。当认为对安全通信有利时,可以随后采用 ARQ 方式进行安全通信。所有安全信息必须至少要冠以一个回车(CR)信号、一个换行(LF)信号、一个字母变换信号和安全信号(Securite)。格式如下:

- 回车、换行、字符转换符号;
- SECURITE;
- DE;
- BTBM;
- 电文。

【无线电话安全通信实例】

某国外海岸电台在工作时间内,首先在 VHF 70 信道广播了安全信息引语,然后在自己的无线电话工作信道上进行下面的广播:

Securite. Securite. Securite.

All vessels, this is St. Nicholas Strait Information Service.

Warning:

Part one: There is a wreck buoy in position 50 degrees 45 minutes North, 030 degrees 25 minutes West. There is a vessel with a difficult tow on passage to Eekhavn now approaching Pelican Bank buoy.

Part two: The visibility at Gannet Head is 1.5 miles. The visibility at Dolphin Bank light vessel is 2 miles, out.

在实际工作中,也有很多特殊情况经常发生,如:

(1)紧急和安全呼叫指向特定的接收电台。此时,"This is"的前面需要添加被叫人的识别。

(2)个别情况下,发送紧急、安全通信时可能没有来得及发送 DSC 引语,而在众所周知的一个工作信道上发送了信息。例如,航行中情况较急,船舶直接在 13 信道发送安全信息;或船舶通过 Inmarsat 系统进行紧急和安全通信等。在没有发送引语的情况下,呼叫人(有时还会包括收报人)的识别在语音业务中往往需要重复 3 次。

第十四章
海上安全信息业务

第一节 海上安全信息业务概述

一、主要用途及业务结构

GMDSS 的宗旨是最大限度地保障海上人命与财产安全。收发海上安全信息(MSI)是GMDSS 的几项主要功能之一。如果说遇险报警、现场通信等功能是从海难发生的事后入手,收发海上安全信息则是从预防海难入手来保障海上人命财产的安全。

GMDSS 主要涉及七种类型的 MSI,即航行警告、气象警告、冰况报告、搜救信息、气象预报、引航业务和电航信息系统的更正信息等。这七种 MSI 可分为航警信息、气象信息、其他与安全相关信息和搜救信息四大类,每类信息都有专门的信息提供者和自己的协调机构,四类信息汇总于一个总协调中心,根据需要经不同的系统播发。信息提供部门必须经国际海事组织(IMO)、国际水道测量组织(IHO)、世界气象组织(WMO)以及各国相关主管机关的认可。图14-1-1 为 MSI 播发业务结构图。由图可见,海上安全信息业务是一个国际性的协作业务,涉及安全信息的搜集、汇总、协调播发等多个环节。

二、海上安全信息的播发

1. SOLAS 公约对船舶的要求

SOLAS 公约要求每一艘船舶必须符合关于接收海上安全信息广播的规定:

(1)值守。在航船舶必须在相关海上安全信息广播的频率上保持值守,包括卫星通信系统和地面通信系统。

(2)登记。每一艘 SOLAS 船舶应该在船舶电台日志中记录接收海上安全信息的时间、识

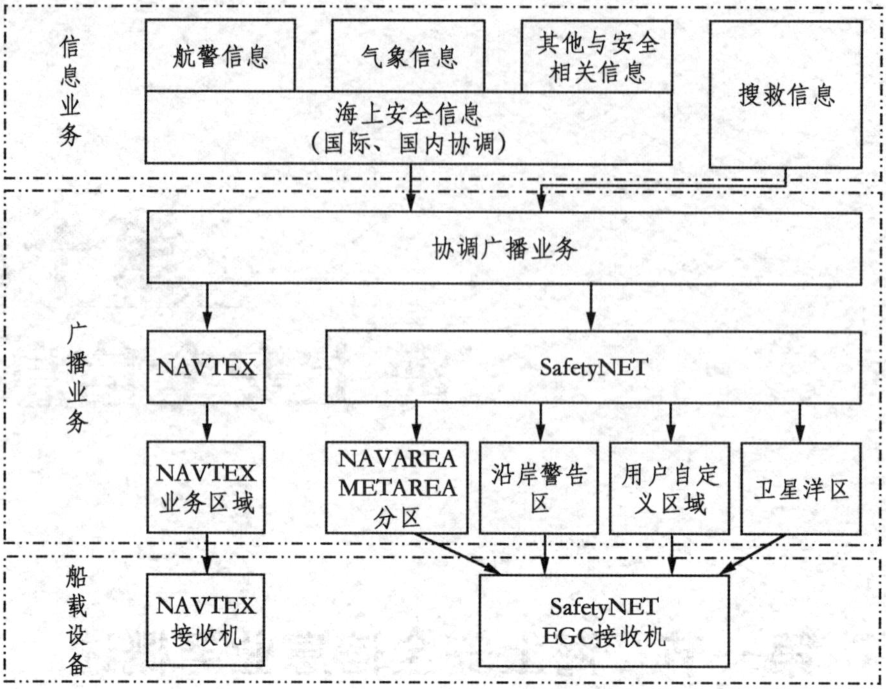

图 14-1-1 MSI 播发业务结构图

别和信息来源,并打印、保留所有与遇险通信有关的电文。

除了上述要求之外,IMO 还要求船舶驾驶台保留所有有效的航行及气象信息,供值班人员使用。

2. 主要播发手段

在 GMDSS 中,MSI 主要通过下面两个系统播发:

(1)NAVTEX 系统:该系统的国际 NAVTEX 业务。信息提供者把信息转发到特定区域的 518 kHz NAVTEX 发射台,发射台向附近船舶播发,船舶可以选择性接收。

(2)EGC 系统:该系统的国际安全网(SafetyNET)业务。信息提供者把信息转发到特定区域的地面站,地面站利用网络协调站的 TDM 载波向自己负责的洋区广播。大洋航行的船舶,无论距离地面站和信息提供者多远,都可以接收到海上安全信息。

所有国际海上安全业务信息使用英语印刷和广播,需要时本地语音可以附加在英语之后。

3. 辅助性播发手段

尽管根据 1974 年 SOLAS 公约第四章“无线电通信设备”的要求,当船舶航行在没有 NAVTEX 播发台覆盖的海域时,可以通过 EGC 系统的安全网业务接收 MSI,但是国际海事组织从保障海上人命和财产安全的角度出发,积极鼓励沿岸国主管机关为船舶提供其他发送方式的警告和预报,作为国际 NAVTEX 业务和安全网业务的有益补充,主要包括:

(1)无线电传真图,包括气象图、冰况图以及其他与航海者安全相关的信息。

(2)其他类型的无线电气象以及航行警告业务,有些海岸电台以甚高频、中频和高频无线电话和电传等形式向海上船舶播发无线电气象和航行警告信息。

总之,上述的所有方式都有益于保障海上人命和财产安全。各种播发方式的责任区域各有侧重。NAVTEX 系统主要负责 A1、A2 海区 MSI 的播发。EGC 系统通过 Inmarsat 卫星转发，尽管船舶在 A1、A2、A3 海区都可以收到 EGC 系统的 MSI，但 EGC 系统主要负责较远海域 MSI 业务的播发，某些没有 NAVTEX 业务的近岸海域，也可以通过 EGC 系统业务实现海上安全信息的播发，例如澳大利亚沿岸。甚高频、中频和高频无线电话和电传可以对 A1、A2、A3 和 A4 海区 MSI 播发起到完善和补充作用，尤其 HF NBDP 系统很好地覆盖了 A4 海区，它采用了 NB-DP CFEC 播发方式。

4. MSI 的播发频率及优先等级

(1)海上安全信息专用广播频率

表 14-1-1 给出了海上安全信息专用广播频率。根据 IMO 和 ITU 的规定，这些频率主要用于国际业务，语言为英语。但是在实际工作中，各国的主管机关往往灵活使用，例如我国曾经在频率 518 kHz 上以汉语形式播发过国内业务。伴随 GMDSS 逐步完善，频率使用会越来越规范化。

表 14-1-1　海上安全信息专用广播频率

NAVTEX 系统	EGC 系统	HF NBDP 系统
490 kHz 518 kHz 4 209. 5 kHz	网络协调站公共信令信道频率	4 210 kHz、6 314 kHz、 8 416. 5 kHz、12 579 kHz、 16 806. 5 kHz、22 376 kHz、 26 100. 5 kHz、19 680. 5 kHz

除了上述频率外，各国海岸电台还可自主决定辅助性播发频率。有关各电台提供业务的细节，操作员可以查阅《无线电信号表》第Ⅲ卷。

(2)计划性与非计划性的海上安全信息播发

为了确保使用者在任何水域都能够及时、稳妥地接收到 MSI，MSI 广播的播发时间、经由的海岸电台、地面站和卫星都由国际海事组织统一协调，有计划地进行，并且将播发计划刊登在《无线电信号表》第Ⅲ卷上。这就是计划性播发。

所有航行警告和气象预报都是计划性播发。播发时信息定义为“安全”等级，当接收终端收妥时不产生报警信号。在接收航行警告和气象预报之前，操作员首先应查阅《无线电信号表》第Ⅲ卷，了解相关信息，然后在特定的时间把接收机调谐到适当的信道上(对大多数现有的单频 518 kHz NAVTEX 接收机，不需如此操作)，并且编辑接收区域相关信息，例如航行警告区域代码(NAVAREA 代码)、信息类型代码、NAVTEX 播发台代码等。这样，船舶就可以每天在固定时间、固定频率上接收信息。

非计划性播发是指时间难以预见的 MSI 的播发。少数的安全信息由于情况紧急，必须采取非计划性广播，即播发台收到信息后便立即予以广播。例如，紧急的航行警告、严重的气象灾害警告、遇险信息的转发等。上述信息播发时会被定义为“紧急”或者“遇险”优先等级，接收终端一旦收妥会发出声光报警信号，提示船舶操作员马上进行处理。在安全网业务中，非计划信息的播发会使用所有相关洋区的卫星，无论船舶的接收机正在调谐到哪一颗卫星的 TDM 载波上都不会丢失信息。为了强化船舶对于非计划性播发的接收效果，安全网业务中的非计划性播发一般在首次播发后的 6 min 后安排重播，根据需要还可能以后按照每 1 h、2 h、3 h……48 h、120 h 的周期进行重复，直至信息提供人取消报文的播发为止。

第二节　全球航行警告业务

向在航船舶发布诸如灯标、发声设施、浮标以及其他助航设施的建立或者失效、有碍航行或者近岸设施的构建等警告信息，直接关系到船舶的航行安全。为了确保上述信息能够被所有可能受到影响的船舶接收，国际海事组织会同国际水道测量组织建立了全球航行警告业务（WWNWS, World Wide Navigational Warning Service）。该业务在 1977 年的 IMO 大会上被采纳，其修订案在 1979 年的会议上被采纳。在该业务初期，全球的可航水域被划分成 16 个航行警告区（NAVAREA），目前是 21 个。

一、NAVAREA 和 METAREA

NAVAREA 是为协调广播航行警告而建立的地理海域，可以包括一个国家、地区可供海船航行的内海、湖泊和水道，但是与国家、地区的行政管辖权无关。术语 NAVAREA 后跟一个罗马数字可以用来标识一个特定海域，例如 NAVAREA ⅩⅩ、NAVAREA ⅩⅪ等。每一个 NAVAREA 海区有一个区域协调国，负责本海域航行警告业务的发布和协调，如图 14-2-1 所示。一般来讲，航警信息只向相关的海区播发，在每一个海区中航警信息按照顺序以公历年编号。

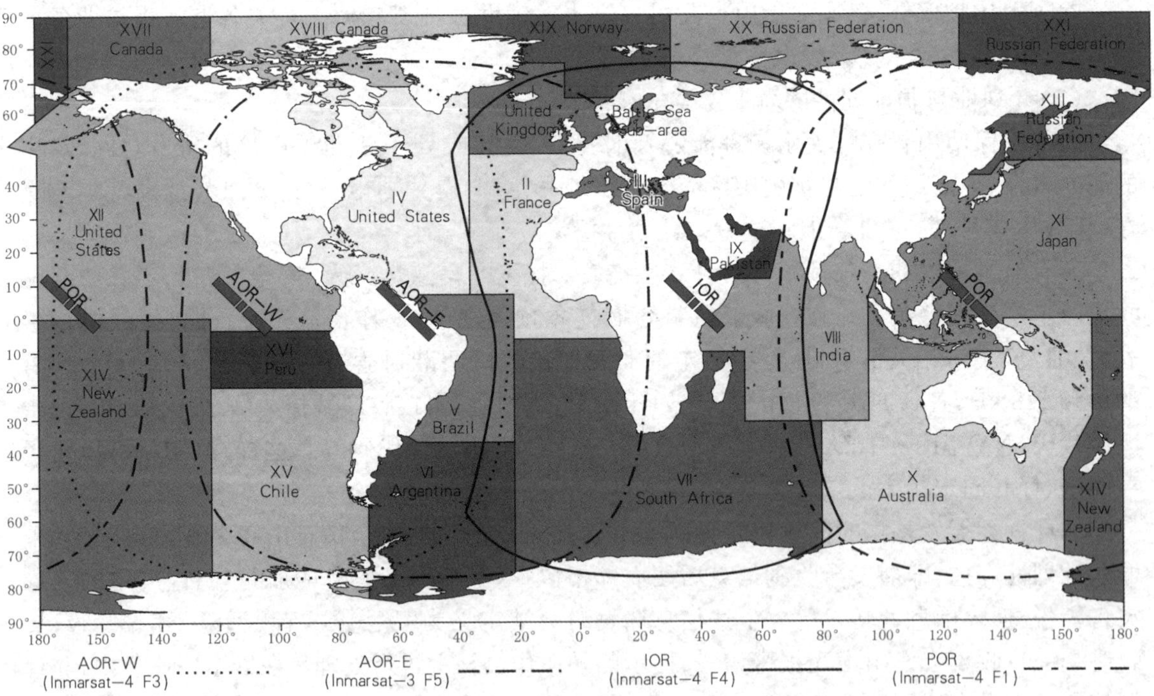

图 14-2-1　Inmarsat C 和 Mini C NAVAREA 覆盖图

METAREA 是为了播发气象信息建立的区域，其每个区域的覆盖范围基本与 NAVAREA 相同，但是 METAREA Ⅷ被划分为北［METAREA Ⅷ(N)］和南［METAREA Ⅷ(S)］两个区。

METAREA 的划分见图 14-2-2。

图 14-2-1 和图 14-2-2 中虚线或者实线区域表示的是 Inmarsat C 或者 Mini C 卫星洋区的分界线。由于以上两个区域的覆盖基本相同,本书内容更多涉及的又是航行警告的播发,因此接下来将从 NAVAREA 的角度展开阐述。

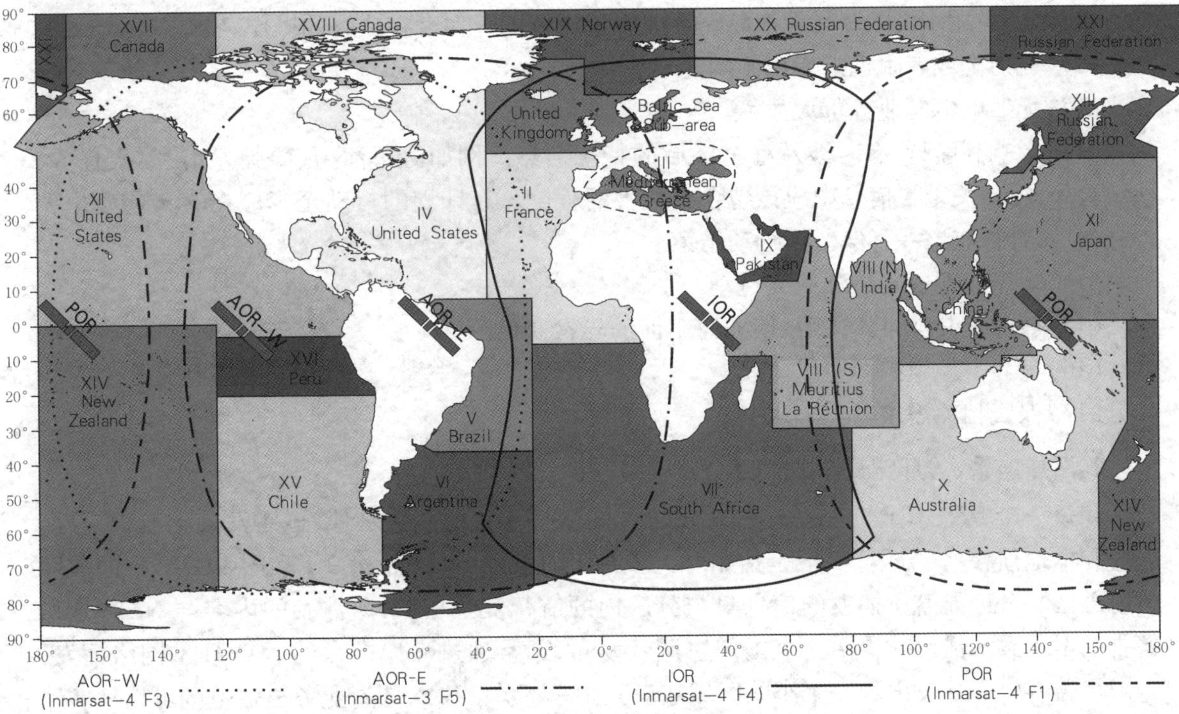

图 14-2-2 Inmarsat C 和 Mini C METAREA 覆盖图

二、航行警告的主要内容

WWNWS 业务建立了四种类型的航行警告,即 NAVAREA 航警(NAVAREA Warnings)、沿岸航警(Coast Warnings)、分区航警(Sub-area Warnings)和本地航警(Local Warnings)。

1. NAVAREA 航警主要内容

此类航警的影响区域一般较大,可以大到一个完整的 NAVAREA。播发的主要是涉及船舶航行安全的信息,包括助航设施失效、可能影响到航海者改变计划航线等方面的信息。主要包括:

(1)重要航路的灯标、雾号和浮标失效。

(2)重要航路及其附近出现的危险沉船残骸,如果必要,还需给出它们的标识。

(3)新的主要的助航设施建立或者现存设施有重大改变,尤其是由于上述的建立或者改变可能对航行产生误解时。

(4)通航拥挤水域出现的困难拖带。

(5)漂浮水雷。

(6)正在进行搜救或者防污染操作的区域(主要避免航行船舶进入这些区域)。

(7)由正在执行控制的海上搜救中心请求,向海上或者空中被报告为遇险、严重延期或者失踪的船舶、飞机发出的通告。

(8)可能对航行安全产生威胁的新礁石、浅滩、沉船，如果必要，还需给出它们的标识。

(9)建立航路时未预见的改变或者暂时的停工。

(10)电缆或者管线的铺设，为了科学研究、地球物理探测而进行的大型水下物体的拖带、有人或者无人的潜水，以及其他在航路上或附近进行的存在潜在威胁的操作。

(11)航道上或者附近近岸设施的建立。

(12)无线电电航业务重大故障。

(13)影响到航行，有时涉及整个区域的特殊信息。例如海军演习、导弹发射、航天任务、核试验等，在相关警告信息中应该包含其危害的程度。有计划的行动至少应在 5 天前发出警告，同时该警告应该一直保留到行动结束。

(14)对于船舶的劫持和武装行动。

(15)海啸及其他自然现象，诸如海平面的异常变化。

(16)世界卫生组织的卫生建议。

(17)保安相关需求。

2. 沿岸航警、分区航警和本地航警

在每一个 NAVAREA 中，除了作用于全区的 NAVAREA 航警之外，还播发沿岸航警、分区航警和本地航警。“分区”一般是指相对比较封闭的水域，例如图 14-2-1 和图 14-2-2 中的波罗的海分区。分区航警所播发的信息只与分区内的航行安全相关，所涉及的内容与 NAVAREA 警告基本一致。沿岸航警由一个国内协调者发布，通常通过海岸电台的 NAVTEX 网络播发，一般覆盖 NAVAREA 内的一个小的区域或者其中一部分。NAVTEX 业务覆盖范围可以从航路的航标、引航站向外延伸 400 n mile，实际是以发射台为圆心、以无线电波传播距离为半径的圆，两个具有重叠覆盖区域的相邻发射台通过协议可以制定有形的边界线。NAVTEX 业务不存在时，沿岸航警可以通过安全网业务发布，例如 NAVAREA Ⅹ。NAVAREA 航警和沿岸航警通常在计划时间播发，紧急时可能在收到之后马上发布。NAVAREA 航警和沿岸航警都是国际业务的一部分，利用英语广播，主管机关可以为国内业务采用自己的语言，但是这些业务不属于 WWNWS。本地航警是指由本地港航机关或者海港部门向其权限范围之内发布的有关安全信息，它是沿岸航警的补充，大洋航行船舶通常并不需要，因此可以只利用本国语言在甚高频上发布。

第三节　海上安全信息的报文结构

一、航警报文的结构

为了方便航海人员阅读，避免不必要的误解或者歧义，每一份航行警告都是按照统一的格式起草的。任何一份航行警告的这种结构化电文应该包含下面标准元素的一部分或者全部：

1. **信息标识**（Message Identifier-ID）

任何航行警告的前面几个词总是系列标识和后面紧跟的顺序号，顺序号每公历年从 001 起始。

例如：NAVAREA THREE 496；OOSTENDE RADIO NAV WARNING 767 等。

这里"NAVAREA THREE 496"表示本航警属于 NAVAREA 第Ⅲ区，该电文的序号是 496；"OOSTENDE RADIO NAV WARNING 767"表示本航警属于"OOSTENDE RADIO NAV WARNING"系列，即 OOSTENDE 无线电台航警，序号 767。

2. **导言**（Preamble）

导言包括：

（1）区域概要。一份航警的区域概要应该足以说明受本航警信息影响的一个 NAVAREA 内较大的分区，如 NORTH SEA、MALACCA STRAIT 等。如果信息内容涉及助航仪器，可以使用相关助航仪器的名称的缩写，如 GPS、SATELLITE、LORAN C 等。

（2）位置。以一定的术语使航海人员不经过标绘就可以识别警告对航线的影响，如 THAMES ESTUARY、PENANG APPROACH 等。

（3）海图编号。对于 NAVAREA 航警，经常需要参考海图查证航警所涉及的位置，但是比例尺并不需要最大，如 UKHO CHART 471、CHART INT 649 等。对于沿岸和本地航行警告，通常不需要海图号，因为它们只在危险物附近播发。

3. **航行警告正文**

航行警告正文包括：

（1）关键词。给出危险的类型，如 FLAMBO ROUGH HEAD LIGHT、CORK LANBY、UNLIT TANKER ADRIFT 等。

（2）地理位置。以度、分和分的小数给出，最多可以保留小数点以后两位。在特殊情况下，只给出分的最近整数位。

（3）补充标识。尽可能简洁并且不易产生曲解，使航海人员充分理解危险的确切本质。

4. **附言**

附言是补充说明电文主题部分不能完整表达的某些重要细节，如主管部门向航海者提出的建议和关于警告的有效期等内容。

当补充说明"警告的有效期"（或"撤销警告"）时，其格式如下：

（1）CANCEL THIS MESSAGE DDHHMMUTC MoMoMo（本警告于××月××日××时××分撤销）；

（2）CANCEL ××× AND THIS MESSAGE（撤销第×××号航警和本警告）；

（3）CANCEL ×××（撤销第×××号警告）。

当电文未说明撤销时间时，其撤销时间通常为警告描述事件的主体消失或项目完成后 1 h；电文仅注明日期的，其撤销时间通常为日期当天的 2400 时。

航行警告也可通过发布专门的电文撤销，其电文中应简叙撤销警告的原因。格式如下：

SH ××× CANCEL ××× SURVEY COMPLETED. SHANGHAI M. S. A.（警告第 SH×××号，撤销第×××号警告，勘测结束，上海海事局）。

【航行警告电文实例】

NAVAREA Ⅺ WARNING

NAVAREA Ⅺ 0457

NORTH PACIFIC, NANPO SHOTO.

UNDERWATER RESEARCH WORKS BY REMOTELY OPERATED VEHICLE, HYPER DOLPHIN, MOTHER SHIP, NATSUSHIMA. DAYTIME DAILY 25 SEP TO 04 OCT.

A. WITHIN 3 MILES OF 28-34.3N 140-38.6E.

B. AREA BETWEEN 23-30.0N 23-33.3N AND 141-54.6E 141-56.6E.

CANCEL THIS MSG 05 OCT.

译文：

NAVAREA 第 11 区航警

NAVAREA 第 11 区航警第 0457 号

北太平洋南方诸岛。

自 9 月 25 日起，到 10 月 4 日结束，由水下遥控探测船 HYPER DOLPHIN 进行水下探测，母船为 NATSUSHIMA。位置：

A. 28°34.3′N，140°38.6′E，3 n mile 以内。

B. 23°30.0′N，23°33.3′N 和 141°54.6′E，141°56.6′E。

10 月 5 日本信息失效。

二、气象报告报文结构

公海气象和海浪报告一般主要包括三部分，分别是警告、天气大势和预报，有时还可能包括第四部分、第五部分和第六部分，分别是用简式气象码语播发的分析和（或）预报，海洋气象站的气象报告选播，以及陆地气象站的气象报告选播。

1. 气象报告第一部分——警告

（1）警告内容

气象警告包括大风警告（蒲福风力为 8 级或 9 级）、暴风警告（蒲福风力为 10 级或大于 10 级）和热带气旋警告（北大西洋和东北太平洋为飓风，西太平洋为台风，印度洋为气旋，其他区域为类似性质的气旋）。

大风警告、暴风警告和热带气旋警告应包括以下内容：

①警告的种类。

②日期和以世界协调时（UTC）表示的时间。

③用百帕表示其中心气压值的扰动类型（比如低压、飓风等）。

④用经纬度或熟知的陆标（Landmarks）表示的扰动位置。

⑤扰动移动的方向和速度。

⑥影响区域的范围。

⑦影响区域内的风速或风力及风向。

⑧影响区域内的大浪和涌浪情况。

⑨其他适当的信息，如扰动的未来位置。

在气象警告的每次发送中均应包括①、②、④、⑥和⑦项内容。

(2)警告的特征

①在气象警告中若有两个或以上的气象扰动系统,应按其产生威胁的次序在警告中予以播发。

②警告要尽可能简洁,同时应该清楚而且完整。

③每一个热带气旋或强热带风暴最后位置的时间应该在警告中标明。

④如果必要,发射台在收到警告后应该立即予以发布。在安全网业务中,如果播发部门在非计划性广播时段收到这样的警告,不仅要马上播发而且要在广播 6 min 之后重播该信息。

⑤如果确实没有大风、暴风和热带气旋警告需要发布,应该在气象和海浪报告的第一部分中使用"NIL"或者"NO STORM WARNINGS"等明确加以说明。

⑥警告在任何必要的时候都可以更新并且立即发布。

⑦警告应该一直保持生效直到修改或者取消。

⑧作为气象报告第一部分定时播发的警告,不需要在 6 min 后重播。

2. 气象报告第二部分——天气大势

(1)天气大势的内容

天气大势(Synopsis)应包括以下内容:

①日期和用世界协调时 UTC 表示的时间。

②地面天气图主要大势。

③重要气压系统和热带扰动的移动方向和速度。

气象大势部分应包括风浪和涌浪的重要特性,并应包括像浮冰和洋流等海面情况的特性。气象大势部分还应包括预计影响责任区的重要低压系统和热带扰动。其描述内容应包括每个系统的中心气压和强度、位置、移动及其强度的变化,还应描述出其锋面、高压中心、高压脊和低压槽。

(2)天气大势的特征

①任何时候大势都应该包括相应波浪(大浪和涌浪)的重要特征,如果有必要并可行,海面的其他特征(浮冰、流等)也应该包括之内。

②在预报的有效期内,影响或者预计影响预报区域及附近的重要低压系统和热带扰动应该予以描述;每个系统的中心气压值和(或)强度、位置和强度的变化也应该给予描述;重要的锋面、高压中心、低压槽、高压脊等任何有助于阐明天气形势的元素都应该包括在内。

③重要压力系统和热带扰动的风向和速度应该以罗经点和节(或者米/秒)为单位分别予以标明。

④应指明系统移动时速度的单位。

3. 气象报告第三部分——预报

(1)预报的内容

气象预报(Forccast)应包括以下内容:

①预报的有效时间。

②主要海上安全信息(MSI)区域内的预报区域名称或代号。

③具体内容的描述。如:风速或风力及风向,预报值小于 6 n mile(10 km)时的能见度、冰

的增长情况、波浪(大浪和涌浪)。

(2)预报的特征

气象预报应包括预报期内预计的重大变化、重要天气现象,如冻雨、降雪和降雨以及常规预报时效以外一个时期的天气展望。预报期限应使用发布预报后的有效小时数,或使用日期和用世界协调时(UTC)表示的有效期起止之间的小时表示。能见度应以海里或千米表示或用文字表示。

三、中国沿海气象信息播发台覆盖范围

船舶在海上航行时,操作员可以通过《无线电信号表》第Ⅲ卷查阅各海岸电台气象信息覆盖情况。我国在大连、上海、广州、香港、青岛等地设有海岸电台,每天定时用中、英文明码电报向国内外船舶广播当地气象台提供的海上天气预报和警报。

大连海岸电台覆盖范围:渤海、黄海北部、黄海中部和渤海海峡。

上海海岸电台覆盖范围:渤海、黄海北部、黄海中部、渤海海峡、黄海南部、济州、东海北部、长崎、东海南部、鹿儿岛、台湾地区北部、台湾地区东部、台湾海峡和琉球。

广州海岸电台覆盖范围:台湾海峡、广东东部、广东西部、琼州海峡、北部湾、海南岛西南部、西沙、东沙、巴士海峡、中沙、华列拉、头顿、南沙和曾母暗沙。

香港海岸电台覆盖范围:香港、广东、东沙、台湾海峡、台湾地区北部、台湾地区东部、琉球、舟山、西沙、巴士海峡、巴林塘海峡、黄岩岛、民都洛、南沙、华列拉、岘港和北部湾。

上述海岸电台为国内外船只在我国近海航行提供了有力的气象保障。

第四节　NAVTEX 业务

NAVTEX 业务是服务于沿海、近洋的海上安全信息业务,包括向船舶提供航行警告、气象信息和搜救信息等。NAVTEX 业务划分为国际 NAVTEX 业务和国内 NAVTEX 业务。国际 NAVTEX 业务是指利用窄带直接印字电报技术,使用英语在 518 kHz 频率上协调播发船舶自动接收海上安全信息的业务。国内 NAVTEX 业务是指利用窄带直接印字电报技术,使用主管机关认可的语言在除 518 kHz 以外的频率上播发船舶自动接收海上安全信息的业务。国际电信联盟专门为 NAVTEX 业务划分了频率,即 518 kHz、490 kHz 和 4 209.5 kHz。除此之外,各个国家都在积极筹建服务于本国船只的 NAVTEX 网络。

NAVTEX 业务是海上安全信息业务的一部分。由图 5-1-1 和图 14-1-1 可以看出,各信息收集部门将海上安全信息汇总到系统协调中心,由系统协调中心协调后发送至合适的 NAVTEX 播发台,在特定频率上向相关海区广播。协调中心可能只负责一个海岸电台,也可能负责一个国家所有海岸电台的 NAVTEX 业务。

一、NAVTEX 业务的技术编码

1. 技术编码的功能

我们已经知道,和一般地面系统海上安全信息接收方式不同,专用的 NAVTEX 接收机具有自动接收、选择打印电文的功能,这一切都是通过技术编码 B 码(B-Code)实现的。B 码共有 4 位,分别表示发射台、信息种类和信息的编号。它位于电文的最前面,是电文的身份标识,伴随电文由发射机一并发出。在接收机工作之前,操作员首先要对接收设备进行设置,包括发射台、信息种类等。接收机每次接收信息时首先会读取电文前面的 B 码,然后和本机设置情况相比较,判断操作员是否允许接收打印该台或者该类信息。每次接收结束之后,接收机还会把成功收妥信息的 B 码存档 72 h。接收机接收电文时除了对比前面的设置情况,还会与存档的 B 码进行比较,如果经过比较显示该电文在 72 h 之内曾经收妥,接收机将放弃本次打印。

虽然 NAVTEX 系统具有选择接收和打印的功能,但是某些特殊种类的安全信息,如航行警告、气象警告和搜救信息等,操作员是不可以设置为拒收的,这样可以保证使用 NAVTEX 业务的船舶能始终接收最重要的安全信息。NAVTEX 接收机设置接收发射台时,既可以设置一个电台,也可以同时设置多个电台。

2. NAVTEX 发射台 B_1 码和发射时间的分配

(1)NAVTEX 发射台 B_1 码的分配

B_1 码是播发台的识别符,用一位英文字母表示,字母的范围是 A~X。接收机通过读取航警电文前面的 B_1 码可以识别信息发射台,然后将结果与机器内部操作员的设置情况对比后做出打印与否的判断。全球共有 21 个 NAVAREA,理论上讲每个区域都应该设置有一个 NAVTEX 台链。实际上除了Ⅹ、Ⅻ、ⅩⅥ以及ⅩⅦ~ⅩⅪ以外,大多数区域确实是如此设置台链的。NAVTEX 发射机工作在 MF 波段,最大覆盖距离可以达到 100 n mile 以上,傍晚受到电离层的影响作用距离会更远。全球工作在相同频率上的发射台有几百个,具有相同 B_1 码的发射台最多可以有 21 个,而根据系统设计方案,具有相同 B_1 码的发射台需要在同一个时间发射(具体内容见下文"发射时间的分配")。为了避免相互干扰,保证有序工作,每一个 NAVAREA 内 NAVTEX 台链的电台识别符尽可能以顺时针的方式分配,这样可以尽可能使具有相同 B_1 码的发射台保持较远的距离,一般为 800~900 n mile。

在实践工作中,船舶 NAVTEX 接收机更多采用的是鞭状天线,天线直径较小,大风浪过后可能出现丢失、断裂的严重故障,操作员可以使用其他天线暂时替代,但是替代时必须充分考虑天线灵敏度。如果灵敏度过低,则接收效果不理想;灵敏度过高,则可能使自己同时处于两个具有相同 B_1 码的发射台的覆盖范围之内,它们每天是在相同时间发射的,这就可能导致两个电台的信号相互干扰,船舶接收机无法正常工作。

(2)发射时间的分配

为了尽可能防止发射台之间相互干扰,每个发射台在制定工作时间表时必须充分考虑到覆盖范围之内其他海岸电台的工作情况。表 14-4-1 给出了 IMO NAVTEX 协调专家组评估和建议每个发射台开展新业务时使用的计划时间。在每一个 NAVAREA 域中,发射台分为 4 个组,每组最多可以分配 6 个台,每个台每 4 h 工作一次,每次最多可以工作 10 min。但是,在实际工作中，每组可能没有 6 个发射台，一个台链可能也没有 24 个发射台，这主要是由当地的通航密度、地理条件决定的。

表 14-4-1　识别符 B_1 码和播发时间的关系

播发台识别符 B_1 码	NAVTEX 协调专家组建议播发时间(UTC)					
A	0000	0400	0800	1200	1600	2000
B	0010	0410	0810	1210	1610	2010
C	0020	0420	0820	1220	1620	2020
D	0030	0430	0830	1230	1630	2030
E	0040	0440	0840	1240	1640	2040
F	0050	0450	0850	1250	1650	2050
G	0100	0500	0900	1300	1700	2100
H	0110	0510	0910	1310	1710	2110
I	0120	0520	0920	1320	1720	2120
J	0130	0530	0930	1330	1730	2130
K	0140	0540	0940	1340	1740	2140
L	0150	0550	0950	1350	1750	2150
M	0200	0600	1000	1400	1800	2200
N	0210	0610	1010	1410	1810	2210
O	0220	0620	1020	1420	1820	2220
P	0230	0630	1030	1430	1830	2230
Q	0240	0640	1040	1440	1840	2240
R	0250	0650	1050	1450	1850	2250
S	0300	0700	1100	1500	1900	2300
T	0310	0710	1110	1510	1910	2310
U	0320	0720	1120	1520	1920	2320
V	0330	0730	1130	1530	1930	2330
W	0340	0740	1140	1540	1940	2340
X	0350	0750	1150	1550	1950	2350

3. 电文类别标识 B_2 码

NAVTEX 信息播发时按照标题分组，每组分配一个电文类别标识 B_2 码。它用一位英文字母表示，详见表 14-4-2。

NAVTEX 接收机利用电文类别标识识别各种电文，同时利用类别标识还可以拒收某些可以拒收的、船舶不需要的信息。例如：LORAN 信息可能被一艘没有装备 LORAN 接收机的船舶拒收；利用该标识码接收机还可以识别那些很重要、不允许拒收的信息，如 A、B、D、L 类电文等。

表 14-4-2 NAVTEX 电文类别标识

A:Navigational Warnings 航行警告,不可拒收
B:Meteorological Warnings 气象警告,不可拒收
C:Ice Reports 冰况报告
D:Search and Rescue Information and Pirate Attack Warnings, Tsunamis and Other Natural Phenomena 搜救信息和海盗袭击警告,以及海啸和其他自然现象,不可拒收
E:Meteorological Forecasts 气象预报
F:Pilot and VTS Service Messages 引航和 VTS 业务信息
G:AIS Service Messages AIS 业务信息
H:LORAN Messages 罗兰信息
I:Spare 备用
J:GNSS System Messages Regarding PRN Status 与 PRN 状态相关的 GNSS 系统信息
K:Other Electronic Navigational aid System Messages 其他无线电助航仪器信息
L:Navigational Warnings—Additional to Letter A 航行警告,对代码 A 的补充,不可拒收
M~U:Spare 备用
V:Special Services—Allocation by NAVTEX Panel 特别业务,由 NAVTEX 专家组分配
W:Special Services—Allocation by NAVTEX Panel 特别业务,由 NAVTEX 专家组分配
X:Special Services—Allocation by NAVTEX Panel 特别业务,由 NAVTEX 专家组分配
Y:Special Services—Allocation by NAVTEX Panel 特别业务,由 NAVTEX 专家组分配
Z:No Message on Hand 当前没有信息

4. 电文编号标识 B_3B_4 码

B_3B_4 为每类电文的编号,用 01 到 99 的两位数字表示。当编号列到 99 时,应重新开始编号,但要避免使用仍然有效信息的编号。当某类电文出现编号短缺时,播发台可将电文分配到其他相关类别。例如,在冰情盛行季节,在某个区域可能出现在 B_2=C,B_3B_4 编码爆满的情况,此时可以考虑把冰况信息纳入 B_2=B 或者 B_2=A。相比其他类别的信息,航行警告信息存在数量大、一份警告可能有效期非常长的问题,如果在 99 个编码溢出时单纯考虑在 B_2=A 的情况下从 01 重新编号,极易出现 01 至 99 编码全部被占用的情况。为了解决这个问题,设置 B_2=L 也代表航行警告信息。

B_3B_4=00 用于特别重要的信息(如初始遇险信息),其他常规信息和业务信息不能分配 00 编号。当 NAVTEX 接收机收到 00 编号的电文时蜂鸣器发出警报,打印机必须打印。操作员在任何情况下都不能拒收这种重要的安全信息。航警电传广播不适用于遇险通信,因而,初始遇险信息仅在航警电传中使用 B_2=D,B_3B_4=00 编码发射,以此向船舶示警有险情发生。

二、NAVTEX 业务中信息的优先等级

在 NAVTEX 业务中用三种优先等级来决定警告信息的首播时间,这些优先等级按紧急程度递减,依次划分为:

VITAL:极重要,需要立即播发。

IMPORTANT:重要,但是可以在下一个可利用时间段播发。

ROUTINE:常规,可以在下一个计划性的发射时间段播发。

“VITAL”和“IMPORTANT”等级的警告通常在下一个计划性发射时间重播。

优先标识是发射台的一个程序指令,通常不需要播发出去。优先标识包括作为前缀加到NAVTEX 信息前面的单词“VITAL”“IMPORTANT”“ROUTINE”,它们应在编码组 ZCZC、B_1、B_2、B_3B_4 前面成为独立的一行。信息提供人负责判断信息的紧急程度,并插入适当的优先标识。

1. VITAL 信息

如果接到“VITAL”信息,NAVTEX 发射台将立即监测 NAVTEX 频率:

(1)如果频率空闲,“VITAL”信息将立即播发出去。

(2)如果频率被占用,接到“VITAL”信息的发射台操作员应判断是哪个发射台在占用频率,它可以利用任何通信手段和正在发射的电台沟通联系,请求对方停止发射,以允许插播自己手中的“VITAL”信息。只要频率空闲,“VITAL”信息会被立即发射出去。一旦“VITAL”信息发送完毕,原先的发射台就会恢复到正常的工作。为了避免不必要的业务中断,优先标识“VITAL”信息仅适用于出现特别紧急的情况,例如初始遇险信息的发射。此外,“VITAL”信息应简明扼要。信息提供人也负有利用电传或其他方法事前提示发射台操作员注意“VITAL”信息的责任。

2. IMPORTANT 信息

标有优先标识“IMPORTANT”的信息,在可用时间,即 NAVTEX 频率未被占用时发射出去。准备发送“IMPORTANT”信息的电台通过监测可以得知频率是否被占用。该优先等级对大多数的紧急信号已足够用。

3. ROUTINE 信息

标有优先标识“ROUTINE”的信息,在发射台收到后的下一个正常发射时间播发。该优先等级适用于除“VITAL”和“IMPORTANT”信息以外的所有 NAVTEX 信息。

三、NAVTEX 电文结构

所有 NAVTEX 电文都有特定的格式。NAVTEX 发射台按规定的格式传送报文,收方的接收机按标准的格式打印输出报文。图 14-4-1 所示为 NAVTEX 电文标准格式。

ZCZC 是电文起始符,表示定相周期结束。$B_1B_2B_3B_4$ 是电文的技术编码,用于 NAVTEX 接收机对电文的识别。接下来是交发电文的时间,它作为独立的一行显示,其格式为:日、时、分、月、年,用 UTC 表示。操作员可以根据交发时间评估信息的时效性。例如,世界时 2020 年 5 月 18 日 12 点 16 分,显示为 181216 UTC May2020。

正文前通常还有信息系列标识和顺序号。注意,这里的顺序号不同于 NAVTEX 电文编号 B_3B_4,它是用来鉴别报文来源的,如 NAVAREA Ⅱ 274。

NNNN 是电文结束符,表示本电文结束,打印机打印到这个信息时停止打印。通过电文尾部一组占有独立一行的“NNNN”可以使电文的清晰度明显提高。

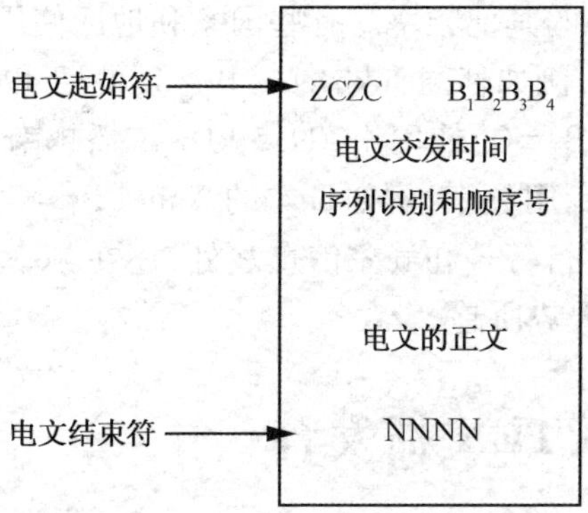

图 14-4-1　NAVTEX 电文标准格示意图

【NAVTEX 电文实例】

ZCZC HA02

251559 UTC DEC06

JAPAN NAVTEX N/W NR 2018/2006

SETO NAIKAI. SUO NADA. NW OF IWAI SHIMA. CAPSIZED FISHING BOAT:ADRIFT IN VICINITY OF 33-48.2 N 131-57.1 E,TOKYO DATUM,AT 251500Z DEC.

CANCEL 2015/06.

NNNN

航警电文解释及大意：

“ZCZC”是电文起始符。电文是某个发射台识别为“H”的 NAVTEX 电台发送的“A”类(航警)信息，编号“02”。

电文交发时间为“世界协调时 2006 年 12 月 25 日 15 点 59 分”。

系列识别为“JAPAN NAVTEX N/W(Navigational Warning)”，顺序号为 2006 年第 2018 号。

航警电文大意：在“SETO NAIKAI. SUO NADA. NW OF IWAI SHIMA”处，漂浮一艘倾覆的渔船，位置 33°48.2′N，131°57.1′E，大地坐标基准为东京，时间是世界协调时 12 月 25 日 15 时 00 分。

取消 2006 年的 2015 号航警。

“NNNN”为结束符。

四、播发国内信息的方式

除了英语之外，在 NAVTEX 业务中经常需要使用本国官方语言发布针对本国船只的业务，如汉语、日语等。发布本国语言的信息可以通过下面的方法实现：

(1)根据 IMO 和 ITU 的协调程序，仍然使用 518 kHz 频率，但是使用独立的 B_1 代码。例如，某台英文业务代码为“Q”，而广播本国语言时代码可能为“M”，代码“M”可能只对本国船舶公布。

(2)仍然使用频率 518 kHz，并且使用同一个 B_1 代码，但是利用额外的 B_2 代码。例如，在 B_2 代码列表中 V、W、X 和 Y 代表特别业务，某播发台可以选择某一代码标识本国语音所有的或者某一种业务。但需要注意的是，这种选择方式可能使原来不可以拒收的某种信息被拒收。

(3)使用除 518 kHz 之外的其他频率。有些国家和地区使用了国际 NAVTEX 业务专用频率 490 kHz 或者 4 209.5 kHz,例如韩国 Jukbyeon(B_1=J)使用 490 kHz 广播韩语的气象和航行警告信息,越南的 Nha Trang(B_1=C)使用 4 209.5 kHz 广播越南语的气象和航行警告信息;有些国家和地区还为此设置了专用频率,例如日本的 Naha(B_1=G)和 Otaru(B_1=J)除了在频率 518 kHz 上提供国际业务的航行警告和气象信息之外,还在频率 424 kHz 上提供类似信息等。国内业务使用专用的频率是大势所趋。

五、中国沿海 NAVTEX 播发台

自 1992 年起,中国大陆逐步在上海、广州、大连、福州、三亚五个海岸电台建立了国际 NAVTEX 发播业务,在 518 kHz 上定时广播海上安全信息。除此之外,我国香港以及我国台湾地区的基隆、林园也逐步建立了 NAVTEX 网络。目前我国 NAVTEX 发射台分布情况如表 14-4-3 所示。除此之外,湛江、大连、上海、广州、福州、三亚和天津等七个海岸电台从 2006 年 6 月 1 日起,在中频 486 kHz 频率上开始中文播发水上安全信息业务。

为了顺应海事安全的需要,很多 NAVTEX 接收机制造商开始生产包括 518 kHz 频率在内的多频接收机,使一台接收机能够在几个频率上工作,不仅减少了设备购置投入,同时也降低了航海人员维修、保养设备的劳动强度。

表 14-4-3　我国 NAVTEX 发射台分布情况

发射台名称	发射台代码(B_1 代码)	频率	地理位置
大连	R	518 kHz	30°51′N,121°31′E
福州	O		26°00′N,119°27′E
广州	N		23°10′N,113°31′E
香港	L		22°13′N,114°15′E
三亚	M		18°18′N,109°22′E
上海	Q		31°07′N,121°33′E
基隆	P		25°08′N,121°45′E
林园	P		22°29′N,120°25′E

六、NAVTEX 接收机的设置与维护

1. NAVTEX 接收机的设置

在开航前和航行中,GMDSS 操作员都需要根据航线计划、航海环境,查阅《无线电信号表》第Ⅲ卷,对 NAVTEX 接收机进行参数设置。一般包括:

(1)播发台代码 B_1 码的设置。通过设置,使接收机只接收与本船目前和未来航线相关的 NAVTEX 电台的信息。这样不仅可以避免纸张浪费,操作员检索相关电文时也相对容易。

(2)报文种类 B_2 码的设置。选择预接收的报文种类,抑制不需要的非强制性信息。注意,A、B、D、L 类报文等强制性信息必须接收。

根据上述设置可实现船舶对特定电台、特定类别电文的接收。在设置时，B_1 码和 B_2 码的操作非常相似，应注意防止把上述两项设置操作相混淆。因此，完成接收机设置后，最好通过检测设备工作状态的方法来进一步检查，以确保按设置要求正常工作。

此外，为了方便操作，在接收机附近应存放设备操作说明书，并制作设备设置、状态自检等快捷操作指南，塑封后放置在设备附近。同时，还应在设备附近放置船舶可能航行的 NAVAREA 和 METAREA 区域图，并在区域图上标明 NAVTEX 发射台、覆盖范围、计划性播发时间和 B_1 码。

2. NAVTEX 接收机的维护

为了保证 NAVTEX 接收机有效地工作，操作员应做好以下几点：

(1) 确保船上存有足够的打印纸，并保证接收机内装有打印纸。热敏打印纸需要低温、避光保存。

(2) 至少在开航 4 h 之前开启 NAVTEX 接收机，或者在港期间一直保持开机状态，以确保船舶不会丢失影响航行的重要信息。

(3) 如果发现接收的信息不完整或者缺失，船舶应该向相关 NAVTEX 播发台报告当时的 UTC 时间、船位等信息。这样不仅可以帮助 NAVTEX 发射台提高工作质量，船舶也有机会重新获得需要的信息。

(4) 在实际工作中，如果需要更换临时天线，必须注意灵敏度问题。该问题在本节前面已有说明。

第五节 安全网业务

通过前面的学习我们已经知道，Inmarsat C 移动卫星通信系统具有增强群呼（EGC）功能，可以向卫星覆盖范围内的一艘、一组或者所有船舶广播信息。增强群呼业务包括船队网（FleetNET）和安全网（SafetyNET）业务。其中船队网业务是一种商业性的广播业务，没有被 GMDSS 采纳；而安全网不仅被 GMDSS 采纳，还和 NAVTEX 一起成为系统广播海上安全信息的主要手段。增强群呼业务信息是通过每个洋区的网络协调站播发的。

安全网业务通过 C 码接入，C 码是船站和岸站自动处理电文的指令，由 5 或 6 部分组成。在前面相关章节中已做过详细介绍。

一、EGC 安全网业务种类

我们知道，NAVTEX 和安全网业务是 GMDSS 中广播海上安全信息的两种主要方式。根据 IMO 的建议案，所有处于 NAVTEX 覆盖范围之外的船舶，需要具有接收安全网业务的能力，同时建议沿岸国的海事主管机关向没有 NAVTEX 覆盖的海域提供安全网业务。广播时覆盖的有效海域可以是固定的区域，例如一个完整的 NAVAREA，也可以是由信息提供者临时定义的一个区域，例如一个圆形或者矩形区域。根据信息作用区域的不同，可以划分为沿岸信息和特定海域的信息业务两大类。

1. 沿岸信息业务

安全网的沿岸信息业务主要是向没有 NAVTEX 覆盖的近岸水域播发海上安全信息，主要信息种类和 NAVTEX 网络的信息种类非常相似。沿岸信息业务播发的信息包括：

(1)航行警告；

(2)气象警告；

(3)冰况报告；

(4)搜救信息；

(5)气象预报；

(6)引航业务；

(7)罗兰系统信息；

(8)卫导系统信息；

(9)其他电子助航系统信息；

(10)附加的航行警告。

2. 远海区域的信息业务

安全网远海区域信息是相对上面的沿岸信息而言的，主要是向预先定义的海域(如 NAVAREA 区域、METAREA 区域以及用经纬度等参数定义的临时矩形、圆形海域)播发的海上安全信息，一般服务于远洋船舶。远海区域的信息业务主要包括：

(1)向指定 NAVAREA 或者 METAREA 区域内船舶播发的气象和 NAVAREA 区域性警告、气象预报；

(2)向固定区域播发的搜救协调信息；

(3)向指定圆形区域播发的搜救协调信息；

(4)向指定圆形区域播发的紧急信息、气象和航行警告；

(5)向指定圆形区域播发的岸对船方向的遇险报警；

(6)向指定矩形区域播发的紧急和航行警告信息；

(7)海图更正信息。

二、安全网信息电文格式

和 NAVTEX 电文一样，安全网信息的电文有自己的标准格式。一般来讲，一份标准的安全网信息主要包括报头和电文主体两部分。安全网信息的前 1 至 2 行为信息的报头部分，主要包括提供该信息的地面站代码、信息种类、优先级别、覆盖的区域、终端设备 12 h 地理位置更新情况等资料。报头部分视交发的地面站、信息种类、优先级别的不同而略有不同。典型的几种报头见表 14-5-1。

表 14-5-1 安全网信息报头格式

1	LES 102 MSG 1817 -MetWarn/Fore Safety Call to Area:2-PosOK FRANCE TELECOM 20890001001 17-JAN-2006 16:29:22 068229
2	LES 102-MSG 2796 -NavWarn Safety Call to Area:1-NoPos STRATOS CSAT 23423440010402 17-JAN-2006 21:49:39 513725
3	LES 322-MSG 4198,Coasta/Warn Safety Call to Area: 10 G A-PosOK XANTIC LES 22 505262752032 16-JAN-2006 07:03:07 692695
4	LES 4-MSG 1420-Distress Distress Call to Area: 17N 87W 150-PosOK
5	LES 222-MSG 4625,NavWarn Urgent Call to Area: 7+4 N 150+5 E-PosOK XANTIC LES 22 505262752032 17-JAN-2006 05:08:41 086327

有关表 14-5-1 的说明如下：

(1)各栏目中的接收时间为世界协调时。

(2)各栏目中"LES"后面数字为提交地面站的接续码；"MSG"后面的数字为电文的关联号。关联号在一定的时间里是唯一的，可以作为电文的标识。接收机收妥电文后会保存关联号，作为 NCS 重播时拒收的参考，避免重复接收电文。

(3)栏目 1 表示发往 METAREA 第 2 区的气象警告和预报；栏目 2 表示发往 NAVAREA 第 1 区的航警；栏目 3 表示发往 10GA 区域的沿岸航警。其中，"10"表示 NAVAREA 或者 METAREA 代码，"G"表示 NAVTEX 发射台代码，"A"表示航行警告。

(4)栏目 4 表示发往 17°N，87°W，150 区域的岸对船遇险报警转发，优先等级为"遇险"。其中，17°N，87°W 为接收区域的圆心，150 为半径，单位是 n mile。

(5)栏目 5 表示发往 7°+4°N，150°+5°E 的航警，优先等级为"紧急"。其中 7°N，150°E 为矩形的两条边界线，然后分别向北、向东延伸 4°和 5°。

(6)各栏目中的优先等级"Safety Call""Distress Call""Urgent Call"分别由接收机从各份接收电文的 C_1 码中恢复。

(7)栏目中的"PosOK"表示接收终端的船位在过去 12 h 内曾经进行过更新。如果显示"NoPos"则意味着过去 12 h 里没有更新过船位，或者船位更新情况不明，在这种情况下，接收机将接收当前所守听的卫星下所有带有地理坐标的信息，而不进行船位与接收地址的比较。例如，某艘船舶接收机终端选择了太平洋卫星，船位为 6°N，150°E。如果接收终端未及时更新船位，它将接收发往 7°+4°N，150°+5°E 的航警，而不再比较 6°N，150°E 是否在 7°+4°N，150°+5°E 区域内。因此，要求船舶无线电操作员在定位导航设备无法正常自动提供的情况下每隔 4 h 手动为设备更新一次船舶位置。另外需要说明的是，有时候船舶在港口靠泊，由于处于相对静止状态，定位导航仪器所提供的位置信息变动幅度非常小，接收机也可能误认为没有进行有效的船位更新，最后接收进大量与航次无关的信息。这种情况属于正常现象，船舶航行后自然就恢复正常了。

三、安全网业务的播发

我们已经知道安全网业务可以通过 Inmarsat C 系统播发。其实除此之外，现在 Inmarsat FB 系统和铱星系统也可以提供安全网业务了，但是由于历史原因，Inmarsat C 系统的 EGC 业务仍然是目前播发 MSI 的主力。图 14-2-1 和图 14-2-2 所示分别为 Inmarsat C 系统安全网航行警告业务和气象业务的覆盖图。为了避免不必要的重复发送和接收，IMO、IHO 和 WMO 做出以下规定：

（1）处于卫星覆盖重叠区内的 NAVAREA 或者 METAREA，指定由某一洋区的卫星定时播发航行警告、气象信息等海上安全信息。有关具体播发计划，操作员可查阅《无线电信号表》第Ⅲ卷。已经播发过且在有效期内的信息，可以在规定的播发时间重播。

（2）在卫星覆盖重叠区内的 NAVAREA 或者 METAREA，当需要在非计划工作时间点播发诸如大风警报、初始遇险信息等特别重要的信息时，系统会通过重叠区的所有卫星播发。非计划播发的特别重要信息一般在首次播发 6 min 后重播，如果必要还可能以 1 h、2 h 乃至几十小时的周期重复。

总之，安全网的常规性业务是定时、定频率（即 NCS 的 TDM 载波）广播的。船舶 GMDSS 操作员要注意在规定时间将接收机调谐到指定的卫星 NCS 的 TDM 载波上，以保证接收到计划性广播的海上安全信息。

由于目前 Inmarsat C 系统刚刚从 I-3 转移到 I-4，卫星的转换也导致洋区的地理位置发生了重大变化。铱星系统虽然已经被认可加入 GMDSS，系统也承诺提供安全网业务，但是该业务仍处于发展阶段。因此，卫星与 NAVAREA 的具体对应情况还有待观察。表 14-5-2 和表 14-5-3 是 2020 年年初 Inmarsat C 系统和铱星系统广播航行警告和气象信息的计划表，表中内容伴随业务的发展可能随时发生变化。

表 14-5-2　NAVAREA 航行警告播发计划

NAVAREA	协调国	UTC 时间	Inmarsat C 洋区	铱星
Ⅰ	英国	0530，1730	待核实	待核实
Ⅱ	法国	0430，1630	待核实	待核实
Ⅲ	西班牙	1200，2400 以及收到时	待核实	待核实
Ⅳ	美国	1000，2200 （1200，北大西洋冰况报告） 0900，2100 法属西印度群岛 0900，2100 法属圭亚那（Franch Guiana）	待核实	待核实
Ⅴ	巴西	0030，1230		待核实
Ⅵ	阿根廷	0200，1400		待核实
Ⅶ	南非	0940，1940 0040，1240 留尼汪 0140，1340（IOR）凯尔盖朗群岛（Kerguelen Islands） 0330，1530（IOR）马约特岛（Mayotte）	待核实	待核实
Ⅷ	印度	1000，2200 0040，1240 留尼汪 0330，1530 马约特岛（Mayotte）	待核实	待核实
Ⅸ	巴基斯坦	0300，1500	待核实	待核实

续表

NAVAREA	协调国	UTC 时间	Inmarsat C 洋区	铱星
X	澳大利亚	0700,1900 及收到时 0140,1340 (POR) 新喀里多尼亚(New Caledonia)(北区)	IOR/POR	待核实
		沿岸警告 0700,1900 及收到时(仅 POR)[7]		
XI	日本	0005,1205 (POR/IOR)	待核实	待核实
XII	美国	1030,2230	待核实	待核实
XIII	俄罗斯	0930,2130	待核实	待核实
XIV	新西兰	0900, 2100 新西兰 0140,1340 堪察加以北 0030,1230 瓦利斯(Wallis)和福图纳(Fortuna) 0250,1450 法属波利尼西亚(French Polynesia)	AOR-W/POR[8]	待核实
XV	智利	0210,1410	待核实	待核实
XVI	秘鲁	1115,2315	待核实	待核实
XVII	加拿大	1130,2300	待核实	待核实
XVIII	加拿大	1100,2300	待核实	待核实
XIX	挪威	0630,1830	待核实	待核实
XX	俄罗斯	0530,1730	待核实	待核实
XXI	俄罗斯	0630,1830	待核实	待核实

表 14-5-3 METAREA 气象信息播发计划

METAREA	协调国	UTC 时间	Inmarsat C 洋区	铱星
I	英国	0930,2130	待核实	待核实
II	法国	1015,2215	待核实	待核实
III	希腊[1]	1000,2200	待核实	待核实
IV	加拿大(哈得孙湾及入口)	0300,1500[5]	待核实	待核实
	美国	0430,1030,1630,2230		待核实
V	巴西	0730,1930		待核实
VI	阿根廷	亚马孙盆地及附加沿岸海域		待核实
		0230,1730		待核实
VII	南非	0940,1940[2]	待核实	待核实

续表

METAREA	协调国	UTC 时间	Inmarsat C 洋区	铱星
Ⅷ(N)	印度	0900,1800 赤道以北	待核实	待核实
Ⅷ(S)	毛里求斯/留尼汪	0130,1330 赤道以南 0000[3],0600[3],1200[3],1800[3] 赤道以南		待核实
	澳大利亚	仅赤道以南,东经 90°以东非计划性警告		待核实
Ⅸ	巴基斯坦	0700,1900[6]	待核实	待核实
Ⅹ	澳大利亚	1100,2330	IOR/POR	待核实
				待核实
		POR 沿岸警告[7]		待核实
Ⅺ	中国	0330,1015,1530,2215	待核实	待核实
	日本	0230,0830,1430,2230 赤道以北 0815,2015[4] 赤道以南		待核实
Ⅻ	美国	0545,1145,1745,2345	待核实	待核实
XⅢ	俄罗斯	0930,2130	待核实	待核实
XⅣ	新西兰	公海警告: 0330,0930,1530,2130 公海气象大势及预报: 0930,2130 仅新西兰沿岸气象预报: 0130,1330	AOR-W/POR	待核实
XⅤ	智利	0100,1330 1 到 8 区 1440 9 区 1845 10 区	待核实	待核实
XⅥ	秘鲁	0515,1115,1715,2315	待核实	待核实
XⅦ	加拿大	0300,1500	待核实	待核实
XⅧ	加拿大	0300,1500[5]	待核实	待核实
XⅨ	挪威	1100,2300	待核实	待核实
XX	俄罗斯	0600,1800	待核实	待核实
XXI	俄罗斯	0600,1800	待核实	待核实

在表 14-5-2 和表 14-5-3 中:

1. 地中海西部计划性公告及警告由法国准备。
2. 30°S~50°S,50°E~80°E 围成的区域,气象预报以及热带气旋警告由留尼汪准备。
3. 留尼汪以非计划性广播的形式播发热带气旋警告。
4. 赤道以南的非计划性播发的公告及警告由澳大利亚准备。
5. 仅在航运季节为 75°N 以南提供。
6. 仅在气旋和低压发展时。
7. 澳大利亚沿岸安全网业务仅通过 POR 卫星播发。
8. 有关沿岸协调国和相关信息查阅《无线电信号表》第Ⅴ卷,该卷有结合图示的说明材料。

四、海上安全网信息的接收

前面提及,通过C系统的EGC业务播发海上安全信息仍然是目前的主流形式,船舶上应用得较多。下面介绍船员应该如何通过C系统的EGC接收机接收安全网信息。

C系统的EGC接收机是一款单信道、具有专用打印机和信息处理器的卫星船站,接收机不仅体积小、价格相对低廉,而且操作简单,可连续值守安全网的海上安全信息、商业性广播、订阅新闻等。它既可以是一个自带天线的独立体,也可以置入标准C型船站,成为船站的组成部分。详细介绍见第八章。

1. EGC **接收机的日常使用与管理**

尽管EGC接收机可以接收并且打印某个洋区所有安全网业务的广播内容,但是其中很多信息对于某一艘船舶来讲是不需要的。例如,位于船舶计划航线之外的航行警告信息和未装配相关导航设备的修正信息等。为了防止漏收有价值的信息,避免打印不需要的信息,节约设备的存储空间,减轻操作员检索信息的压力,操作员在开航前和航行中都有必要对接收机进行设置。设置包括:

(1)选择卫星或者洋区。船舶航行时必须根据自己所在的地理位置选择特定的卫星才能保证计划性广播内容的接收。

(2)为接收机设置接收信息的NAVAREA或者METAREA代码。查阅《无线电信号表》,获得接收区域的NAVAREA或者METAREA代码并输入接收机中,此后才可能接收到相关区域的信息。

(3)船舶当前所处的NAVAREA或者METAREA代码是通过接收机的地理位置判断的。接收机必须伴随船位的改变定时更新接收机地理位置,才能既确保接收机只接收、打印和本船本航次相关的海上安全信息,又避免重复接收不必要的信息。

(4)查阅《无线电信号表》第Ⅲ卷,获得安全网相关信息的广播时间,在特定时间调整并同步于特定的卫星上。如果希望连续接收某个洋区的海上安全信息,操作员可以在Inmarsat C船站上通过设置该洋区为首选洋区或独立值守洋区的方法,使接收机只扫描设定的洋区。

(5)将选择接收的海上安全信息列入清单,这样可以滤除大量和本船不相关的信息。

接收机除上述必要的设置之外,在日常使用过程中还应该注意:

(1)确保打印机中装有打印纸和色带。如果打印机能够选择打印小字体,当船舶耗材库中打印纸匮乏时可以考虑选择该功能以便节约打印纸张。如果确实必要,设置接收的信息为只存盘不打印状态,需要时可以有选择地打印。

(2)定期清理或打印EGC电文,为新信息留有足够的存储空间。

(3)减少不必要的报警次数。由于遇险、紧急级别的信息需要接收者立即阅读,所以EGC接收机在接收这些信息的同时发出声音、视觉报警信号。为了消除不必要的报警,应做到:

①定期输入最新船位,使接收机拒收与本船无关的其他区域的电文;

②对于收悉遇险和紧急信息以外电文仍然能够发出声光报警的设备,应将接收机设定在只有遇险和紧急电文收悉时才报警的状态。

(4)如果错过了规定时间而漏收了某些信息,可以按以下办法处理:

①关闭设备终端再重新打开。这样可以清除内存中所有信息的关联号,一旦信息重播,接

收机就不会认为它是重复性信息,能够正常完成打印、存储;

②与广播信息的地面站协商,有些地面站提供付费的重播业务。

(5)船舶挂靠港口时保持接收机正常工作,以确保船舶开航之前能够接收所有需要的海上安全信息。

(6)如果 24 h 内接收机没有收到 MSI,应按以下方法检查:

①检查接收电文的可靠性,即检查在规定播发时间内船站终端是否一直监测所希望的洋区卫星;

②进行 C 船站性能测试(PVT),具体方法查阅相关说明书;

③利用二位业务码 33(技术援助)向一个能提供 EGC 安全网业务的岸站请求技术援助。

(7)在整个航次中,需要将所有收到信息的识别代码记录在船舶电台日志中,并保存遇险通信的打印副本。

2. EGC 电文实例

【实例 1】

LES 203 - MSG 139 - MetWarn/Fore Urgent Call to Area: 11 - PosOk

PAN PAN

THIS TROPICAL CYCLONE WARNING IS ISSUED FOR THE NORTH OF EQUATOR OF METAREA Ⅺ(POR).

WARNING IS UPDATED EVERY 6 HOURS.

GALE WARNING...

航警电文解释及大意:

(1)报头部分

本信息由 203 地面站交发,信息关联号为 139 号,该电文是一份气象警告或者气象预报,以"紧急"优先等级发往 METAREA 第 11 区。接收机终端 12 h 之内曾经有效更新过船位。

(2)电文大意

紧急信号

本热带气旋警告为赤道以北的 METAREA 第 11 区发布(太平洋洋区)。

警报每 6 h 更新一次。

大风警报……

【实例 2】

LES 204 - MSG 3006 - NavWarn Safety Call to Area: 63+17 N 125+70 E - NoPos

200000 UTC SEP 05

COASTAL WARNING

HELLO ALL SHIPS

COASTAL WARNINGS EAST IN FORCE ON 200000 SEP OF 2005

……

航警电文解释及大意:

(1)报头部分

本信息由 204 地面站交发,信息关联号为 3006 号,该电文是一份航警,以"安全"优先等级发往 63°+17°N,125°+70°E 的矩形区域。接收机终端 12 h 之内没有有效更新过船位。电文的交发时间是世界协调时 2005 年 9 月 20 日 0 点。

(2)电文大意

沿岸航警

呼叫所有船只

截至 2005 年 9 月 20 日 0 点,仍然有效的东岸航警有……

五、第二代海上安全网

第二代海上安全网的英文简称是“SafetyNET Ⅱ”,是新一代海上安全信息国际广播和自动接收系统。该系统有助于海上安全信息提供者(MSIP)将其系统接收到的信息转换成基于网络的信息。该系统可以为海上安全信息提供者提供广播、监控、消息取消、多种文本输入以及其他很多改进型应用。新系统的应用使信息提供者可以利用友好、基于 Web 的互动界面同时向多个 Inmarsat 网络发送信息,包括 Inmarsat C、Mini C 和 FB。对于船员而言,SafetyNET Ⅱ 的功能包括广播航行警告、广播气象警告及预报、船到岸的遇险报警、搜救信息的广播等。系统播发信息的路径见图 17-3-1。

由于该系统的信息是经过网络内的所有卫星发布的,因此不需要无线电操作员参照表 14-5-2 在规定的时间把设备调谐到指定的 NCS 公众信令信道载波。但是由于与 C 系统使用的卫星不一样,因此覆盖也存在差别。图 14-5-1 和图 14-5-2 分别是 Inmarsat FB 的 NAVAREA、METAREA 覆盖图。

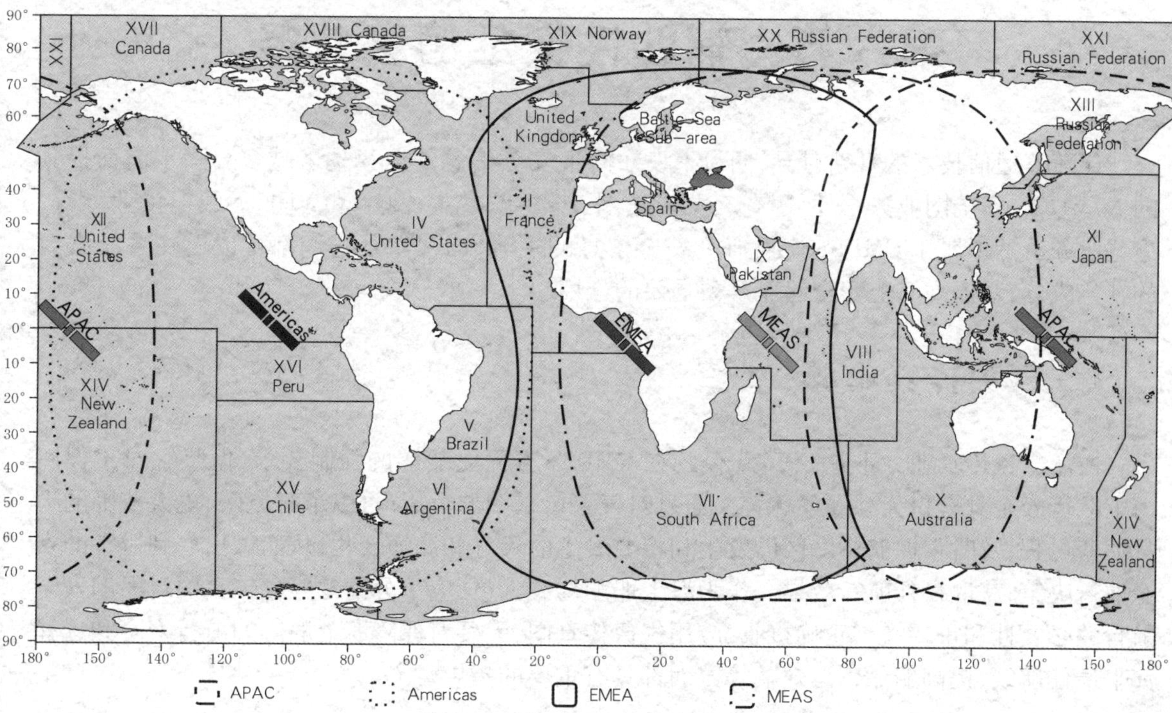

图 14-5-1 Inmarsat FB NAVAREA 覆盖图

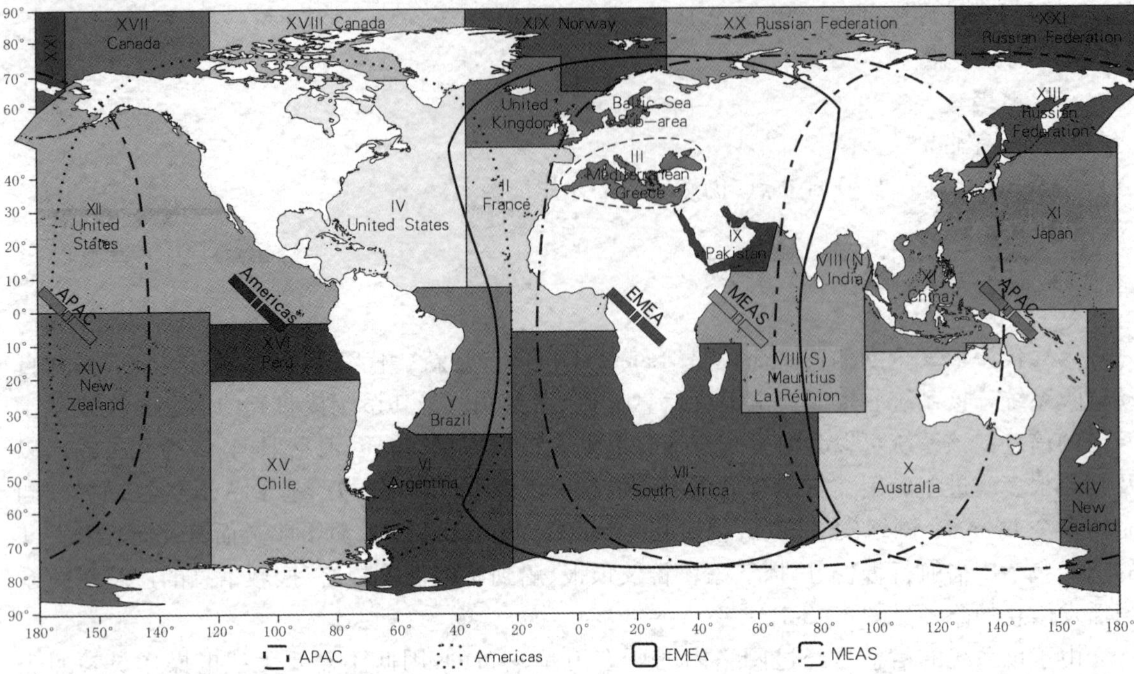

图 14-5-2　Inmarsat FB METAREA 覆盖图

第六节　辅助性安全信息业务

伴随着通信技术的日新月异,向海上发布海上安全信息的途径越来越多。除了前面提到的 NAVTEX、安全网业务之外,还有气象传真图、HF NBDP、MF/HF 和 VHF 无线电话业务等。这些业务虽然不属于 GMDSS 广播海上安全信息的主流方式,但是它们都可以看作系统必要的补充成分,对提高海上安全起着至关重要的作用。

一、气象传真业务

虽然气象传真业务不是 SOLAS 公约在 GMDSS 方面对船舶的强制要求,但是它对于保障海上航行安全具有得天独厚的优势。通过对气象传真图的分析,可以了解更多、更大范围的天气演变过程,及时掌握航行海区已发生和将要发生的天气和海洋变化,从而做出趋利避害的安全航行决策,获取最佳航行效果。作为海上船舶驾驶人员,应十分清楚气象传真图对船舶安全航行的必要性和重要性。正确接收、应用气象传真图,无疑对保障海上船舶的航行安全和选择海上最佳航线、提高船舶营运效益等方面都具有重要的指导意义。

1. 海上气象传真系统概述

气象传真系统是专门用于传送气象云图和其他气象图表的通信系统。虽然目前有很多方式播发气象传真图,如国际互联网、通信卫星等,但是在航海环境下使用最多的是高频无线电气象传真图。海上气象传真系统采用广播单向传输方式，通过无线信道传输。海上气象传真系统是一个专门服务于海上用户的无线传真通信系统，由海岸气象传真播发台将各种气象资料图片，在规定的频率上定时向海上船舶播发，海上船舶利用气象传真接收机可以有选择地接收海岸电台播发的气象传真图，以便及时了解海上气象情况。

和其他通信系统一样，海上气象传真系统包括播发台、接收台和传输信道三个部分，如图14-6-1 所示。海岸气象传真播发台的传真发送处理单元主要完成传真图像的扫描及转换功能，将图像信息变换成电信号；发射单元主要完成图像电信号的调制，将图像电信号转换为下边带（LSB）高频信号，送至天线发射。气象传真接收机主要包括接收单元和传真接收处理单元：接收单元主要完成 LSB 高频信号的解调，获得图像电信号；传真接收处理单元承担接收扫描和记录功能，并将图像电信号转换为图像信息，获得传真图。

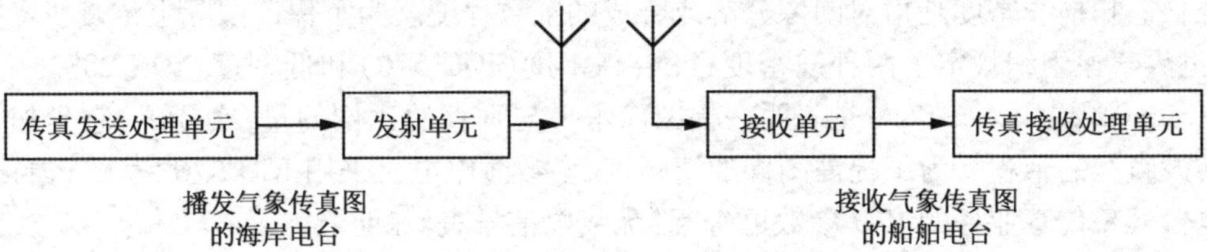

图 14-6-1 海上气象传真图收发系统框图

2. 气象传真系统的工作原理

播发台通过扫描对图像信号进行“分解”。分解，就是将传真图像按照一定的密度，在水平和垂直两个扫描方向顺序进行分割，分割成很小的单元，也称为像素点。然后通过光电耦合器件（也称为图像传感器），实现图像像素点到电信号的变换。扫描方向为从左到右、从上到下的顺序。传统的方法是将原传真图像贴附在以每分钟 60/90/120/240 转的速度旋转的转鼓上，同时图像传感器沿着导杆从左向右慢慢移动，随着图像传感器的移动和转鼓的旋转，图像信息被进行横、竖分割，获得一系列的“黑”“白”信号。该信号在传真发送处理单元中转换成频率为 1 500 Hz（黑）和 2 300 Hz（白）的调制信号，送发射单元转换成下边带（LSB）高频信号进行发送，工作种类为 F3C。目前，图像的形成已经很少基于上述技术，转而基于计算机技术了。

接收台将下边带高频信号进行解调，还原频率为 1 500 Hz（黑）和 2 300 Hz（白）的图像电信号，然后送传真接收处理单元，通过接收扫描和感温记录“合成”图像。感温记录由热敏纸和热敏头紧密接触来完成，具体方法是热敏纸固定在传真机的转鼓上，转鼓按照与发方相同的速度旋转，同时热敏头在图像电信号的控制下从左至右移动。当收到 1 500 Hz（黑）的信号时，热敏头发热，纸上对应点因温度升高变成黑色；当收到 2 300 Hz（白）信号时，热敏头不发热，纸上对应白点。这样，随着转鼓的旋转，热敏头从左至右、从上至下逐点感温记录，直至一幅与发端完全相同的气象传真图接收完毕。与发射过程类似，目前接收机基本上都是基于计算机技术形成图像，并且伴随液晶显示技术的日臻成熟，很多接收机开始采用液晶屏幕显示接收的传真图，从而达到环保、节省纸张的目的。

为了确保接收的气象图与发端一致，要求收、发双方必须同步和同相。同步是指发端扫描器和收端扫描器的旋转速度必须保持一致，即旋转同步。如果收、发双方转速不同（不同步），则接收的气象传真图会出现多个或重叠的现象。因此，在接收海岸电台发布的气象传真图之前,应正确设置气象传真机的转速。一般海岸电台发射的转速为 90 r/min 或者 120 r/min。海岸电台发射扫描的转速可查阅《无线电信号表》第Ⅲ卷。同相是指收端扫描线的起始位置与发端扫描线的起始位置保持一致,即位置同步。也就是当发端扫描器从发送原稿的左侧边缘开始扫描时,收端也必须从相应的左侧边缘位置开始记录,方能保证图像在幅面上的相对位置与原稿一致;否则,图像将错位,严重时图像分成两半。为了实现同相,通常发射机在发送传真图片前先发送定相信号,定相信号就是在图像边缘上一条具有白间隙的黑色连续信号。接收传真图像时,应保证该定相信号位于图像的右侧,若出现偏移,则表明相位不同步,可通过人工微调相位解决。在自动接收传真的情况下,白间隙的位置和重复率可以被检测出,从而可确定接收扫描器的旋转速度和起始位置。

除了速度和相位应同步之外,收、发双方的扫描线密度也必须保持一致;否则,图像将被压扁或拉长。扫描线密度是指对图像分解或合成的细致程度。为了保证国际上传真机参数的一致性,世界气象组织规定了两种线密度标准:高密度(IOC 576)和低密度(IOC 288)。合作系数(IOC,Index of Cooperation)是表明一幅图像水平与垂直的比例的量,实际上,它是扫描线密度和转鼓直径的乘积。为了提高图像的清晰度,多数海岸电台采用 ICO 576 发送气象传真图。海岸电台气象传真业务的 ICO 参数可查阅《无线电信号表》第Ⅲ卷。

为了使收端扫描记录能自动开始和停止,多数传真发射机分别在发射图像信号前、后发射一个开始和停止信号,该信号表现为图像右侧出现一个黑条(或白条)。开始信号在启动接收端扫描记录器的同时也表明发射端图像的线密度,用两个频率来表示:频率为 300 Hz 表明发射端扫描线密度是 576;频率为 675 Hz 表明发射端扫描线密度是 288。停止信号用频率 450 Hz 来表示。在自动接收的情况下,当传真机收到开始信号时,会自动调整自己的速度、IOC 和相位,使其与发端匹配。

3. 气象传真图业务

目前,世界各国发布的气象传真图内容丰富、种类繁多,可供不同行业和部门根据需要选择接收。适用于航海的气象传真图大致可以归纳为:传真天气图、传真海况图和传真卫星云图三大类。

(1)发射台的分布

每个航次开始之前,GMDSS 操作员需要根据航次计划,参照现行版《无线电信号表》第Ⅲ卷制订关于接收海上安全信息的计划,其中一项重要内容就是气象传真图的接收计划。2020 年年初发布气象传真图的海岸电台如图 14-6-2 所示。

(2)气象传真图的接收

①查阅发射台相关资料

根据航次计划并且结合当时船位,在图 14-6-2(该图可以在《无线电信号表》第Ⅲ卷获得)查找相关海岸电台名称,根据名称查阅《无线电信号表》第Ⅲ卷获得相关资料。

②气象传真图的接收

为了高质量地接收气象传真图,GMDSS 操作员需要注意:

第一,确保接收机工作正常,接收机内部装有足够的打印纸;

第二,认真查阅《无线电信号表》,注意发射时间和传真图类型;

第三,如果具有自动值守功能,注意校准设备自身的时钟,以便在岸上发送信息之前能够自动转入待机状态;

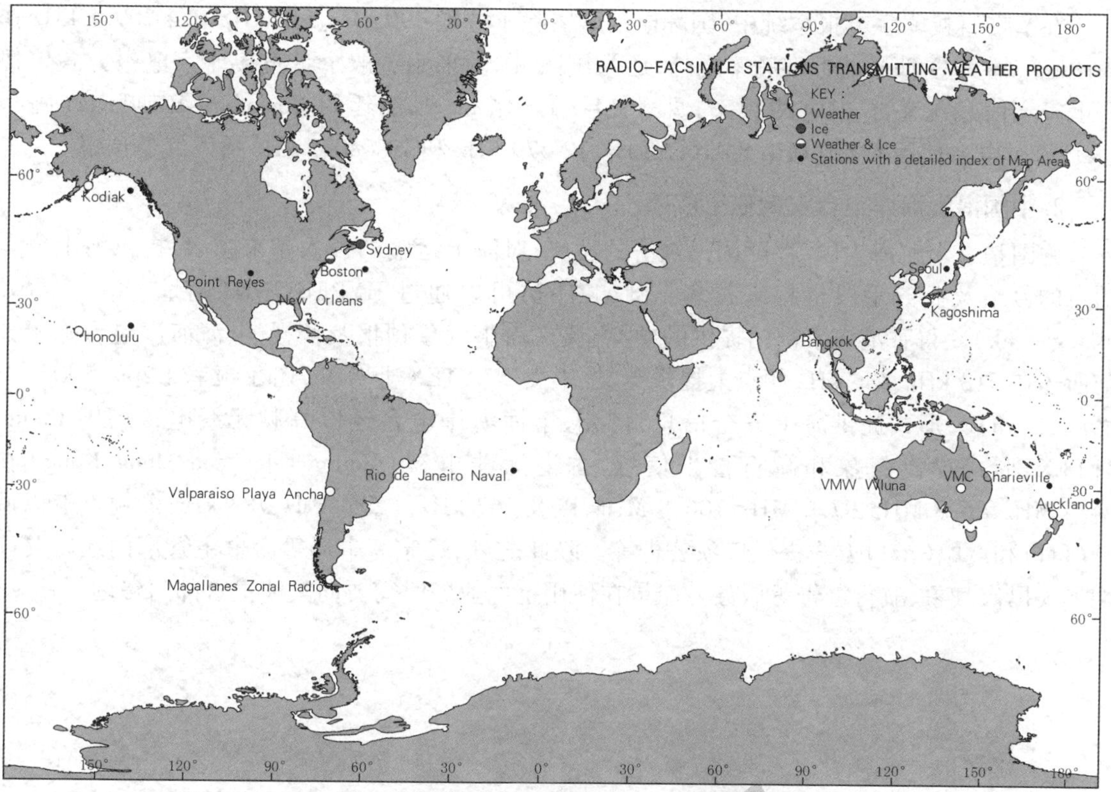

图 14-6-2　世界范围内海上气象传真图播发台分布图

第四，如果设备没有自动值守功能，或者自动值守功能失效，注意在规定时间启动接收机；

第五，根据从《无线电信号表》中查阅的资料，正确设置传真机的接收频率、扫描速度和ICO 参数；

第六，船舶长时间靠港时可以关闭接收机，但是在开航之前必须提前开机，以确保船舶能够接收所有需要的信息；

第七，条件允许时，对初次使用的频率、海岸电台可提前测试；

第八，对于具有自动值守功能的接收机，可能由于信号信噪比过低，接收机在起始接收阶段同步或者启动失败，导致传真图不完整或者接收失败，因此，对于这类接收机，在必要时需要谨慎操作；

第九，多数气象传真图的打印纸为热敏传真纸，库存纸张和接收妥的传真图应该远离热源，注意避光保存；

第十，在整个航次中，需要在电台工作日志中记录所有收到信息的识别代码，有效期内需要在驾驶台保存收妥的传真图。

二、窄带直接印字电报、语音系统海上安全信息

1. 窄带直接印字电报常用频率

这里所说的“窄带直接印字电报方式”不包括 NAVTEX 业务，即报文中不包含 B 码，接收机不能利用技术编码进行自动选择性接收。

在窄带直接印字电报系统中，国际电信联盟除了分配 490 kHz、518 kHz 和 4 209.5 kHz 作为国际广播 NAVTEX 的标准频率之外，还为国际、国内采用一般窄带直接印字电报方式广播海上安全信息配备了相应的频率，见表 14-1-1。例如，阿根廷的 Comodoro Rivadavia（呼号 L3B）海岸电台使用 4 210 kHz、8 416.5 kHz、12 579 kHz 和 19 680.5 kHz 播发气象预报。

2. 中国沿海海岸电台安全信息广播

中国是一个航海大国，伴随国民经济的发展，对海上运输的投入越来越多，提供海上安全信息的台站及业务手段也越来越多。例如：船员可以通过 HYPERLINK（网址 http://www.hko.gov.hk）获得香港海事部门提供的中文、英文海事气象预报及警报，上海海岸电台除了如前所述在 518 kHz、486 kHz 频点上提供英文、中文 NAVTEX 业务外，还在频率 4 209.5 kHz 上面以 NAVTEX 形式提供海上安全信息，广州、上海海岸电台还以高频无线电传（HF Radio-TELEX）形式提供气象和航行警告信息，香港无线电视（Radio Television Hong Kong）在 94.4 MHz、96.9 MHz、97.9 MHz、106.8 MHz，以及 567 kHz、1 584 kHz、783 kHz 等频点上以调频（FM）和调幅（AM）方式提供气象公告等。除此之外，辽宁海事局等海事主管部门还以互联网形式提供气象、航行警告等服务。船员在使用这些业务时需要向具体主管部门咨询。

第十五章 特别业务

海上无线电特别业务是指专门为公益事业或某种特殊需要而设立的无线电通信业务，其特点是不对公众通信开放。目前海上无线电通信涉及的特别业务多达十几种，具体可参考《无线电信号表》或ITU出版的《无线电测定和特别业务电台表》。本章仅针对时间信号、船舶报告系统以及防海盗/武装袭击报告进行介绍。

第一节 时间信号

保证船舶时间的准确性非常重要。船舶上的法定时间以船钟为标准，船舶发生相关事件也以船钟指示的时间为依据。此外，天文定位的误差在很大程度上取决于时间的精度，天文钟产生的时间误差为1 s，天文定位的误差可能达到十几海里。

船舶在海上通过获取时间信号对船舶时间进行校准。时间信号通常由各国的天文台、国家物理实验室或其他时间信号源提供，且要求信号发射台使用国际时间局规定的标准格式。根据授时的方法不同，授时方式可分为短波授时、长波授时、卫星授时、互联网授时和电话授时等，其中卫星授时可以满足高精度要求、实现大面积的覆盖。

为满足航海及其他领域对高精度时间的需求，世界上大多数时间信号是以协调世界时(UTC)为基准来发送的。世界各国无线电台时间信号的播发时间、频率和时间信号的格式可参考《无线电信号表》第Ⅱ卷或ITU出版的《无线电测定和特别业务电台表》。

一、时区与拨钟

地球上不同经度位置的地点，地方时是不同的。为了统一时间标准，国际上采取了划分时区的方法。规定以格林尼治子午线作为中央经线，从7.5°W到7.5°E，划分为零时区。零时区向东每隔经线15°划分一个时区，为东一时区至东十一时区；零时区向西每隔经线15°划分一个时区，为西一时区至西十一时区。西十一时区向西跨越 7.5°为西十二时区，东十一时区向东跨越 7.5°为东十二时区，东十二时区和西十二时区合并为十二时区。各时区以本区中央经线的地方时作为全区统一使用的时间，称为区时。相邻两个时区的区时，相差 1 h。同时，为了避免日期的混乱，国际上规定 180°经度线作为日期变更线，简称日界线。为了照顾附近居民的方便，日界线一般避免穿过陆地，实际上是一条折线。由于日界线的出现，十二时区有时被认为是两个时区，因此航海上往往又将全球划分为 25 个时区。

为保证船上生活和工作的便利，船舶上船钟指示的时间须与当地时间保持一致。船舶向东跨越一个时区，船钟需拨快 1 h；船舶向西跨越一个时区，船钟需拨慢 1 h。船舶向东航行跨越日界线，不需拨钟，日期需减 1 天；船舶向西航行跨越日界线，不需拨钟，日期需加 1 天。

二、时间信号的格式

随着科学技术的发展，时间信号的格式也经历了很大的变革。目前，世界上的时间信号格式主要有以下 6 种：

（1）英国式（English System），又称为英国平时式。英国式时间信号的特点为：正点前 5 min 始发；每分钟内的信号由每秒一个 0.1 s 的连续短点信号和最后 1 s 的信号长度为 0.4 s 的短划组成；对时时限为 5 min，最后一短划为整小时的校对时钟信号。

（2）英国广播式（English Broadcasting System）。英国广播式时间信号的特点为：整点前的 59 min 55 s 始发；以每秒一个 0.1 s 长度的连续短点信号，历时 6 s，最后一秒的信号长度 0.5 s 的短划为整小时校对时钟信号。

（3）老国际式（Old International System）。老国际式时间信号的特点为：授时信号共 5 min，整点前 5 min 始发，但每分钟的内容均不同。其中，第 55 min 的 00~60 s 为每秒一个 0.1 s 的短点，而在第 56~59 min 的 4 min 内，每分钟的 00~50 s 分别为每秒播发一个 0.1 s 的短点、每 10 s 播发一次字母“X”（—・・—）莫尔斯信号、每 10 s 播发一次字母“N”（—・）莫尔斯信号和每 10 s 播发一次字母“G”（——・）信号；每分钟的 50~55 s 均无信号；第 56 min 的 55~60 s 播发长划信号；第 57~59 min 的 55~60 s 均播发一次字母“O”（———）信号；第 59 min 的字母“O”信号的结束，即为整小时的校对时钟信号，而在 00 min 的第 10~20 s 播发一个长划，作为结束信号。

（4）新国际式（New International System）。新国际式时间信号的特点为：授时信号共 5 min，整点前 5 min 始发。与老国际式相比，新国际式的区别仅在于用 6 个短点代替了字母“O”的 3 个长划，第 6 个短点的开始表示每分钟的 00 s。

（5）美国式（United States System）。美国式时间信号的特点为：授时信号历时 5 min，整点前 5 min 始发。基本上以每秒一个短点和最后整小时 0.6 s 的一个长划组成。每分钟的第 29 s，第 55 min、56 min、57 min、58 min 的第 56~59 s 无信号；第 55 min 的 51 s、56 min 的 52 s、57 min 的 53 s、58 min 的 54 s、59 min 的 51~59 s 的间隔时间无信号；每分钟的 30 s 和 60 s 开始的半分钟和整分为校对时钟信号；59 min 60 s 的长划信号的开始为整小时校对时钟信号。

（6）国际韵律式（International Rhythmic System），又称为科学式。国际韵律式时间信号历时 5 min，与前面介绍的英国式大体相同。其特点为由 360 个信号组成，其中第 1、62、123、184、245 和 306 个信号为历时 0.4 s 的短划，随后为历时 0.1 s 的 60 个点信号；第 1、62、123、184、

245 个信号为整分的校对时钟信号;第 306 个信号的短划为整小时的校对时钟信号。

三、中国的时间信号播发台

目前,对于海船而言,可以接收的我国时间信号播发台有上海海岸电台、陕西天文台和台北的无线电授时系统。

上海海岸电台作为我国最大的海岸电台之一,除遇险、紧急、安全及常规业务外,还承担着向中国海域船舶提供时间信号的业务。上海海岸电台的呼号为 XSG,每天两次以 UTC 为基准采用新国际式播发时间信号,播发时间分别是 10:55:00—11:00:00 和 16:55:00—17:00:30。发射的频率分别是 458 kHz、4 290 kHz、6 414. 5 kHz、6 454 kHz、8 487 kHz、8 502 kHz、12 871. 5 kHz、12 954 kHz 和 17 002. 4 kHz。

陕西天文台位于陕西省蒲城县,以 UT1(世界时)和 UTC 为时间基准进行短波与长波授时。其中短波授时呼号为 BPM,采用英国式及国际韵律式在 5 000 kHz 和 10 000 kHz 上全天 24 h 连续播发。此外,西安天文台还播发长波无线电时间信号,呼号为 BPL。

台北无线电授时系统呼号是 BSF,时间基准为 UTC。台北无线电授时系统的三个发射塔分别位于龟山乡、岭顶村和东方球场路,每天 0100—0900(UTC)在频率 77. 5 kHz、5 000 kHz 和 15 000 kHz 上播发授时信号。

四、船舶对时的注意事项

船舶 GMDSS 无线电操作员负责为船舶接收授时信号,二副专门负责校准船钟及天文钟。对时应注意以下几点:

(1)开航前两天开始校对天文钟,并在航行期间每天校对,以确保其准确性。一般情况下,船舶到港后方可暂停对时。每次对时结束,应详细认真地记录天文钟的情况。

(2)航行过程中至少每天 1 次,使用无线电时间信号校对船舶无线电台的时钟。

(3)除采用短波信号对时外,还可采用 GPS 接收机的输出时间进行对时。GPS 时间由地面控制中心负责误差测量及发射修正值,因此,GPS 时间同步于 UTC 时间,GPS 接收机的输出即为经过修正的 UTC 时间。需要注意的是,装有 GPS 接收机的船舶也应按时校对天文钟,以应对 GPS 接收机故障或停电等突发状况。

第二节 船舶报告系统

船舶报告系统是指船舶航行经过一定水域时,按照当地规定的报告格式和程序,向相关管理当局报告其航行动态的一种特殊通信制度。《1979 年国际海上搜寻救助公约》对船舶报告做了基本要求,相关国家在此基础上相继设立了相应的船舶报告系统。

船舶报告系统通过收集船舶的位置及航行动态,确保相关的管理当局对船舶的航行安全实行动态管理和监护,有利于海难搜救、船舶交通管理、气象预报、危险品船舶管制以及海上防污染等相关业务的开展。目前,船舶报告系统对于海难搜救的作用愈来愈重要,在很大程度上提高了 GMDSS 的救助效率,将损失减小到最低限度。具体地,船舶报告系统的作用是在岸上当局没有收到遇险信号的情况下,以最小的时间延迟开始对失去联系的船舶进行搜救;收到遇险信号时,通过查询船舶报告系统建立的船舶数据库缩小搜寻范围,并迅速确定可参与搜救行动的附近船舶资源;便于有效地提供医疗指导和医疗援助。

截至 2019 年,已有中国、美国、日本、澳大利亚、巴西、新西兰、格陵兰、加拿大、智利以及阿根廷等至少 17 个国家或地区在其沿岸水域划定了所负责的搜寻救助区域,并建立了船舶报告制度。各国商船在上述区域中航行时须向当地的管理当局报告船位及动态信息。有关船舶报告系统方面的规定,可参考《无线电信号表》第 I 卷。下面主要选取美国、澳大利亚和中国等 3 个典型的船舶报告系统进行介绍。

一、美国船舶报告系统

美国船舶报告系统又称为船舶自动互救系统(AMVER,Automated Mutual-assistance Vessel Rescue System),由美国海岸警卫队于 1958 年发起建立并主管,总部位于纽约。AMVER 是一个全球覆盖的商船互助系统,是目前世界上规模最大的船舶报告系统,美国籍船舶强制参加,其他国家 1 000 总吨以上,航行超过 24 h 的商船均可参加。参加该系统的船舶通过适当的海岸电台或海岸地球站,将本船的信息定期传送给 AMVER 中心站,AMVER 中心站将这些信息存储到船舶管理信息数据库中,并自动对船位进行推算。一旦船舶遇险,AMVER 中心站可请求搜救组织在世界各国的代理机构提供及时有效的援助。搜救组织可从 AMVER 中心站获取有关区域内船舶的特征与推算船位。需要注意的是,AMVER 虽能为海难搜救提供诸多帮助,但该系统不负责具体的搜救实施工作,因此船舶所有的遇险报警及遇险电文都应发往最近的 RCC,而非发给 AMVER。

1. AMVER 电文格式

第一行是报告的报类标识,用于明确该报告的信息类别。报告每一行的开始用一个行标识,行标识及一行内的不同项目用一个斜线“/”分隔,行与行之间用双斜线“//”分开。行标识解释如下:

A/船舶名称/电台呼号//

B/日期和时间//[日期和时间用 6 位数字加后缀 Z 表示,前两位是日期,后四位是小时和分钟(UTC),也可增加月份的前 3 个字母,如 B/021020Z MAR。]

C/纬度/经度//(纬度和经度用度和分表示,如 C/2024N/12036E,港口的经纬度指引航站的位置。)

E/航向//(用 3 位数字表示。)

F/平均速度//(用 3 位数表示,以节为单位,精确到小数点后 1 位,不用标记小数点,如 11.2 kn 表示为 F/112。)

G/离开港/纬度/经度//

I/目的港/纬度/经度/ETA//

K/港口名称/纬度/经度/抵港时间//

L/航线信息//[包括开航计划的大多数信息,需要报每一个转向点,除非大圆航行并且在转向点没有延时。对各中间转向点应报：航法/区间航速/纬度/经度/港名或陆标名称（自选）/ETA/预定开航时间（如果在该转向点停靠）。在航法中，大圆航法以“GC”表示，恒向线航法以“RL”表示，沿岸航行以“Coastal”表示。]

M/当前值守的海岸电台/次要值守的海岸电台（如果有）//

V/船上医务人员//（医师为MD，医助为PA，护士为NURSE，没有的话为NONE。）

X/最多为65个字符的详细说明//（供日后参考，如船舶长度、通信设备、无线电电台守听时刻表、航速和船舶类型以及其他可供AMVER中心在紧急时需要用到的其他资料等。）

Y/转发指示//（将电报转发给其他船舶报告系统，若有请求。）

Z/EOR//（电文结束符，用于计算机识别报文结束，开始对报文进行处理。）

2. AMVER 电文种类

AMVER电报分为四种：航行计划报告（SP，Sailing Plan Report）、船位报告（PR，Position Report）、偏航报告（DR，Deviation Report）和抵港报告（FR，Final Report）。根据需要可将离港报告并入航行计划报告。

(1)航行计划报告

①报类标识：AMVER/SP//。

②必报项目，包括A、B、E、F、G、I、L、Z行内容。

③选报项目，包括M、V、X、Y行内容（美国籍船舶需要报告Y行内容）。

航行计划报告应在船舶离港数小时以前或离港之后立即发出。

(2)船位报告

①报类标识：AMVER/PR//。

②必报项目，包括A、B、C、E、F、Z行内容。

③选报项目，包括I、M、X、Y行内容（美国籍船舶需要报告Y行内容）。

船位报告应该在离港后24 h之内和随后每次间隔不得超过48 h内发出，直至抵港。

(3)偏航报告

①报类标识：AMVER/DR//。

②必报项目，包括A、B、C、E、F、Z，若目的港或航线改变，还包括I、L行内容。

③选报项目，包括I、L、M、X、Y行内容（美国籍船舶需要报告Y行内容）。

偏航报告应在航行计划报告变更时发出。

(4)抵港报告

①报类标识：AMVER/FR//。

②必报项目，包括A、K、Z行内容。

③选报项目，包括X、Y行内容（美国籍船舶需要报告Y行内容）。

抵港报告须在船舶即将抵达或抵达目的港时发送。

3. AMVER 电文示例

AMVER Honolulu

AMVER/SP//

A/MV Finder/SPTV//

B/122300Z//

E/123//

F/150//

G/Honolulu/2117N/15755W//

I/Isabel/1056N/12426E//

L/RL//

M/San. Francisco/Gdynia//

V/PA//

Z/EOR//

4. AMVER 电文的传送方式

(1)电子邮件。可使用 Inmarsat 船舶地球站或 HF 无线电设备发给 AMVER 中心,地址是 amvermsg@ amver. org 或 amvermsg@ amver. com。

(2)电传。可通过 HF NBDP 或者 Inmarsat 船舶地球站以电传方式发给 AMVER 中心,地址是(0)(230)127594 AMVER NYK。

(3)特殊情况下,其他一切可以利用的通信手段。

需要注意以下几点:首先,除德国外,电文应尽可能发送给 AMVER 组织的海岸电台。这些海岸电台可以为船舶免费传递 AMVER 报告,是船舶的最佳选择。收件人名称是 AMVER 加电台名称,如发给马尼拉海岸电台的报告,其名称应为 AMVER Manila。其次,AMVER 电报应按规定在正常值班期间内发送,但考虑到美国的有关规定,为避免延误,AMVER 电报应在船舶到港 24 h 以前发出。最后,报文发送完毕,应注意守听与之联络的海岸电台,以免遗漏或延误接收发送给船舶电台的信息。船舶用户可向 AMVER 海事关系办公室免费获取用户手册,或查询《无线电信号表》第 I 卷获取需守听的海岸电台的名称与呼号、时间与频率等业务细节。

二、澳大利亚船舶报告系统

澳大利亚船舶报告系统(AUSREP,Australian Ship Reporting System)是由堪培拉联邦海上安全监督中心控制和管理的区域性船舶报告系统。该系统建立于 1973 年,是为了 AUSREP 海域内船舶的航行安全而设立的,适用于所有在其服务区域内的本国船舶和外国船舶。

1. AUSREP 电文格式

AUSREP 电文格式与 AMVER 系统稍有不同,项与项之间无需用双斜线“//”分开。具体解释如下:

A/船名和呼号

B/报告的日期和时间(UTC)

C/船位(经纬度)

D/地理位置

E/航向

F/航速

G/上一停靠港(非澳大利亚港)

H/进入 AUSREP 海域的日期、时间和进入点

I/下一个国外目的港和 ETA

J/船上是否有引航员（航行在 Great Barrier Reef 航线上的所有船舶需报告）

K/驶离 AUSREP 海域的日期、时间及驶离点

L/航线（船舶拟定航法，如 Rhumb Line、Coastal、Great Circle 等）

M/船舶守听的海岸电台（包括 Inmarsat C 的识别码，若配备的话）

N/约定每天报告的时间。如使用轮询业务（Polling），则不需要发送船舶报告，如 N/POLL

O/船舶吃水

P/装载的货物

Q/（货物的）危害性及其他限制

R/污染（所观测到的任何污染的报告）

S/海上天气情况

T/船舶代理

U/船舶种类和吨位

V/船上是否有医务人员（仅在 SP 报告中要求）

W/船舶人数

X/备注

2. AUSREP 电文种类

（1）航行计划报告

①报类标识：AUSREP SP。

②报告项目：A、F、H、K、L、M、N、U、V 项内容。

航行计划报告应在船舶进入 AUSREP 海域 24 h 之前或进入 AUSREP 海域之后，或者离开 AUSREP 海域的一个港口 2 h 之后发送。一旦船舶在航行计划报告中预定的起航时间 2 h 内不能起航，应取消该报告并另发一份新的航行计划报告。

（2）船位报告

①报类标识：AUSREP PR。

②报告项目：A、B、C、E、F、N 项内容。

船位报告应每天在航行计划报告中规定的时间发送，但第一份报告必须在航行计划报告发送以后的 24 h 以内发出。船位报告的发送应一直持续到船舶抵港或离开 AUSREP 海域的当天。若需改变每天的报告时间，应在报告中发送出改变的时间。抵达目的港或驶离 AUSREP 海域船舶的 ETA 应在上一个船位报告中予以确认。

（3）偏航报告

①报类标识：AUSREP DR。

②报告项目：A、B、C、F、K、X 项内容。

偏航报告须当船舶在上次发送的 SP 或 PR 报告中预报的船位与实际船位相差 2 h 的航程时发送。

（4）抵港报告

①报类标识：AUSREP FR。

②报告项目：A、K、X 项内容。

抵港报告应在抵达报告区域内的港口或离开报告区界线时发送。具体地,当船舶抵达离目的港引航站 2 h 的航程,并可与港口当局或引航站进行 VHF 无线电话联络的时候应发送本报告。在离目的港超过 2 h 航程的任何情况下,船舶不得发送抵港报告。另外,若抵港时间为无线电值守以外的时间,则抵港报告应在系泊后立即发出;若无法用电话联络,则抵港报告应在系泊前发出。对驶离 AUSREP 海域的船舶,应在穿越 AUSREP 报告区界限后发出。

3. AUSREP 电文示例

AUSREP PR
A/HESPERUS/BCBC
B/030500UTC
C/0747S 07941E
E/230
F/15
X/ETA NOW 070300UTC

4. AUSREP 电文的传送方式

(1)通过 Inmarsat C 船舶地球站,使用业务代码 43,选择 Perth 海岸地球站进行发送。

(2)通过 HF-DSC 呼叫澳大利亚电台(MMSI:005030001),再使用合适的 RT 频率传递。

应当注意的是,所有 AUSREP 电报均应发给 Seasafety Canberra。另外,澳大利亚所有海岸电台均可免费使用进行船舶报告,若使用 Inmarsat 业务,需按现用费率标准付费。

5. 船舶延误报告的处理

参加 AUSREP 的船舶,应在每天规定的时间发送船舶报告。如果违反 AUSREP 报告制度,将会受到处罚,甚至引发不必要的搜救行动。

(1)延误超过 2 h,将进行内部检查以核实是否收到报告。如果没有收到,船舶将被列在通报(话)表中,要求船长提供延误报告。

(2)延误超过 6 h,将在通报(话)表中加入船舶呼号和 JJJ/REPORT IMMEDIATE 标识,并通过与澳大利亚和国外海岸电台、船东代理及其他船舶进行广泛通信,核查该船的通信线索,证实其是否安全。

(3)延误超过 21 h,JJJ/REPORT IMMEDIATE 广播升级为紧急信号 XXX/PAN 标识。开始部署搜寻计划,其细节包括在 NAVAREA X 区的航行警告和通过 Canberra(AXM)和 Darwin(AXI)播发的气象传真广播图中。

(4)若延误超过 24 h,即刻开始搜寻行动。

三、中国船舶报告系统

中国船舶报告系统(CHISREP,China Ship Reporting System)是我国于 2001 年建立的由中国船舶报告管理中心运行管理的应急保障系统。除了船舶报告系统的海难搜救功能之外,CHISREP 还具有船位自动标绘和推算、对延时未报船舶自动预警和紧急医疗指导及医疗援助等功能。为了加强各国船舶报告系统之间的国际合作,实现资源共享,CHISREP 向周边国家提供海上搜救信息,并向其他船舶报告系统转发相关的船舶报告。

中国船舶报告系统的服务区域为不包含其他国家领海和内水的9°N以北、130°E以西的海域,要求航行在该海域内航行时间超过6 h的中国籍300总吨及以上的国际及沿海航线船舶强制参加,其他船舶可自愿参加。

1. CHISREP电文种类及报告格式

CHISREP共有7种报告,这7种报告都是以CHISREP加报告的识别字母开头,以报告项Z结尾。这7种报告可分为一般报告与特殊报告,其中一般报告包括航行计划报告、船位报告、偏航报告和抵港报告,特殊报告包括危险货物报告(DG,Dangerous Report)、有害物质报告(HS,Hazardous Report)以及海上污染物报告(MP,Maritime Pollutant Report)。CHISREP的7种报告项标的识别、含义与AMVER系统相同,在此不一一赘述。

(1)航行计划报告

航行计划报告根据不同的船舶动态可以分成两种格式:

①CHISREP SP A、F、G、H、I、L、M、Z(必报项目),必要时可加入E、K、N、O、S、T、U、W、X和Y项。如果船上有医务人员,须加入V项。这种报告格式适用于船舶从国外进入CHISREP区域,并停靠中国港口或者国内两个港口之间的情况。

②CHISREP SP A、F、G、H、I、K、L、M、Z(必报项目),必要时可加入E、N、O、S、T、U、W、X和Y项。如果船上有医务人员,须加入V项。这种报告格式适用于船舶从中国港口驶往外国港口或者过境船(从国外某港口到国外某港口,其航线穿过CHISREP区域的船舶)的情况。

航行计划报告须在船舶进入CHISREP区域的划定界线24 h之前,至进入后2 h之内或者在离开中国沿海港口前后2 h之内发送。如在预定开航时间2 h内不能起航,应发送一份新的航行计划报告。

(2)船位报告

船位报告的格式为CHISREP PR A、B、C、E、F、N、Z,必要时可加入S、X和Y项。

船舶应按照规定或约定的时间向CHISREP发送船位报告。第一份船位报告要求在最新航行计划报后24 h内发出,以后应按照规定的时间或约定的报告时间向CHISREP发送船位报告,但两个报告之间的时间间隔不应超过24 h,直到抵达中国沿海港或驶离CHISREP区域界线。

需要注意的是,当船舶的实际船位与计划航线推算船位前后相差2 h的航程时,须补发更新的船位报告。如果在船位报告前2 h发送偏航报告,那么下一个船位报告发送时间改为偏航报告后24 h。预计抵达下一港或CHISREP区域界线的时间应当在最后一次船位报告中明确。船舶改变预计到达时间ETA,可在任何一份船位报告中更正。如果船舶的航行时间小于24 h,则不要求发船位报告,只要在开航时发一个航行计划报告,在抵港时发一个最终报告即可。

(3)偏航报告

偏航报告的格式为CHISREP DR A、B、C、E、I、L、Z,必要时可加入F、K、N、S、X和Y项。

偏航报告须在船舶改变其计划航线或当船舶的实际船位偏离计划航线超过2 h的航程时发送。

(4)抵港报告

抵港报告的格式为CHISREP FR A、K、Z。

抵港报告应在船舶抵达中国沿海港口或者驶离CHISREP区域界线前后2 h内发送。

(5)危险货物报告

危险货物报告的格式为 CHISREP DG A、B、C、M、Q、R、S、T、U、Z,如果船舶存在包装危险货物继续落入海中的危险状况时,应加入 P 项。

危险货物报告须在船舶发生或可能发生危险货物落入海中的事故时发送。

(6)有害物质报告

有害物质报告的格式为 CHISREP HS A、B、C、E、F、L、M、N、Q、R、S、T、U、X、Z,存在溢泄风险时应加入 P 项。

有害物质报告须在船舶发生或有可能发生溢出《1973 年/1978 年国际防止船舶造成污染公约》附则Ⅰ中规定的油类或附则Ⅱ中规定的有毒物质时发送。

(7)海上污染物报告

海上污染物报告的格式为 CHISREP MP A、B、C M、Q、R、S、T、U、X、Z,存在溢泄风险时应加入 P 项。

海上污染物报告须在《国际危险品运输规则》中规定为海上污染物品的有害物质失落或可能失落海中时发送。

2. CHISREP 电文的传送方式

中国船舶报告管理中心的地址是上海市四平路 190 号,邮政编码为 200086。电话为 86-21-65078144,86-21-65073273,传真为 86-21-65089469,电传为 85-337117 HSASC CN, E-mail 为 chisrep@ shmsa. gov. cn。

船舶可通过以下几种方式向中国船舶报告管理中心发送船舶报告:

(1)通过上海海岸电台发送 NBDP 报文。

(2)通过 Inmarsat 船舶地球站发送电传、传真或电子邮件。需要注意的是,应确保 Inmarsat 船舶地球站在任何时候都处于“LOGIN”状态;发送电子邮件时,主题应标记为“CHISREP”。

(3)通过公司或船队发送报文。

由于某种原因不能发送船位报告或最终报告的船舶,可通过其他船舶或岸上的有关机构代发报告。

3. 船舶延误报告的处理

(1)延误 3 h 未报的船舶,系统将对该船进行预警,中国船舶报告管理中心将检查是否已收到船舶的报告,如果没有,则采用有效的通信手段,直接与船舶进行联系,并且将其列在船舶报告站通报表中,以“船舶呼号”的格式进行普通呼叫,提醒其发送报告。

(2)延误 6 h 未报的船舶,将被列在船舶报告站通报表中,以“船舶呼号/JJJ”的格式进行一般呼叫。

(3)延误 12 h 未报的船舶,将对船舶所有人、经营人、代理人及可能见过该船或该船舶联系过的其他船舶进行查询,核实该船是否安全。

(4)延误 18 h 未报的船舶,将被列在船舶报告站通报表中,以“船舶呼号/XXX”的格式进行紧急呼叫。

(5)延误 24 h 未报的船舶,船舶报告管理中心将制定搜救方案,报告中国海上搜救中心,由中国海上搜救中心指定区域的 RCC 进行搜寻救助,开始搜救行动。

第三节 防海盗/武装袭击报告

为了应对多发的海盗袭击事件,国际商会所属的国际海事局于 1992 年成立了海盗报告中心。由于东南亚水域海盗事件多发,因此把海盗报告中心设在马来西亚首都吉隆坡。海盗报告中心负责统计海盗袭击事件,每天 0000UTC 通过 Inmarsat 系统安全网业务发布形势报告和警告信息,每周在互联网上(网址:www. icc-ccs. org. uk)更新海盗袭击信息。此外,也可通过电话:+603 2031 0014(H24),传真:+603 2078 5769,电传:+84 34199 以及 E-mail:piracy@ icc-ccs. org 和 imbkl@ icc-ccs. org 联系海盗报告中心。

GMDSS 无线电操作员应熟练掌握所有无线电设备的操作程序,并确保船上所有的发信设备均正常工作且具有在遇险和安全通信频率上应急发射的能力。当船舶遭受到袭击或察觉到有被袭击的可能时,应立即报告给最近的 RCC 或海岸电台、海岸地球站,向沿岸国或港口国报警,并补发一份更详细的后续报告。有关 RCC 的资料,可参考《无线电信号表》第Ⅴ卷;有关海岸电台或海岸地球站的资料,可参考《无线电信号表》第Ⅰ卷。

一、无线电值守和事件处置程序

(1)处在海盗袭击多发的水域时,应保持对适当海岸电台或海军当局的连续无线电值守以及遇险与安全频率(特别是 VHF 16 信道和 MF 2 182 kHz)的连续值守,还应确保连续接收对所处水域播发的 MSI,海盗报告中心每天 0000UTC 发布的海盗警告信息及袭击信息需要及时接收、查看。

(2)如察觉到随时有遭受海盗袭击的可能,船舶的安全受到威胁,船舶应马上与相关 RCC 取得联系。

(3)一旦认为海盗袭击将要发生,应立即使用所在海区最适合的无线电设备(如 DSC、Inmarsat 船舶地球站等)进行遇险报警,并在 VHF 16 信道上进行遇险呼叫。如果使用 Inmarsat 船舶地球站报警,应确保使用与 RCC 相连的海岸地球站。

二、海盗袭击发生后的处置措施

海盗袭击发生后,无论海盗袭击有没有成功,都应按规定向相关 RCC、沿岸国和船舶所属的海事管理部门发送报告。

(1)应给相关 RCC 发一份加急的遭海盗袭击的报告。报告应包括船位和识别信息、任何对船员的伤害和对船舶的损坏信息、袭击者离开的方向以及人数等主要细节。

(2)应向海盗袭击发生水域的沿岸国当局发送一份完整的报告。如果在远海遭遇海盗袭击,可向最近的沿岸国当局发送。

(3)应向船舶所属的海事管理部门提交发给沿岸国的完整报告,该报告应包括所发生的后续行动或可能经历的困难等细节。如袭击造成了船员死亡、严重伤害或船舶的严重损坏,也应向船舶所属的海事管理部门紧急通知。

三、报告的标准格式

海盗或武装抢劫袭击报告分初始报告和后续报告。

1. 初始报告格式

(1)船名和呼号、IMO number、IMN(包括洋区码)和 MMSI

MAYDAY/DISTRESS ALERT(Inmarsat 系统中使用遇险优先权时不需使用 MAYDAY/DISTRESS 信号)

URGENCY SIGNAL

PIRACY/ARMED ROBBERY ATTACK

(2)船位和时间(UTC)、航向/航速。

(3)事件性质。

2. 后续报告格式

(1)船名和呼号、IMO number。

(2)事件性质(发生了什么样的事情)。

(3)事件发生的位置和海区。

(4)事件发生的日期和时间。

(5)事件的详细细节,包括:船舶是在航还是在抛锚或在靠泊;袭击的手段;嫌疑船的种类和数量;海盗/抢劫者的人数和主要特征;海盗/抢劫者使用何种武器;讲何种语言等任何其他的信息;船员和旅客的受伤害情况;船舶的损坏情况及船舶被袭击的部位;被抢的财产和货物的主要细节;船长和船员采取的行动;是否向海岸当局和别的部门发送了事件报告;沿岸国采取的行动;等等。

(6)海盗船的最新动向,包括:日期/时间/航向/位置/速度。

(7)所需提供的帮助。

(8)与报告船舶通信首选的通信方式,包括:合适的海岸电台、HF/MF/VHF、IMN(加洋区码)、MMSI 等。

(9)报告的日期和时间。

第十六章
船舶电台的管理

第一节　船舶电台管理制度及要求

一、GMDSS无线电操作员职责

ITU《无线电规则》规定，船长是船舶无线电台管理的责任人，负责组织领导通信设备的使用、管理、维护和修理，协调GMDSS无线电操作员的有关工作，以及船舶相关证书和证件的管理。GMDSS无线电操作员在船长的直接领导下，全面负责通信设备和广播系统的技术管理，做好通信设备的使用、维护和管理，保持通信设备良好的技术状态。目前，GMDSS无线电操作员一般由持有GMDSS证书的二副担任。根据ITU《无线电规则》、STCW公约、《中华人民共和国海船船员值班规则》以及其他规定，GMDSS无线电操作员具体应履行以下职责：

(1)船舶开航前做好航前检查，发现问题要及时解决或报告。航行中应每天及时填写和整理船舶电台日志和电报底稿，检查电台一天所做的各项工作，发现问题及时查清并设法纠正。

(2)按照有关规定定期检查、试验GMDSS无线电设备和其他通信设备，并如实、正确地将检查、试验情况记入船舶电台日志。

(3)负责电台蓄电池、变流机和各种天线的日常清洁、检查和养护工作，确保其良好的技术状态；做好蓄电池室(箱)、变流机室和备件库的清洁工作；负责电台蓄电池的充、放电。

(4)通信设备发生故障无法正常工作时，应及时报告船长。无线电设备修理时应有人在现场，修复签收时要进行验收。

(5)处理遇险、紧急、安全通信业务和日常往来通信业务，及时接收各种MSI，确保通信畅通，按照公司体系文件的要求制作各种通信费用的报表账单，经船长审阅签署后，送(寄)公司主管部门。

(6)按照公司体系文件的要求保管无线电台文件、资料、报底、报稿、统计报表、修理账单和申请购料单;负责保管无线电台的图纸、说明书等技术资料和物品账册;负责备件、工具、物料和仪表的登记、保管、盘点和报销。定期检查核对各种无线电设备、证书的有效期,并做好国际和国内通信资料的保管和修改工作。

(7)大风浪侵袭前、后,检查可能会受到影响的无线电设备、器材及周围环境,并采取安全防范措施。

(8)当本船遭遇海难或其他危急情况时,按照船长指令保持电台值班,并根据船长指示,发送遇险报警,确保遇险通信畅通;弃船时,销毁秘密以上等级的文件资料,携带船舶电台日志、电台执照和救生艇(筏)手提无线电设备,按船长的命令离船。

(9)做好 PSC 检查准备工作,做好防止误报警的工作。

(10)接船时应对通信设备和资料进行全面检查,制定无线电设备核定表并报主管部门;船舶退役时应带回电台执照和最后 2 本船舶电台日志(写明船舶退役时通信设备、备件、物料、资料、仪器和工具等交接情况)上交公司主管部门。

二、船舶电台保密制度及通信纪律

对于国内船舶,无线电操作员应认真贯彻执行《中华人民共和国保守国家秘密法》和交通运输部有关规定,遵守以下保密制度及通信纪律:

1. 保密制度

(1)不得在公共场所、私人通信中及与无关人员的谈话中泄露通信机密和通信内容等。

(2)不得在通信设备上询问机密事项,密电不得经国外海岸电台和陆地地球站的转递。

(3)电台通信密件(包括秘密文件、密码及密电等)须妥善保管,不得私自外带、摘抄,如有遗失、泄密,立即上报。

(4)禁止未经准许截收核定以外的无线电通信信息。

(5)禁止泄露或未经准许以任何方式将非公众性的无线电通信信息加以公布或利用。

2. 通信纪律

(1)不准主动与无关电台通信联络和承担核定以外的通信任务。

(2)不准冒用、伪造电台呼号、标识和使用核定以外的频率。

(3)不准私编密语、密码和擅自进行私人通信(船舶公众通信业务除外)。

(4)不准擅自发送遇险报警、遇险转播和确认或恢复正常通信的通知。

(5)不准伪造通信情况、私自涂改船舶电台日志和收发的电文。

(6)不准无故中断通信、冒充急电、抢叫干扰、争执吵骂和不服从指挥。船岸通信时,船舶电台要服从海岸电台指挥。

(7)不准擅自使用通信设备收听与工作无关的语音广播。

三、船舶航行期间的电台值班要求

1. 一般规定

根据SOLAS公约、STCW公约、《无线电规则》以及《中华人民共和国海船船员值班规则》的相关规定,无线电操作员应认真履行无线电值班的职责,工作时间内不得擅离职守,确保通信畅通,凡涉及遇险、紧急和安全的通信,应详细记录,并按相应规定处理。

GMDSS船舶电台实行24 h连续安全值守。无线电操作员的工作时间由各通信主管部门按无线电操作员配备情况、具体航线情况、航行安全和业务需要确定。

2. 船舶在航行期间的值班要求

(1)按要求配备VHF无线电设备的船舶,应在VHF 70信道上保持连续值守;按要求配备MF无线电设备的船舶,应在2 187.5 kHz上保持连续值守;按要求配备MF/HF无线电设备的船舶,应在2 187.5 kHz和8 414.5 kHz上保持连续值守,并且应在4 207.5 kHz、6 312 kHz、12 577 kHz以及16 804.5 kHz中的至少1个频率上保持连续值守,也可在上述所有频率上扫描值守。

(2)配备Inmarsat船舶地球站的船舶,应保持船舶地球站常开,以确保能够及时接收陆地地球站转发的遇险报警。没有配备Inmarsat船舶地球站的船舶,必须按时守听通报(话)表、通电,除收听船籍港海岸电台通报(话)表外,还要注意收听离开港、目的港海岸电台和经转报文海岸电台的通报(话)表。

(3)应保持NAVTEX、EGC接收机和气象传真接收机常开,确保能及时接收到海岸电台和陆地地球站播发的气象警告、气象预报、航行警告和气象传真图等MSI。配备HF NBDP无线电设备的船舶,在A3、A4海区航行时,值班人员应根据具体情况选择适当的频率定时接收相关海岸电台播发的MSI。

(4)根据船舶航行海域、地理位置和海岸电台开放的业务情况,将DSC常规扫描接收机预置在船籍港、目的港、离开港或经转海岸电台DSC的相关频率上保持连续值守(如果已开通DSC常规业务)。

(5)每天收听授时信号1次,并校准驾驶台的天文钟和无线电台时钟。

(6)每天进行1次DSC无线电设备自测试。配备MF/HF-DSC的船舶应至少每周进行1次DSC呼叫海岸电台试验。

(7)每月至少进行1次SART和双向无线电话设备测试、1次Inmarsat C船舶地球站性能测试以及1次GMDSS备用电源(蓄电池)的全充全放测试,并将测试结果记入船舶电台日志。

(8)每3个月至少进行1次卫星EPIRB自测试,检查电池和释放器的有效期,并将测试结果记入船舶电台日志。

(9)做好蓄电池充放电及保养工作;定期检查、维护各种收、发天线,并按计划进行通信设备的维护保养工作。

四、船舶锚泊期间的电台值班要求

船舶在等潮水、引航、泊位、港界线外锚地或因故在海上漂泊期间，都应按船舶航行期间的电台值班要求执行，并遵守港口当局有关港界线内使用发射机的规定。具体的值班要求如下：

(1)船舶锚泊期间，应保持 VHF-DSC 70 信道值守，并根据当地港口有关当局的规定，守听相关通告和通话表。

(2)船舶锚泊期间，船舶地球站应保持常开，MF/HF 组合电台的电源可关闭。另外，要防止无关人员操作 GMDSS 无线电设备，避免误报警。

(3)保持 NAVTEX 接收机常开，每天应至少接收 1 次相关 NAVTEX 海岸电台播发的气象报告、航行警告和冰况报告等 MSI。

(4)如果船舶采用了 T 形、倒 L 形或者笼形天线，装卸货物时应注意做好天线的升降工作。正在装卸燃点较低或挥发性较强、易燃气体货物及其他危险品货物时，应禁止调试发射设备，必要时需要把发射机和接收机的天线接地。

(5)及时处理有关业务，如填报各种报表、通信资费账单、物料申请单和封存各种报底、报稿，并做好有关通信业务资料的改正工作。

(6)无线电操作员若要离船，应安排好有关工作并向船长请假获得同意后方可离船。

(7)开航前应做好 GMDSS 无线电设备的试验和测试工作，发现问题及时解决，确保其处于良好的适航状态。

五、特殊情况下船舶电台值班要求

船舶遇到下列特殊情况时，无线电操作员应按照上级布置或船舶领导要求保持连续值班，不受工作时间的限制。

(1)与本台有关或在本船附近的遇险、紧急、安全及常规级别的通信尚未处理完毕。

(2)与有关电台的通信尚未结束，或有急电待收、待发。

(3)执行特殊任务，航行在特殊海区或者因故在海上抛锚、漂泊、遇台风及待命等。

六、无线电操作员交接班制度

无线电操作员休假离船，必须就资料及工具、通信业务、物料及备件等三个方面与接班无线电操作员进行交接，办理交接手续，并填写“交接班报告书”。交接过程应注意以下几个方面：

(1)通信设备的故障或不正常状态的原则上应由交班无线电操作员负责处理。如果时间不允许，应向接班无线电操作员交接清楚并在交接班报告书及船舶电台日志中注明。

(2)如果发现文件、备件、工具及无线电设备等发生丢失或损坏等情况，应立即报告船长或公司主管部门。

(3)交接完毕后，在船舶电台日志上注明交接情况，如果存在遗留问题及处理意见也应注明。交、接双方在船舶电台日志上签名后由船长加签。交接记录一式两份，一份留船，另外一份交公司主管部门。

第二节 电台执照与证书

一、电台执照

电台执照是合法设置及使用无线电台的法定凭证。电台执照一般使用本国文字及国际电联工作语言之一的译文标明该电台的特征，如电台名称、呼号、注册国家、船籍港、船东名称和电台可用的工作频段以及可开放的公众通信业务类别等。

凡核准设立的参与水上无线电通信的船舶电台及船舶地球站，必须持有我国或国外有关主管当局核发的电台执照。电台执照应存放在电台内便于立即取下携带和出示检查的位置，由无线电操作员负责保管。电台执照的有效期限一般为5年，有效期届满前3个月，无线电操作员应及时向船长或公司报告，以便向有关主管当局重新申请核发。

二、货(客)船无线电安全证书

SOLAS公约规定，所有船舶电台必须备有主管当局(通常是船级社)核发的货(客)船无线电安全证书，该证书由船长负责统一保管。证书的核发需要经过对船舶无线电设备和救生艇无线电设备的检验，包括换证检验和定期检验。其中换证检验5年1次，定期检验1年1次。有效期届满前3个月，由船长向主管当局或公司主管部门提出申请，进行定期检验或换证检验。检验过程中，若验船师对无线电设备的配套、性能等方面提出异议，船长应及时报告公司主管部门，以便妥善处理。

三、GMDSS无线电操作员证书

GMDSS无线电操作员证书在船期间由船长负责统一保管。有效期一般为5年，有效期届满前6个月，由船长或本人向公司主管部门报告，以便向有关主管当局申请换发。

四、GMDSS岸基维修协议

GMDSS岸基维修协议由GMDSS无线电设备厂家或维修代理核发，其有效期年限一般与船东协商确定。该证书一般由船长负责保管，一般到期前3个月提出申请换发。

五、EPIRB年度检验和特检报告

EPIRB年度检验要求每年进行一次，对其进行读码检测，并出具报告。EPIRB特检报告，也称作 EPIRB 岸基维修报告，指按不超过 5 年的间隔期在经认可的岸基维修站对 EPIRB 进行维修检验，进行发射、性能等全面检查试验，并出具特检报告。EPIRB 年度检验和特检报告由船长负责保管。

第三节　船舶电台日志

船舶电台日志作为 ITU 要求的法定记录，主要用于记载航行中所发生的有关海上人命安全和日常无线电通信业务的全部事项，是船舶重要的文件和法律依据之一。船舶电台日志中，MF/HF-DSC、无线电话、NBDP 通信以及 Inmarsat 设备通信，由无线电操作员填写，VHF 无线电话通信由使用人员填写。船长定期审阅和签字(一般为 1 个月)。

一、船舶电台日志记录内容

(1)航次开始至结束的船舶动态情况，包括开航、抵港、抛锚、移泊、修船以及复航等的时间和地点信息。

(2)遇险、紧急和安全的通信细节，包括通信日期、时间以及有关船舶的细节等。如果收到 DSC 遇险报警，须记录遇险台或转发台的识别码、遇险台的位置等信息，并且标明“Distress”。

(3)收发各类电报及日常通信的业务摘要，包括传真、电子邮件、DSC、无线电话、NBDP 和 Inmarsat 设备通信等。

(4)MSI 接收情况，包括航行警告、气象警告以及气象预报等。

(5)电台设备的使用、测试、故障、维修、保养及蓄电池充放电的详细记录。

(6)航行期间，每日正午船位、天文钟时间、船时变更、日期变更以及气象等情况。

(7)其他与无线电通信业务相关的事项，包括通信条件变化和影响正常通信的情况、PSC 检查以及无线电操作员变动情况等。

二、船舶电台日志填写要求

(1)填写船舶电台日志，须使用墨水笔，按日志内容逐项逐行详细、准确、清楚、如实地记载通信情况，写错时应划去重写，避免任意涂改和撕页。

(2)填写船舶电台日志，时间一律采用 UTC。有关通信记录尽量采用英文或英文缩写，如属必要可用中文注明。机上会话以字母“S”代表发射，以字母“R”代表接收。如记载不属本台的其他台之间的会话，可直接使用其呼号、识别码或船名，并在其后加上“:”。

(3)填写船舶电台日志，以航次终了为界，航次开始时另起页填写。每次开航前，应将电台所有通信设备的状况和试验情况填入；每日工作交接时，应详细写明业务、机务情况以及未了事宜和待办事项。

第四节　船舶无线电通信必备文件和技术资料

一、国内业务文件和资料

按照ITU《无线电规则》以及交通运输部相关规则的要求，国内航行船舶的无线电台一般应至少配备下列相关证书、业务文件和资料：

(1)电台执照。

(2)货(客)船无线电安全证书。

(3)GMDSS无线电操作员证书。

(4)船舶电台日志。

(5)全国江、海岸电台台名录。

(6)全国船舶电台台名录。

二、国际业务文件和资料

按照IMO、ITU《无线电规则》以及其他相关规则的要求，除了相关证书以外，国际航行船舶的无线电台一般还应至少配备下列业务文件和资料：

(1)《无线电规则》(*Radio Regulation*)，由ITU出版，内容主要包括ITU对国际无线电通信管理的法规条款等。

(2)《海岸电台和特别业务电台表》(*List of Coast Stations and Special Service Stations*)，由ITU出版，内容包括海岸电台的地理坐标、工作设备的收发频率，以及医疗咨询、导航与气象警报、MSI、无线电授时信号、陆地地球站信息、RCC和搜救机构的联系方式等。

(3)《船舶电台和水上移动业务识别分配表》(*List of Ship Stations and Maritime Mobile Service Identity Assignments*)，由ITU出版，内容主要包括船舶电台、海岸电台、搜救飞机以及账务结算机构等相关信息。

(4)《无线电测定和特别业务电台表》(*List of Radio Determination and Special Service Stations*)，由ITU出版，内容主要包括除港口业务、船舶移动和公共通信服务外的海事移动和海事移动卫星服务的无线电测定和特别业务电台等详细资料。

(5)《国际信号代码》(*International Code of Signals*)，由IMO出版，主要介绍海上通信的国际代码规则。

(6)《水上移动业务和水上卫星移动业务使用手册》(*Manual for Use by the Maritime Mobile Service and the Maritime-Satellite Mobile Service*)，由ITU出版，内容主要包括GMDSS和其他海事行动的组织和程序以及相关法律文本的摘录等。

(7)《国际航空和海上搜寻与救助手册》(*International Aeronautical and Maritime Search and Rescue Manual*)，由IMO出版，内容主要包括国际航空和海上搜寻与救助体系的相关信息。

(8)《GMDSS 手册》(*GMDSS Manual*),由 IMO 出版,内容主要包括 GMDSS 的依据原则、无线电通信需求和实施建议、GMDSS 设备应满足的操作性能标准和技术规范、GMDSS 无线电设备的操作方法和程序,以及 GMDSS 的总体规划等。

(9)《NAVTEX 手册》(*NAVTEX Manual*),由 IMO 出版,内容主要包括 NAVTEX 系统的组成和操作等信息。

(10)《无线电信号表》(*Admiralty List of Radio Signals*),由 UKHO(United Kingdom Hydrographic Office,英国水道测量局)出版,其主要内容见本章第五节。

需要指出,除了上述基本配备的国际业务文件和资料外,不同国家、不同航运公司的体系文件存在差别,其船舶增配的业务文件与资料也会不同,详细要求应查询公司的体系文件和其所属船级社的自查表。例如,某国船级社要求增配 ITU 出版的《呼号和识别码表》(*List of Call Signs and Numerical Identities*)与 IMO 出版的《国际安全网手册》(*International SafetyNET Manual*)等文件,后者主要包括国际安全网业务的组成结构和操作等信息。

三、船舶电台应备的技术资料

船舶无线电台应备的技术资料主要包括:

(1)通信导航设备说明书或操作手册。

(2)天线装置图。

(3)电台布置图。

(4)电台设备布线图。

(5)蓄电池布置图。

(6)电台备件清单。

四、报底、账单和船舶电台日志等的管理

不同国家、不同航运公司的报底、账单和船舶电台日志等的管理各不相同,详细要求应查询该航运公司的体系文件。中国籍船舶相关文件的管理应遵守交通运输部的相关规则及其航运公司的体系文件要求。以具有代表性的国内某大型航运企业为例,船舶二副为管理责任人,负责船舶电台文件与资料的保管工作,具体如下:

(1)气象报告、气象传真图、航行警告和船舶电报、航行警告签收簿,保管期为半年。

(2)甚高频无线电话使用登记簿和雷达使用登记簿,保管期为 1 年。

(3)国内各类电文(包括窄带直接印字电报、卫星电传和传真)的报稿和报底,保管期为 1 年;国际公众船舶电报(包括窄带直接印字电报、卫星电传和传真)的报稿和报底,保管期为 2 年。报底是指船岸间通信的纸质或电子文档。

(4)船舶电台日志、各类通信资料账单和通信记录数据,保管期为 2 年。

(5)系统数据、船舶通信导航设备管理登记簿和维修登记簿,应长期保管。

各类报稿、报底、账单、船舶电台日志和光盘、磁带等记录介质保管期满后,应由无线电操作员开列清单,经请示船舶领导批准后监督销毁,并开列清单报公司处理。各类电报稿纸、通信账单、登记簿和船舶电台日志短缺或用完时,无线电操作员应及时填报“物料申请单”,向公

司物料部门领取补充。

第五节 《无线电信号表》的使用

一、《无线电信号表》简介

《无线电信号表》(*Admiralty List of Radio Signals*)由英国海道测量局每 1~2 年出版一次。该书内容准确、可靠,具有一定的权威性,对于无线电操作员熟悉国际海上无线电通信、保障船舶通信畅通起到很重要的作用,是船舶必备的国际业务文件之一。

《无线电信号表》包括的卷数不固定,2019 年版分为 6 卷,其中第Ⅰ卷分 2 册,第Ⅲ卷分 2 册,第Ⅵ卷分 7 册。简要介绍每卷内容如下:

第Ⅰ卷(NP281)主要内容包括各国海岸电台业务、无线电医疗指导业务、Inmarsat 通信业务、船舶报告系统、防海盗及防武装劫持信息等。

第Ⅱ卷(NP282)主要内容包括无线电助航仪器和雷达信标、无线电授时信号、电子定位系统以及相关图表等。

第Ⅲ卷(NP283)主要内容包括气象报告业务、航行警告、海上安全信息播发情况(包括 NAVTEX 和 NAVAREA)以及与之有关的图表信息等。

第Ⅳ卷(NP284)主要内容包括气象观测台及与之相应的图表。

第Ⅴ卷(NP285)主要内容包括 GMDSS 介绍、遇险搜救程序、使用 GMDSS 或参与 GMDSS 援助船舶的一些业务以及相关的图表等。

第Ⅵ卷(NP286)主要内容包括港口通信业务、VTS 系统和业务信息以及船舶引航业务等。

无线电操作员使用较多的一般是第Ⅰ卷、第Ⅲ卷和第Ⅴ卷。

二、《无线电信号表》的查阅方法

无线电操作员可通过以下几种方法查阅某海岸电台的详细资料:

(1)已知国家或地区的名称,可通过《无线电信号表》中的地区索引表(Index of Geographical Sections)按字母顺序找到该国家或海岸电台名称,名称后面有编号(Number),通过该编号可查到该国家或地区所有海岸电台的详细资料。

(2)已知某海岸电台的台名,可在《无线电信号表》中的电台索引表(Index of Coast Radio Stations/Index of Radio Stations)按字母顺序查出海岸电台台名,在其后面的编号中查出编号,然后从书中查阅该海岸电台的详细资料。

(3)已知某海岸电台的 MMSI,可在《无线电信号表》中的海上移动业务识别码表(MMSI Numbers)按 MMSI 顺序查到该海岸电台所属国家及台名,再按上述的海岸电台名称索引查到该海岸电台的详细资料。

(4)已知某海岸电台的呼号,可在《无线电信号表》中的呼号索引表(Index of Call Signs)按呼号顺序查出该海岸电台的呼号,呼号后面有编号,通过该编号可查到该海岸电台的详细资料。

三、《无线电信号表》修改注意事项

《无线电信号表》修改资料附录在英国海道测量局出版的《航海通告》第Ⅵ部分“Corrections to Admiralty of Radio Signal”。修改资料每周出版 1 次,单面印刷,全年共 52 期。修改资料在船舶上一般由二副保管。

《无线电信号表》的修改工作由无线电操作员进行。二副收到航海通告后应及时将修改资料交给无线电操作员,无线电操作员也应主动向二副索取。修改资料交接时应注意检查修改资料的年份和本船《无线电信号表》是否相符,只有年份一致才能修改。例如,修改资料是 2020 年版,而电台《无线电信号表》是 2019 年版,则不能修改。

对所有每周的修改资料,必须分卷分册逐期逐条地由前向后认真修改。修改前应核对本卷第 1 页修正记录(Record of Amendments)中注明的已修改的期数是否能够与本次修改期数相衔接,如果缺期跳越会造成内容颠倒,如修正记录中注明已修改至 2019 年版第 14 期,无线电操作员收到的修改资料为 2019 年第 16 期,则证明缺少了第 15 期的修改。修改时剪下修改资料的有关内容贴于《无线电信号表》相应之处,并注意将修改资料右下角结尾处“周期/年份”一并剪下,以便无线电操作员或岸上检查人员核查,如“15/2019”表示 2019 年版第 15 期的修改资料;也可以根据修改内容用红墨水笔清楚地进行增删。修改后在修正记录中注明已修改的期数,便于今后衔接。

需要注意的是,新版《无线电信号表》在印刷出版中可能又会收集到最新资料,摘录后作为《无线电信号表》修改资料特别补遗部分(Admiralty List of Radio Signals Special Recapitutory Supplement)同新版一并发行。因此,新版《无线电信号表》应先按照特别补遗先行修改,再从每周版(Weekly Edition)的第 1 期起进行修改。

第六节　船舶通信资费

通信资费是指船、岸用户经由海岸电台或陆地地球站进行通信所发生的费用。通信费由海岸电台(陆地地球站)费、陆线费和特别业务费组成。海岸电台(陆地地球站)费是指海岸电台或陆地地球站提供无线电设备的使用费;陆线费是指在陆地公众网上通信产生的资费;特别业务费是指使用特别业务需收取的附加费。需要说明的是,船舶遇险和以营救为目的进行的通信、船舶电台发出有关公众航行安全的信息以及海岸电台与船舶之间来往的 VHF 无线电话属于免费业务的范围。

无线电操作员一般每月月末将本月发生的通信费用汇总并列账单。账单通常一式三份,一份邮寄给本船的账务结算机构,一份邮寄给船东,一份船舶留存。

一、通信资费类别及收费标准

各国海岸电台和陆地地球站对各种通信收费标准不一，具体的业务收费标准可查阅有关的业务通告或向有关的海岸电台和陆地地球站查询。这里主要介绍目前中国海岸电台的有关收费规定、标准以及海事卫星通信的计费方法。

船舶通信资费可以划分为国内船舶通信资费、国际船舶通信资费和海事卫星通信资费3种。国内船舶通信资费是指中国籍船舶经由国内海岸电台发往国内陆地用户间通信产生的费用；国际船舶通信资费是指外籍船舶经由国内海岸电台发往国内陆地用户间通信产生的费用，以及中国籍船舶经由国内海岸电台发往国外陆地用户间通信产生的费用；海事卫星通信资费是指国内外海事卫星终端用户经由北京地面站发往国内外陆地用户及海事卫星终端通信产生的费用。

1. 国内船舶通信资费

（1）船舶无线电话及 NBDP 按分钟收取海岸电台费。

（2）通电按上述 NBDP 收费标准收费。海岸电台对国内某一部门所属的船舶和海岸电台进行定时集体呼叫并播发通告性无线电报、无线电传的方法称为通电。通电一般是由某一指定海岸电台使用专用通信信道在特定时间播发，播发台按电路条数和播发次数计算收费。

2. 国际船舶通信资费

ITU 规定，构成国际水上通信业务资费和编制水上通信账务的国际货币单位有两种，一种是金法郎（GF，Gold Franc），另外一种是特别提款权（SDR，Special Drawing Right）。GF 或 SDR 仅显示账面资产，不能直接用于通信费用的支付，结算时需先换算成诸如美元、英镑等可流通的货币，再进行结付。

（1）海岸电台费收费标准。船舶无线电话及 NBDP 海岸电台费按分钟收取。

（2）陆线费收费标准。船舶无线电话及 NBDP 陆线费按分钟收取，发往境外的电话按国家电信主管机构的资费标准进行收费。

3. 海事卫星通信资费

海事卫星通信资费包括陆线费、陆地地球站费和星体费。其中陆线费和陆地地球站费的性质与地面系统通信资费中的陆线费和海岸电台费相同，星体费指海事卫星组织提供的卫星使用费。

（1）陆线费

陆线费是指陆地公众网络传递的资费。经北京地面站转接的业务，陆线费根据有关规定逐年核定。

（2）陆地地球站费和星体费

陆地地球站费归各呼叫的陆地地球站所得，星体费归 Inmarsat 所得，空间段和陆地地球站费随全球业务发展和市场情况处于不断调整中，北京地面站整体费率可参照交通运输通信信息集团公布的陆地地球站费率。

对于发自船舶地球站的通信，北京地面站对船舶按时间计费（除 Inmarsat C 星体费和陆地地球站费按比特数计算），由交通运输通信信息集团收取。对于由陆地端发向船舶地球站的通信,由电信部门按分钟收取,费率水平由中国电信确定,基本参照北京地面站船至岸卫星通信的费率。

需要指出的是,船与岸之间通信时,每次通信费用除包括上述三部分费用外,个别陆地地球站还收取附加费。此外,两船舶地球站之间通信时,如两船舶地球站在陆地地球站覆盖洋区内,则收取 2 个星体费用和 1 个陆地地球站费;如两船舶地球站不在同一陆地地球站覆盖区内,则收取 2 个陆地地球站费、2 个陆地地球站之间的国际陆线费以及 2 个星体费。

二、通信资费结算机构

为了方便船舶公司和各海岸电台(陆地地球站)结算通信费用,ITU 规定每艘船舶必须有一个代理来负责船舶通信费用的结算,该代理即为账务结算机构。根据 ITU 的规定,每个国家的水上通信账务机构数量不能超过 25 个,每个账务结算机构建立一个识别代码,称为账务机构识别码(AAIC,Accounting Authority Identification Code)。AAIC 由两部分组成,第一部分是两个字母,表示账务管理机构所在的国家;第二部分是两个数字,表示一个具体的账务管理机构。

目前我国合法的船舶通信账务结算机构是交通运输通信信息集团,具有国际电信联合会授予的海事通信资费代理结算资质,其 AAIC 为 CN03,负责下列电信业务的资费结算:

(1)目前可以代理中国、中国香港地区,以及柬埔寨、蒙古、多米尼加、塞拉利昂、帕劳等国家和地区的船舶账户结算业务。

(2)外籍船舶经国内海岸电台或北京地面站的电信业务。

(3)通过公众电信电路经国内海岸电台或北京地面站转发至中国籍、外籍船舶的电信业务。

第七节　船舶通信的检查和检验

为了保证船舶通信的畅通与航行安全,需要对营运船舶的通信设备、证书和资料以及人员素质等各方面进行例行的检查和检验,主要包括港口国监督(PSC,Port State Control)检查、船旗国监督(FSC,Flag State Control)检查、船舶无线电检验以及船公司的质量体系检查。FSC 检查是船旗国对其所属船舶进行的检查,其形式和内容与 PSC 检查基本相同,船公司的质量体系检查可参考公司内部的体系文件。本节主要介绍船舶通信 PSC 检查与船舶无线电检验。

一、船舶通信 PSC 检查

1. PSC 检查概述

PSC 检查又称为港口国监督或港口国控制,是世界各地的港口国当局对抵港的外籍船舶实施的船舶技术状况、操作性要求、船舶配员以及船员的生活条件和工作条件进行检查,以确保船舶和人员安全、防止海洋污染为目的的专门检查。PSC 检查是一项强制满足国际公约的检查，对于在检查中发现没有履约的船舶，港口国有权采取相应的措施，如要求纠正缺陷、滞留船舶等。目前 PSC 检查已经覆盖全球，船东已经很难找到一个没有 PSC 检查或可以逃避滞留的国际性港口来挂靠低于标准的船舶。

船舶通信设备是船上涉及安全航行和遇险报警的重要组成部分，近年来根据 IMO 对港口国在港船舶的受检要求，船舶通信方面一直是 PSC 检查的重点，检查项目越来越具体，要求也越来越高。因此，无线电操作员应高度重视船舶通信 PSC 检查。船舶通信 PSC 检查主要包括证书及相关资料检查、人员配备检查、通信设备检查和无线电设备的操作性检查四个方面，无线电操作员应针对这四个方面做好检查准备工作。

2. 船舶通信 PSC 检查的项目及要求

(1)证书及相关资料检查

主要检查电台执照、无线电安全证书、无线电设备岸基维修协议、船舶电台日志、GMDSS 操作员证书和 EPIRB 年度检测报告等证书和相关资料是否配备齐全、有效。此外，还应包括必备的业务文件，如《水上移动业务和水上卫星移动业务使用手册》、《海岸电台和特别业务电台表》、《船舶电台和水上移动业务识别分配表》、《无线电定位和特别业务电台表》以及《无线电信号表》相关卷册等。

(2)人员配备检查

检查船舶是否按照 STCW 公约规定的证书和最低配员要求，配备数量足够、适任的无线电操作员。

(3)通信设备检查

检查船舶是否按照 SOLAS 公约修正案配备了相应的 GMDSS 无线电设备；检查通信设备是否与电台执照上所列无线电设备一致；检查船舶电台呼号、识别码及其他标识是否正确并标注在相应的无线电设备上。

(4)无线电设备的操作性检查

要求负责通信工作的无线电操作员，应掌握各种 GMDSS 船用设备的操作，特别是与遇险报警及安全有关的通信操作，并对无线电设备进行自测及日常安全检查，以及查看无线电设备的识别码等。

各个通信设备的检查项目、操作性检查项目及 PSC 检查关键点如下：

①EPIRB 设备检查及操作性检查，包括要求其安放在驾驶台门两侧，按规定的方式(卧式或立式)放置，确保其自动释放及自由浮离不受到周围不利环境的影响；机身应当标有船名、呼号、识别码、电池及静水压力开关的有效期；能对该无线电设备进行自测；熟练开关该无线电设备并进行自测试，能够通过指示灯情况判断无线电设备的工作状态。EPIRB 的检查关键点在于电池和释放器的有效期，以及 EPIRB 的年度检验报告和 5 年特检报告。

②SART 设备检查及操作性检查，包括要求 SART 数量符合公约要求，外观清洁且无损伤，安放位置易于拿取。确保电池在有效期内，能对 SART 进行正确测试并记录，并能通过声、光或雷达显示屏回波等手段检测 SART 的工作性能。SART 设备检查的关键点在于电池的有效期以及与雷达配合的测试方法。若船舶使用自由落体式救生艇，则要求救生艇内必须安装一个 SART。

③MF/HF 无线电设备检查及操作性检查，包括检查 MF/HF 电台和蓄电池是否与导航设备相连接，并能读出船位信息；查阅 DSC 接收遇险信息记录及测试呼叫记录；能通过 DSC 与海

岸电台进行测试呼叫，并获得海岸电台测试确认；能与开放测试业务的海岸电台，采用 ARQ 模式，通过 TEST 指令进行电传通信试验；能在指定的无线电话遇险与安全工作频率上与当地海岸电台进行电话通信试验；能利用组合电台的自测功能进行自检测，以检查其主要电路的功能情况；能进行 MF/HF 组合电台的船舶主电源、应急电源和备用电源的转换。其中，检查的关键点是测试，包括 DSC 呼叫海岸电台测试、SSB 电话呼叫海岸电台以及 NBDP 与海岸电台的 TEST 指令测试。

④Inmarsat C 船舶地球站设备检查及操作性检查，包括检查 Inmarsat C 船舶地球站是否与导航设备相连接，并能读出船位信息；查阅 Inmarsat C 船舶地球站的识别码；查阅 EGC 接收情况；能启动链路测试、按屏幕提示完成整个测试，并可根据需要打印测试报告。其中 Inmarsat C 船舶地球站的检查关键点在于检查链路测试，能按要求熟练完成整个测试过程，包括测试结果打印。

⑤VHF 无线电设备检查及操作性检查，包括检查无线电设备是否与导航设备相连接，并能读出船位信息；检查设备内部的 MMSI 是否与电台执照一致；查阅 DSC 接收遇险信息的记录；能够进行每台 VHF-DSC 的自测试；能利用 VHF 无线电话工作频率与海岸电台或其他船舶进行通话；能进行 VHF 设备的船舶主电源、应急电源、备用电源的转换。其中 VHF 无线电设备的检查关键点在于 VHF-DSC 自检测以及 AC/DC 电源转换。

⑥NAVTEX 设备检查及操作性检查，包括能够对播发台和信息种类进行设置；能够对 NAVTEX 接收机进行自检测，且保证自检测结果正常；能够提供以往的接收记录；查阅值班驾驶员是否已阅海上安全信息并签字。其中，NAVTEX 设备检查的关键点在于自检测及测试结果分析，通常从测试结果上要求判断打印机是否工作正常。

⑦TWO-WAY VHF 设备检查及操作性检查，包括 TWO-WAY VHF 设备位于驾驶室或无线电室易于拿取的位置；为每一台设备配备了在有效期内且未开封的备用电池；能在 VHF 16 信道和其他工作信道上进行通话呼叫，以验证通信效果；能熟练使用该设备。TWO-WAY VHF 电话之间相互试验收发，以及备有相应数量的备用电池是检查的关键点。

⑧应急电源和备用电源的检查。对于用蓄电池组作为应急电源和备用电源的船舶，要求蓄电池组外壳清洁，导线连接头牢固；电瓶间水密门密封，电瓶间防爆灯工作正常；具有蓄电池电压和电解液密度测定、充放电等记录。

⑨无线电设备操作台应急照明的检查，包括 GMDSS 无线电操作台处所应设有由船舶主电源供电的主照明及由应急照明配电板供电的应急照明，要求无线电设备操作台的应急照明工作正常。

⑩其他检查，包括要求驾驶台或电台张贴“遇险船舶船长操作 GMDSS 设备指南”；GMDSS 设备张贴操作规程及误报警后应采取的措施；每根天线连接牢固，固定支架良好，有良好的对地绝缘。

在 PSC 检查中，GMDSS 缺陷或不合格项主要可划分为无线电设备问题、操作人员问题和船舶管理问题等。无线电操作员需在船舶通信设备及其操作、船舶证书、通信业务文件、无线电设备的操作和试验记录等方面全面准备，避免出现船舶滞留的情况。

二、船舶无线电检验

船舶无线电检验是船舶注册的船级社对船舶通信的一项定期检查，一般由船级社委派具有资质的无线电公司工程技术人员对船舶通信设备进行检验，检验合格后发给货(客)船无线电安全证书，船舶方可继续营运。船舶无线电检验分为年度检验和换证检验，年度检验每年一次，换证检验每5年一次。无线电操作员承担着船舶无线电通信与导航设备的使用维护和管理工作，必须了解无线电检验的具体内容和要求，能顺利地通过无线电检验，确保船舶的正常营运。船舶无线电检验的内容主要包括无线电装置总体检验、证书和资料检验、电源和备用电源检验以及无线电设备检验。

1. 无线电装置总体检验

无线电检验工程师根据SOLAS公约第Ⅳ章的内容，对船舶无线电设备的安装情况进行例行的检查。无线电设备安装的位置是在船舶建造时就已经设计好的，一般会满足公约的要求，而新加装的无线电设备是无线电检验工程师的重点检查对象。此外，无线电设备的配备是否满足船舶航行海区的要求也是无线电装置检查的一个组成部分。

2. 证书和资料检验

无线电检验时必须提供的文件包括无线电设备安全记录、货(客)船无线电安全证书、电台执照、GMDSS岸基维修协议、GMDSS操作员证书以及卫星示位标证书或编程信息等。如果无线电检验涵盖了VDR/S-VDR和LIRT等无线电设备，则需要提供该设备的相应文件。无线电检验时，船舶还应提供最新版的必备资料，如《水上移动业务和水上卫星移动业务使用手册》《船舶电台和水上移动业务识别分配表》《海岸电台和特别业务电台表》《呼号和识别码表》《国际信号表》《无线电定位和特别业务电台表》等。

3. 电源和备用电源检验

电源和备用电源情况的检查重点，首先是船舶主电源与应急电源的转换，这是无线电操作员应当熟悉的操作之一。其次是备用电源的容量。SOLAS公约要求，配有应急发电机的船舶，对备用电源的要求是对其连接的负载持续供电1 h；对于没有应急发电机的船舶，须持续供电6 h。船舶原配蓄电池的容量一般满足要求，更换过的蓄电池则需要关注其容量。最后是蓄电池的日常维护，主要是检查蓄电池的保养和充、放电状况，以及蓄电池日常维护记录。

4. 无线电设备检验

船舶无线电检验的设备主要包括VHF无线电设备、MF/HF无线电设备、Inmarsat C船舶地球站、TWO-WAY VHF设备、EPIRB、NAVTEX接收机以及SART等。各个无线电设备的检验要求如下：

(1) VHF无线电设备

①检查外接导航设备信号是否正常，MMSI是否正确。

②检查电源转换情况，主电源断电时，无线电设备能否自动转换到备用电源工作，能否在通常驾驶的位置上启动遇险报警。

③输出功率是否合乎要求，所有控制是否工作正常。

④VHF-DSC值守机工作是否正常，DSC报警声音是否整个驾驶台都能听到。

⑤能否分别在 06 信道、16 信道以及常用信道上进行常规的 VHF 通信试验。

(2) MF/HF 无线电设备

①检查外接导航设备信号是否正常，MMSI 是否正确，NBDP 打印机是否工作正常。

②检查电源转换情况，主电源断电时，无线电设备能否自动转换到备用电源工作。

③所有控制是否工作正常，是否能在 MF/HF 所有波段上正常调谐。

④能否在通常驾驶的位置上启动遇险报警；与海岸电台进行 DSC 测试，检查无线电设备的收发情况；通过在 1 605~275 000 kHz 频带内的常用频率与海岸电台或陆地用户进行 SSB 及 NBDP 通信试验。

⑤能否在 2 187. 5 kHz、8 414. 5 kHz 以及至少在 4 207. 5 kHz、6 312 kHz、12 577 kHz 或 16 804. 5 kHz 中的一个频率上保持 DSC 值守；DSC 报警声音是否整个驾驶台都能听到。

(3) Inmarsat C 船舶地球站

①检查外接导航设备信号是否正常；识别码是否正确；主电源断电时，设备能否自动转换到备用电源工作。

②能否在通常驾驶的位置上启动遇险报警；能否通过 PVT 测试；能否与陆地地球站进行通信试验。

③是否能正常接收和打印 EGC 信息。

(4) TWO-WAY VHF 设备

①检查外观有无缺陷，机身上是否清楚地标有本船的识别码。

②检查原电池的有效期，并查看是否开封。

③在本船的几个双向无线电话之间进行通信。

(5) EPIRB

①安装位置是否妥当，设备有无缺陷，设备上是否清楚地标有本船识别码。

②检查电池和静水压力释放器的有效期。

③检查自测试情况。

(6) NAVTEX 接收机

①检查是否能用主电源正常工作。

②检查最近的接收报文以判断设备的工作状态，打印一份最近的接收报文。

③对设备进行自测试。

④如可能，检查显示功能以及不同频率上接收机的性能。

(7) SART

①安装位置是否适当，电池是否在有效期内，设备本体是否标有识别。

②对设备进行自检测。

③用雷达检测 SART 的发射性能。

第八节　船舶无线电设备的防火与灭火

电气火灾一般是指由于电气线路、用电设备和器具及供配电设备出现的故障性热量释放，如高温、电弧、电火花，以及非故障性热量释放，如电热器具的炽热表面，在具备燃烧条件下引燃本体或其他可燃物而造成的火灾，包括由雷电和静电引起的火灾。对于船舶而言，防止无线电设备电气火灾是驾驶员、无线电操作员和船舶电子电气员的重要职责之一。

一、GMDSS 设备电气火灾的成因

GMDSS 设备电气火灾的成因主要有以下四个方面：

1. 漏电

漏电，就是线路的某一个地方因为某种原因，包括自然原因和人为原因，如风吹雨打、潮湿、高温、碰压、划破、摩擦、腐蚀等，使线路的绝缘或支架材料的绝缘能力下降，导致导线与导线之间、导线与大地之间有一部分电流通过的现象。当漏电发生时，漏泄的电流在流入大地途中，如遇较大电阻，会产生局部高温，致使附近的可燃物着火，从而引起火灾。此外，在漏电点产生的漏电火花，同样也会引起火灾。无线电设备电源线或者大功率发射机的馈线穿过船舶的舱壁，尤其是在船舶刚竣工临时安装设备导线经常出现施工不规范的现象，例如，穿过舱壁时没有加装防护性防火线槽，导管与导线之间存在空隙进而发生摩擦等，都是导致船舶无线电设备漏电火灾的主要原因。

2. 短路

电气线路中的裸导线或绝缘导线的绝缘体破损后，火线与零线，或火线与地线在某一点碰在一起，引起电流突然增大的现象就叫短路，俗称碰线、混线或连电。由于短路时电阻突然减小，电流突然增大，瞬间的发热量很大，大大超过了线路正常工作时的发热量，并在短路点易产生强烈的火花和电弧，不仅能使绝缘层迅速燃烧，而且能使金属熔化，引起附近的易燃、可燃物燃烧，造成火灾。在船舶实际工作中，短路导致火灾的原因主要有：由于各种摩擦等，无线电设备电源线的零线和火线同时出现裸露而接触，进而短路；出于各种原因设备零线和火线触点防水性不良，在大风浪情况下通过海水、雨水而形成短路。

3. 过载

过载包括导线过载和无线电设备过载两个方面。导线过载是指无线电设备导线中通过的电流超过安全负荷时，导线的温度不断升高的现象。经常性的导线过载会加快导线绝缘层的老化变质速度。在严重过载的情况下，导线的温度会不断升高，甚至会引起导线的绝缘层发生燃烧，进而引燃导线附近的可燃物，最终造成火灾。无线电设备过载是指由于设备工况不良造成某一个部件或者设备的某个模块承载的功率远超过其允许值，导致设备的部件或者模块温度不断上升的现象。在设备过载时，如果保护电路由于出现故障而没有及时采取保护措施，例如降低辐射功率、切断电源等，设备最终会从内部引发火灾。

4. 接触电阻过大

凡是导线与导线、导线与开关、熔断器、仪表、电气设备等连接的地方都有接头，在接头接触面上形成的电阻称为接触电阻。当有电流通过接头时会发热，这是正常现象。如果接头处理良好，接触电阻不大，接头点的发热就很少，可以保持正常温度。如果接头中有杂质，连接不牢靠或其他原因使接头接触不良，造成接触部位局部电阻过大，当电流通过接头时，就会在此处产生大量的热，形成高温，这种现象就是接触电阻过大。在有较大电流通过的电气线路上，

如果在某处出现接触电阻过大的现象,会在接触电阻过大的局部范围内产生极大的热量,使金属变色甚至熔化,引起导线绝缘层发生燃烧,进而引燃附近的可燃物或导线上积落的粉尘、纤维等,最终造成火灾。以 GMDSS 备用电源为例,当蓄电池输出功率较大时,如果电池正负极接头位置松动或者由于保养不当出现氧化层,就可能出现接触电阻过大的现象。如果蓄电池清洁不当,当表面附着有灰尘时就极易被引燃。在这种情况下,如果电瓶间温度较高、空气流动较差就很容易进一步引燃由于电池反应所集聚的氢气,最终造成火灾甚至爆炸。

二、GMDSS 设备防火

GMDSS 设备是保障船舶安全的重要通信设备,应采取防范措施,以保证 GMDSS 设备安全运行。

(1)为防止线路因超负荷而引起火灾,应保证导线的容量符合用电设备要求。如发生超载现象,应拆断线路上过多的用电设备,或者根据需要加装导线。

(2)导线与导线,导线与电气设备的连接要牢固可靠,以防产生过热而引发意外。

(3)有人触电时,应立即切断电源,或者用绝缘体将导线与人体分离开后,才能实施抢救。

(4)易燃易爆物品应远离 GMDSS 设备。

(5)注意设备与导线的防潮、防水,以免导线短路,引起火灾。

(6)定期检查、维护、保养设备,并注意导线的绝缘是否符合电压和工作情况的需要。

(7)注意保持 GMDSS 电瓶间通风、清洁,防止火灾发生。

(8)设备应远离高温,避免日晒等。

三、GMDSS 设备灭火

(1)在船舶电台准备好干粉灭火器或者二氧化碳灭火器等适宜的消防器材。

(2)当船舶发生火灾可能波及 GMDSS 设备时,应首先设法隔离火源,保护 GMDSS 设备。

(3)如果 GMDSS 设备等电气设备及电线导线起火,必须先切断电源,再用干粉灭火器或者二氧化碳灭火器灭火,并及时通知船长。绝不能用水或泡沫灭火机来扑灭燃烧的电线与电器,以免因水或泡沫灭火机喷出的药液导电而造成灭火人员的触电事故。

(4)如果发现起火设备中包含电子显像管部件,应该马上拔掉总电源插头,然后用湿地毯或湿棉被等盖住它们,这样既能有效阻止烟火蔓延,也能在一旦爆炸的情况下挡住荧光屏的玻璃碎片。注意切勿向电子显像管部件泼水或使用任何灭火器,因为温度的突然降低会使炽热的显像管立即发生爆炸。此外,电视机和电脑内经常在断电的情况下还带有剩余电流,泼水可能引发触电。灭火时只能从侧面或者后面接近显像管,不要从正面接近显像管以防其爆炸伤人。

第九节 电气辐射和非电离辐射

一、辐射的概念

辐射指的是由场源发出的能量中一部分,以电磁波或 α 粒子、β 粒子等形式脱离场源向远处传播,而后不再返回场源的现象。自然界中的一切物体,只要温度在绝对温度零度以上,都会以电磁波或者粒子的形式时刻不停地向外传送能量,这种传送能量的方式就称为辐射。辐射的能量从辐射源向外所有方向放射。物体通过辐射所放出的能量称为辐射能。辐射有一个重要特点,就是它是"对等的"。不论物体温度高低都会向外辐射能量,甲物体可以向乙物体辐射,同时乙物体也可以向甲物体辐射。某些物质的辐射可能会带来危害。

从成因看,常见辐射主要包括太阳辐射和电磁辐射两种。

1. 太阳辐射

太阳向宇宙空间辐射电磁波和粒子流。地球接收到的太阳辐射能量仅为太阳向宇宙空间放射的总辐射能量的二十亿分之一,却是地球大气运动的主要能量源泉。太阳活动和日地距离的变化等会引起地球大气上界太阳辐射能量的变化。太阳辐射通过大气,一部分到达地面,称为直接太阳辐射;另一部分被大气分子,大气中的微尘、水汽等吸收、散射和反射。被散射的太阳辐射一部分返回宇宙空间,另一部分到达地面,到达地面的这部分称为散射太阳辐射。在无线电通信天波传输路径中,电离层就是大气分子受到太阳辐射电离形成的。

2. 电磁辐射

电场和磁场的交互变化产生电磁波,电磁波向空中发射或泄漏的现象叫电磁辐射。电磁辐射是一种看不见、摸不着的场,电磁辐射的能量由空间移送的电能量和磁能量组成。电磁辐射可以按照频率进行分类,从低频率到高频率,包括无线电波、微波、红外线、可见光、紫外线、X 射线和 γ 射线等。人眼可接收到的电磁辐射,波长在 380~780 nm,称为可见光。可见,人们周边所有的物体都时刻在进行电磁辐射,但是只有处于可见光频域以内的电磁波才是可以被人们看到的。在日常工作和生活中,雷达系统、电视、手机、射频感应及介质加热设备、射频及微波医疗设备、各种电加工设备、通信发射台站、卫星地球通信站、大型电力发电站、输变电设备、高压及超高压输电线、地铁列车及电气火车及大多数家用电器等会产生各种形式、不同频率、不同强度的电磁辐射源。

二、非电离辐射

按照辐射作用于物质时所产生的效应不同,人们将辐射分为电离辐射与非电离辐射两类。

电离辐射是指携带足以使物质原子或分子中的电子成为自由态,从而使这些原子或分子发生电离现象的能量的辐射。电离辐射的特点是波长短、频率高、能量大。电离辐射可以从原子、分子或其他束缚状态中放出一个或几个电子。电离辐射是一切能引起物质电离的辐射的总称,其种类很多,高速带电粒子有 α 粒子、β 粒子、质子,不带电粒子有中子及 X 射线、γ 射线。从人体健康角度看,电离辐射的本质就是每个粒子携带的能量可以大到拥有破坏分子间化学键的能力。电离辐射主要有三大防护原则,即时间防护、距离防护和屏蔽防护。作用于人体的电离辐射分为天然辐射和人工辐射两类。由于船员实际工作中较少涉及电离辐射,此处不做深入探讨。

非电离辐射的能量较电离辐射弱。非电离辐射不会电离物质,而会改变分子或原子的旋转、振动或价层电子轨态。站在物理学角度,辐射越弱每个粒子的能量就越小,电磁波的频率就越低或者波长就越长。非电离辐射属于电磁辐射谱中的特定波段,即紫外线、可见光、红外线、激光、射频辐射等。其中射频辐射就是无线电波。无线电波的频率范围为 100 kHz ~ 300 GHz,波长为 1 mm ~ 3 km。电磁辐射波长越短,频率越高,生物学作用越强。实际工作中的电磁辐射主要是指 30 MHz 以上波段电磁波,对应的波段是短波(HF)以上的波段,而电离辐射波长一般小于 100 nm。在现实生活中,令人谈之色变的"辐射"一般专指电离辐射。

对于电磁辐射,除了频率增加使生物学效应变得明显之外,脉冲波的生物学效应要大于连续波。电磁辐射对于生物的影响,一方面是致热效应,即一定强度的电磁辐射照射生物体组织达到一定时间,生物体局部或者全身温度升高,这就是射频辐射的致热效应;另一方面是非致热效应,即辐射不足以引起生物体产热而形成的健康效应,这可能是电磁场对于神经-内分泌系统作用或者对生物膜直接作用的结果。

三、电气辐射及其危害

"电气"是电能的生产、传输、分配、使用和电工装备制造等学科或工程领域的统称,是以电能、电气设备和电气技术为手段来创造、维持与改善限定空间和环境的一门科学,涵盖电能的转换、利用和研究三方面,包括基础理论、应用技术、设施设备等。"电器"一词在《汉语大辞典》中的解释为"用来作为电气装置一部分或与电气装置有关的仪器、器件、附器、配件等";"电器"在《大辞典》中是指在电能传输和使用过程中,完成通断、控制、保护、检测、交换、调节等功能的电气元件或者装置的总称,按照功能可以分为:配电电器,保护电器,启动、调速电器,测量、放大与变换元件,稳压与调压电器等。

可见,"电气"与"电器"的概念相比较,电器的范围要狭隘一些,而电气更为宽泛。电器是实物词,指具体的物体,例如工作中的断路器、接触器、避雷器以及百姓日常生活中的电脑、洗衣机、冰箱等,侧重于元件和设备等个体。而电气是广义词,指一种行业、专业或者一种技术,比如电气自动化专业、工厂电气、建筑电气等。电气涉及整个系统或者系统集成,不具体指某种设备或者元件。在现实生产生活中,经常被提及的是"电器辐射"。考虑到教材知识结构的整体连贯性和船舶工作情景的复杂性,本书使用"电气辐射"一词。

电气辐射是电能在生产、传输、分配、使用和控制过程中产生的电磁辐射的总称。一般来讲电气辐射都是非电离辐射。在日常生活、工作中,人们时刻难以避免受到电气辐射的影响。

生活中最主要的电气辐射源是电脑。电脑在开机时其周围电磁环境异常复杂,包括 X 射线、紫外线、可见光、红外线,以及特高频、高频、中频和极低频电磁场,同时还有静电场。其次是微波炉,微波炉工作时后方会产生较大的辐射。在船上工作时,功率大、波长短的设备产生的电气辐射影响较大,例如 Inmarsat FB/C 船站、导航雷达等。

虽然电气辐射属于非电离辐射,对于身体健康的影响一般可以忽略,但是如果长期工作、暴露在这样恶劣的电磁环境中,对身体健康产生的不利影响同样不可忽视,例如引发/加剧细胞癌化,荷尔蒙不正常,钙离子流失,痴呆症,异常妊娠和生产,高血压,心脏病,电磁波过敏症,心情抑郁从而增加自杀风险等。身体素质较差或者特殊人群,例如心脏病患者、孕妇或者婴儿,在电气辐射影响下产生疾病的概率会大大增加。

四、电气辐射的预防

船舶通信导航设备电气辐射预防措施如下:

(1)Inmarsat 船站工作在 L 波段,对于身体健康的影响需要给予充分重视。一般而言,设备制造厂商会在天线罩上标注防止辐射的警示;从设备安装的角度,一般船站设备都是安装在大桅上;从有效辐射范围的角度,设备的辐射主要集中在-5°仰角以上。因此,对于船舶地球站,船员需要注意:不要近距离处于设备辐射范围之内;维修设备时及时切断天线电源。

(2)406 MHz EPIRB 也工作在微波波段,工作时以脉冲束 5 W 的功率发射,因其功率较低,电磁波对人体危害程度很低,一般的设备检测不需要采取预防措施。

(3)VHF 设备、AIS 设备工作在 30~3 000 MHz 波段,尤其是 AIS 设备一般处于频繁的脉冲发射状态,检修时注意关闭电源。

(4)船舶 MF/HF 组合电台,工作波长在十几米到数百米,其电磁波辐射对人体影响较小。但是由于其发射功率较大,除电气辐射伤害外,还可能对人体造成其他伤害,因此同样不可以忽视。

(5)在通信导航设备中,最容易造成电磁波辐射伤害的是雷达设备,船舶航海雷达工作在 3 cm 波段,而且发射功率大,如果眼睛对着雷达发射窗口,严重的情况下可能致盲,应注意防范。

(6)注意控制暴露在强电气辐射环境中的时长和频次。

(7)日常工作中注意勤洗脸、洗手,平时注意补充多种维生素和蛋白质。

除了上述在维护、使用中需要采取的防护措施外,一般在设备设计、生产中一般也会充分考虑减少对人体的辐射。例如,场源屏蔽措施,即将电磁能量限制在规定的空间内,阻止其传播扩散。屏蔽辐射源措施在 GMDSS 设备中有诸多采用,如对高频调谐单元、振荡电容器组、高频变压器、感应线圈等采取屏蔽措施。屏蔽材料通常选用铜、铝等金属材料,利用金属的吸收和反射作用,使电磁场强度减弱。屏蔽罩应有良好的接地,以免成为二次辐射源。对于微波泄漏造成的辐射也会采取严苛的屏蔽措施,例如把磁控管设计在离人较远的区域。

生产生活中,注意不要把电离辐射和非电离辐射相混淆,非电离辐射对人体的伤害并不像想象中那样可怕。公众在非电离辐射环境中允许的具体暴露限定值和评价方法可以参考中华人民共和国环境保护部(今生态环境部),颁发的国家标准《电磁环境控制限值》(GB 8702—2014)。

第十七章 GMDSS现代化

时至今日,GMDSS 已经运行了 20 余年的时间,对于海上人命和财产安全发挥了举足轻重的作用。然而,目前其技术进步速度远滞后于船舶航行安全的现实需求,尤其是该系统的遇险报警体制,从始至今由于一直受到大量误报警的困扰而广受诟病。海上误报警概率曾经一度高达 90%以上,极大地影响了 GMDSS 的有效性,并造成大量人力和物力资源的浪费。

GMDSS 诞生时以解决“人人互联”为主要突破方向,提供了以无线电话、传真、电传技术为主的一揽子方案。近 20 年来,信息技术迅猛发展,新的通信技术层出不穷,海上船舶运输技术也向着现代化、信息化的方向快速发展,物联网越来越成为限制航海安全保障技术应用的新瓶颈。实践工作中,能够方便、快捷、廉价地提供互联网支撑的 VSAT(Very Small Aperture Terminal,甚小天线地球站)、Inmarsat FB 系统等广泛应用于船舶,导致 GMDSS 设备处境尴尬,成为应付 PSC 检查的“务虚”设备。

总之,GMDSS 的诞生具有明显的历史局限性,其缺陷与生俱来,现在已经难以与海事安全需求相适应。IMO 开展 GMDSS 复审及现代化具有划时代的现实意义。

第一节 GMDSS 现代化进程简介

2008 年 4 月,COMSAR 第 12 次会议提出 GMDSS 已经不具备先进性,有必要对其进行复审。大约半年后,COMSAR 第 13 次会议提出了复审的具体内容,并表示这将是一个漫长的过程,因此有必要提出一个系统的复审计划,即项目开展的前期工作。海上安全委员会收到该提议后批准通过。经过 COMSAR 的多次会议讨论,在 2012 年 3 月举办的 COMSAR 第 16 次会议提交了 GMDSS 复审的工作范围和工作计划的最终报告,将 GMDSS 复审分为高级复审和详细复审两个阶段,并分别介绍了两个阶段需要审议的内容。COMSAR 第 16 和 17 次会议的目的是复审 GMDSS 现状并制定现代化方案。现代化方案将解决复审过程中发现的问题,包括使 GMDSS 更为现代化、更为高效,并支持 e-Navigation 战略需求。2012 年 5 月,海上安全委员会

MSC 90 通过了 COMSAR 第 16 和 17 次会议提议，正式提出“GMDSS 复审及现代化”的工作项目，交由 COMSAR、NAV 及 STW 分委会进行讨论。文献 MSC 90-28 正式提出“GMDSS 复审及现代化”工作项目，预示着 GMDSS 正式开始变革。主要支撑本项目的分委会有 COMSAR、NAV 及 STW。COMSAR 分委会及 NAV 分委会于 2013 年合并为 NCSR 分委会，同时 STW 更名为 HTW。至此，GMDSS 复审与现代化工作启动。工作的启动预示着 GMDSS 将发生两个方面的变革：一是设备配备要求将会发生较大的变化，旧的技术可能被弱化，如 NBDP；新的技术、系统将被纳入 GMDSS，例如新的卫星通信系统；另一个是设备配备的变化将反过来对人的因素提出新的适任能力的需求。

2013 年 11 月，NCSR 第 1 次会议提交了 IMO/ITU 联合专家组第 9 次会议的会议结果，其中包括高级复审的结果以及初期详细复审纲要。2016 年 3 月，NCSR 第 3 次会议向委员会提交了详细复审结果，意味着 GMDSS 的复审工作完成，即将迈入现代化建设中。

2017 年 3 月，NCSR 第 4 次会议向委员会提交了 GMDSS 现代化草案。草案涉及 GMDSS 功能要求、GMDSS 卫星业务和 A3 海区新定义、VHF 数据交换系统（VDES）及 NAVDAT 等新技术、遇险报警路径及相关信息、误报警、船员培训、过时规定的清理等多方面内容。

图 17-1-1 为 IMO 针对 GMDSS 复审及现代化历程一览图。

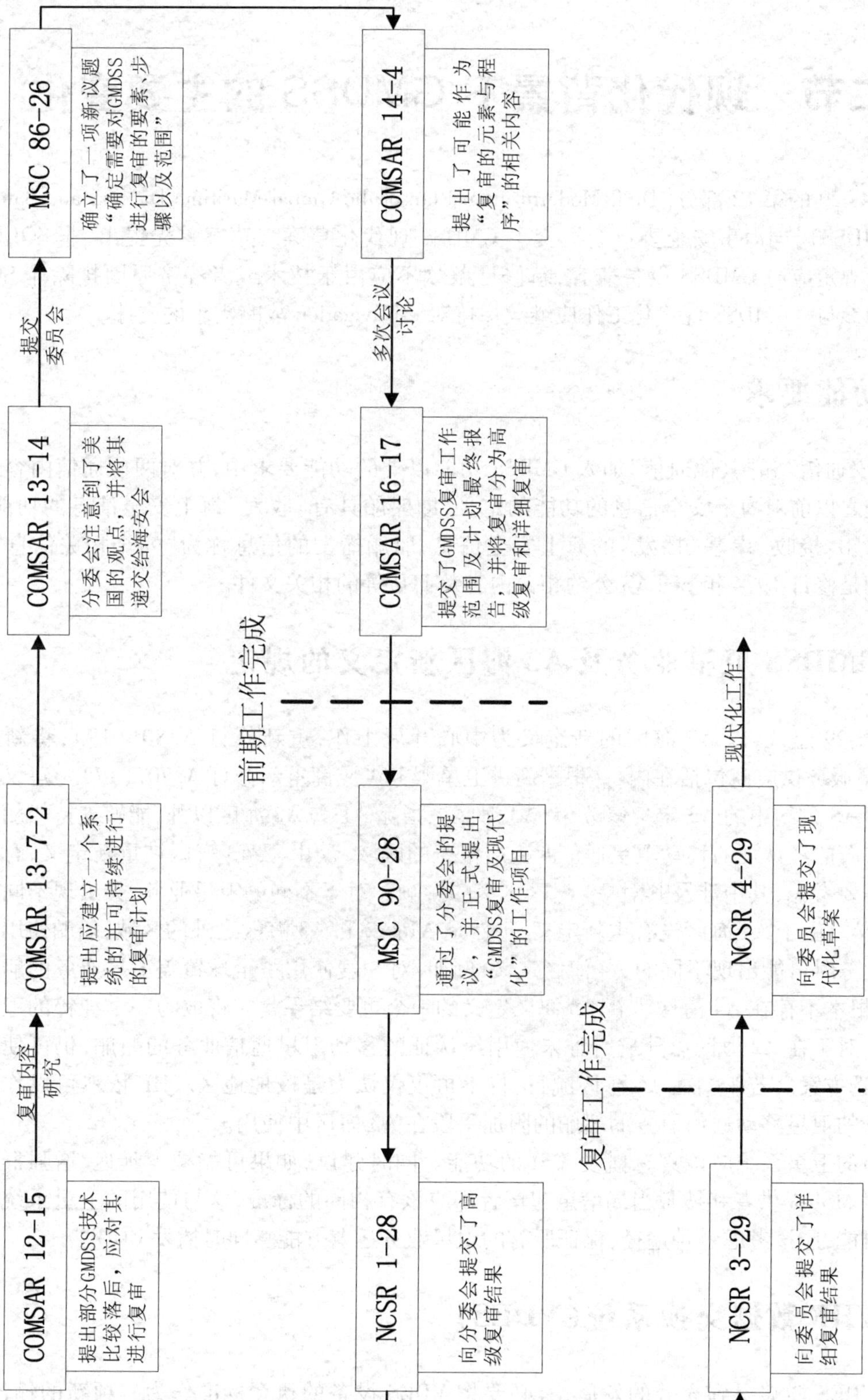

图17-1-1 GMDSS复审及现代化历程一览图

第二节　现代化背景下 GMDSS 的主要变化

NCSR 4-29 的第 12 部分[Draft Modernization Plan of the Global Maritime Distress and Safety System (GMDSS)]向海事安全委员会提交了 GMDSS 现代化草案。草案首先提出,非 SOLAS 船舶的相关规定应与 GMDSS 设备兼容,新修订条款不应由于技术或者经济原因排除非 SOLAS 船舶的参与。GMDSS 现代化工作应继续保持对 e-Navigation 战略需求的支撑。

一、功能要求

将“保安通信”和“其他通信”加入 GMDSS 功能以外的功能要求中,并对两项通信内容进行定义。较之以前对海上安全信息的功能的定义,即船舶具有“收发”海上安全信息的功能,现在改为船舶“接收”岸基“播发”的海上安全信息,船舶播发的信息称为“安全相关信息”。采取的行动是修订 1974 年 SOLAS 公约相关内容及 ITU 等的相关文件。

二、GMDSS 卫星业务及 A3 海区新定义的规定

NCSR 4-29 建议,以 A3 海区的新定义为中心开展工作,重新修订 A. 801(19),将新进 GMDSS 卫星服务供应商包括在内,并根据新进卫星服务供应商重新修订 A. 707(17)。建议将 1974 年 SOLAS 公约中的 A3 定义修改为“A3 海区系指除 A1 和 A2 海区以外,能够支持船舶地面站连续报警的经认证的移动卫星通信业务所覆盖的区域”。由于 A3 海区被重新定义,有一系列问题需要考虑,其中涉及其对 A4 海区定义的影响。对于不同的卫星业务,会出现不同的 A3 海区定义。由于 A4 海区没有重新定义,仍然是 A1、A2 和 A3 海区之外的区域,船舶使用不同的卫星业务时可能出现不同的 A4 海区定义,例如,对一艘使用了全球覆盖卫星业务的船舶而言,可能根本不存在 A4 海区。新 A3 海区定义的一个重要结果是它将成为一个纯粹的卫星业务区域。对于在 A2 海区以外航行且未使用经认证的移动卫星通信业务的船舶,仍可使用 HF 作为备选方案。若船舶在 A4 海区航行,将不再仅仅认为是极地地区。HF 依然可以作为使用经认证的卫星移动通信服务的船舶的附加手段在 A3 海区中使用。

考虑新的卫星系统应该具有播发 MSI 的功能。同时建议,如果可能减少延迟,增强群呼的格式化对 MSI 提供者和搜救当局信息起草者都应该有相同的标准,这与使用的卫星系统无关。如果可能,应该考虑一种途径,保证所有的卫星业务运营方能够同时播发 EGC。

三、VHF 数据交换系统(VDES)

如果 VDES 能够得到充分的发展,有必要将 VDES 设备的执行标准作为一项新的输出,VDES 极有可能成为未来 MSI 播发机制的一部分。因此,如果目标能够达成,则 1974 年 SOLAS 公约第Ⅳ章应允许船舶在 VDES 覆盖范围内使用 VDES 系统获得 MSI 业务。

四、NAVDAT

当 NAVDAT 得以充分发展时，IMO 及 ITU 应该给出必要的性能标准。另外，应考虑是 NAVDAT 完全取代 NAVTEX 的功能，还是发展新的 NAVDAT/NAVTEX 联合接收机。

五、遇险报警路径及相关信息

发展一项新的输出，确保所有的遇险报警能够直接传输给负责接收的 RCC。

六、SAR 技术

考虑对救生艇(筏)上安装定位装置的要求，对 1974 年 SOLAS 公约第Ⅲ章进行修订，并要求成员国政府继续鼓励本船旗国的船舶及其他载运工具自愿装配工作在 VHF 波段的测向设备，以探测 121.5 MHz 频率的发射。更新卫星 EPIRB 岸基维修指南(MSC/Circ. 1039)以及 406 MHz EPIRB 的年度测试指南(MSC/Circ. 1040/Rev. 1)。另外，修订极轨卫星系统相关内容以反映出当前及未来的 COSPAS-SARSAT 系统的发展。

七、HF 通信

更新 GMDSS 总规划中 HF 电台的列表，包括接收和响应测试信息的海岸电台信息。合理安排 HF 电台的具体位置，尽可能减少 HF 数量，实现资源合理利用。

八、GMDSS 设备配备要求

GMDSS 的配备要求应该进行修订，确保修订的功能要求及其他变更内容得以实施。关于 1974 年 SOLAS 公约第Ⅲ章中与救生艇(筏)无关而与通信有关的内容全数移到第Ⅳ章，并重新对 SOLAS 公约第Ⅳ章进行调整。主要内容为第Ⅳ章的第 6 条及第 11 条。

九、误报警

尚未确定任何具体行动来减少误报警，并且在此阶段尚未确定哪些 GMDSS 设备对错误报警有更严重的影响，但 EPIRB 与 MF/HF-DSC 依然是公认的目前 GMDSS 中误报警占比最高的。因此应继续采取措施，指导、培训相关人员(除船员外，还包括操作人员、船坞中设备的建造者及二次利用时的维修人员、检查员及验船师)的操作方式，避免误报警。

十、培训

培训将受到一定影响，尤其是示范课程，主要诱因是 A3 海区定义的变更。除了对船员的培训外，还将影响到岸上人员的培训和业务需求，可能需要修改“无线电规则”“IAMSAR 手册”“关于 GMDSS 海岸电台/站操作员证书（CSOC，Coast Station Operator's Certificate）示范课程”。

十一、过时的规定

尽管当船舶没有装配其他可以用于接收 MSI 的设备时，可以保留现存设备用来接收 MSI，但是 NBDP 设备仍然可以从强制配备中删除；从第Ⅳ章删除 VHF EPIRB 设备；删除Ⅳ/18，如果船舶没有装配导航接收机，则免除通信设备自动更新船舶位置的要求。

第三节　Inmarsat FB 技术发展现状

一、认可 FB 海事安全数据业务在 GMDSS 中应用提案

在文件 MSC 97-7-4 中，英国在 Inmarsat FB 海事安全数据业务（MSDS，Maritime Safety Data Service）主题下提出，希望海事安全数据业务得到组织认可并用于 GMDSS。MSC 97 当时指示 NCSR 4 考虑应该采取的步骤，尤其需要是考虑将其作为一个新的应用还是作为对现存业务的附加备份，并要求报告结果和提供评论及建议，特别需要注意 IMO 大会决议案 A. 1001(25)的要求。英国在文件 NCSR 4/18/3 中提供了补充信息以支持考虑 MSDS 的应用和评估，并将其定义为“现存 GMDSS 卫星业务提供商的新业务”。MSDS 通过 Inmarsat 中与第三代卫星（I-3）覆盖范围类似的第四代卫星（I-4），可以提供 GMDSS 基本功能中的卫星业务。通过在标准 FB 船站设备上面加装海事安全终端（MST，Maritime Safety Terminal），航海员既可以获得 GMDSS 中所要求的安全业务，也可以获得普通的 FB 业务。信息提案 NCSR 4-INF. 9 进一步提供了其与 A. 1001(25)的符合度信息。

NCSR 4-29 注意到，寻求 MSDS 业务认可的是 I-4 覆盖下的 MEAS 洋区，该洋区与其他 I-4 卫星存在重叠区，但是可以根据需要以后再评估通过未来卫星覆盖的范围。分委会同意把 MSDS 作为一种新的应用进行评估，并且注意到其实并不是 A. 1001(25)的所有要素都要评估，因为 A. 1001(25)起初就是基于 Inmarsat 开发的。开展评估时主要遵循 A. 1001(25)决议案，涉及海事遇险和安全通信、优先接入、优先抢线、卫星备份、SAR 当局对识别信息的获得、遇险报警的接收、海事移动终端的控制、设备测试、海事遇险报警的路由、数据通信系统、广播 MSI 的设施。MSC 98 邀请 IMSO 实施评估，并将结果汇报 NCSR。2017 年 11 月，IMSO 向 NCSR 5 次会议提交题为“认可 FB 海事安全数据业务在 GMDSS 中应用”的提案。

二、MSDS 简介

目前一共有 2 个 Inmarsat 系统用来满足 GMDSS A3 海区的部分要求。Inmarsat C 通过数

据业务提供遇险报警、遇险通信业务,通过运用 Inmarsat 增强群呼的 SafetyNET 和 SafetyNET Ⅱ业务接收 MSI。Inmarsat F77 目前通过语音和数据业务提供遇险、紧急、安全和常规呼叫,并且船、岸双向上具有信道抢占功能。但是根据文件 NCSR 3-19-1,F77 业务将在 2020 年 12 月 1 日关闭。

Inmarsat FB 是 BGAN 的一部分。BGAN 网络包括 Inmarsat 所有并经营的卫星接入站(SAS,Satellite Access Station),接入站通过稳定、双备份的地面网络实现内部及与其他各方的链接,进而提供语言和数据业务。BGAN 平台以与现存的 Inmarsat C、F 不同的网络构架通过 I-4 星座进行通信。新构架为全球提供了容量更大、弹性更好的通信系统。FB 包括 FB150、FB250、FB500 和 Fleet One 等终端类型,可以提供相同的语音和数据业务。各种终端的区别是各自速率有所区别,但是不会影响到 MSDS 业务。除了基于数据的 IP 业务,所有的 FB 终端都支持语音电路交换业务,即 FB 满足所有的语音通信要求,包括通过海事安全语音业务提供满足 MSC. 130(75)的遇险和紧急通信。此外,FB 还支持遇险、安全、紧急和常规数据业务,以及通过加装 MSDS 接收 MSI。MSDS 设计为可以像在一个系统内部一样向 Inmarsat C 和 F 提供遇险、紧急和安全业务。MSDS 是完全的端到端解决方案,可以向航海员、海事搜救协调中心、海事安全信息提供者(MSIP,Maritime Safety Information Provider)提供增强的 GMDSS 功能。MRCC 和 MSIP 通过安全的网页界面链接,不需要任何特殊的设备。MSDS 通过在 4 个区块段内整合 Inmarsat C 提供 GMDSS 业务及功能。Inmarsat C 将与 MSDS 共存,具体如图 17-3-1 所示。

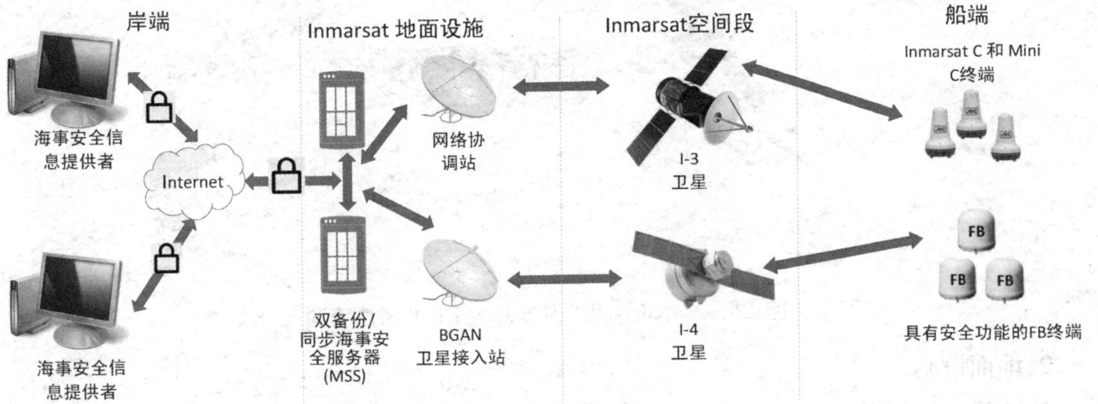

图 17-3-1 MSDS 与 Inmarsat C 整合方式

三、MSDS 的构架及业务

1. 岸端

岸端(Shore Side)包括 MRCC 和 MSIP。经过 Inmarsat 的授权和认可,MRCC 和 MSIP 分别通过安全的网页接入 MSDS,把它们和海事安全服务器(MSS,Maritime Safety Server)连接起来。基于 MSDS 的设计,MRCC 不需要新增任何设备。SafetyNET 及 SafetyNET Ⅱ信息流向如图 17-3-2 所示。

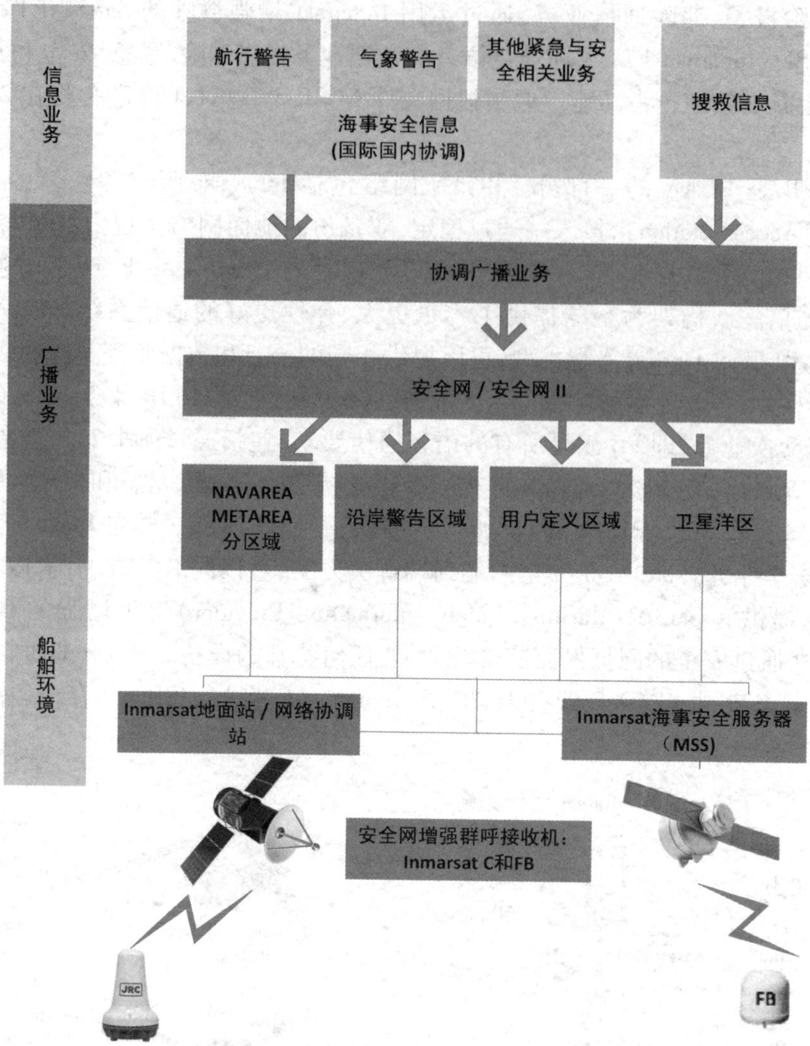

图 17-3-2 SafetyNET 及 SafetyNET Ⅱ信息流向

2. 地面设施

地面设施需要考虑 MSS, Inmarsat C 和 F 系统的 NCS(Network Control Station, 网络协调站)及 FB 通信组织等三方面问题。

Inmarsat 拥有并运营 4 个专门建造的 MSS, 每一个拥有 100%的内部应用冗余度。其中两个在伦敦的 Inmarsat 总部, 另外两个位于荷兰的 Burum 卫星接入站, 这又进一步为 MSDS 在物理、应用、地理等方面提供了可靠的冗余度。

陆上用户和船端 MSDS 终端都与 MSS 相连接, MSS 还与 NCS 相连接, 从而允许向 C 系统的终端广播信息。这种框架设计保证包括重要搜救通信在内的 MSI, 能够从一个输入端经由适当的卫星同时向所有的 GMDSS 终端广播。换言之, 陆地与 MSI 有关的用户, 一次接入 MSS, 就同时可以向 FB 和 C 用户播发信息。

FB 通信网络由 BGAN 的 SAS 组织。I-4 的 SAS 等同于 I-3 的 LES, 分别与 MSS 和地面通信网络链接。每一个 I-4 卫星覆盖区都有不止一个 SAS, 以此从物理和地理层面为 FB 提供了网络复原力和冗余度。目前主 SAS 和备份 SAS 都已经投入运营。一旦主 SAS 失效,每个洋区至少有一个备份 SAS 会启动并马上提供服务。所有的 SAS 通过租用的、冗余备份和高容量的线路和业务与 PSTN(公共电话交换网)、PSDN(分组交换数据网)以及 Internet 网络进行地面交互。网络的多冗余路由设计,为遇险和安全通信提供了高可靠的通信线路,这也是 A. 1001(25)中 4. 4. 2 段的要求。

3. 空间段(Space Segment)

I-4 卫星目前用来支持 BGAN 业务,例如 FB 业务,同时在早期也是 GMDSS 中 C 和 F 业务的备份卫星。I-4 原来有 3 颗卫星,分别是 APAC、AMER 和 EMEA。通过未来发射 I-6 卫星,L 波段 FB 通信容量得到提升。为了扩展覆盖区域和业务容量,Inmarsat 与合作伙伴欧洲航天局(ESA,European Space Agency)于 2013 年发射了 Alphasat 卫星,从而建立了与 I-3 相类似的 4 个覆盖区域。2016 年 7 月,Inmarsat 把 I-4 F2 卫星从 25°E 移动到了新的位置 64°E,构建了 4 个洋区覆盖的框架。4 个卫星位置如下:

AMER:Inmarsat 4 F3—98°W;

EMEA:Inmarsat 4 F4—25°E;

APAC:Inmarsat 4 F1—143. 5°E;

MEAS:Inmarsat 4 F2—64°E。

其中,AMER 的主 SAS 和备份 SAS 分别是 Laurentides 和 Paumalu;EMEA 的主 SAS 和备份 SAS 分别是 Fucino 和 Burum;APAC 的主 SAS 和备份 SAS 分别是 Aukland 和 Paumalu;MEAS 的主 SAS 和备份 SAS 与 EMEA 相同。Inmarsat 计划自 2020 年开始发射 I-6 卫星。I-6 卫星同时载有 Ka 和 L 波段转发器。可以预见,届时 Inmarsat FB 通信能力将会得到进一步提升。

4. 船载设备

MSDS 与现存的 FB 终端能够很好地兼容,只需要在船端加装海事安全终端即可。MST 提供一个视频显示终端,允许航海员独立于 FB 一般通信业务使用 MSDS。标准化 MST 软件由 Inmarsat 开发并提供给 FB 设备制造商,保证了所有制造商产品对系统安全功能的标准化运用。通过 MST,航海员可以获得 IMO 要求的所有 A. 1001(25)载明的功能。典型的 MSDS 包括甲板下设备和甲板上设备两部分。其中,甲板下设备包括海事安全业务终端、送受话器以及打印机;甲板上设备主要是收发天线机器附属设备。其中,每一个甲板下设备的 MSDS 终端内部有一个 SIM 卡(Subscriber Identity Module,客户识别模块),SIM 卡包含了国际移动用户识别(IMSI,International Mobile Subscriber Identity)。当用户终端投入使用时,IMSI 将会在 Inmarsat 系统注册,系统将认可终端是一个海事安全终端。与 IMSI 一同在 Inmarsat 系统中被录入的还包括:船舶的 MMSI、呼号、船舶名称、IMO 编号、船舶电话号码、船东信息、船旗及紧急联系的细节信息等。Inmarsat 有两个数据库并且保证日常巡检。目前,数据库的维护主要依靠各参与方提供高标准的精确船舶信息。

除了被认可的业务,MST 还提供特色安全业务。遇险信息交流,同时在多艘船舶和多个 MRCC 之间进行的文本形式的有关遇险操作的信息交流;MSI 推送,允许航海员选择 NAVAREA/METAREA 区域并查阅和下载 30 天以内的 MSI;选择 MRCC,允许航海员选择接收其遇险信息的 MRCC;MSI 的滤除,允许航海员拒绝接收不相干的 MSI 种类。此外,MSDS 具有完全的优先通信及信道抢占能力,包括地面、空间和本地的信道。

5. 网络操作

岸端、地面设施、空间设施以及船载设备持续地被保持连续操作的,位于 Inmarsat 伦敦总部的网络操作中心(NOC,Network Operation Centre)和 Inmarsat 自有位于荷兰 SAS 的,作为备份的中心监控。也就是说,Burum 的 SAS 为伦敦总部的 NOC 提供了地理冗余备份。NOC 的管理者和 SAS 的操作员负责维护系统的运行状态。作为 NOC 工作的一部分,管理人员每天进行 2 次遇险报警和语音遇险呼叫测试。遇险报警和呼叫会在 NOC 发出警报。根据 A. 1001(25)段落 4. 4. 3 的要求,报警通过手动模式确认。除了被提交给 MRCC 的遇险报警和语音遇险呼叫之外,会有一封自动生成的 E-mail 发送给 NOC、相关的 SAS 和 MRCC,包括呼叫的来源、船舶名称、位置、联系号码等。一旦 NOC 知道有一份遇险报警正在被处理,无论是移动站发起的还是终止的,其在整个 BGAN 网络正在进行或者计划进行的可能影响到信息被成功提交的操作都会停止或者延迟。如果默认或者首选的 MRCC 在 1 min 之内没有对遇险报警或者呼叫做出确认,MSS 将把信息转给下一个 MRCC,如果需要可能还会进一步转发给其他的 MRCC。NOC 对遇险报警和呼叫实时监控,以保证 MRCC 做出反应。如果语音遇险呼叫或者遇险报警没有被 MRCC 确认,Inmarsat 的 NOC 会根据程序呼叫相关的 MRCC 确认它们是否收到信息以及是否需要帮助。同时,NOC 一周 7 天 24 小时监控 MRCC,如果发现其离线超过 60 s,NOC 将呼叫 MRCC 要求其注册回系统。

第四节　铱星系统技术发展现状

一、认可铱星系统在 GMDSS 中应用提案

在 2013 年 4 月举行的 MSC 第 92 次会议上,美国通知海事委员会,表示计划向提议成立的 NCSR 分委会提供必要的信息,以审核铱星是否能够满足 IMO 大会决议案 A. 1001(25)中规定的标准。MSC 92 针对 GMDSS 复审的进程进行了讨论,其中针对铱星加入 GMDSS 服务的工作,委员会表示同意将铱星系统的详细信息提供给 NCSR,并在 NCSR 分委会"海上无线电通信系统和技术发展"的议题下进行评估。

在 2014 年 3 月举行的 NCSR 第 1 次会议上,美国提交了题目为"接纳铱星移动卫星系统作为 GMDSS 业务的提供方"的提案。提案详细论述了铱星移动卫星系统可以加入 GMDSS 的理由。铱星系统达到了大会决议案 A. 1001(25)的所有标准;有关计费的政策和策略满足经修订的 A. 707(17)号大会决议案(经过 Inmarsat 系统进行遇险、紧急、安全通信的费用)。文件附件部分详述了系统是如何满足或者将要满足上述两个决议案的。同时指出,公司有信心在可以预见的未来持续运营,并且公司组织良好,具有很好的危机管控程序。申请人的业务已经运行了 13 年,没有任何征兆表明在接下来的时间里公司无法继续提供业务。申请人已经准备好提交被认可的业务如何由 IMSO 监管并签订公共业务协议(PSA,Public Service Agreement)。

在 MSC 第 96 次会议上,委员会审议了 NCSR 3/WP. 5 的报告,审议了分委会针对铱星加入 GMDSS 的工作进程,并表示后续的审议工作依然由 IMSO 组织进行。2017 年 11 月的 NCSR

第 5 次会议收到了 IMSO 对铱星系统进行的第二轮技术及运营评估报告，报告主要针对 NCSR 第 3 次会议中未完成的要求进行了评估，并表示铱星已经满足了 NCSR 3/WP.5 中的剩余要求，即使是资费问题，铱星公司也发表声明表示将满足 A.1001(25)中的要求。根据 A.1001(25)号大会决议案的规定，铱星系统若加入 GMDSS 服务中，首先需要得到 IMO 的认可，然后铱星与 IMSO 签署公共服务协议(PSA)，最终由 IMSO 发布"符合证明"(Letter of Compliance)，方可将铱星系统用于 GMDSS 服务中。因此，IMSO 认为，在发布"符合证明"之前，需要完成以下工作：

(1)MSC 发布题为"铱星通信公司提供海上移动卫星服务的认可声明"，认可铱星作为卫星服务供应商加入 GMDSS 中。

(2)铱星与 IMSO 签订 PSA。

(3)IMO 提供通用的或铱星专用的 MSI 手册。

(4)铱星制定内部操作程序以完成 GMDSS 要求的服务。

二、铱星系统技术及业务

铱星是现在唯一真正覆盖全球的移动语音和数据卫星通信网络。铱星覆盖大陆、海洋、航空和极地地区，非常适合为海运、航空、运输、应急服务行业以及政府机构提供关键通信。铱星网络是一个基于卫星的全球个人移动卫星通信系统，支持全球范围内的无线通信。铱星系统业务包括语音、数据、寻呼、宽带、广播及短消息等，其用户包括车辆、船舶、航空器或者边缘地区。目前其用户有 660 000 之众，遍布世界各地，涉及各行各业，海事用户有 50 000 多个，其中 10 000 多个用户是 1974 年 SOLAS 公约第Ⅳ章所规定的 GMDSS 船舶。

1. 铱星安全服务

2011 年，铱星系统被美国联邦航空管理局认可与空中导航服务商(ANSP, Air Navigation Service Provider)一起成为北大西洋和太平洋的移动航空卫星通信业务[AMS(R)S, Aeronautical Mobile Satellite (Route) Service]供应商。这是其与国际民用航空组织(ICAO, International Civil Aviation Organization)及美国航空无线电委员会(RTCA, Radio Technical Commission for Aeronautics)多年共同努力的结果，也证明铱星网络满足管制员飞行员数据链通信(CPDLC, Controller Pilot Data Link Communication)基础标准。为了准备和支持为航空业提供安全通信，铱星公司斥资百亿美元提升系统功能和满足 CPDLC 的要求，包括进出移动航空卫星通信业务的语音、数据业务的优先接入和信道抢占以及移动航空卫星通信业务用户的接口等。自 2011 年起，移动航空卫星通信业务用户量每年递增 50%。在准备提供 GMDSS 业务时，公司又投资数百万美元开发和引入全球广播业务，并承诺将额外的资金用于 GMDSS 业务中 RCC 和 MSI 信息提供者的整合。

2. 铱星网络构建

铱星系统的最主要单元为卫星星座，包括位于近地轨道(LEO)的 66 颗卫星、5 个卫星监控站(Teleport)，监控站与卫星星座和卫星网关(Gate Ways)地面站之间相互连接，网关地面站又与地面的语言、数据网络相连接，进而和用户终端连接。铱星网络构建如表 17-4-1 所示。

表 17-4-1 铱星系统网络组成

系统特性		描述
卫星		66 颗在轨操作卫星及外加的备用卫星
轨道平面		6 个(每个轨道 11 颗卫星)
轨道高度		780 km
轨道倾角		86.4°
轨道周期		100 min
点波束		每颗卫星 48 个点波束
ITU 识别码		HIBLEO-2(卫星对用户终端链路) HIBLEO-2FL(馈线链路及交叉链路)
频带宽度	卫星对用户终端链路	1 616~1 626.5 MHz
	卫星对卫星交叉链路	23.18~23.38 GHz
	卫星对监控站的馈线链路	19.4~19.6 GHz(空间站对地面站) 29.1~29.3 GHz(地面站对空间站)

系统的星座设计能保证全球任何地区在任何时间至少有一颗卫星覆盖。每个卫星天线可提供 960 条话音信道,每个卫星最多能有两个天线指向一个监控站,因此每颗卫星最多能提供 1 920 条话音信道。铱系统卫星可向地面投射 48 个点波束,以形成 48 个相同小区的网络,每个小区的直径为 689 km,48 个点波束组合起来,可以构成直径为 4 700 km 的覆盖区,铱系统用户可以看到一颗卫星的时间约为 10 min。系统的星际链路速率高达 25 Mbit/s,在 L 频段 10.5 MHz 频带内按 FDMA(频分多址)方式划分为 12 个频带,在此基础上再利用 TDMA 结构,其帧长为 90 ms,每帧可支持 4 个 50 kbit/s 用户连接。

与使用静止轨道卫星通信的系统相比,铱星主要具有三方面的优势:一是轨道低,传输速度快,信息损耗少,通信质量大大提高;二是不需要专门的类似 Inmarsat 的地面站(LES),每部卫星移动手持电话都可以与卫星连接,这就使地球上人迹罕至的不毛之地、通信落后的边远地区、自然灾害现场的通信都变得畅通无阻;三是采用了星际链接,有效减少了通信时间延迟。此外,铱星网络能够服务 SOLAS 公约第Ⅳ章第 2 条所描述的所有四个海区(A1、A2、A3 和 A4 海区),特别是系统能够服务南、北纬 75°以外的区域,这一点也是铱星系统所独有的。

3. 网络的可用性

铱星网络可提供一周 7 天 24 小时的全球语音、数据及广播业务,通过多种机制不断监控每项服务的系统性能,包括使用铱星用户终端通过铱星网络进行连续的语音和数据呼叫,并可以报告广泛的呼叫统计。

铱星网络可达到 A.1001(25)的要求,可为 GMDSS 通信提供高达 99.9%的接入率。此外,铱星依然在进行着投资和现代化活动,进一步完善了网络的可用性。2013 年,铱星网络的语音和数据业务可靠性分别为 99.98%和 99.94%。

4. 故障恢复

铱星星座架构具有极高的可靠性及语音和数据通信的低延迟性。在发生故障的情况下,所有受到故障卫星影响的用户将在数分钟内完全恢复服务。铱星的星座架构决定了整个系统不会产生因单个卫星的故障而造成一个地区服务中断的情况。如果故障的卫星无法恢复全面服务,系统还有在轨的备用卫星重新定位到运行轨道上,以更换故障卫星。

在卫星故障的情况下,由于卫星具有较高的轨道运行速度,相邻的其他卫星可以在几分钟内恢复一个地区的服务。当卫星通过赤道时,卫星故障问题将产生最大的影响。随着卫星继续运行,故障卫星将向北或向南移动,从而减少覆盖范围的空白。一旦故障卫星超过南、北纬55°,服务空隙将被相邻的卫星完全恢复。

5. 铱星网络功能

铱星网络目前具有 A. 1001(25)中规定的关于 GMDSS 中移动卫星通信系统的标准和要求的必要功能。铱星网络支持船对岸、岸对船及船对船的用于海事安全目的的呼叫。铱星的安全语音服务不仅支持所需的呼叫类型,而且对所有呼叫提供四个不同优先级的级别划分,并在必要时"优先掉"优先级较低的呼叫,即信道抢占功能。安全语音业务利用增强型呼叫平台,限制用户选择,并将呼叫方标识和呼叫优先级抄送给被叫终端。

铱星突发短数据(SBD,Short-Burst Data)业务是针对安全通信进行了优化的分组交换数据业务。SBD 服务支持船对岸及岸对岸的警报和信息。此外,SBD 服务旨在支持四个优先级别,以保证向海上移动终端提供遇险、紧急和安全通信更加便利。铱星还推出了能够在全球范围内提供岸对岸信息的数据广播服务。数据广播服务将为所有 NAVAREA 提供 MSI 广播消息。正如安全语音和 SBD 服务一样,数据广播服务的设计可以支持四个优先级别。

三、铱星系统未来发展

1. 下一代铱星系统(Iridium-NEXT)

铱星公司对被称为 Iridium-NEXT 的第二代卫星星座计划投入了充足的资金,旨在对第一代卫星星座进行升级,包括传送网络和网关。Iridium-NEXT 星座将保持现有的铱星网络架构,依然保持着不同于其他移动卫星网络的属性。所有 Iridium-NEXT 卫星均被设计成与现有产品和服务完全兼容。因为部署了 Iridium-NEXT 卫星,现有的用户终端将在当前铱星和 Iridium-NEXT 卫星之间无缝地转换运行,这将减轻对目前星座的依赖。Iridium-NEXT 与现有用户终端和服务的兼容性,也减轻了船只运营商购买新设备以支持向新星座过渡的负担。

为了准备 Iridium-NEXT 卫星的部署,将执行八个单独的发射计划,以便部署新的 72 颗卫星(66 颗在轨操作卫星和 6 颗备用卫星)。八个卫星发射计划在 2017 年年底之前完成,但是实际上直至 2019 年 1 月份第八次发射才最终完成,最后一次发射送入轨道的是第 66 到第 75 颗卫星。Iridium-NEXT 将为铱星用户终端提供更低的延迟、更高的吞吐量和容量增益。此外,Iridium-NEXT 在轨卫星和备用卫星的补充预计将使铱星网络延长至 2025 年之后。

2. 铱星网络的独特属性

铱星网络与其他移动卫星网络不同。铱星网络拥有 66 颗低轨卫星及在轨备用星,并与位于地球不同地理位置的监控站相连接,实现了资源冗余和不可比拟的多样性。铱星网络是至今唯一真正供全球覆盖的移动卫星网络。此外,太阳活动对高频的影响尤为明显,铱星网络和用户终端可以在很大程度上免受太阳活动的影响。因此,铱星网络不仅在覆盖范围方面为 GMDSS 通信提供更好服务,在极地地区使用时同样具备更高的可靠性。

铱星网络的另一个独特之处在于,在许多情况下,一个用户终端可面对多颗卫星,这在恶劣的海况下更加有利。所有铱星用户终端都使用全向天线，以减轻对机械转向天线的需求。另外，在恶劣的海况下航行时，用户终端能够无缝地切换到该范围内维持连通性的替代卫星。

铱星网络不仅具备了 A. 1001(25)中规定的未来加入 GMDSS 新进卫星的标准，同时有助于加强未来几十年的海上安全通信。

3. 铱星为加入 GMDSS 所采取的行动

为了让 IMO 承认由铱星卫星有限责任公司提供的移动卫星通信用于 GMDSS，铱星计划开展了若干项技术和行政工作。铱星还将启动或促进与几个搜救协调中心和海上安全信息提供者的讨论，主要涉及与铱星网关的互联，以支持语音、数据和广播通信。

在 NCSR 4 次会议上，铱星公司通知 IMSO 将根据如表 17-4-2 所示的计划表逐步满足 NCSR 3/WP. 5 附件 1 提出的要求。

表 17-4-2　铱星发展日程表

时间	内容
2017 年 2 月	开始把铱星系统与 RCC 和 MSI 提供者集成
2017 年 4 月	目前已经批准的船舶地球站开始进行船对岸、岸对船、船对船业务，从而符合 NCSR 3/WP. 5 附件 1 中列举的条款
2017 年 10 月	完成系统符合 NCSR 3/WP. 5 附件 1 中规定的所有未完成项目的示范工作
2017 年 11 月	IMSO 向 NCSR 5 提交评估报告(ER，Evaluation Report)，铱星已成功地被证明符合 NCSR 3/WP. 5 附件 1 的要求
2018 年 3 月(NCSR 5)	建议将铱星视为 GMDSS 卫星服务提供商
2018 年 5 月(MSC 99)	赞同 NCSR 5 的建议，并发出一项将铱星视为 GMDSS 提供商的决议
2018 年 11 月	IMSO 采纳经修订的参考公共服务协议(PSA)，并且铱星执行 PSA 协议
2020 年 1 月	铱星正式开始提供符合 IMSO 监督的 GMDSS 服务

第五节　VDES 发展现状

一、VDES 概念的提出

NCSR 1 针对 e-Navigation 战略发展问题进行了讨论，制订了 e-Navigation 战略的实施计划(SIP，Strategy Implementation Plan)，指出 VDES(VHF Data Exchange System，甚高频数据交换系统)将成为未来通信系统的一部分，尤其是针对 e-Navigation 战略，VDES 是 e-Navigation 指定的通信系统。VDES 在集成了现有 AIS 功能的基础上，增加了特殊应用报文(ASM，Application Special Message)和宽带甚高频数据交换(VDE，VHF Data Exchange)功能，主要为航行安全通信所用，是未来 e-Navigation 战略发展的重要组成部分，是 AIS 的升级版系统。

信息提案 NCSR 1/INF. 21 聚焦了 e-Navigation 战略发展需求，提出海事云(MC，Maritime Cloud)的概念：“是一种通信框架，通过可以获得的通信技术在所有海事利益相关方之间进行高效、安全、可靠和无缝隙的电子信息交换。”文件认识到，现存的和新的通信技术都可以在 MC 中提供信息交换的业务。船舶的强制业务,诸如GMDSS中的MSI,目前通过基于电传技术的NAVTEX及安全网(SafetyNET)业务进行传输。这些业务不允许基于S-100标准呈现信息,而基于S-100标准呈现的信息可以在显示系统上直观显示。同时,VTS报告目前主要基于VHF语音或者AIS技术。ASM通过AIS或者未来的VDES传输时却可以提供上述功能,并且对船舶是免费的。

现存的AIS系统通信容量有限,某些地区已经不允许新增数据业务。为了保留AIS的原有目标和功能,IALA和ITU将致力于VDES的发展。VDES数据容量比AIS高出10~30倍,可以用于船船和船岸双向通信。可以预见VDES系统可能也要包括一个双向的卫星链路,这样其业务就能达成全球化。业务将基于可以机器读取的数据格式,在VTS中心附近、港口及可能的沿岸区域免费提供强制性信息。VDES是针对AIS在原有功能基础上进行的升级,与AIS相比更具备面向未来的海上通信能力。可以预测在不久的将来,VDES一定会被纳入海上通信系统中,甚至时机成熟时完全取代AIS系统。

NCSR 2议题9归纳了通信组对于未来VDES纳入GMDSS中的意见:

(1)VDES是一种完善AIS的通信技术,例如可用于数据MSI通信和遇险通信的补充。VHF数据交换卫星组件(VDE-SAT)可将VDES扩展到沿海甚高频覆盖以外的地区。卫星通信能使用最小无线电频谱资源有效地覆盖大量的船只。VDE-SAT提供与VDES系统的地面部件互补的通信信道。

(2)虽然VDES似乎不适合遇险警报,但是可借助VDES技术转发和广播岸对船遇险报警和MSI,以及船对船、船对岸发送和接收的与安全相关的信息。VDES具有落实GMDSS新功能要求的巨大潜力。有必要深入了解未来VDES服务的优先级、服务质量、安全性、完整性和其他要求。

(3)尚有大量的小型船舶没有安装卫星通信设备,但安装有一般的VHF/AIS接收设备,它们同样可以从上述业务中受益。使用低成本的卫星接收技术,VDE-SAT可以覆盖大量船舶,并能够为非SOLAS船舶提供服务。这对在岸基础设施发展有限的地区航行的船舶极其有利。

由于VDES具备播发MSI的能力,并且具备远距离MSI的播发能力,分委会提出将VDES纳入GMDSS中,在没有更好的远距离播发MSI的系统前,VDES完全可以胜任这一任务。

二、VDES发展计划

MSC 95聚焦了VDES的发展。会议指出根据IALA提供的A-124的附录18"VHF数据链(VDL)负荷管理",一旦VDL负荷超过50%,将对AIS电台的顺利播发产生一定影响,需要开发一种新的方式减缓VDL的超负荷。AIS是基于数字通信技术,使用9.6 kbit/s速度的GMSK(Gaussian Minimum Shift Keying,高斯最小移频键控)调制,这种技术已有20年的历史。

根据测试,VDES基于100 kHz频宽的数据交换速率可以达到307.2 kbit/s,是AIS的32倍。如果ITU能够提出VDES技术特征的建议案并且在WRC-15为VDES分配新的频率,VDES性能及其操作就能够标准化。这样将有利于制造商开发VDES,同时保证航运业能够正确、有效地使用设备。因此,期望IMO及包括IALA在内的国际组织尽快讨论、开发系统的操作标准及设备使用指南。

图17-5-1为2013—2020年VDES的发展计划。

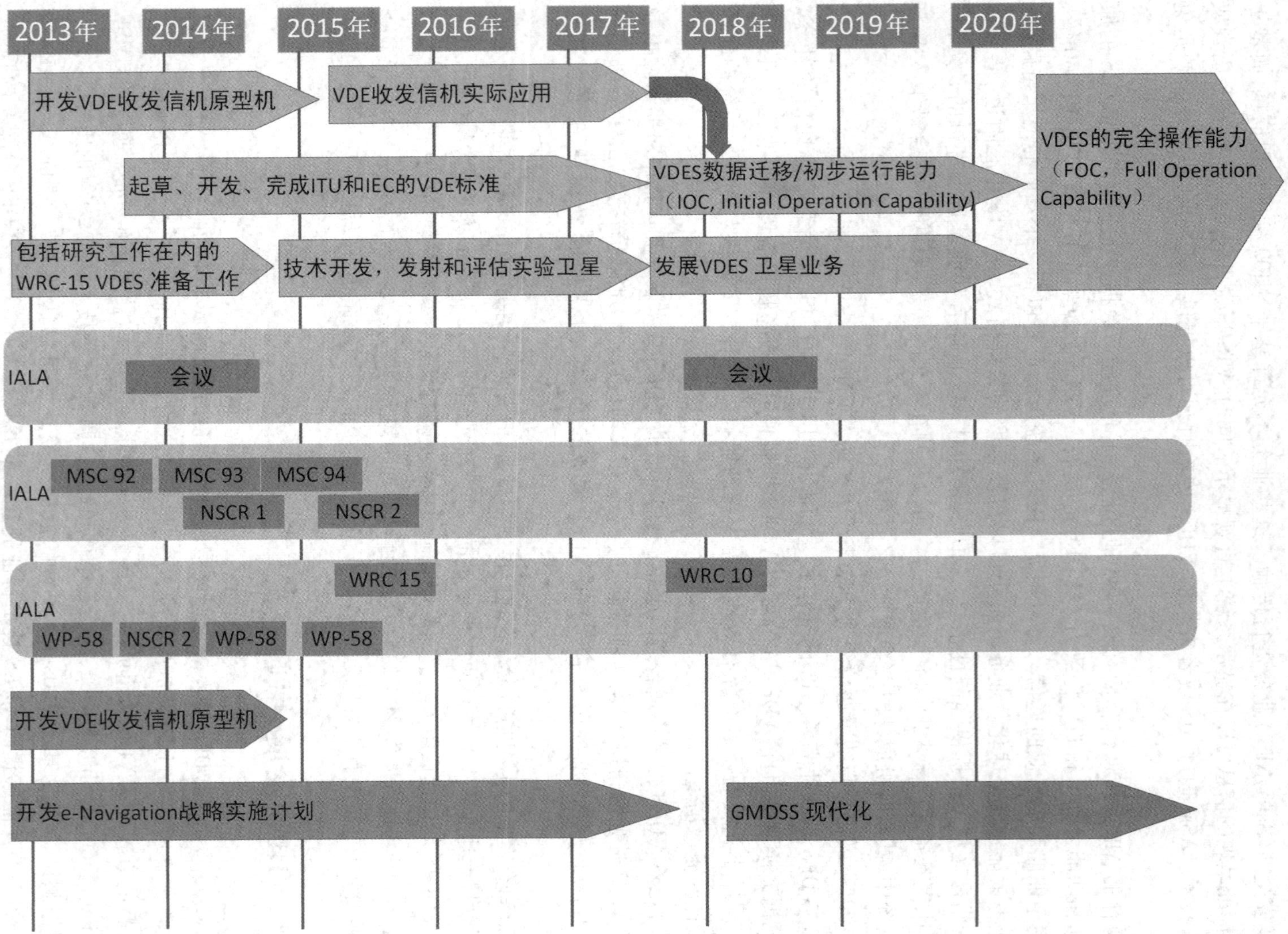

图17-5-1　2013—2020年VDES的发展计划

总之，MSC 95/INF. 12 指出了目前 AIS 面临的重要问题，并提到 VDES 系统对 AIS 系统具有完善作用。相比 AIS 系统，VDES 系统的信息种类、通信链路更加丰富，在原来广播信道的基础上增加了 VDE 通信信道，并且在某种程度上 VDES 的功能远超 AIS 数倍。海安会提出了加快 VDES 发展的需求，并规划了 VDES 的发展目标及实现目标的时间，体现了海安会对 VDES 系统的重视。

三、VDES 的主要功能及技术特点

2015 年 4 月，日本、瑞典和 IALA 共同向海事安全委员会提交了有关 VDES 发展的信息提案 MSC 95/INF. 12。该提案关注到在 WRC-12 和 WRC-15 上，ITU 对 VHF 波段频率的调整以及 IALA 针对新一代 AIS 应用开展的研究。在这期间，日本举办了系列研讨会"新一代 AIS 国际标准研讨会"。在其第 1 次会议后，在接下来的 2012—2014 年，"新一代 AIS"被"VHF 数据交换系统(VDES)"所取代。表 17-5-1 是建议的 VDES 技术，包括使用用户需求的通信协议、信息类型等。

表 17-5-1　包括 AIS、ASM 和 VDE 的 VDES 通信建议

	VHF 数据通信 (包括 ASM 和 VDE)		AIS	
子项	ASM 数据通信	VDE 数据通信	AIS 航行安全	AIS 远距离
信道	信道 2027 和 2028 世界范围内指定信道	24、84、25、85、26 信道用于 VDE 2026 和 2086 信道用于 VDE 卫星通信	AIS1 和 AIS2(单工)	75 和 76 信道(单工)
功能	船舶安全信息 船舶保安信息 与安全相关的短信息 一般目的的通信	一般目的的数据通信 高速数据交换突发 VDE 卫星通信 (海事保安通信)	航行安全 海事定位设备	卫星 AIS 监测 搜救中的定位
AIS 协议下的信息种类	SN. 1/Circ. 289 的国际特殊应用报文(ASM) 区域性特殊应用报文(ASM) 基本台站		船舶识别 船舶动态信息 船舶静态信息 航次相关数据 助航 基本台站	AIS 卫星探测 信道 27
子功能	区域性警告及建议 气象和水道数据 交通管理 船对岸数据交换 信道管理	高信息有效载荷 卫星通信	船对船避碰 VTS 船舶跟踪 搜救中的定位 VDL 控制(由基本台站)	沿岸国对 AIS 海岸电台覆盖范围之外的船舶的监测

2015 年 10 月，国际电信联盟发布《水上移动频段内的 VHF 数据交换系统的技术特性》，即《ITU-R M. 2092-0 建议书》，主要包括 VDES 的工作特点、系统构成和预期效果等。

1. VDES 的工作特点

(1)系统给予自动识别系统(AIS)位置报告和安全相关信息最高优先级。

(2)系统能够接收和处理数字信息和询呼。

(3)系统可以在停泊、系泊或锚泊时持续运行。

(4)用于地面链路的系统使用时分多址(TDMA)技术,接收数据与传输数据同步。

(5)系统具有多种操作模式,包括自主、分配和轮询模式。

(6)系统设置了通信的优先次序,并可调整传输参数(鲁棒性或容量),最大限度地降低了系统复杂性。

2. VDES 的系统构成

(1)天线:能够通过地面和卫星链路发送和接收数据。

(2)MSC. 74(69)号决议附件 3 中规定的 AIS。

(3)可同时使用 AIS、ASM 和 VDE 互操作的多功能数据通信和定时处理。

(4)能够在指定的 AIS、ASM 和 VDE 频率上工作的多功能发射机。

(5)能够在指定的 AIS、ASM 和 VDE 频率上工作的多功能接收机。

(6)自动从其他来源输入数据的功能。

(7)自动将数据输出到其他设备的功能。

(8)确保数据完整性的功能。

(9)根据需要自动或手动更新设备软件的功能。

(10)内置测试设备的功能(BITE,Built in Testing Equipment)。

3. VDES 设备应能够实现的预期效果

(1)VDES 在现有 AIS 环境中运行。

(2)VDES 遵从并支持 GMDSS 通信的要求,包括 SAR、紧急及安全相关消息。

(3)VDES 设备是唯一认证的。

(4)VDES 相关设备应确保不会发生不必要的消息重复发送的状况。

2016 年 12 月,IALA 对 VDES 的功能做了进一步概述,具体内容如下:

(1)VDES 通过地面或卫星链路提供船舶和岸上用户之间的数据交换。

(2)船内的数据交换可以自动或手动进行。

(3)数据交换使用指定的 VHF 信道。

(4)数据的发送和接收不需要船员过多干预。

(5)VDES 包括现有的 AIS 设备。

(6)VDES 包括现有的 ASM。

(7)VDES 附加功能包括对 VHF 数据交换(VDE)的支持。

(8)VDES 相关应用程序应支持与语音无关的通信(如通过使用数字数据库)。

(9)在 VDES 链路级上实现数据完整性监控(如校验)。

(10)VDES 相关应用程序解决了网络安全问题(例如认证、密钥管理,如果需要可加密)。

(11)VDES 具有较高的可用性。

(12)VDES 支持机对机的通信(例如,提供了与 VDES 相关设备的外部设备接口)。

(13)VDES 相关设备可以清楚地理解通过其他 VDES 设备发送/接收的信息。

根据 IALA 的概述，VDES 系统框图如图 17-5-2 所示。

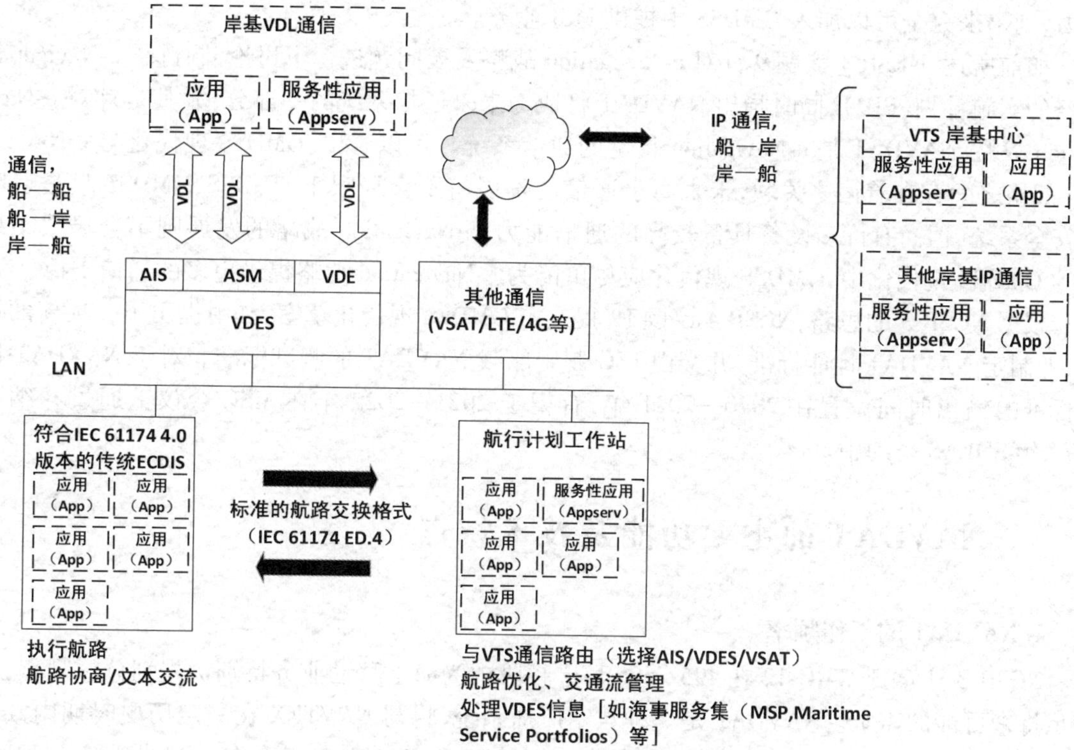

图 17-5-2　VDES 系统框图

第六节　NAVDAT 发展现状

一、NAVDAT 概念的提出

法国自 2008 年起开始进行一套数字系统的技术可行性示范工作。系统被命名为 NAVDAT，用于船到岸方向的信息广播。其英文全称为“Navigational Data for Broadcasting Maritime Safety and Security-related Information from Shore-to-ship”，即岸对船与海事安全、保安相关信息数据广播系统。2010 年，在比斯开湾进行的测试验证了 NAVDAT 从岸到船广播海上安全和保安相关信息的高潜力。试验工作在 500 kHz 频率上进行，该频率于 2011 年 11 月由 ITU 工作组授权使用。这是 NAVDAT 第一次被正式提交到 IMO 的相关分委会。一起被提交的还包括测试结果，结果显示 NAVDAT 与 NAVTEX 相比具备一定的先进性。此外，虽然未来 NAVDAT 与 NAVTEX 不一定共存，但至少在过渡期间不会产生不良影响，这对两套系统而言都是一个好消息。

COMSAR 17 讨论了 IMO/ITU 海上无线电通信联合专家组第 8 次会议报告，指出了未来有可能加入 GMDSS 的 12 项技术（设备），其中包括 NAVDAT。NAVDAT 与 NAVTEX 有诸多相似点，而 NAVTEX 一直为近岸船舶接收 MSI 的重要设备，如果 NAVDAT 有更优于 NAVTEX 的能力，则未来完全可以加入 GMDSS 中提供 MSI 业务。

如前所述，NCSR 1 议题 9 针对 e-Navigation 战略发展问题进行了讨论，制订了 e-Navigation 战略的实施计划（SIP），同时指出 NAVDAT 将成为未来通信系统的一部分，尤其是针对 e-Navigation 战略，NAVDAT 是 e-Navigation 指定的通信系统。可以看出，GMDSS 现代化与 e-Navigation 战略之间存在着诸多关联，未来海事通信的发展将不会局限于 GMDSS，GMDSS 只是遇险与安全系统，但尚有许多设备具备较高的通信能力，e-Navigation 战略的发展则不会局限于现有的 GMDSS 现代化中，GMDSS 现代化应尽可能为 e-Navigation 战略提供更多的通信支撑。

根据 NCSR 3 的思路，NCSR 4 议题 12 提交了 GMDSS 现代化草案，其中提出了一项新的输出，即制定 NAVDAT 性能标准，并交由 IEC 制定船载 NAVDAT 的测试标准。对于 NAVDAT 性能标准的输出时间设置在 2020—2021 年，有望于 2021—2022 年在 MSC 会议上通过并纳入 1974 年 SOLAS 公约中。

二、NAVDAT 的主要功能及技术特点

1. NAVDAT 的工作频率

NCSR 3 注意到 WRC-12 在 495~505 kHz 频段内为海上移动业务特别优先划分了频点，以满足将来可能的需求。NAVDAT 是一种数字广播系统，将与 NAVTEX 在一定历史时期内共存且不会互相干扰。NCSR 3 提出应该考虑将 NAVTEX 和 NAVDAT 组合在一起成为未来 NAVTEX 接收机的可行性，并且它们能够在被要求的 490 kHz、500 kHz 和 518 kHz 以及另外指定的 HF 频率上播发 MSI；或广泛应用 NAVDAT，在未来的某个时刻正式取代 NAVTEX。

HF 的 NBDP MSI 海岸电台以及 HF 传真海岸电台设施也可以用于 NAVDAT 广播。NCSR 3 提出，在下一步的研究工作中，在考虑全球覆盖问题时需要对现存的全球 330 座常规无线电通信海岸电台设施予以考虑。NAVDAT 已经在 ITU-R 建议案 M. 2058 中有所描述，其技术应用需要得到 IMO 的大力支持。为了保证远期 HF 在 GMDSS 中全球覆盖，GMDSS HF 海岸电台的数量及地理分布需要审查，如果需要，后续的变化情况需要包含在大会决议案 A. 801(19)之中。《无线电规则》已经针对 HF 数据及 500 kHz 的使用做出了修正。IMO 和 ITU 需要开发必要的国际 NAVDAT 业务建议案和性能标准，之后 IMO 和 IEC 可以合作开发船载 NAVDAT 终端或(和)NAVTEX/NAVDAT 组合设备标准。

2. NAVDAT 工作框架

NAVDAT 使用多载波频率调制(Multicarrier Frequency Modulation)技术在 495~505 kHz 频带上进行数字广播。它与全球 NAVTEX 系统共存并且没有互相干扰，速度更优于 NAVTEX，还可对信息进行加密广播，覆盖范围与 NAVTEX 基本无异。

NAVDAT 可使用三种不同模式的数据广播：

(1)广播：这类信息广播供所有船舶使用。

(2)选择性广播：这类信息广播供一组船舶或特定航行区域的船舶使用。

(3)特定信息：这类信息使用 MMSI 识别码向某一艘船舶发送。

从目前掌握的资料看，典型 NAVDAT 系统工作框图如图 17-6-1 所示。

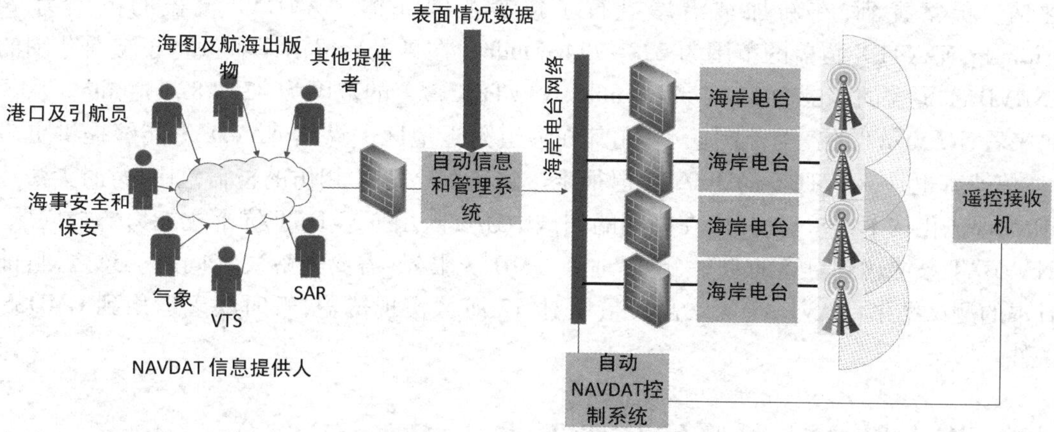

图 17-6-1 NAVDAT 系统工作框图

三、NAVDAT 的测试与评估

2014 年,中国在上海建立了 NAVDAT 测试系统。系统包括:信息源系统(SIS,System of Information Source)、信息和管理系统(SIM,System of Information and Management)、NAVDAT 无线电台(NRS,NAVDAT Radio Station)、船载终端及 ECDIS。测试系统使用了上海海岸电台的 NAVTEX 中频发射系统。为了测试 NAVDAT 信号的接收能力,分别在距离 NAVDAT 广播电台 100 km 的长江沿岸、沿海港口和内陆地区建立了三个接收站。测试了不同 OFDM(Orthogonal Frequency Division Multiplexing,正交频分复用)调制方式下的信噪比(SNR,Signal to Noise Ratios)和接收信噪比。结果表明,无线电噪声对 NAVDAT 的接收性能有很大的影响,城市附近的无线电噪声要大于离岸岛屿,夜间的无线电噪声大于白天。不同调制方式下的测试结果如表 17-6-1 所示。

表 17-6-1 不同调制方式下的信噪比

调制方式	数据速率/(kbit/s)	可用数据速率/(kbit/s)	信噪比/(dB,BER$\leqslant 10^{-5}$)
OFDM/64QAM	36	18	17
OFDM/16QAM	24	12	11
OFDM/4QAM	12	6	6

试验表明,由于 NAVDAT 的载波带宽为 10 kHz,而 NAVTEX 的载波带宽小于 1 kHz。NAVDAT 与 NAVTEX 之间的抗干扰能力不同,在相同的工作条件下,相比 NAVTEX,NAVDAT 的信噪比降低为 NAVTEX 的 1/10,抗干扰能力更差,因此 NAVDAT 的覆盖范围将小于当前的 NAVTEX 的覆盖范围。

2016 年,NAVDAT 试验系统在中国正式启动,该系统部署在上海、舟山及巡逻船上。2016—2017 年,中国又相继进行了大量试验。测试系统采用了高性能的低密度奇偶检验码(LDPC,Low Density Parity Check Code),有效地降低了信号解调所需的信噪比的阈值,提高了接收性能,这对 NAVDAT 系统扩大覆盖范围也起到了积极的意义。

2016 年 12 月,日本向 COMSAR 提交了信息提案,信息提案对 NAVDAT 的覆盖范围进行了评估。提案提到，在新加坡沿岸进行了覆盖范围评估，NAVDAT 覆盖的范围为 24～351 n mile，NAVTEX 覆盖的范围为 228～724 n mile。在哥本哈根沿岸也进行了覆盖范围的评估，NAVDAT 覆盖的范围为 112～444 n mile，NAVTEX 覆盖的范围为 434～824 n mile。从评估结果来看，NAVDAT 的覆盖范围偏小，尤其在赤道附近地区。纵然 NAVDAT 能够提供更多信息，通信速率也是 NAVTEX 的 300 倍，但很难达到和 NAVTEX 相仿的覆盖范围，暂时无法达到 GMDSS 现代化技术需求。另外，在前期的测试中还反映出 NAVDAT 抗干扰能力弱的问题，想让 NAVDAT 系统达到更高的水平、更好地为 GMDSS 服务，需要先解决该问题。总之，目前按照日本的测试结果，NAVDAT 无法高质量地对 A2 海区实现覆盖，暂时缺乏运用到 GMDSS 中的条件。

四、海上数字广播系统技术要求

在国内，由交通运输信息通信及导航标准化技术委员会提出并归口，交通运输部东海航海保障中心、上海埃威航空电子有限公司正在联合起草中华人民共和国交通运输行业标准《海上数字广播系统技术要求》。

该要求从系统组成、各子系统的功能入手，对 NAVDAT 提出中国版性能标准。该要求提到，NAVDAT 系统应至少包括 5 个子系统，即信息和管理系统（SIM）、岸基网络、岸基播发台、传输信道和船载接收机。其中，信息和管理系统的主要功能是收集和控制各类信息；创建需传输的消息文件；根据文件的优先级和重复需求创建发射序列；监测岸基播发台工作状态和播发质量；控制岸基播发台工作参数。岸基网络的功能是确保消息文件和监控数据在 SIM 和岸基播发台之间的传输。岸基播发台功能包括接收来自 SIM 的消息文件；将消息文件转换成 OFDM 信号；将 RF 信号通过天线辐射，向船舶广播；监测工作状态并向 SIM 上报。传输信道的功能是提供传输 500 kHz 无线电信号。船载接收机的功能是接收无线电信号，并解调 OFDM 信号；重建消息文件；根据消息文件的应用分类，显示消息内容或将消息文件提供给专用设备。

参考文献

[1]陈放,张国强. GMDSS 通信设备与业务[M]. 2 版. 大连:大连海事大学出版社,2015.
[2]张国强. GMDSS 通信设备[M]. 大连:大连海事大学出版社,1999.
[3]王化民,刘红屏. 新编 GMDSS 普通操作员教程:地面通信系统[M]. 大连:大连海事大学出版社,2005.
[4]柳邦声. GMDSS 通信业务[M]. 大连:大连海事大学出版社,2015.
[5]王化民,李建民. 船舶通信技术与业务[M]. 大连:大连海事大学出版社,2020.
[6]高向阳. GMDSS 综合业务[M]. 上海:上海浦江教育出版社,2014.
[7]杨永康,毛奇凰. 海上无线电通信[M]. 2 版. 北京:人民交通出版社,2009.
[8]王化民. 船舶通信技术教程[M]. 大连:大连海事大学出版社, 2012.
[9]李建民,杨淙喜,李彬,等. 浅析近年来海事 VHF 信道频点及功能变化[J]. 航海技术, 2019(6):26-29.
[10]李建民,王满博,张瑞恒,等. GMDSS 现代化与 E-Navigation 战略的关系[J]. 中国航海,2018,41(04):7-11.
[11]ITU. Radio Regulations-Articles[S]. Geneva:International Telecommunication Union,2016.
[12]ITU. Radio Regulations-Appendix[S]. Geneva: International Telecommunication Union,2016.
[13]ITU. Radio Regulations-Resolutions and Recommendations[S]. Geneva: International Telecommunication Union,2016.
[14]ITU. Radio Regulations-ITU-R Recommendations Incorporated by Reference[S]. Geneva: International Telecommunication Union,2016.
[15]谷溪. GMDSS 综合业务[M]. 大连:大连海事大学出版社,1999.
[16]刘红屏,王化民. GMDSS 原理与综合业务[M]. 大连:大连海事大学出版社,2008.
[17]郑友赋,宋浩然,潘书策,等. GMDSS 综合业务[M]. 大连:大连海事大学出版社,2014.
[18]COMSAR 12-15. Report to the Maritime Safety Committee[R]. IMO,2008.

[19]COMSAR 13-7-2. Developments in Maritime Radiocommunication Systems and Technology[R]. IMO,2008.
[20]COMSAR 16-17. Report to the Maritime Safety Committee[R]. IMO,2012.
[21]MSC 90-28. Report of the Maritime Safety Committee on Its Ninetieth Session[R]. IMO, 2012.
[22]NCSR 1-17. Consideration of ITU World Radiocommunication Conference Matters[R]. IMO,2013.
[23]NCSR 3-29. Report to the Maritime Safety Committee[R]. IMO, 2016.
[24]NCSR 4-29. Report to the Maritime Safety Committee[R]. IMO, 2017.
[25]NCSR 5-14-1. Recognition of the Inmarsat FleetBroadband Maritime Safety Data Service for Use in the GMDSS[R]. IMO, 2017.
[26]NCSR 4-18-2. Update on Recognition Process of Iridium Mobile Satellite System As A Potential GMDSS Service Provider[R]. IMO,2016.
[27]NCSR 1-9. Development of An E-Navigation Strategy Implementation Plan[R]. IMO, 2014.
[28]NCSR 1/INF. 21. Overview of the Maritime Cloud Concept[R]. IMO,2014.
[29]NCSR 2-9. Report of the Correspondence Group on the Review of the GMDSS[R]. IMO, 2014.
[30]MSC 95/INF. 12. Development of VHF Data Exchange System[R]. IMO,2015.
[31]IALA 1117-Ed. 1. VHF Data Exchange System (VDES) Overview[R]. IALA,2016.
[32]COMSAR 16-4-3. Digital System for Broadcasting Maritime Safety and Security-related Information in the 500 kHz Band (NAVDAT)[R]. IMO,2012.
[33]COMSAR 17-4. Report of the Eighth Meeting of the Joint IMO/ITU Experts Group on Maritime Radiocommunication Matters[R]. IMO,2012.
[34]NCSR 4-12. Report of the Correspondence Group on the Draft of the Modernization Plan of the GMDSS[R]. IMO,2016.
[35]COMSAR 16-4-3. Digital System for Broadcasting Maritime Safety and Security-related Information in the 500 kHz Band (NAVDAT)[R]. IMO,2012.
[36]NCSR 2/INF. 4. NAVDAT-based Maritime Safety Related Information Broadcasting Tests Conducted in China[R]. IMO,2015.
[37]NCSR 5/INF. 8. Prediction of NAVDAT Coverage and Related Tests[R]. IMO,2017.
[38]NCSR 4/INF. 11. Evaluation of the Coverage of NAVDAT[R]. IMO,2016.
[39]国际海事卫星组织. https://www. inmarsat. com/.
[40]中国交通通信信息中心. https://www. cttic. cn/.
[41]IMO. 国际海事组织示范课程 1. 25,GMDSS 通用操作员证书[M]. 大连:大连海事大学出版社,2016.
[42]IMO. 国际海事组织示范课程 1. 26,GMDSS 限用操作员证书[M]. 大连:大连海事大学出版社,2016.

[43]刘伟潮. GMDSS 与设备[M]. 上海:上海交通大学出版社,2017.
[44]柳邦声. 铱星系统及其加入 GMDSS 后对航运企业的影响[J]. 航海,2019(5):59-61.